Mário Leite

SciLab:
Uma Abordagem Prática e Didática
2ª Edição
Edição revisada, ampliada e atualizada.

"Software livre de computação numérica para profissionais e estudantes de administração, engenharias e ciências exatas."

SciLab: Uma Abordagem Prática e Didática – 2ª Edição
Copyright© Editora Ciência Moderna Ltda., 2015

Todos os direitos para a língua portuguesa reservados pela EDITORA CIÊNCIA MODERNA LTDA.

De acordo com a Lei 9.610, de 19/2/1998, nenhuma parte deste livro poderá ser reproduzida, transmitida e gravada, por qualquer meio eletrônico, mecânico, por fotocópia e outros, sem a prévia autorização, por escrito, da Editora.

Editor: Paulo André P. Marques
Produção Editorial: Aline Vieira Marques
Capa: Clara Paganoto Dias
Diagramação: Daniel Jara
Copidesque: Luiz Carlos Josephson
Assistente Editorial: Dilene Sandes Pessanha

Várias **Marcas Registradas** aparecem no decorrer deste livro. Mais do que simplesmente listar esses nomes e informar quem possui seus direitos de exploração, ou ainda imprimir os logotipos das mesmas, o editor declara estar utilizando tais nomes apenas para fins editoriais, em benefício exclusivo do dono da Marca Registrada, sem intenção de infringir as regras de sua utilização. Qualquer semelhança em nomes próprios e acontecimentos será mera coincidência.

FICHA CATALOGRÁFICA

LEITE, Mário.

SciLab: Uma Abordagem Prática e Didática – 2 ª Edição

Rio de Janeiro: Editora Ciência Moderna Ltda., 2015.

1. Informática
I — Título

ISBN: 978-85-399-0657-4

CDD 001.642

Editora Ciência Moderna Ltda.
R. Alice Figueiredo, 46 – Riachuelo
Rio de Janeiro, RJ – Brasil   CEP: 20.950-150
Tel: (21) 2201-6662/ Fax: (21) 2201-6896
E-mail: lcm@lcm.com.br
www.lcm.com.br

Dedicatória

Este livro é dedicado, *in memorian*, ao Sr. Antônio Rodrigues e à Dona Maria Gonçalves Foz Rodrigues, meus sogros, os quais me eram muito queridos.

Citação

"A morte do homem começa no instante em que ele desiste de aprender."

Albino Teixeira (filósofo e pensador brasileiro)

Agradecimentos

Agradeço primeiramente a Deus que me deu força e persistência para elaborar esta nova edição do livro, com muita pesquisa, dedicação e esforço. Agradeço a todas os meus amigos pela força e incentivo que sempre me deram em todas as minhas obras; em especial à professora e grande amiga Fabiana Branco G. de Castro que sempre me apoiou em todos os meus projetos.

Agradeço ao doutor Francisco J. A. de Aquino do IFCE pelo exemplo e ajuda sobre EDO de ordem 2, ao professor Azevedo pelas dicas nas soluções de EDO e ao professor Alexsander Martins Pereira pela inestimável ajuda no projeto de circutos eletromecânicos.

Agradeço a todos os colaboradores da Editora Ciência Moderna Ltda: aos senhores George Meireles e Paulo André P. Marques, Aline Marques pela presteza nos contatos e pela confiança no lançamento desta nova edição do livro.

O Autor

Mário Leite é natural de Tombos (MG), estudou física durante dois anos no Instituto de Física da UFRJ; foi aluno de Iniciação Científica do Centro Brasileiro de Pesquisas Físicas (CBPF) e do CNPq, no Rio de Janeiro. É graduado e pós-graduado em engenharia pela Pontifícia Universidade Católica do Rio de Janeiro (PUC-Rio), onde foi professor auxiliar de ensino e pesquisa no Departamento de Ciências dos Materiais e Metalurgia. É especialista em análise de sistemas pelo Centro Universitário de Maringá (UniCesumar) e mestre em engenharia de produção pela Universidade Federal de Santa Catarina (UFSC).

Trabalhou durante quatro anos na Indústria e Comércio de Minérios (ICO-MI) no estado do Amapá, como engenheiro de pesquisas, desenvolvendo aplicações para o setor de produção.

Foi chefe do Setor de Informações Gerenciais da Mineração Caraíba S.A (BA) durante nove anos, ministrando cursos de técnicas de programação para os engenheiros da empresa e desenvolvendo aplicações para os setores de produção e manutenção. Nesta empresa participou do projeto de implantação do sistema de escavação da mina subterrânea, na adaptação do *software* de elementos finitos para microcomputadores.

É professor de linguagem de programação, análise de sistemas e tecnologia da informação em cursos de Processamento de Dados, Sistemas de Informação e Administração de Empresas. Também é autor de vários livros na área de programação.

Atualmente é professor da Universidade de Uberaba (UNIUBE) nas áreas de ferramentas computacionais e técnicas de programação, e também professor convidado do SENAI/IST de Maringá (PR).

Prefácio

Fui contemplado pelo Prof. Mário Leite em escrever este prefácio, mas antes disso, sinto o dever de comentar como o conheci, num momento de grande necessidade na docência para o Ensino Profissional na escola Senai em Maringá-PR. Nesta demanda, como sempre acontece em nossa instituição, envolveu uma grande responsabilidade sobre conhecimento técnicos, caráter profissionalizante, além da questão pessoal naquele momento com sua dedicação integral. O Prof. Mário nos agraciou com sua capacidade multidisciplinar em *software* desde programação Pascal, Banco de Dados até o Delphi, além da sua grande responsabilidade em particular. Hoje os frutos deste trabalho estão concretizados em profissionais atuantes dentro da indústria de *software* em nossa região e também em nível nacional.

Sobre este livro, a abordagem trata de técnicas atualizadas sobre esta poderosa ferramenta computacional numérica livre, partindo de estudantes com pouca experiência até os maiores níveis do conhecimento acadêmico, técnico-cientifico e aplicação empresarial. O *software* SciLab permite a resolução de operações e funções matemáticas, como a trigonometria, matrizes, álgebra linear e estatística, além de algoritmos que podem ser criados em linhas de código.

Nesta edição, junto à análise de dados da engenharia, destacam-se a abordagem de cálculos vetoriais, séries matemáticas, equações diferenciais e o uso de uma ferramenta de edição e simulação gráfica, o Xcos. Também são identificados novos recursos, proporcionando aos usuários uma interação otimizada, observado na versão atualizada do SciLab.

Com sua grande experiência, o Prof. Mário Leite trata a resolução de problemas com o SciLab de modo objetivo, didático, preenchendo um espaço no mercado impresso de literaturas técnicas, direcionado a facilitar o entendimento de um *software* considerado complexo. A grande exemplificação, ilustrações e rotinas, tornam esta obra um guia operacional prático para enriquecer em muito o desempenho de estudantes e profissionais de diversas áreas do conhecimento.

Alecsander Pereira Martins - MSc
Automação Industrial
SENAI - Maringá/PR

Nota do Autor

Muito embora já exista no mercado uma gama enorme de calculadoras modernas que oferecem cada vez mais recursos e novos tipos de funções, elas não podem ser consideradas "ferramentas" computacionais no sentido lato da palavra. Uma ferramenta de computação numérica, trabalhando em ambiente computacional que proporcione ao usuário respostas precisas e que gere informação gerencial para tomadas de decisão não pode ser considerada apenas mais uma "boa calculadora"; é muito mais que isto. Nas empresas em que as tomadas de decisões chegam a ser elementos cruciais até para a sua sobrevivência no mercado, uma ferramenta deste tipo é fundamental. E mesmo individualmente para o profissional liberal que lida com cálculos mais complexos no seu dia a dia, às vezes apenas uma "excelente" calculadora científica não é o suficiente. Neste contexto, para suprir as necessidades de atitudes decisórias, as ferramentas computacionais em nível de *software* se destacam no sentido de dar um suporte real nas respostas de maneira rápida e significativa.

Existem no mercado algumas ferramentas computacionais de ambiente de cálculo numérico que atendem estas necessidades, destacando-se entre elas o Matlab. Mas, embora esta ferramenta seja a mais popular entre as demais, tem um ponto "fraco" nos dias de hoje: é proprietária e com preço elevado para os padrões econômicos das pequenas e micro empresas brasileiras que representam cerca de 95% das empresas instaladas no Brasil. A solução mais conveniente, então, é utilizar ferramentas de baixo custo; aquelas que podem ser usadas livremente sem pagamento de *royalties*. Entre os *softwares* de ferramentas computacional numérica do tipo *free* e *open source* que podem ser baixadas gratuitamente pela Internet e que podem ser usadas livremente vem se destacando uma: o SciLab.

Este livro, o único em Português (até o momento) foi escrito com o objetivo de mostrar o uso prático do SciLab de modo objetivo e em um nível compreensível para todos os que necessitam de usar uma ferramenta desta natureza. Sem sofisticações desnecessárias e com muitos exemplos, gráficos, figuras, esquemas e rotinas, esta obra faz uma abordagem deste ambiente computacional de modo a desmistificar o uso dos "poderosos" *softwares* caros e muitas vezes difíceis de serem compreendidos. Muitos profissionais precisavam de uma ferramenta deste tipo, mas não encontravam no mercado material impresso no nosso idioma, voltado para a prática e ao mesmo tempo suficientemente compreensível; este livro preenche esta lacuna.

Nesta segunda edição o livro ficou mais abrangente, com a revisão de vetores (agora apresentando programas de produto escalar, vetorial e misto); também o primeiro capítulo foi reescrito de forma a atender às novidades da versão mais atual; novos exemplos de cálculos numéricos de séries foram incluídos, solução numérica de equações diferenciais, programas de maximização através do método Simplex, além de um novo capítulo sobre o Xcos (ferramenta de simulação). Estas inclusões fizeram com que o livro adquirisse um perfil mais profissional; revisado, atualizado e ampliado para melhor atender os leitores iniciantes e os que já trabalham com o SciLab. E mantendo sua estrutura didática o livro pode ser adotado tanto como livro-texto nas disciplinas que precisam de cálculo numérico, quanto para resolver problemas reais para gerar as informações gerenciais necessárias nas tomadas de decisão.

Mário Leite
Rio de Janeiro, Janeiro de 2015.

Sumário

Capítulo 1

Introdução ao SciLab 1
1.1   Histórico 1
1.2   Características 2
1.3   Como instalar o SciLab 3
1.4   Conhecendo o ambiente do SciLab 7
      1.4.1   O Menu Principal 7
      1.4.2   O item de Ajuda (Scilab Help) 8
1.5 - Configurando o ambiente de trabalho 12
1.6 - Controle de teclas no ambiente do SciLab 17
1.7 - Limpeza da área de trabalho 17
1.8 - Elemento básicos no prompt do SciLab 18
      1.8.1   Comandos 18
      1.8.2   Constantes especiais 19
1.9 - Exercícios propostos 20

Capítulo 2

Operações Básicas 21
2.1   Instruções no *prompt* do SciLab 21
      2.1.1   Operadores 21
      2.1.2   Operações com Reais 24
      2.1.3   Operações com Complexos 27
2.2   Instruções com variáveis 28
2.3   Tipos de dados 30
2.4   A variável ans 32
2.5   Constantes 33
2.6   Formatação de números 34

2.7	Como salvar e recuperar dados	38
2.8	Como criar um arquivo-log	42
2.9	Comandos de entrada e saída	45
	2.9.1 O Comando input	45
	2.9.2 O Comando disp	47
	2.9.3 O Comando printf	51
	2.9.4 Saídas Não Formatadas	53
2.10	Entradas e saídas com janelas de diálogos	53
	2.10.1 Comando x_dialog	53
	2.10.2 Comando messagebox	56
	2.10.3 Comando x_matrix	59
	2.10.4 Comando printsetupbox	61
	2.10.5 Função x_choose()	61
	2.10.6 Função x_choices()	63
2.11	Scripts	66
	2.11.1 Como Criar um Arquivo de Script	66
2.12	Algumas funções mais comuns do SciLab	76
	2.12.1 Funções Trigonométricas	76
	2.12.2 Funções de Arredondamento	78
	2.12.3 Funções Estatísticas	79
	2.12.4 Outras Funções Matemáticas	79
	2.12.5 Funções Manipuladoras de Strings	81
2.13	Como desdobrar uma linha de instrução	86
2.14	Mudança de ambiente no SciLab	87
2.15	Exercícios propostos	91

Capítulo 3

Polinômios **95**

3.1	Conceitos básicos	95
3.2	Criação de polinômios	96

3.2.1	Criação de Polinômios com %s	97
3.2.2	Criação de Polinômios com %z	97
3.2.3	Criação de Polinômios com o Comando poly	98

3.3 Raízes de polinômios ... 101
3.4 Como calcular valores de um polinômio ... 103
3.5 Como criar uma função polinomial ... 105
3.6 Operações com polinômios ... 107

3.6.1	Adição de Polinômios	107
3.6.2	Subtração de Polinômios	107
3.6.3	Multiplicação de Polinômios	108
3.6.4	Divisão de Polinômios	108

3.7 Exercícios propostos ... 109

Capítulo 4

Tipos Estruturados ... 111

4.1 Conceitos básicos ... 111
4.2 Definição de matriz ... 113
4.3 Criação de matrizes no SciLab ... 114
4.4 Como acessar elementos de matrizes ... 115

4.4.1	Acesso Direto	115
4.4.2	Acesso com o Operador:	116
4.4.3	Acesso com o Operador $	122

4.5 Operações com matrizes e vetores ... 123

4.5.1	Operações entre uma Matriz e um Esalar	124
4.5.2	Outras Operações com Vetores	126
4.5.3	Operações entre Matrizes	128

4.6 Matrizes e vetores especiais ... 132

4.6.1	Matriz Transposta	133
4.6.2	Matriz Inversa e Matriz Identidade	135
4.6.3	Matrizes Triangulares	137
4.6.4	Matrizes Randômicas	139

4.6.5	Matrizes de Strings	142
4.6.6	Matrizes de 1's	144
4.6.7	Matrizes de 0's	145
4.6.8	Matrizes Simbólicas	146
4.6.9	Matrizes Booleanas	147
4.6.10	Matrizes de Polinômios	149
4.6.11	Matrizes Esparsas	153
4.6.12	Vetores com Elementos Igualmente Espaçados	154
4.7	Criação de matrizes a partir de outras	156
4.8	Determinantes	159
4.8.1	Determinante de Matrizes de 2ª Ordem	159
4.8.2	Determinante de matrizes de 3ª Ordem	160
4.8.3	Determinante de matrizes de ordem n>3	163
4.9	Produtos entre Vetores	167
4.9.1	Produto Escalar	167
4.9.2	Produto Vetorial	170
4.9.3 - Produto Misto		175
4.10	Dimensões de Matriz e Produtos Especiais	179
4.11	Listas	181
4.11.1	Listas Ordinárias	181
4.11.2	Listas Tipadas	188
4.12	Leitura de matrizes em arquivo-texto	189
4.13	Manipulação de planilhas do Excel	192
4.14	Exercícios propostos	196

Capítulo 5

Programação no SciLab **199**

5.1	Manipulação de dados e informações	199
5.2	Como obter a solução de um problema	203
5.3	Lógica de programação	204
5.4	Algoritmo	206

5.5	Pseudocódigo	208
5.6	Variáveis	211
5.7	Linguagens de programação	215
5.8	Estruturas de controle	222
	5.8.1 Estruturas de Decisão	223
	5.8.2 Estrutura de Seleção	227
	5.8.3 Estruturas de Repetição	230
5.9	Programação no SciLab	239
	5.9.1 Conceitos Básicos	239
	5.9.2 Desvio Condicional	240
	5.9.3 Desvio Condicional Encadeado	246
	5.9.4 Desvio Selecionado	250
	5.9.5 Laços Repetitivos	257
5.10	Execução de programas a partir do prompt	270
5.11	Interrompendo um laço	274
5.12	Estrutura de tratamento de erro	276
5.13	Exercícios propostos	285

Capítulo 6

Como Trabalhar com Rotinas **289**

6.1	Modularização de programas	289
6.2	Rotinas	293
	6.2.1 Procedimentos	293
	6.2.2 Funções	295
6.3	Passagem de parâmetros	297
	6.3.1 Passagem de Parâmetros "Por Valor"	301
	6.3.2 Passagem de Parâmetros "Por Referência"	303
6.4	Passagem de parâmetros no SciLab	304

XX | SciLab: Uma Abordagem Prática e Didática 2ª Edição - Mário Leite

6.5	Escopo de variáveis no SciLab	307
6.6	Criação de funções no SciLab	309
	6.6.1 Criação de Funções com o Comando deff	310
	6.6.2 Criação de Funções Diretamente do Prompt	311
	6.6.3 Criação de Funções com o Editor de Texto	311
6.7	Como alterar o escopo de variáveis	318
6.8	Comandos especiais em funções	325
6.9	Exercícios propostos	329

Capítulo 7

Gráficos		**331**
7.1	O ambiente gráfico do SciLab	331
	7.1.1 A Janela Gráfica	331
7.2	Geração de gráficos	333
	7.2.1 Gráficos Bidimensionais: Comando plot2d	334
	7.2.2 Gráficos Tridimensionais: Comando plot3d	347
	7.2.3 Outros Comandos para Gráficos	349
7.3	Como plotar gráficos a partir de um arquivo de dados	355
7.4	Salvar um gráfico em arquivo .scg	358
7.5	Como obter pontos da curva com o mouse	359
7.6	Exercícios propostos	362

Capítulo 8

Aplicações na Álgebra		**365**
8.1	Resolução de sistemas lineares	365
	8.1.1 Equações Lineares	365

	8.1.2	Sistemas Lineares	366
	8.1.3	Solução de Sistemas Lineares com o SciLab	367
	8.1.4	Outras Soluções de Sistemas Lineares com o SciLab	373
8.2		Sistemas não lineares	377
	8.2.1	Sistema Presa-Predador	379
8.3		Regressões	382
	8.3.1	Regressão Linear com Abordagem não Matricial	382
	8.3.2	Regressão Linear com Abordagem Matricial	387
	8.3.3.	Regressão Polinomial	389
	8.3.4	Coeficientes de Correlação e de Determinação	401
	8.3.5	Regressão Exponencial	407
8.4		Problemas de programação linear	419
	8.4.1	Conceitos Básicos sobre PL	419
	8.4.2.	Otimização	422
	8.4.3 - Básico sobre o Método Simplex		438
8.5		Interpolação polinomial	456
	8.5.1	Interpolando Pontos Analiticamente	456
	8.5.2	Interpolando Pontos com o Comando interp1	457
8.6		Exercícios propostos	464

Capítulo 9

Tópicos Especiais			**467**
9.1		Problemas de limites	467
9.2		Problemas de derivadas	469
	9.2.1	Derivada de Função Polinomial	470
	9.2.2	Derivada de uma Função num Ponto	473
9.3		Problemas de integrais	477
	9.3.1	Integrais Definidas	477

XXII | SciLab: Uma Abordagem Prática e Didática 2ª Edição - Mário Leite

9.4   Problemas de estatística.. 487
9.5   Problemas de Análise Combinatória 508
9.6   Mudanças de base.. 510

     9.6.1   Sistemas de Numeração...510
     9.6.2   Sistema Decimal 511
     9.6.3   Sistema Hexadecimal 513
     9.6.4   Sistema Octal 514
     9.6.5   Sistema Binário...514
     9.6.6.   Mudança de uma Base para a Base Decimal 516
     9.6.7   Mudança da Base Decimal para uma outra Base.................522

9.7   Sequência de Fibonacci 528
9.8 - MDC e MMC... 531

     9.8.1 - MDC 531
     9.8.2 - MMC 532

9.9 - Equações Diferenciais 534

     9.9.1 - Conceitos Básicos..534
     9.9.2 - Soluções através do SciLab.................................538
     9.9.3 - Método de Euler dentro do SciLab........................545

9.10   Exercícios propostos.. 551

Capítulo 10

Básico sobre Xcos 553

10.1   Introdução.. 553
10.2   Carregando o Xcos e criando um projeto........................... 558

     10.2.1 - Configuração dos blocos do projeto 561
     10.2.2 - Fazendo a simulação do projeto 563

10.3 - Configurações globais do menu Simulation/Setup...................... 565
10.4 - Exemplos básicos de aplicação do Xcos 567

Bibliografia e Referências Bibliográficas 571

Capítulo 1
Introdução ao SciLab

1.1 Histórico

O SciLab - iniciais em inglês para Scientific Laboratory - é um *software* para ser empregado em ambientes de cálculos numéricos. É uma ferramenta de alta performance e utilizada em situações que requer soluções baseadas em cálculos numéricos de certa complexidade, sendo manipulada interativamente ou através de programação. Ele faz parte de um grupo de *softwares* que simula ambiente de computação numérica, tais como o MatLab, Octave, Maple, R-project, Simulink, MuPAD, FreeMat, Secav, OpenBUGS, VCN, O-Matrix, etc. Entre estes, o mais conhecido é o MatLab (Matrix Laboratory); a diferença é que enquanto o MatLab é um *software* proprietário e pago, o SciLab é free e open source; isto quer dizer que seu uso é livre e de código aberto, apesar da distribuição estar sujeita ao tipo de licença. E mesmo sendo considerada uma ferramenta CASCD (Computer Aided Control System Design - Projeto de Sistemas de Controle Auxiliado por Computador), o SciLab é utilizado na prática como um poderoso sistema de computação, podendo até ser empregado em desenvolvimento de sistemas complexos de cálculos numéricos. É um produto criado e mantido por um consórcio formado em 2003, mas seu desenvolvimento começou em 1999 na França: no INRIA (Institut National de Recherche en Informatique et en Automatique) e na ENPC (École Nationale des Ponts et Chaussées). A partir de Julho/2012 passou a ser mantido e controlado pelo SciLab Enterprises, e sua distribuição é feita por CeCILL(Free Software Foundation on CECIL); mas os desenvolvedores do mundo todo podem contribuir para sua melhoria.

1.2 Características

O SciLab pode ser usado sob Windows 2003 e superior, GNU/Linux ou Mac OSX (Intel), o que lhe confere grande popularidade entre os usuários de ferramentas computacionais. Ele é empregado em diversas áreas: engenharias, petroquímica, meteorologia, indústria automobilística, executando diversas tarefas; suas principais características são:

- É um *software* de distribuição gratuita (*free*) e com código fonte aberto (*open source*).
- Possui uma linguagem simples e fácil de aprender.
- Tem recursos de computação Gráfica (cria gráficos 2D e 3D).
- Resolve sistemas lineares e não lineares.
- Tem controle de processos.
- Resolve sistemas de equações diferenciais.
- Possui controle clássico, robusto e otimização LMI (*Linear Matrix. Inequalities*).
- Implementa processamento de sinais.
- Auxilia na automação industrial.
- Tem interface com linguagens Fortran, Tcl/Tk, C, C++, Java, LabView.
- Possui um sistema de auxílio ao usuário muito abrangente.
- Implementa diversas funções para manipulação de matrizes.
- Permite trabalhar com polinômios, funções de transferência, sistemas lineares e grafos;
- Suporta o desenvolvimento de conjuntos de funções voltadas para aplicações específicas (*toolboxes*)

Entretanto, embora seja uma ferramenta muito fácil de aprender e utilizar, para tirar melhor proveito do SciLab é desejável que seus usuários possuam conhecimentos básicos de matemática (matrizes, polinômios, geometria analítica, etc) e sobre programação (algoritmos, variáveis, funções, parâmetros, etc).

1.3 Como instalar o SciLab[1]

Para baixar a versão mais atual do SciLab acesse www.scilab.org (acessado em 19/01/15 - 16:55); a tela mostrada pode variar de versão para versão, mas sempre vai aparecer uma tela com local para *downloads* e outros informações a respeito da versão (ou release) da ferramenta informando o tamanho do arquivo instalador (para versões 5.5.x acima de 120 Mb) e o tipo de plataforma que deve ser utilizada. Selecionando a guia "Downloads" deverá aparecer uma tela com todas as opções de *downloads*, tal como a mostrada na **Figura 1.1**[2]. E, embora essa tela possa se apresentar diferente para outras versões, o importante é que seja selecionado o tipo de plataforma desejada pelo usuário; no caso foi escolhida a versão para Windows 64 bits.

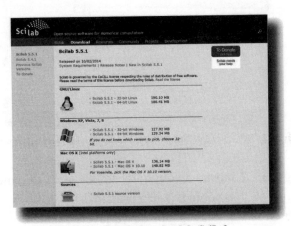

Figura 1.1 - Tela de download do SciLab.

O processo de instalação é relativamente rápido; basta seguir os passos indicados nas telas que vão aparecendo sequencialmente. Depois de baixar o arquivo instalador da ferramenta o programa deve ser carregado; para a versão 5.5.x a tela que se apresenta é a da **Figura 1.2**[3], mas podendo optar pelo idioma na instalação.

---
1 A versão utilizada neste livro foi para Windows 7, mas deve ser observado o tipo de plataforma: 32 ou 64 bits.
2 Esta tela se refere à versão 5.5.1; mas pode ser diferente nas futuras versões
3 Novamente aqui deve ser enfatizado que para versões diferentes (anteriores e posteriores) esta tela pode ser diferente

> **NOTA**
>
> Observe bem a escolha da plataforma de instalação do SciLab; pois no caso da seleção feita na **Figura 1.1**, a versão do sistema operacional deve ser 64 bits. Neste caso, por exemplo, se for tentado instalar a ferramenta no Windows XP isto não será possível; tem que ser Windows 7 ou superior; aliás, a versão 5.5.0 foi a última a rodar no Windows XP

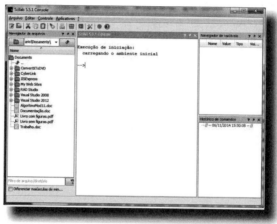

Figura 1.2 - Tela inicial do SciLab após sua carga com janelinhas flutuantes.

A tela da **Figura 1.2** mostra a configuração inicial da ferramenta, onde são exibidas três janelinhas sobre a janela principal.

- **Variable Browser** (Navegador de variáveis): onde é possível rastrear todas as variáveis utilizadas.
- **Command History** (Histórico de comandos): onde são exibidos os comandos mais recentes executados na ferramenta.
- **File Browser** (Navegador de arquivos): onde são exibidas as pastas de arquivos numa hierarquia em árvore

A janela de fundo é a tela principal da ferramenta onde se encontra o *prompt* da linha de instruções. Cada uma dessas três janelinhas podem ser exibidas e/ou ocultas separadamente através do acesso à seleção de comandos no *menu*. Para exibir/ocultar essa janelinhas deve ser acessada a opção **Applications** (Aplicativos) no *menu* principal, conforme mostra a **Figura 1.3**.

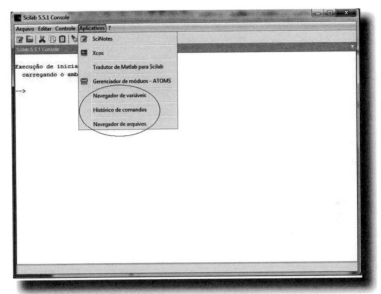

Figura 1.3 - Opções do *menu* para exibir as janelinhas de navegação.

Nota

O *prompt* do SciLab é representado pelo símbolo --> mais o cursor (|), que na literatura denomina-se "linha de comando", e é onde deve ser digitada uma instrução ou exibido um resultado; isto é, local de entrada e saída de dados. Entretanto, por uma questão puramente didática, reservaremos a expressão **"comando"** para designar uma palavra-chave que indique uma ordem ao processador do SciLab para executar uma tarefa bem determinada. A expressão **"instrução"** será empregada para definir um conjunto de palavras-chave e ordens digitadas no *prompt*, finalizado com um <Enter>. Por exemplo, criar o polinômio $y = x^2-5x+6$:

```
-->y = poly([6 -5 1] , "x", "c")    <Enter>
```

Toda a linha acima sombreada é uma "instrução", e *poly* é considerado um "comando" desta instrução.

[4]A **Figura 1.4** mostra a janela principal do SciLab com o *prompt* (linda de instruções) pronto para receber algum tipo de instrução.

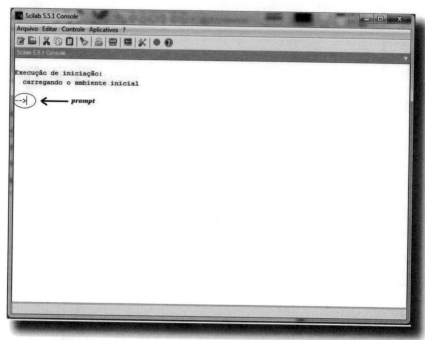

Figura 1.4 - A janela principal com o prompt da linha de instrução.

O SciLab permite várias instruções numa mesma linha, basta que estejam separadas por um ponto-e-vírgula (;), embora não seja recomendável usar este recurso; como por exemplo o que é mostrado abaixo
```
-->a=1; b=-5; c=6; d=b^2-4*a*c
d  =
    1.
```

---

4   Nas literaturas sobre SciLab às vezes comando e função são empregados com o mesmo significado; entretanto, aqui neste livro trataremos como comando qualquer palavra-chave que indique a execução de uma tarefa sem a preocupação que haja algum retorno (mesmo que retorne algo), e será sempre referenciado no texto em negrito. Para as funções, com o objetivo claro de retorno, serão apresentadas sempre com um par de parênteses depois de seu nome. No exemplo dado na Nota anterior, poly() pode ser empregado como função.

1.4 Conhecendo o ambiente do SciLab

1.4.1 O Menu Principal

O *menu* (pronuncia-se mení) principal do SciLab apresenta algumas ações que podem ser executadas de modo interativo, tais como: mudança de diretório, salvamento e carregamento de arquivos, execução de rotinas, impressão, cópia de textos, alteração de fonte, etc. A **Figura 1.5** mostra os itens da barra do *menu* principal, destacando as opções do *menu* "**File**"[5].

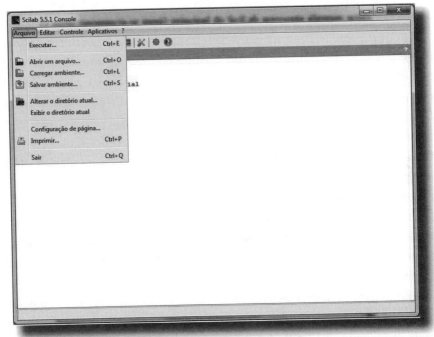

Figura 1.5 - Opções do menu principal.

Na tela da **Figura 1.5** o *menu* principal oferece cinco itens de opções de recursos da ferramenta, cada uma deles com vários subitens. Logo abaixo aparecem doze ícones que representam ações imediatas oferecidas; passando o

---

5 Dependendo da versão os itens do menu principal podem ser diferentes.

ponteiro do *mouse* sobre eles uma mensagem informa do que se trata, e cada uma dessas ações é bastante esclarecedora

1.4.2 - O item de Ajuda (Scilab Help)

Este último item do *menu* principal do SciLab (?) exibe a janela de ajuda; um item valioso no *menu* de qualquer ferramenta, e que o usuário não deve desprezar. Para os iniciantes a tela principal do ambiente pode causar, inicialmente, um certo impacto com uma pergunta: *"E agora, como usar isto?"*. Mas como todo bom *software* que se preza, existe o recurso de ajuda que pode ser utilizado para um contato inicial com a ferramenta. Para isto basta clicar sobre o ícone na barra de ferramentas ou ainda digitar o comando **help** (*em letras minúsculas*) diretamente no *prompt*; imediatamente será exibida uma tela de ajuda contendo a relação de todos os grupos dos elementos, começando com "Ajuda SciLab" e classificada por assunto. E para cada grupo o sistema apresenta a relação dos itens que o compõe; assim, por exemplo, para o grupo de funções elementares (*Elementary Funcions*) serão apresentadas todas as funções (e comandos) mais utilizados. Para a função **abs**() em "Matrix Operations" - que retorna o valor absoluto de um número real ou complexo - será exibida uma página de ajuda explicando como deve ser usada essa função, além de exemplos ilustrativos. Um outro comando é o **mkdir** que permite criar diretórios; mas neste caso este elemento não está no grupo de funções elementares, e sim em "Arquivos: funções de Entrada/ Saída - *Directory* (Diretório)". Por isto, o usuário iniciante deve tirar um tempinho para percorrer os grupos do help, pesquisando os seus conteúdos para ter uma boa ideia de onde procurar quando necessitar de algum elemento da ferramenta. A **Figura 1.6** mostra a tela de *help* do SciLab destacando as funções **modulo**() e **pmodulo**(), que retornam os restos da divisão entre dois números.

Figura 1.6 - Janela geral de ajuda do SciLab.

> **NOTA**
>
> As figura 1.6 e 1.7 mostram ajudas sobre as funções modulo(), pmodulo() e poly(), respectivamente, em Português; mas algumas dessas janelas de ajuda, ou algum trecho de uma ajuda, pode aparecer em Inglês devido à falta de tradução em alguns casos

E sobre o emprego de instruções no *prompt* da ferramenta é importante anotar o seguinte:

- Todas as instruções digitadas no *prompt* devem ser finalizadas com **<Enter>** para que possam ser efetivamente executadas.

- O ambiente da ferramenta é *case sensitive*, o que quer dizer que algo escrito com letras maiúsculas é diferente com letras minúsculas. Deste modo, se digitarmos a instrução **SQRT**(144), ou **SQRt**(144), ou **Sqrt**(144) ou quaisquer outras combinações de letras diferente de **sqrt** (144) o sistema emite uma mensagem de erro dizendo que a "variável" não existe. Note na instrução abaixo que <u>apenas</u> a letra "**S**" foi digitada em maiúscula, mas mesmo assim resultou em erro!

```
-->Sqrt(144)
         !--error 4
undefined variable : Sqrt
```

Podemos também obter informações sobre qualquer elemento da ferramenta diretamente do *prompt*; basta digitar **help** seguido do nome do item desejado. Seja, por exemplo, pesquisar sobre a função **poly()** - que cria polinômios - com a instrução **help poly** no prompt será exibição a tela de ajuda sobre essa função, como mostra a **Figura 1.7**.

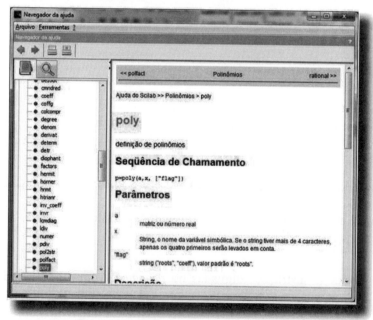

Figura 1.7 - Tela de ajuda para a função poly().

O comando **who** exibe as variáveis atuais na memória e constantes especiais do SciLab. Por exemplo, a constante **%f** representa o valor false (falso) para operações lógicas. Outra constante: o número π (que representa uma constante = 3.14159265...) e a constante especial **%eps** que indica a precisão da *máquina virtual* SciLab instalada para números reais em ponto flutuante, tal que: %eps+1=1. Estas duas constantes estão destacadas na **Figura 1.8**.

```
-->who
```

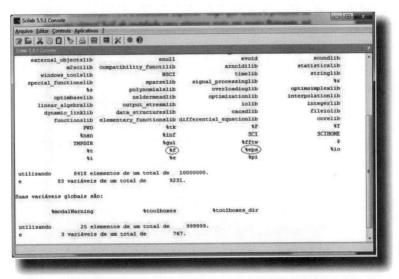

Figura 1.8 - Exibindo variáveis e constantes especiais do SciLab com "who".

Nas instruções que não são corretamente executadas são exibidas mensagens de erro; e para saber o tipo de erro cometido ao executar uma instrução basta chamar a tabela de erros (error_table) do seguinte modo:

```
-->help error_table
```

Imediatamente será apresentada uma relação completa com todos os erros que podem ser gerados. Por exemplo, o erro (4) é gerado quando algum comando ou variável não identificável aparece.

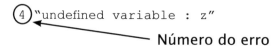
Número do erro

A **Figura 1.9** mostra a tela onde é apresentada a relação de todos os tipos de erros que podem ser gerados (na versão utilizada em Português).

Figura 1.9 - Erros que podem ser gerados ao executar uma instrução.

1.5 - Configurando o ambiente de trabalho

Todo bom funcionário ao chegar à empresa, sempre procura arrumar seu ambiente de trabalho para um novo dia de *labuta*. Por exemplo, um escriturário ou até um alto executivo sempre procura arrumar sua mesa adequadamente antes de iniciar: tirar os papéis inúteis, limpar o cinzeiro (no caso dos fumantes), etc. Um usuário do SciLab também deve arrumar seu ambiente de computação antes de iniciar as operações. Uma dessas *arrumações* é o redirecionamento do local de trabalho no disco; isto é, definir prioritariamente um diretório onde serão gravados os dados resultantes das operações. Isto é muito importante, pois caso contrário o SciLab considerará como local de trabalho o clássico **"C:\Arquivos de programas/..."**. Por isto, é bom que se defina, antes de tudo, o diretório de trabalho de modo pessoal no *drive* que melhor lhe convier e em seguida pode até criar subdiretórios. Vamos criar o diretório-base "Mario" na raiz do *drive* C: usando o "Windows Explorer". Depois de criado o diretório-base pode ser criado um subdiretório que será o diretório de trabalho; para isto execute os seguintes passos:

1 - Carregue o SciLab e em seguida execute a seguinte sequência: **File/ Change current directory... (Arquivo/Alterar o diretório atual...)** Imediatamente será exibida a janelinha "Select a directory" - "Selecione um diretório -" tal como na **Figura 1.10a**, onde podemos selecionar o diretório desejado; no caso "**C:\Mario**" mostrado na **Figura 1.10b**

Figura 1.10a - Janela para definir o diretório de trabalho.

2 - Depois de selecionar o diretório de trabalho, confirme no botão **[Abir]** para retornar ao ambiente do SciLab. Ao selecionar o diretório de trabalho é executada (internamente) a instrução -->**chdir**("C:\Mario"); fazendo a alteração corresponde em nível de linha de comando, sem a interferência do usuário.

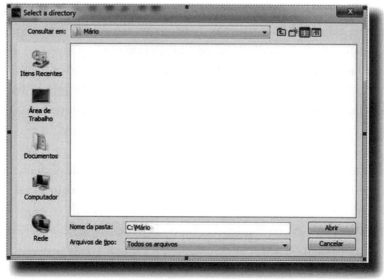

Figura 1.10b - Selecionando o diretório de trabalho.

Depois de confirmar o diretório de trabalho na **Figura 1.10b**, observe como responde o SciLab ao solicitar o diretório atual de trabalho...

```
-->pwd
 ans   =

  C:\Mario
```

Pronto; nosso diretório de trabalho está direcionado para **"C:\Mario"** e pronto para ser usado. Entretanto, pode ser questionando o fato desse diretório ser de propósito geral; afinal de contas o usuário normalmente tem outros tipos de ferramentas que produzem outros tipos de documentos. De dentro do próprio ambiente do SciLab podemos criar um subdiretório que será, efetivamente, o local de trabalho com a ferramenta. Para isto pode ser usada o comando **mkdir (make directory)** - que cria um diretório dentro do diretório atual - e neste caso esse diretório será criado como um subdiretório de **"C:\Mario"**. Veja como isto pode ser feito na tela da **Figura 1.11**. A resposta 1 no *prompt* da ferramenta indica que a operação foi bem sucedida.

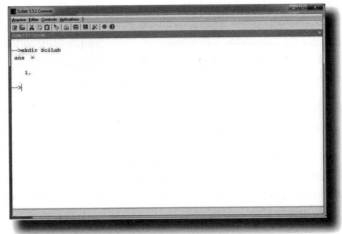
Figura 1.11 - Criando um diretório dentro do diretório atual.

Na **Figura 1.11** o diretório "SciLab" foi criado dentro do diretório "C\Mario"; isto pode ser comprovado através da instrução chdir("SciLab"), que redirecionará para o caminho "C:\Mario\SciLab".

```
-->chdir("SciLab");

    -->pwd
    ans  =

    C:\Mario\SciLab
```

Nota

a) Algumas funções/comandos retornam um status de resposta que pode ser analisado para verificar o seu comportamento na execução da instrução. No caso do comando **mkdir** temos os seguintes valores:

1 (Sucesso) - 2 (Diretório já existe) - 0 (outros).

b) Todas as instruções executadas no *prompt* ficam armazenadas numa pilha da memória, e poderão ser recuperadas pressionando as teclas de ↑↓. Isto evita redigitações desnecessárias e sujeitas a erros, além de aumentar a produtividade do usuário no ambiente.

c) Duas barras paralelas inclinadas (//) indicam comentário, e servem para documentar a instrução caso seja necessário uma explicação.

d) O comando **dir drive:\pasta** exibe todos os arquivos do diretório atual de trabalho em uma árvore hierárquica, ou através da janelinha de navegação em arquivos "File Browser" (Navegador de arquivos); veja a **Figura 1.12**

Figura 1.12 - Exibindo arquivos de uma pasta.

1.6 - Controle de teclas no ambiente do SciLab

No ambiente interativo do SciLab são digitados comandos, funções, operadores e vários outros tipos de elementos que formam instruções para serem processadas. O usuário pode usar teclas especiais e/ou combinações delas para aumentar sua produtividade. A Tabela 1.1 mostra as combinações de teclas na edição de instruções

TECLA/COMBINAÇÃO	AÇÃO EXECUTADA
↑↓	RECUPERA OS COMANDOS DIGITADOS.
DELETE OU BACKSPACE	APAGA O CARACTER À ESQUERDA DO CURSOR.
CTRL-A	MOVE O CURSOR PARA O INÍCIO DA LINHA DE INSTRUÇÃO.
CTRL-B	MOVE O CURSOR PARA A ESQUERDA CARACTER A CARACTER.
CTRL-D	APAGA O CARACTER QUE ESTÁ À DIREITA DO CURSOR.
CTRL-E	MOVE O CURSOR PARA O FINAL DA LINHA DE INSTRUÇÃO.
CTRL-H	MESMO EFEITO DA TECLA <BACKSPACE>.
CTRL-K	APAGA OS CARACTERES DO CURSOR ATÉ O FINAL DA LINHA.
CTRL-U	CANCELA (LIMPA) A LINHA DE INSTRUÇÃO.
CTRL-X	EXECUTA O COMANDO PAUSE (ACESSA AMBIENTE N+1).
!C	RECUPERA INSTRUÇÃO COMEÇANDO COM "C".

Tabela 1.1 - Combinação de teclas na edição de instruções.

1.7 - Limpeza da área de trabalho

Durante o tempo em que o usuário fica usando a área de trabalho do SciLab esta fica "poluída" com as instruções executadas no *prompt* ou através de *scripts*. É normal que se deseja limpar o ambiente de vez em quando; isto pode ser feito acessando o menu Edit/Clear Console (Editar/Limpar o console) - ou através de comandos. Existem dois comandos para isto: clc e clc(n). O primeiro limpa toda a área e reposiciona o cursor na primeira linha (no alto da tela), e o segundo limpa n linhas acima da linha atual e reposiciona o cursor naquele local

```
-->clc //Limpa toda a área de trabalho e posiciona o
cursor no início.
-->clc(8) //Limpa 8 linhas acima da linha atual e co-
loca o cursor lá.
```

1.8 - Elemento básicos no prompt do SciLab

1.8.1 - Comandos

- chdir   muda de diretório.
- clc   limpa a área de digitação das instruções no *prompt*.
- clear   Apaga as variáveis não protegidas do ambiente.
- dir   lista os arquivos do diretório, um ao lado do outro.
- disp   exibe o conteúdo de valores, variáveis e *strings*.
- exec   Executa um programa SciLab (script e function).
- exit   encerra a sessão corrente do SciLab.
- help   exibe a tela de ajuda geral do SciLab.
- load   recupera as variáveis salvas num arquivo.
- ls   lista os arquivos do diretório, um embaixo do outro.
- mkdir   cria um novo diretório.
- pwd   exibe o diretório atual.
- quit   sai do ambiente do SciLab se não existir um pause ativo; se existir algum pause ativo termina no nível desse pause ativo.
- rmdir   remove um diretório.
- save   salva variáveis em um arquivo.
- SCI   exibe o diretório onde o SciLab foi instalado.
- who   exibe as variáveis alocadas no momento, inclusive as constantes especiais

1.8.2 - Constantes especiais

- %e   base dos logaritmos naturais (2.7182818...).
- %i   raiz quadrada de -1 (unidade imaginária dos complexos).
- %pi   constante π (3.1415927..).
- %eps   precisão da máquina virtual no SciLab (1+%eps=1).
- %inf   infinito.
- %nan   não é um número.
- %t   verdadeiro (valor lógico).
- %f   falso (valor lógico)

NOTA

Dependendo das opções escolhidas na instalação e da versão instalada, pode acontecer que algumas janelas apresentem trechos em Português e/ou no idioma estrangeiro escolhido. O Help é uma dessas janelas, assim como as janelas gráficas. Mas isto não interfere no aprendizado e nem na utilização da ferramenta; é apenas um inconveniente técnico relacionado à tradução para o idioma escolhido

---

Uma observação importante é quanto ao uso de aspas e apóstrofos nas instruções. O correto é utilizar aspas normais, retas (" ") ou apóstrofos retos (' '); as aspas inglesas (" ") também chamadas de "aspas de tipógrafos" não são reconhecidas pelo SciLab. Observe a instrução abaixo quando se emprega aspas inglesas:

```
--> printf ("Hoje é dia de \nrock")
          !--error 2
Fator inválido.
```

Note que o SciLab considera as aspas inglesas " " como caracteres estranhos, tratando-as como "fator inválido". Portanto, muito cuidado com aquela velha mania de "copiar/colar" do Word; use sempre o próprio ambiente do SciLab para aspas e apóstrofos.

1.9 - Exercícios propostos

1. Explique, com suas palavras, qual a vantagem de usar o SciLab.
2. Ao se deparar com o *prompt* do SciLab, sem conhecer os comandos e funções que ele oferece, qual seria a atitude mais recomendada?
3. Já com o SciLab carregado e pronto para ser usado, o que deve ser feito para organizar e direcionar bem os seus trabalhos?
4. Qual é a diferença entre as instruções Modulo(7, 3) e modulo(7, 3).
5. Observe a sequência de instruções a seguir e responda por que ocorreu um erro na última instrução.

```
-->a = 1;
-->b = 3;
-->c = -10;
-->delta = b*b - 4*a*c;
-->x1 = (-b + sqrt(delta))/2*a;
-->x1 = (-B + sqrt(delta))/2*a;
    !--error 4
undefined variable : B
```

Capítulo 2
Operações Básicas

2.1   Instruções no *prompt* do SciLab

A maioria das instruções para cálculos numéricos são executadas no *prompt* do ambiente do SciLab, envolvento vários tipos de operadores.

2.1.1   Operadores

As operações no ambiente da ferramenta podem envolver três tipos de operadores: aritméticos, relacionais e lógicos, como mostram as **Tabelas 2.1, 2.2 e 2.3**.

Operador	Descrição	Ordem de execução
^ ou **	Potenciação	Da direita para a esquerda
/	Divisão	Da esquerda para a direita
*	Multiplicação	Da esquerda para a direita
+	Adição	Da esquerda para a direita
-	Subtração	Da esquerda para a direita

Tabela 2.1 - Operadores aritméticos em ordem de prioridade[6]

---

6   O símbolo + pode ser empregado para unir *strings*; neste caso ele funciona como um operador de concatenação, já que não se pode falar em "somar *strings*". Seja, por exemplo, "Má " + "rio" = Mário (neste caso o acento pode ser utilizado, pois não identifica nada).

Operador	Descrição
>	Maior que
>=	Maior ou igual a
<	Menor que
<=	Menor ou igual a
==	Exatamente igual
<> ou ~=	Diferente de

Tabela 2.2 - Operadores relacionais.

Operador	Descrição
&	Conjunção
|	Disjunção
~	Negação

Tabela 2.3 - Operadores lógicos.

As **Tabelas 2.1**, **2.2** e **2.3** reúnem todos os operadores empregados nas instruções; mas, de um modo mais geral eles podem coexistir numa mesma instrução. Por isto é importante saber a hierarquia de prioridades considerando todos eles juntos. A **Tabela 2.4** mostra essas prioridades.

Prioridade	Operador	Ordem de execução
1	~	Da esquerda para a direita
	==	Da esquerda para a direita
2	>	Da esquerda para a direita
	<	
	=<	
	>=	
	<> ou ~=	
3	^	Da direita para a esquerda
5	*	Da esquerda para a direita
	/	

6	+ -	Da esquerda para a direita
7	&	Da esquerda para a direita
8	|	Da esquerda para a direita

Tabela 2.4 - Prioridades dos operadores [7].

A **Tabela 2.5** mostra a chamada "tabela verdade" muito empregada na lógica simbólica com operadores *booleanos* [8].

p	q	p&q	p|q	~p	~q
T	T	T	T	F	F
T	F	F	T	F	T
F	T	F	T	T	F
F	F	F	F	T	T

Tabela 2.5 – Tabela verdade dos operadores lógicos.

As operações lógicas sempre envolvem operadores relacionais e lógicos, produzindo resultados lógicos com um dos dois valores: **T** (verdadeiro) ou **F** (falso). Observe a próxima instrução, sendo a=3, b=4 e c=5.

```
-->d = (a > b) | (c <> b) & (a == b)
 d  =

     F
```

---

7 É claro que o uso de parênteses pode alterar essa ordem de prioridade.
8 Em homenagem ao britânico George Boole (1815-1864) que publicou os primeiros trabalhos sobre o assunto em 1859.

2.1.2   Operações com Reais

Além de ser um poderoso ambiente de computação numérica, o ScliLab
pode ser usado até como uma calculadora; aliás, uma grande e sofisticada
calculadora. Acompanhe os exemplos a seguir.

```
-->2 + 3
 ans  =
      5.

-->4*3 + 12/4 - 6
 ans  =
      9.

-->(-5 + sqrt(5^2 -4*1*6)/2*1)
 ans  =
    - 4.5

-->2i + 3i
 ans  =
      5.i

-->4*3 + 12/4 - 6^3
 ans  =
    - 201.

-->(-5 + sqrt(5^2 -4*1*6))/2*1
 ans  =
    - 2.

-->3*4 + 5^3/4-1
 ans  =
      42.25

-->4 > 3
 ans  =
```

Capítulo 2 - Operações Básicas | 25

```
        T
-->2 + abs(-3)
 ans  =
       5.

-->4*3 + int(12/5) - 6
 ans  =
       8.

-->(5 + sqrt(5^2 -4*1*6)/2*1)
 ans  =
       5.5

-->3 > 4
 ans  =
       F

-->sin(30)
 ans  =
     - 0.9880316

-->sin(%pi/6)
 ans  =
       0.5

-->sin(30)^2 + cos(30)^2
 ans  =
       1.

-->Tg = sin(%pi/4)/cos(%pi/4)
 Tg   =
       1.

-->a = 4 + 10/2
 a    =
       9.
```

No caso de operações com funções trigonométricas, os ângulos são dados em radianos. Assim, **sin(30)** será executado como **seno(30 rd)**. Para indicar graus deve-se converter em rd. Então 30° neste caso deve ser digitado como **sin(%pi/6)**, cujo resultado é 0.5.

```
-->a = (4 + 10)/2
 a  =
    7.
```

Observe os dois últimos exemplos: no primeiro caso, a operação que primeiro ocorreu foi a divisão de 10 por 2; no segundo exemplo essa prioridade passou a ser a soma de 4 com 10, e só depois foi realizada a divisão por 2. O uso dos parênteses mudou a ordem de execução.

```
->a = (3>4) & (3=9)
 Warning: obsolete use of = instead of == //Advertência
 sobre o uso do operador = (obsoleto)
                          !
 ans  =
    F

-->a = (3>4) & (3==9)   //Uso mais moderno com ==
 ans  =
    F

-->a = (3>4) | (9==3)
 a  =
    F

-->a = (3>4) | (9>3)
 a  =
    T

-->a = ~((3>4)  |  (9>3))
 a  =
    F
```

Nas operações que envolvem operadores relacionais e/ou lógicos, o resultado sempre é um valor lógico: **T** (verdadeiro) ou **F** (falso). E nas comparações é sugerido o uso do operador == em vez do = (considerado obsoleto para esse tipo de operação).

2.1.3 Operações com Complexos

O SciLab permite oerações com números complexos de maneira fácil e transparente. Observe os exemplos a seguir.

```
-->x1 = 4 + 3*%i;
-->x2 = 4 - 3*%i;
-->Soma = x1 + x2     //Soma de complexos
 Soma  =
    8.
-->Sub = x1-x2        //Subtração de complexos
 Sub  =
    6.i
-->Mult = x1*x2       //Multiplicação de complexos
ans  =
    25.
-->Div = x1/x2        //Divisão de complexos
 D  =
    0.28 + 0.96i

-->Raiz = sqrt(x1)       //Extraindo a raiz quadrada do complexo
 Raiz  =
    2.1213203 + 0.7071068i

-->PR = real(Div)        //Extraindo a parte real de com-
plexo
 PR  =
    0.28

-->Pi = imag(Div)        //Extraindo a parte imaginária
 Pi  =
    0.96
```

> **NOTA**
>
> Nas operações em que valores são atribuídos a variáveis, o operador empregado é o = (neste caso considerado como operador de atribuição e não de igualdade). A instrução **a = 4 + 10/2** deve ser lida da seguinte forma: *"a* **recebe** *4 + 10/2"* e NÃO como *"a é* **igual** *a 4 + 10/2"*. Em programação, uma instrução desse tipo NÃO representa uma equação, pois se assim fosse como ficaria a instrução **a = a + 1** ? Matematicamente não existe nenhum valor de **a** que torne esta equação uma identidade. Na verdade a instrução **a = a + 1** significa o seguinte: *"coloque na variável* **a** *a soma do seu valor atual acrescido de 1"*. Em outras palavras, *"incremente de 1 o valor atual de* **a***"*. Infelizmente, no caso do SciLab (e de algumas linguagens), o operador = é utilizado como operador de atribuição; daí o vício da semântica errada (que é até compreensível), mas deve ser evitada.

2.2 Instruções com variáveis

Nos exemplos do item anterior foi empregada uma variável denominada **a**; mas... *o que é uma variável?* Uma variável pode ser definida (informalmente) como *"um endereço de memória do computador, representado simbolicamente por um identificador e com o objetivo de armazenar, temporariamente, valores para entrada de dados e/ou o resultado de um processamento"*. Esse identificador, dependendo da linguagem de programação (ou do ambiente computacional) pode ter regras diferentes para sua definição, mas todos concordam que o primeiro caractere tem que ser uma *letra* ou sublinha (_). A partir do segundo caractere pode haver uma mistura de letras (sem qualquer tipo de acento) e dígitos numéricos inteiros. Em alguns ambientes (como no SciLab), são admitidos até caracteres especiais em constantes especiais[9]. Mas, de qualquer forma, as variáveis são elementos importantíssimos, seja em modo interativo ou em modo programado. Conforme já foi mostrado nos exemplos do item anterior, para atribuir um valor constante ou o resultado de um processamento a uma variável, basta digitar no *prompt* o seu identificador, em seguida o operador = e, depois, o valor (ou expressão) desejado. Até que outro valor seja atribuído a essa variável, aquele valor inicial ficará armazenado na memória RAM do computador. De um modo geral, a atribuição de um valor (ou expressão) a uma variável pode ser representada como indicado a seguir.

```
<variável> = <valor> | <expressão>
```

Onde **valor | expressão** pode ser um valor constante de qualquer tipo de dado ou o resultado de um processamento qualquer (cálculo numérico, relação, ou chamada de uma função). Mas é sempre assim: primeiro o lado direito do operador = é resolvido, e só depois é que o resultado é atribuído à **variável**.

```
-->n = 38
n =
   38.
```

Apesar de ser opcional, o espaço antes e depois da variável deve ser colocado para que a instrução fique mais limpa, mais legível e mais elegante.

Então, com a instrução anterior, a partir deste instante o endereço simbolico da memória RAM do computador definido como **n** contém o valor **38**; e, até que outro valor seja atribuido a **n**, esse valor permanecerá. Também é permitido que se atribua uma faixa de valores a uma variável. Este recurso é particularmente importante quando se tem um polinômio **p(x)** e se deseja plotar gráficos desse polinômio para uma faixa de valores de **x**. Neste caso, a forma geral para atribuir valores a uma variável é a seguinte:

```
<variável> = Início:Passo:Fim
```

---

9   No **Capítulo 5 (item 5.6)** as variáveis serão estudadas com mais detalhes. Alguns caracteres especiais só podem ser usados no identificador de constantes especiais; reveja a **Figura 1.15**.

Início Valor inicial assumido pela variável (valor mínimo).
Passo Incremento da variável.
Fim Valor final assumido pela variável (valor máximo).
Por exemplo, atribuir à variável **x** uma faixa de valores que vai de 1 até 13, variando de 2 em 2. Neste caso temos: Início=1, Passo=2, Fim=13.

```
-->x = 1:2:13
 x  =

  1.    3.    5.    7.    9.    11.    13.
```

2.3   Tipos de dados

A definição de "tipo de dado" não é trivial; entretanto podemos dizer que *"tipo de dado é uma combinação de valores que uma variável (ou constante) poderá assumir e as operações que ela poderá executar"*. A **Tabela 2.6** mostra os principais tipos de dados suportados pelo SciLab, destacando-se os três primeiros (tipos primitivos): *numérico, string*[10] (cadeia de caracteres) e *lógico (booleano)*. Para os tipos de dados numéricos, estes englobam os reais (inteiros ou não), pois não há uma distinção rígida entre o valor numérico inteiro 38 (sem ponto decimal) e o valor 38. (com ponto decimal). O SciLab trata qualquer número (ou expressão numérica) ou como real ou como complexo; na verdade pode-se dizer que o conjunto dos reais é subconjunto dos complexos.

Tipo	Descrição	Exemplo
Numérico	Armazena valores numéricos reais e complexos nos formatos decimal e científico.	N= 6.0251E23 g = 9.80665 R = 8.314472 x1 = **sqrt**(-81)

---

10 Todos os valores do tipo string devem ser digitados entre apóstrofos (' ') ou entre aspas (" ").

String	Armazena uma cadeia de caracteres.	nome1="Kairusan Silva" nome2="Elisabete Lima" nome3='Irene Valdez' nome4="Lorena Pilatti"
Lógico	Armazena valor lógico (T ou F).	resp = %t z = 4 > 6 ==> F
Matriz	Armazena valores em uma ou mais dimensões.	v = [2 4 6] m = [1 2 3; 4 5 6; 7 8 9]
Lista	Armazena valores de tipos heterogêneos no mesmo objeto.	x=**list**('imposto',['nome'; 'cpf'; 'rg'], [1 2 3])

Tabela 2.6 - Os principais tipos de dados suportados pelo SciLab.

É importante observar que, diferentemente de algumas linguagens fortemente tipadas (tal como a Pascal), o SciLab <u>não</u> exige previamente a declaração do tipo de dado para a variável. Portanto, uma variável que inicialmente receba um valor do tipo real poderá receber em seguida um valor de outro tipo de dado, sem problemas. Esta situação é a mesma que acontece com algumas linguagens de programação tais como Clipper e Visual Basic (até a versão 6). Veja os exemplo a seguir.

```
--> a = 3
 a  =

    3.

-->a = "Hoje é dia de rock"
 a  =

 Hoje é dia de rock

-->a = 7 < 4
 a  =

    F

-->a = sqrt(125)
```

```
a  =

   11.18034
```

Observe nas instruções anteriores que a variável **a** armazenou vários tipos de dados em sequência, começando com um inteiro. Esse modo *não tipado* do SciLab pode receber críticas de programadores profissionais, mas, para o ambiente da engenharia, isto facilita muito o emprego da ferramenta.

De um modo geral, as regras básicas para definir o identificador de uma variável são as seguintes:

- Deve começar com uma letra (a, A, b,B, ...z,Z) ou sublinha (_).
- Não pode conter nenhuma letra acentuada.
- Não pode conter espaços ou qualquer outro caractere especial (salvo nas constantes especiais o caractere %).
- O número máximo de caracteres reconhecido no identificador é **24** (assim, o identificador "DevolucaoDoImpostodeRenda2015" vai ficar como **DevolucaoDoImpostodeRend**).

E nunca é demais lembrar que o ambiente é *case sensitive*; por isto o identificador **Nome** é diferente de **nome**, de **NOME** de **NOme**, etc.

2.4   A variável ans

O SciLab possui uma variável especial, interna, denominada **ans** (do inglês *answer*) que armazena os valores resultantes do processamento corrente. Ela guarda sempre o último valor resultante de qualquer tipo de dado.

```
--> 5 + 11
 ans  =
      16.

-->7 - 16
 ans  =
```

Capítulo 2 - Operações Básicas | 33

```
  - 9.
-->sqrt(125)
 ans  =

      11.18034


-->sqrt(-125)
 ans  =

      11.18034i
-->3 > 4
 ans  =

      F

-->ans  =

      F
```

ans funciona como uma resposta imediata da execução de uma operação no *prompt*.

2.5   Constantes ....

Como o nome sugere, constantes são entidades que não mudam de valor durante a execução de um algoritmo[11]. Elas, assim como as variáveis, representam posições de memória do computador para armazenar valores. Nas ciências exatas e na engenharia são empregadas diversas constantes como, por exemplo, g= 9.80665 m/s^2 (aceleração da gravidade no nível do mar) c=299792458 m/s (velocidade da luz no vácuo), R=8.314472 $J.mol^{-1}.K^{-1}$ (constante dos gases perfeitos), N = $6.0251*10^{23}/mol^{-1}$(número de Avogra-

---

11 Algoritmos serão apresentados com mais detalhes no **Capítulo 5**.

do), h = 6.626069×10^{-34} J.s(constante de Plank), etc. O SciLab possui um número razoável de constantes especiais que não podem ser apagadas, nem alteradas. A **Tabela 2.7** mostra algumas delas; observe que todas começam com o símbolo de percentagem: %.

Constante	Descrição
%pi	Contém o valor da constante π: 3.14159265...
%e	Base dos logaritmos naturais $e = 2.7182818$
%i	Unidade imaginária; raiz quadrada de -1
%eps	Constante que representa a precisão da "máquina" SciLab.
%inf	Infinito
%s	Polinômio com uma única raiz em zero e sendo **s** o nome da variável. A constante %s é definida com poly(0,'s').
%z	Polinômio com apenas uma raiz em zero e variável **z**
%t	Valor lógico Verdade (*true*); exemplo: Resp = %t
%f	Valor lógico Falso (*false*); exemplo: ~Resp ==> F
%nan	**n**ot **a n**umber (não é um número)

Tabela 2.7 - Constantes especiais do SciLab.

2.6 Formatação de números

No SciLab existem, basicamente, dois tipos de formatos em que um valor numérico pode ser exibido:

- Formato variável
- Formato científico

Por padrão, o formato utilizado é o "variável" com tamanho máximo de 10 posições para o número exibido, reservando uma posição para o ponto decimal e outra para o sinal. Deste modo, é possível definir a saída de um

processamento numérico em função do seu tamanho. A sintaxe é assim:
format(n) **n** é o tamanho total (incluindo o ponto decimal e o sinal)..

```
-->r = 1.23456789012345
 r  =

    1.2345679

-->format(15)

 r  =

    1.234567890123

-->format('e')

 r  =

    1.23456789D+00
```

No primeiro caso temos o valor da variável **r** no tamanho padrão 10, com 7 casas decimais (mesmo digitando-o com mais casas decimais). Depois de redefinir o formato para o tamanho 15, obtivemos esse valor com tamanho total **15** e **12** casas decimais. E, finalmente, depois de redefinir o formato para 'e' a saída foi exibida no formato científico truncado na oitava casa decimal, onde **D+00** significa "*10 elevado a 0*" que é igual a 1.

```
-->R = 8.314472
 R  =
    8.314472
-->format('e')
 R  =
    8.31447200D+00
```

Podemos também redefinir os formatos do seguinte modo:

format('v',15) ==> Redefine a saída no formato variável com 15 posições.
format('e',15)==> Redefine a saída no formato científico com 15 posições.

Por outro lado, é preciso considerar a precisão da "máquina SciLab" quando se define o tamanho do número no formato. Veja o exemplo a seguir.

```
-->format('v',20)

-->w = 1.123456789012345678
 w  =
    1.1234567890123457

-->%eps
%eps  =
0.00000000000000022
```

NOTA

Observe na instrução anterior que a constante **w** foi definida com **18** casas decimais, mas sua saída foi arredondada na décima sexta casa (arrendondado). Isto porque a precisão da "máquina" SciLab (dada pela constante especial **%eps**) é de no máximo **16** casas decimais. Assim, embora o parâmetro **n** em **format**('formato', n) possa ser qualquer número inteiro positivo, o tamanho real do valor numérico depende da precisão dada por %eps. De nada adianta definir um formato com tamanho 20 se a "máquina SciLab" não suportar tal precisão no *hardware* onde foi instalada!

Observe as instruções de atribuições a seguir.

1ª Situação:

```
-->a = 1
 a  =
```

```
    1.              Sem o ponto-e-vírgula no final
                    da instrução os valores foram
-->b = -5           armazenados e exibidos.

  b =

   - 5.
-->c = 6

   c =

     6.

-->d = b^2 - 4*a*c

  d =

     1.
```

2ª Situação:

```
-->a = 1;

-->b = -5;           Com o ponto-e-vírgula no final da
                     instrução os valores de entrada foram
                     armazenados, mas não exibidos. É claro
-->c = 6;            que na saída (resultado da operação)
                     devemos eliminar o ponto-e-vírgula.
-->d = b^2 - 4*a*c

  d =

     1.
```

Na primeira situação todos os valores atribuídos às variáveis foram repetidos depois de armazenados. Na segunda situação apenas o valor de **d** foi exibido. O que aconteceu antes é que para cada instrução executada não se colocou um **ponto-e-vírgula** no final delas. Para o segundo caso apenas na quarta instrução não foi colocado o ponto-e-vírgula no final. Isto quer dizer que quando se coloca um ponto-e-vírgula no final de uma instrução a saída do processamento é inibida; sem o ponto-e-vírgula ela será exibida. Agora, depois de executar o comando **clear**, observe a seguir como o SciLab responde...

```
-->clear;

-->a
     !--error 4
 undefined variable : a

-->b
     !--error 4
 undefined variable : b

-->c
     !--error 4
 undefined variable : c


-->d
     !--error 4
 undefined variable : d
```

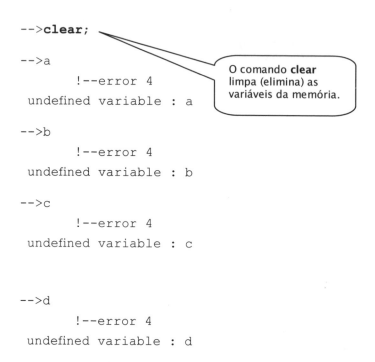

O comando **clear** limpa (elimina) as variáveis da memória.

2.7 Como salvar e recuperar dados

No item anterior vimos que depois de executar o comando **clear** todas as variáveis ficaram indefinidas; o SciLab não as reconhece mais. É como *estar baixando* músicas pela Internet e antes de terminar o *download* acabar a energia! Para evitar esses transtornos, que podem acabar em desespero, devemos salvar (ou *persistir* como gostam de falar os mais "sofisticados") nossos trabalhos em arquivos em disco. O SciLab permite salvar variáveis de memória em arquivos com o comando **save**, e posteriormente recuperá--las com **load**.

Capítulo 2 - Operações Básicas | 39

- Para salvar o arquivo [12]
  save("arquivo", lista_de_variáveis)

- Para recuperar o arquivo:
  load("arquivo" [,"lista_de_variáveis"])

Nas duas instruções mostradas, **arquivo** é o nome do arquivo do tipo *binário* e **lista_de_variáveis** é a lista de variáveis de memória separadas por vírgulas. No caso do comando **save** as variáveis não devem ser colocadas entre apóstrofos (ou aspas), mas no comando **load** sim, se forem indicadas; mas neste caso (recuperar arquivo) não há necessidade disso, pois o comando **load** carrega o arquivo integralmente e seria redundante indicar as variáveis. Por exemplo, para salvar as variáveis **a**, **b**, **c** e **d** no arquivo **ArqVar.sav**, devemos executar as seguintes instruções:

```
-->a = 1;

-->b =-5;

-->c = 6;

-->d = b^2 -4*a*c

 d  =

   1.

-->save("ArqVar.sav ", a, b, c, d);
```

Uma pergunta provocativa: *"Em que local do disco foi gravado o arquivo* **ArqVar.sav** ?!" Pesquisando com o Windows Explorer o encontraremos em **C:\Documents and Settings\...** Veja a **Figura 2.1**.

---

12 **Atenção**: Embora a extensão do arquivo possa ser qualquer uma, sugerimos que sejam usadas as extensões **.sav** ou **.bin** (padrões). Por exemplo, caso seja usada a extensão .dat, o SciLab poderá gravar o arquivo com um ícone de CD; aí o usuário seria tentado a dar dois chiques sobre ele para abri-lo e surpreendentemente um programa de gerenciamento de CD (como o Nero) seria carregado; isto seria estranho! O arquivo só deve ser aberto com o comando load no *prompt* ou acessando "File/Load environment..." na barra de menus.

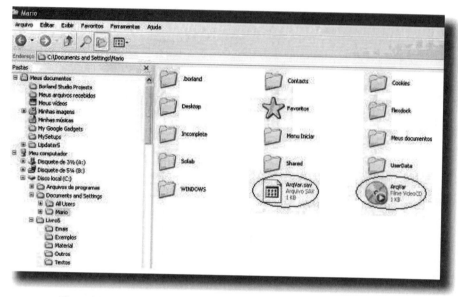

Figura 2.1 - O arquivo "ArqVar" gravado em disco com duas extensões [13].

Mas... o diretório de trabalho não havia sido definido em **C:\Mario\SciLab**? Esta é uma situação que deve ser controlada pelo usuário toda vez que o Scilab for inicializado. Se o diretório de trabalho não for definido logo após a carga da ferramenta, os diretórios padrões serão preferencialmente considerados. Então, toda vez que iniciar uma seção do SciLab o usuário deve redirecionar o diretório de trabalho; ou através do comando **chdir**, ou interativamente executando a seguinte sequência de *menus* **File/Change current directory...** conforme foi dito no **Item 1.5** do **Capítulo 1**.

Vamos tentar novamente; primeiramente deletaremos esse arquivo com o comando **mdelete**(*arquivo*), onde *arquivo* é o nome do arquivo com o seu caminho (*path*) completo:

---

13 Apenas como teste salvamos o arquivo também com extensão **.dat**. Observe a diferença com relação aos ícones colocados. Se for dado um duplo clique sobre o arquivo com **.sav**, o SciLab será carregado; já no arquivo com **.dat,** outro programa será carregado.

```
-->mdelete("C:\Documents and Settings\Mario\ArqVar.sav")
```

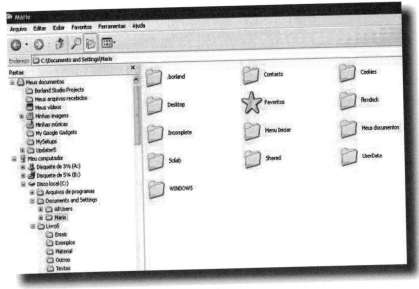

Figura 2.2 - O arquivo "ArqVar.sav" não existe mais...

Observe agora que o arquivo **ArqVar.sav** não existe mais no diretório **C:\Documents and Settings\Mario (Figura 2.2)**. Então, depois de deletado o arquivo, vamos recriá-lo e em seguida salvá-lo no diretório de trabalho que foi definido anteriormente: **"C:\Mario\SciLab"**. Mas como já mencionado, antes devemos redirecionar o ambiente do SciLab para esse diretório através do *menu* principal **File/Change current directory...** ou atavés do comando **chdir** com uma instrução diretamente no *prompt*:

```
-->chdir('C:\Mario\SciLab');

-->a = 1;

-->b = -5;

-->c = 6;

-->d = b^2 -4*a*c
```

> Será que precisaria entrar novamente com todos os valores das variáveis?!

```
d  =

   1.
```

```
-->save('ArqVar.sav', a, b, c, d);
```

Respondendo a pergunta do texto explicativo, é claro que não precisaríamos entrar novamente com os valores das variáveis. Se tivéssemos carregado o arquivo **ArqVar.sav** (antes de deletá-lo) do diretório **"C:\Documents and Settings\Mario"**, depois era só salvá-lo no diretório correto! O modo como resolvemos o problema foi apenas para apresentar o comando **mdelete**, um dos muitos empregados para controle de arquivos que podem ser consultados com o *help* da ferramenta.

2.8   Como criar um arquivo-log
• •

Em todos os ambientes de processamento de dados é importante manter um registro das atividades executadas durante o período de trabalho. Um arquivo-log é um tipo de arquivo que faz esse registro de maneira correta e elegante. A instrução para criar um arquivo-log no SciLab é baseada no comando **diary**; e isto é extremamente fácil. Logo após iniciar uma seção, redirecione o ambiente para o diretório de trabalho; depois basta digitar a seguinte instrução:

```
-->diary("arquivo");
```

Onde arquivo é o nome do arquivo-log onde serão gravadas todas as atividades realizadas na seção atual do SciLab. Por exemplo, seja criar o arquivo--log de nome Log020808 no diretório de trabalho. Como o nome sugere, estamos querendo armazenar todas as atividades do dia 19/04/14. A tela da **Figura 2.3** mostra as atividades realizadas. Observe que, cuidadosamente, antes de começar a registrar as atividades, o ambiente foi direcionado para o diretório de trabalho: **"C:\Mario\SciLab"**, em seguida foi executadaa instrução diary("Log190414.sav") para criar o arquivo-log. Ao final das atividades deve ser executada a instrução **diary**(0) para encerrar a gravação; isto é, para indicar o fim do arquivo-log[14]. Assim, a **Figura 2.3** mostra as instruções que serão registradas, e a **Figura 2.4** exibe o local onde o arquivolog foi gravado: no diretório de trabalho.

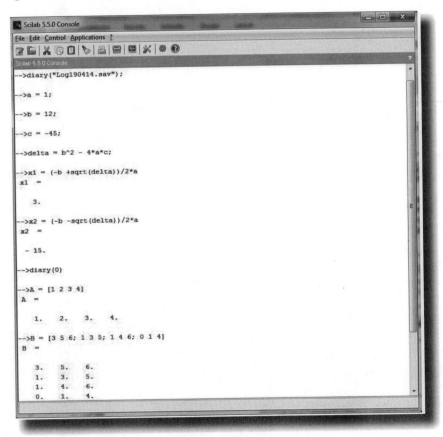

Figura 2.3 - Registrando as atividades no arquivo-log.

---

14 Apesar de o arquivo-log suportar qualquer extensão, neste exemplo usamos **.sav**. É importante frisar que ele é gravado como um arquivo binário, embora seu conteúdo seja um texto. Assim, não aconselhamos colocar a extensão **.txt,** pois ele só poderia ser carregado com a opção "Open a file..." do *menu* "File" do SciLab, e não com um editor de texto normal.

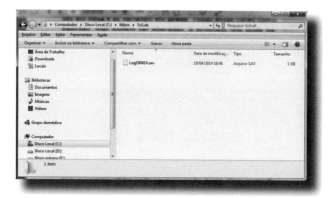

Figura 2.4 - O arquivo-log gravado no diretório de trabalho.

Após a instrução **diary**(0) nada mais será registrado (a não ser que outro arquivo-log seja inicializado). E para carregar o arquivo-log basta chamar o "Editor", localizá-lo e abri-lo com **Open a file...**, como foi feito neste nosso exemplo; confira na **Figura 2.5**. Observe, entretanto, que só as atividades depois da instrução -->**diary**("Log190414.sav") foram registradas.

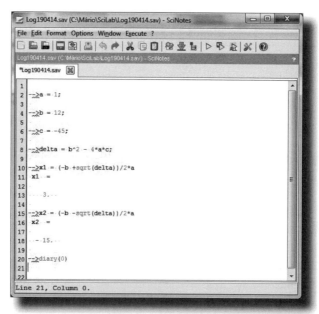

Figura 2.5 - O arquivo-log carregado e exibido no Editor do SciLab.

Capítulo 2 - Operações Básicas | 45

2.9 Comandos de entrada e saída[15]

Todas as instruções executas pelo SciLab, sejam elas diretamente do *prompt* ou através de programas, devem produzir saídas que contenham o resultado esperado pelo usuário. Neste contexto, as entradas são fundamentais, pois no âmbito de qualquer tipo de processamento de dados *entrada* e *saída* formam uma dupla inseparável chamada tecnicamente como sistema de I/O (**Input/Output**).

O SciLab possui muitos recursos que permitem manipular entradas e saídas de maneira bem fácil, para se conseguir os resultados dentro do esperado. A forma mais elementar de se obter uma saída a partir de uma entrada é utlizando o ambiente como uma calculadora, mostrado a seguir.

```
-->3 + 4

 ans   =

    7.
```

É claro que seria uma grande perda de tempo e de esforço computacional, desnecessariamente; é como matar uma barata com um tiro de canhão! O SciLab é muito nobre para ser usado como uma simples calculadora.

2.9.1 O Comando input

O comando **input** é utilizado para entrada de dados e está presente em quase todas as linguagens tradicionais de programação. Aqui este comando tem

---

15 Conforme a Nota da página **6**, empregaremos o termo "instrução" para designar uma linha qualquer a ser executada pelo SciLab; o termo "comando" será empregado para palavra-chave que indique alguma ordem. Por exemplo, clear (que elimina as variáveis da memória) e que não possua especificamente um único retorno como uma função. Assim, instrução fica como um termo mais geral para indicar uma ordem dada no *prompt* ou dentro de um programa qualquer, composta de comandos, operadores, funções, etc.

formas específicas na entrada de valores em função do tipo de dado: *numérico* ou *string*. No primeiro caso a forma geral para a instrução é a seguinte:

```
<variavel> = input("texto explicativo")
```

Onde "*texto explicativo*" é uma mensagem (*string*) explicando a natureza da entrada do dado, estabelecendo um diálogo mais interativo com o usuário. Observe o exemplo a seguir onde é solicitada a entrada de um valor para a variável **x**.

```
-->x = input("Entre com o valor de x")
 Entre com o valor de x: 4
 x  =

    4.
```

Ao ser executada a instrução, é exibida a mensagem seguida de x, e o processamento é temporariamente interrompido até que o usuário digite o valor numérico desejado, o qual será armazenado na variável x.

A segunda forma de **input** é usada somente para entrada de dados do tipo **string** e tem a seguinte sintaxe:

```
<variavel> = input("texto explicativo", "string")
```

Onde **string** (ou simplesmente **s**) indica que o valor que será armazendo em <variavel> deverá ser do tipo *string*. Observe o exemplo a seguir.

```
-->NomeCli= input("Entre com o nome do cliente ", "s")
 Entre com o nome do cliente: Marinete Souza Andrade
 NomeCli  =

 Marinete Souza Andrade
```

> **NOTA**
>
> No exemplo anterior, a variável **NomeCli** ficou definida (inicial-mente) como sendo do tipo *string*; assim, caso tentemos realizar alguma operação aritmética com ela será gerado um erro de sobre-carga.

```
-->a = NomeCli + 2
                !--error 144
Undefined operation for the given operands.
check or define function %c_a_s for overloading.
```

2.9.2   O Comando disp

A maioria das funções e comandos do SciLab exibe os resultados dos processamentos tão logo é pressionada a tecla **Enter**; isto ocorre com **sqrt()**, **poly**, **abs()** e com outros comandos/funções. Entretanto, existem comandos que são explicitamente empregados na exibição de saídas processadas; entre eles se destaca **disp**. Este comando (que alguns consideram função) é muito fácil de ser empregado para exibir dados de forma customizada e bem interativa com o usuário. Sua forma geral é:

```
disp(valor)
```

Onde valor pode ser um valor qualquer (número, valor de uma variável ou uma mensagem). No caso de mensagem esta pode ser concatenada de diversas maneiras para que a saída fique como a desejada pelo usuário. Por exemplo, para o caso de exibir uma mensagem incluindo um resultado numérico, podemos ter o seguinte:

```
-->disp("O valor da maior raíz é " + string(x))
 O valor da maior raiz é 3
```

48 | SciLab: Uma Abordagem Prática e Didática 2ª Edição - Mário Leite

- ## **Exemplo 2.1**

Sabemos, da Física Clássica, que um corpo abandonado de uma certa altura **H** (em metros) descreve um movimento uniformemente variado (MUV) sob a ação da aceleração da gravidade **g** (9.81 m/s^2).
Se a altura de onde foi abandonado mede 120 m em relação ao solo, quanto tempo ele levará para atingi-lo?
A lei de movimento que rege a queda livre de um corpo é dada pela seguinte equação: **H = Vo + 0.5*g*t²**

> **H**   altura (em relação ao solo, medida em metros).
> **Vo**   velocidade inicial do corpo (medida em m/s).
> **g**   aceleração da gravidade (medida em m/s^2).
> **t**   tempo (medido em segundos).

Considerando que o corpo foi abandonado, então Vo=0; e aplicando diretamente a fórmula teremos: $120 = 0 + 0.5*9.81*t^2$.
Explicitando **t** (o que queremos encontrar) fica assim no SciLab:

```
-->t = sqrt(120/(0.5*9.81))
 t  =

    4.9461937
```

E se quiséssemos empregar **disp** para exibir esse resultado, isto poderia ser feito do seguinte modo:

```
disp("Tempo para atingir o solo é de " + string(t) + " s")
Tempo para atingir o solo é de 4.9461937 s
```

Foi empregada a função **string()** que converte valores numéricos em *string*, pois o parâmetro requerido por **disp** deve ser do tipo *string*. Note que, quando usamos uma variável que guarda um valor *string*, não há necessidade de conversão.

```
-->NomeCli = "Juranildo Lima do Rosário";
-->disp("Nome do cliente: " + NomeCli)
```

Nome do cliente: Juranildo Lima do Rosário

disp também pode ser empregado para exibir valores numéricos atribuídos a variáveis; mas <u>atenção</u>: nesses casos, mesmo tendo recebido um valor numérico, a variável NÃO será considerada um número.

```
-->a = disp(3)

       3.

-->disp(a)
       !--error 4
undefined variable : a

-->f = "Bom dia";

-->disp(f)

  Bom dia

-->f
f  =

  Bom dia

-->x = 3;

-->y = 4;

-->z = a + b;

-->disp(z)

       7.
```

> Quando pedimos para exibir o valor de **a** esta variável estará indefinida.

> Este erro não ocorre quando a variável armazena valor *string*, mas não é atribuido à variável empregando **disp**.

Veja as instruções empregando as variáveis **x**, **y** e **z**; note que até os resultados de expressão podem ser exibido com **disp**; porém, se atribuirmos esse resultado (*pseudo* retorno) a uma variável, ela não será reconhecida.

```
-->x = 3;

-->y = 4;
```

```
-->z = x + y
 z =

7.

-->disp(x)
    3.

-->disp(y)
    4.

-->disp(z)
    7.

-->disp(x+y)
    7.

-->w = disp(x+y-2)
   5.

-->dis(w)
    !--error 4
 undefined variable : w
```

Note que ao tentar exibir o conteúdo da variável **w** ocorre um erro (variável indefinida). Por isto, o emprego de **disp** deve ser feito como um comando para exibir valores e não como função. Veja o próximo exemplo que confirma esta observação.

```
-->disp("Além do horizonte deve ter...")

 Além do horizonte deve ter...

-->f = disp("Além do horizonte deve ter...")

 Além do horizonte deve ter...

-->disp(f)
```

Capítulo 2 - Operações Básicas | 51

```
    !--error 4

undefined variable : f
```

2.9.3   O Comando printf

Este comando, importado da linguagem C, é uma forma mais elegante de exibir saída de dados porque permite formatá-los com bastante flexibilidade. A forma geral de uso desse comando é a seguinte:

printf(<formato>, <lista de dados>

Por exemplo, a famosa frase "Alô mundo" - exibida como primeiro exemplo dessa função em quase toda primeira aula dos cursos de C - ,pode ser escrita no ambiente do SciLab do seguinte modo:

```
-->printf("Alô mundo\n")
 Alô mundo
```

\n (*new line*) indica que será gerada uma nova linha depois de exibir a frase "Alô mundo", pois o cursor é movido para o início da próxima linha. Observe a instrução a seguir:

```
--> printf ("Hoje é dia de \nrock")
 Hoje é dia de
 rock
```

A palavra "rock" foi exibida na linha seguinte devido a \n antes dela. Também podem ser exibidos valores numérios formatados. Veja as instruções a seguir.

```
-->x = 3;
-->y = 4;
-->z = x + y;
-->printf("A variável z contém o valor %g \n", z)
 A variável z contém o valor 7
```

O caractere de formatação **%g** indica como o dado será exibido; neste exemplo, %g é substituído pelo valor de **z** na exibição. Se existirem mais dados a serem impressos, serão necessários mais **%g**.

```
-->printf("x = %g y = %g", x, y);
 x = 3 y = 4
```

Quando é empregado o símbolo **\n**, ocorre uma quebra de linha após a impressão do valor da primeira variável.

```
-->printf("x = %g\ny = %g\n", x, y)
 x = 3;
 y = 4;
```

É claro que o <formato>, sendo uma *string*, pode ser atribuido a uma variável; e pode ser concatenado com o resultado

```
-->w = x*y;
-->F = "O produto de %g por %g é %g";
-->printf(F,x,y,w)
 O produto de 3 por 4 é 12
```

Note que foi usado o formatador **%g** para formatar valores numéricos (outros formatodores também podem ser utilizados: %i, %d, %f, %e). Se a variável fosse do tipo *string* deveria ser empregado o formatador **%s**.

```
-->nome = "Mário Leite";
-->cidade = "Tombos";

-->estado = "MG";
-->idade = 60;

-->F = " Autor: %s\n Cidade: %s\n Estado: %s\n Idade: %g";
-->printf(F,nome, cidade, estado, idade)
Autor: Mário Leite
Cidade: Tombos
Estado: MG
Idade: 60
```

2.9.4 Saídas Não Formatadas

Nestes casos são exibidos dados armazenados em variáveis, digitando seu identificado diretamente no *prompt*. Mas também podem ser exibidos dados do tipo *string* colocados entre aspas ("") ou entre apóstrofos (' ').

```
-->a = 1;
-->b = -13;
-->c = 40;
-->a
 a  =

    1.
-->b
 b  =

  - 13.
-->c

 c  =

    40.
-->"Estes são parâmetros da equação do segundo grau com
raízes 5 e 8"
 ans  =
Estes são parâmetros da equação do segundo grau com
raízes 5 e 8
```

2.10 Entradas e saídas com janelas de diálogos

2.10.1 Comando x_dialog

A maioria das linguagens de programação oferece funções e comandos que simulam janelas de diálogos para entrada e saída de dados; é o caso da *procedure* ShowMessage() e das funções MessageDlg() e InputBox() do Delphi, ou mesmo MsgBox() do Visual Basic. O SciLab, apesar de não ser uma ferramenta especifica para programação, também oferece funções/comandos que podem ser empregados para apresentar janelas de entrada de dados, simulando um contexto interativo com o usuário parecido com a função InputBox() do Delphi. O comando oferecido para entrada de dados com janela de diálogo é **x_dialog**; e de forma mais direta para usar como entrada de dados sua sintaxe geral é a seguinte:

```
vs = x_dialog("mensagem", "vi")
```

vs   Vetor do tipo *string* (contém o resultado).
mensagem   Mensagem (*string*) de diálogo com o usuário.
vi   Vetor de *strings* que contém o valor inicial sugerido.

Observe a janela da **Figura 2.6a** como exemplo da sintaxe mostrada anteriormente.

```
-->vs = x_dialog("Entre com o capital inicial","")
vs  =
```

Figura 2.6a - Janela de diálogo criada com o comando x_dialog.

vs contém o "retorno" da instrução, de acordo com o botão clicado pelo usuário: conterá um vetor coluna de *strings* se for clicado o botão **[OK]**; se for clicado o botão **[Cancel]**, conterá o vetor nulo [ ]. Mas o valor (ou valores) de entrada deve ser do tipo *string*. Neste exemplo, como não foi entrado nenhum valor, **vs** é a *string* nula. Agora observe na **Figura 2.6b** quando repetimos a instrução e entramos com um valor inicial, digamos, 10000. Neste caso **vs** armazenará o valor "10000" quando for confirmada a entrada com um clique no botão **[OK]**.

Figura 2.6b - Janela de diálogo com valor inicial.

```
-->vs=x_dialog("Entre com o capital inicial", "10000")
 vs  =

 10000
```

Deve ser enfatizado: **vs** é uma *string* (e não um número), como pode ser comprovado quando usamos o comando **typeof** para verificar[16].

```
-->typeof(vs)
 ans  =

 string
```

Empregando **typeof()** confirmamos que o tipo de dado de **vs** é *string*.

Assim, se tentarmos fazer algum cálculo com **vs**, será gerado um erro. Observe o exemplo:

```
-->vf = vs*(1 + 0.02)^12
             !--error 144
```

---

16 A função **typeof()** permite também obter o tipo de dados de constantes, listas, funções, etc. A função **type()** é outra que pode ser empregada com a mesma finalidade. Consulte a ajuda do Scilab para obter mais informações sobre estas duas funções.

```
Undefined operation for the given operands.
check or define function %c_m_s for overloading.
```

Para fazer operações numéricas com **vs**, teremos que convertê-la em número com a função **eval**.

```
-->vs = eval(vs)
  vs  =

    10000.

-->vf = vs*(1 + 0.02)^12
  vf  =

    12682.418
```

> Agora, com **vs** convertida em número, é possível fazer operações matemáticas com ela.

2.10.2   Comando messagebox

O comando/função **messagebox** (que substituiu o antigo x_*message*) também permite estabelecer um diálogo com o usuário nas entradas de dados através de uma janelinha de modo bem interativo, que pode executar uma ação passiva ou ativa com retorno na variável **bot**

```
[bot] = messagebox("Texto da mensagem",[opções])
```

Observe o exemplo abaixo para uma ação passiva (apenas exibir uma mensagem)..

```
-->messagebox("Matriz é quadrada; calcule o determinante.")
```

A **Figura 2.7** mostra a janelinha resultante da execução desta instrução. Um clique no botão **[OK]** encerra o diálogo, indicando que o usuário tomou conhecimento da mensagem. É parecido com o uso da procedure *ShowMessage*() do Delphi ou da função *MsgBox*() do VB, empregadas em situações em que é preciso apenas exibir uma mensagem.

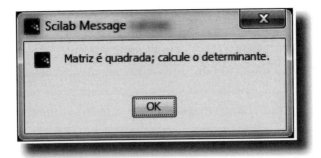

Figura 2.7 - Janela de diálogo com o comando x_message (passivamente).

Para estabelecer um diálogo messagebox() oferece várias opções de sintaxe, de acordo com os parâmetros utilizados no seu argumento:
[bot] = **messagebox**(msg)
[bot] = **messagebox**(msg, msgboxtitle)
[bot] = **messagebox**(msg, msgboxtitle, msgboxicon)
[bot] = **messagebox**(msg, msgboxtitle, msgboxicon, buttons)
[bot] = **messagebox**(msg, msgboxtitle, msgboxicon, buttons, ismodal)

- **msg** : Uma matriz de *strings* (portanto, sempre entre aspas "" ou após- trofos ''), que na prática é a mensagem enviada ao usuário.
- **msgboxtitle**: Uma *string* que define o título da janela de diálogo; o padrão é "Scilab Message".
- **Msgboxicon**: Uma *string* que define qual ícone será exibido para ilustrar o tipo de diálogo da janela, e podem ser as seguintes
  - "error"
  - "hourglass"
  - "info"
  - "passwd"
  - "question"
  - "warning"
  - "scilab"   (padrão do SciLab)
- **buttons:** Teoricamente é um vetor-linha com os nomes dos botões a serem exibidos. Por padrão, quando não se indica nada, apenas o bo-

tão **[OK]** é exibido. Outros também podem ser usados: ["Continue"], ["Stop"], ["Yes"], ["No"] ["Cancel"], ["Return"], etc.
- **ismodal:** Uma *string* que indica se a janela de diálogo será ou não do tipo "modal". Qualquer outra *string* presente neste parâmetro diferente de "modal" fará com que a janela seja "não modal".
- **bot:** um escalar (*número*) que retorna o botão pressionado pelo usuário; **1** é para o botão mais à esquerda para uma janela "modal", e **0** para uma janela "não modal".

Observe abaixo o valor de bot quando um dos botões é clicado:

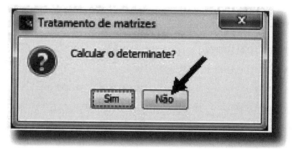

Figura 2.8a - Janela de diálogo: botão [Não] clicado

```
-->[bot] = messagebox("Calcular o determinate?","Tratamento
          de matrizes","question",['Sim' 'Não'], "modal")
bot =

    2.
```

> Foi clicado o botão **[Não]**

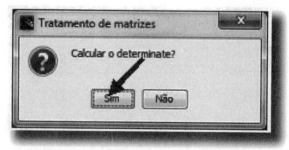

Figura 2.8b - Janela de diálogo: botão [Sim] clicado

```
-->[bot] = messagebox("Calcular o determinate?","Tratamento
         de matrizes","question",['Sim' 'Não'], "modal")
bot =

    1.   ⟵ Foi clicado o botão [Sim]
```

> **Atenção:** Para utilizar **messagebox()** num diálogo é preciso que os parâmetros estejam rigorosamente na ordem exata da sintaxe mostrada, como na última opção

2.10.3 Comando x_matrix

O comando **x_matrix** permite entrar com os elementos de uma matriz de maneira interativa[17]; sua sintaxe é a seguinte:

```
[resultado] = x_matrix('Mensagem - nome da
              matriz', matriz real)
```

Vamos criar uma matriz randômica 3×3; veja a **Figura 2.9a**.
```
-->m=evstr(x_matrix('Matriz randômica 3x3 matrix ',rand(3,3)))
```

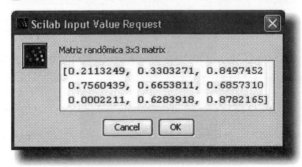

Figura 2.9a - Matriz randômica criada com o comando x_matrix.

---

17 Matrizes e vetores serão vistos no **Capítulo 4** mais detalhadamente.

Clicando no botão **[OK]** da janelinha, o resultado será:
m =
    0.2113249   0.3303271   0.8497452
    0.7560439   0.6653811   0.685731
    0.0002211   0.6283918   0.8782165

Se fosse clicado o botão **[Cancel]** o resultado seria uma matriz vazia.
m =
    [ ]

Como a janelinha estabelece um diálogo, podemos editar a matriz alterando seus elementos interativamente. Por exemplo, vamos alterar a matriz para A = [1 3 5; 2 4 6; 7 9 0], como mostra a **Figura 2.9b**.

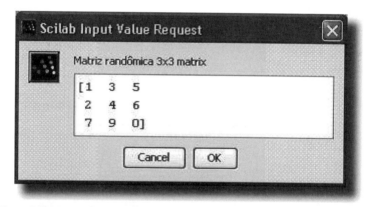

Figura 2.9b - Matriz de inteiros criada através de edição da matriz da Figura 2.9a.

Ao clicar no botão **[OK]**, confirmando a edição, observe o o resultado:
```
-->A = evstr(x_matrix('Matriz randômica 3x3 matrix ',rand(3,3)))
 A  =
    1.    3.    5.
    2.    4.    6.
    7.    9.    0.
```

Observe que mesmo tendo o comando **rand** na instrução anterior, o resultado não é mais uma matriz randômica, mas, sim, os elementos editados. Podemos testar isto, acessando o elemento da terceira linha e segunda coluna:

```
-->A(3,2)
 ans  =
   9.
```

2.10.4   Comando printsetupbox

Para estabelecer um diálogo para a gravação de dados na impressora o Sci-Lab dispõe do comando **printsetupbox**

2.10.5 - Função x_choose()

A função x_choose() também permite estabelecer um diálogo com o usuário tal como messagebox. Neste caso, pode-se criar uma lista com os dados a serem exibidos numa janelinha, além de poder incluir também uma mensagem de esclarecimento sobre a ação. A confirmação do item desejado é feita com um duplo click sobre ele, e o retorno é um valor inteiro que representa a ordem que o item ocupa na lista; mas, se o botão [Cancel] da janelinha for clicado o retorno será zero (0).

```
[item] = x_choose (["item1", "item2",
    "item3",...,"itemN"], mensagem)
```

Observe o *script* abaixo...

```
Ana=x_choose(["Ana Cristina","Ana Paula","Ana
Lúcia","Ana Célia", ...
 "Ana Beatriz","Ana Maria","Ana Cláudia","Ana
Luiza","Ana Clara" ...
```

```
"Carolina","Ana Clara","Ana Elisa","Ana Júlia","Ana Regina", ...
"Ana Rita","Ana Sueli","Ana Flávia","Ana Cecilia",...
"Ana Alice","Ana Rosa","Ana Tereza"],...
"Escolha uma destas princesas");

disp(Ana)
```

A janela de diálogo deste trecho de programa pode ser vista na **Figura 2.10a**.

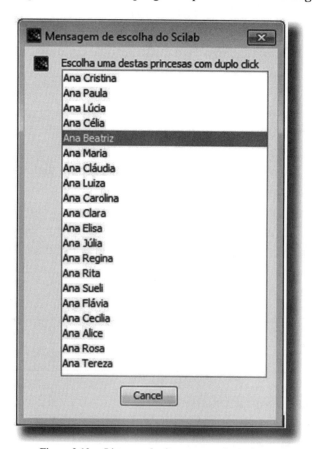

Figura 2.10a - Listagem dos itens com x_choose().

Como foi escolhido "Ana Beatriz", a resposta a esta escolha é 5, pois é o quinto item da lista, conforme mostrado a seguir com a instrução disp(Ana)...

```
5.
     [  ]
```

Se, em vez de ser dado duplo-click sobre um dos nomes fosse clicado o botão [Cancel] da janela da **Figura 2.10a** a saída para a variável Ana seria 0 (zero).

NOTA

Observe os três pontinhos (...) para indicar "continuação de instrução", permitindo que ela ocupe mais de uma linha; no caso foram quatro linhas para conter a instrução. Este recurso é usado estritamente nesses casos: quando uma instrução é muito longa e deseja-se quebrá-la em partes.

2.10.6 - Função x_choices()

Esta função é parecida como a anterior; entretanto, ela disponibiliza botões para escolher um item na lista, oferecendo mais recursos. Veja o *script* abaixo...

```
VetAnas = ["Ana Cristina","Ana Paula","Ana Lúcia","Ana Célia",...
"Ana Beatriz"];
Filha = x_choices("Selecione: Filhas & Ordem",list(Lista1));

disp(Filha)
```

A janela de diálogo resultante é mostrada na **Figura 2.10b**

Figura 2.10b - Janela de diálogo de x_choices().

Clicando em "Ana Célia" e em [OK] o resultado é 4 (é o quarto item a ser escolhido).
4.

Então, em função do valor numérico retornado por x_choices() dá para saber o nome escolhido através de uma estrutura de seleção..

```
select Filha
  case 1 then
    disp("Ana Cristina")
  case 2 then
    disp("Ana Paula")
  case 3 then
    disp("Ana Lúcia")
  case 4 then
    disp("Ana Célia")
  case 5 then
    disp("Ana Beatriz")
end
```

No exemplo acima x_choices() foi empregada para gerenciar a escolha de apenas uma lista com a função list(). Entretanto, é possível trabalhar com mais de uma lista, como no *script* abaixo.

```
//Teste com x_choices
VetAnas = ["Ana Cristina","Ana Paula","Ana Lúcia","Ana Célia", ...
          "Ana Beatriz"];
```

```
Lista1 = list("Filhas",1,VetAnas);
Lista2=list("Ordem",1,["Primeira","Segunda","Terceira","Quarta","Quinta"]);
Filha = x_choices("Selecione: Filhas e ordem",list(Lista1,Lista2))
disp(Filha);
```

Figura 2.10c - Janela de diálogo de x_choices() com duas listas (escolha 1).

Neste caso, clicando em "Ana Célia" e "Quarta" e em seguida confirmando no botão [OK] a saída é uma matriz 1x2 com o onde 4 representa a quarta filha e 4 está relacionado à ordem.

4.   4.

Agora observe na **Figura 2.10d** o que acontece quanto "Ana Célia" é escolhida mas a ordem é "Primeira" (embora ela possa não ser a primeira filha).

Figura 2.10d - Janela de diálogo de x_choices() com duas listas (escolha 2).

4.   1.

2.11 Scripts

A maioria das instruções são executadas no *prompt* do SciLab; entretanto, quando se têm muitas linhas de instruções para serem processadas em conjunto é melhor agrupá-las em um arquivo-texto e executá-las a partir desse arquivo. Esse tipo de arquivo é chamado de **script**. Então, podemos definir um *script* como sendo *"um arquivo que contém uma série de instruções para serem executadas"*. É como uma receita de bolo; um roteiro com as instruções a serem executadas. As instruções contidas nesse arquivo são automaticamente executado pelo SciLab tal como se fossem executadas sequencialmente no *prompt*. A vantagem é que essas instruções são gravadas e podem ser executadas toda vez que for necessário, sem a necessidade de serem redigitadas.

Os arquivos de *scripts* são arquivos-texto (ASCII) com extensão **.sce** e podem ser executados de duas maneiras diferentes, porém equivalentes:

- Acionando o **File/Execute** na barra de *menus* do Editor.
- No *prompt* com o comando **exec**(<arquivo>).

<arquivo> é o nome do arquivo de *script* com o caminho completo, se ele não estiver no diretório de trabalho.

2.11.1 Como Criar um Arquivo de Script

Como é um arquivo-texto, um *script* pode ser criado com qualquer utilitário que produza esse tipo de arquivo; o "Bloco de Notas do Windows" é um desses utilitários. Veja o exemplo a seguir.

Capítulo 2 - Operações Básicas | 67

- **Exemplo 2.2**

Vamos criar um *script* com o "Bloco de Notas do Windows" para calcular e exibir as raízes de uma equação do segundo grau, a partir da entrada dos parâmetros da equação **a**, **b**, **c**, solicitados ao usuário com o comando **input**. O *script* executará as seguintes instruções:

1. Solicita a entrada dos parâmetros da equação: a, b, c.
2. Atribui à variável **d** o resultado da expressão: $b^2 - 4*a*c$.
3. Calcula a primeira raiz (**x1**) com a fórmula de Baskara [18].
4. Calcula a segunda raiz (**x2**) com a fórmula de Baskara.
5. Exibe a primeira raiz.
6. Exibe a segunda raiz.

Para exibir as duas raízes foi utilizado o comando **printf**, formatado adequadamente. A **Figura 2.11** mostra o arquivo de *script* salvo com o nome **Exemplo22.txt**.

Atenção: O "Bloco de Notas do Windows" salva arquivos com a extensão padrão **.txt**; neste formato o *script* pode ser executado normalmente. Entretanto, o arquivo de *script* não deve ser salvo no formato do Word (**.doc**), pois isto poderá introduzir caracteres estranhos no texto.

---

18 Bhaskara Akaria (1114-1185, Vijayapura - Índia) foi professor, astrólogo e astrônomo; foi considerado o mais importante matemático do século XII.

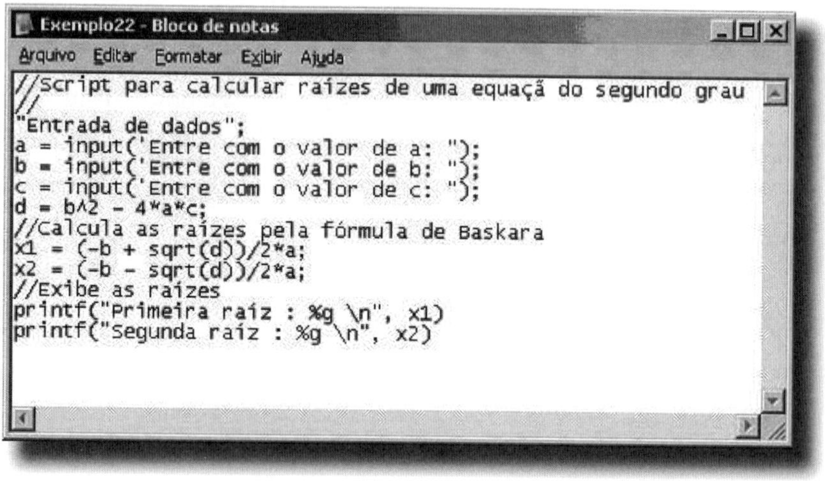

68 | SciLab: Uma Abordagem Prática e Didática 2ª Edição - Mário Leite

Figura 2.11 - Arquivo de script do Exemplo 2.2 criado no Bloco de Notas.

```
-->exec("C:\Livro5\Exemplos\Exemplo22.txt")

-->//Script para calcular raízes de equação do segundo grau


-->"Entrada de dados";

-->a = input("Entre com o valor de a");
 Entre com o valor de a: 1

-->b = input("Entre com o valor de b");
 Entre com o valor de b: 5

-->c = input("Entre com o valor de c");
 Entre com o valor de c: 6

-->d = b^2 - 4*a*c;

-->//Calcula as raizes pela fórmula de Baskara

-->x1 = (-b + sqrt(d))/(2*a);
```

```
-->x2 = (-b - sqrt(d))/(2*a);

-->//Exibe as raízes

-->printf("Primeira raiz : %g \n", x1)
 Primeira raíz : -2

-->printf("Segunda raiz : %g \n", x2)
 Segunda raiz : -3
```

Note que, conforme indica a **Figura 2.11**, o arquivo de *script* foi escrito no "Bloco de Notas do Windows", salvo com a extensão **.txt** e executado normalmente. Entretanto, para ser reconhecido pelo SciLab como um *script* padrão da ferramenta, é bom que seja salvo com a extensão **.sce** conforme recomendado. A **Figura 2.12** mostra o ícone de um *script*.

Figura 2.12 - Ícone do arquivo de script do Exemplo 2.2.

- **Exemplo 2.3**

Para criar o arquivo de *script* do exemplo anterior, utilizamos o "Bloco de Notas do Windows"; isto pode ser realizado com qualquer editor de texto que salve arquivos no formato de texto (ASCII). Entretanto, para ficar no mesmo ambiente de computação, devemos utilizar o próprio editor do SciLab. E para abrir o Editor devemos acionar **Applications/SciNotes** na barra de *menus*. A **Figura 2.13a** mostra o Editor carregado e pronto para receber instruções, e a **Figura 2.13b** mostra o *script* criado com o editor.

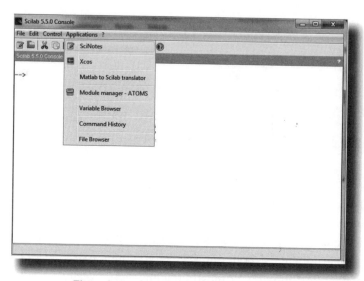

Figura 2.13a - Carregando o Editor do SciLab.

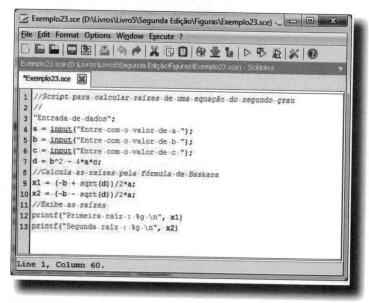

Figura 2.13b - Arquivo de script do Exemplo 2.3 criado no Editor do SciLab.

Capítulo 2 - Operações Básicas | 71

Comparando as **Figuras 2.11** e **2.13b**, inicialmente não dá para perceber nenhuma diferença entre elas; o arquivo de *script* feito com o "Bloco de Notas do Windows" e feito com o Editor do SciLab são essencialmente iguais. Entretanto, como já foi observado, utilizar o Editor do SciLab é o mais recomendado, pois, além de ser um utilitário integrante do *software*, ele nos oferece alguns recursos operacionais que outro editor não tem:

- Pode executar o *script* acionando **Execute/Load into Scilab**.
- Produz saídas mais enxutas.
- Apresenta o texto em cores diferentes, melhorando a compreensão das instruções e validando as palavras-chave.

Sobre o terceiro recurso, o fato de apresentar detalhes coloridos aumenta a produtividade do usuário da ferramenta, pois se uma palavra-chave for digitada erradamente, a cor apresentada ajudará a detectar o erro. Por exemplo, os comandos **input** e **printf** devem se apresentar na cor **azul claro**, e a função **sqrt()** na cor **azul marinho**; já os comentários são mostrados em **verde**, os *strings* em **marrom**, os parênteses em **rosa** e as variáveis em **preto**. Todas essas cores como padrões, mas podem ser alteradas. A princípio isto pode parecer uma coisa sem importância (perfumaria), mas é muito importante para quem programa; é um recurso que não pode ser dispensado.

A execução do *script* dentro do próprio Editor é mostrada a seguir.

```
-->Entre com o valor de a -->1
 Entre com o valor de b -->-5
 Entre com o valor de c -->6
 Primeira raiz: 3
 Segunda raiz: 2
```

Dentro do ambiente do SciLab (sem carregar o Editor), o *script* também pode ser executado; basta clicar na opção **[Execute]** da barra de *menus* e, em seguida, localizar o arquivo e abri-lo. Observe as **Figuras 2.14a** e **2.14b**. A **Figura 2.14a** mostra a localização do arquivo "Exemplo23.sce" que contém o *script*, e a **Figura 2.14b** mostra como fica no ambiente do SciLab após localizar, abrir e executar o *script*. A sequência de execução das instruções é essencialmente igual à obtida quando se executa o *script* diretamente do Editor.

Figura 2.14a - Localizando o arquivo de script para ser executado.

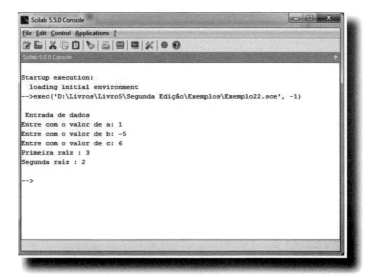

Figura 2.14b - Executando o script no ambiente do SciLab com "Execute".

• Exemplo 2.4

Calcular a distância entre dois pontos, P e Q, situados sobre uma mesma reta com **abscissa** P(2) e Q(5).
Considere a semirreta ordenada no sentido da esquerda para a direita mostrada na **Figura 2.15**, com dois pontos P(x1) e Q(x2) sobre ela.

Figura 2.15 - Dois pontos de uma mesma reta.

A Geometria Analítica mostra que a distância **d** entre dois pontos situados sobre uma mesma reta pode ser calculada em função de suas coordenadas. Neste caso, a distância entre esses dois pontos é o módulo da diferença entre as suas abscissas.

$d_{PQ} = |x2 - x1|$ (tomando o ponto P como início)
$d_{QP} = |x1 - x2|$ (tomando o ponto Q como início)

Usando o SciLab teremos:
```
-->x1 = 2;

-->x2 = 5;

-->dPQ = x2 -x1
 dPQ =
   3.
```

Considerando como ponto inicial Q(x2), e P(x1) o ponto de destino, também poderia ser calculado subraindo a abscissas x2 de x1:
```
-->x1 = 2;

-->x2 = 5;
```

74 | SciLab: Uma Abordagem Prática e Didática 2ª Edição - Mário Leite

```
-->dQP = x1 - x2
 dPQ  =
 - 3.
```

Observe que, neste segundo caso, a distância resultaria em um número negativo, mas como distância é sempre positiva, devemos empregar a função **abs**() que retorna o valor absoluto (módulo) de um número.

```
-->x1 = 2;
```

```
-->x2 = 5;
```

```
-->dQP = abs(x1 - x2)
 dPQ  =
  3.
```

E como não poderia deixar de ser, o resultado é o mesmo. Por isto, a fórmula da distância entre dois pontos (seja numa reta, num plano ou no espaço) sempre envolve o seu módulo [19].
E se o ponto P estivesse antes da origem 2 unidades ($x1=-2$)? Neste caso a distância seria calculada como: **d = abs(-2 -5) = 7**.

- **Exemplo 2.5**

Refaça o exemplo anterior, considerando agora que o usuário é quem vai entrar com as abscissas dos dois pontos que estão sobre a reta.

A **Figura 2.16** mostra o *script* que implementa a solução do **Exemplo 2.5**. Observe que foi empregado o comando **disp** para exibir a saída com uma mensagem bem interativa com o usuário. Note ainda que, nesse caso, foi preciso utilizar a função **string**() convertendo a distância em *string* para que pudesse ser concatenada com a mensagem, resultando na saída corretamente formatada.

---

19 **Atenção**: não confundir a função **abs**() que dá o módulo - valor absoluto de um número - com a função **modulo**() que dá o resto da divisão entre dois números.

Figura 2.16 - Script do Exemplo 2.5.

Caso optássemos pelo uso do comando **printf** em vez de **disp**, a instrução de saída seria assim:

printf("Distância entre os pontos %g \n", **abs**(x2-x1))

Observe que, neste caso, não seria necessário usar a função **string**() para converter a distância (numérica) em *string*. A **Figura 2.17** mostra a saída da execução do *script* no ambiente do SciLab.

Figura 2.17 - Resultado da execução do script do Exemplo 2.5.

2.12 Algumas funções mais comuns do SciLab

O SciLab oferece uma gama enorme de funções internas:
- funções matemáticas (trigonométricas, arredondamento, estatísticas).
- funções manipuladores de *strings*.
- funções de conversão.
- funções de manipulaçao de arquivos.
- etc

Neste item vamos apresentar alguns exemplos envolvendo alguns tipos de funções predefinidas pela ferramenta.

2.12.1 Funções Trigonométricas

Considere o ângulo alfa = 30° ($\pi/6$ rd).
```
-->alfa = %pi/6;

-->seno = sin(alfa)        //Seno
 seno  =
    0.5

-->cosseno = cos(alfa)     //Cosseno
 cosseno  =

      0.8660254

-->tang = tan(alfa)        //Tangente
 tang =

    0.5773503
```

```
-->cotang = cotg(alfa)     //Cotangente
 cotang  =

    1.7320508

-->sec = 1/cosseno
 sec  =

    1.1547005

-->cosec = 1/seno
 cosec  =

    2.
```

> Considerando que:
> Secante   = 1/cosseno
> Cossecante   = 1/seno
> Podemos calcular estas outras
> funções trigonométricas.

Também existem funções inversas que retornam o arco correspondente às funções diretas: **asin()**, **acos()**, **atan()**.

```
-->as = asin(alfa)      //Arco seno
 as  =

     0.5510696

-->ac = acos(alfa)      //Arco cosseno
 ac  =

     1.0197267

-->at = atan(alfa)      //Arco tangente
 at  =

     0.4823479
```

Além das funções trigonométricas "nomais" existem as hiperbólicas: **sinh()**, **cosh()**, **tanh()**, **asinh()**, **acosh()**, **atanh()**.

2.12.2 Funções de Arredondamento

```
-->x = 3.78246729;
-->round(x)
 ans  =

    4.

-->fix(x)
 ans  =

    3.

-->ceil(x)
 ans  =

    4.

-->int(x)
 ans  =

    3.

-->floor(x)
 ans  =

    3.
```

round() Arredonda para o inteiro mais próximo.
fix()   Arredonda na direção de zero (devolvendo a parte inteira).
ceil()   Arredonda na direção de +infinito.
int()   Mesma operacionalidade de fix().
floor() Arredonda na direção de –infinito.

2.12.3   Funções Estatísticas[20]

```
-->amostra = 1:2:15;
    1.    3.    5.    7.    9.    11.    13.    15.
-->med = mean(amostra)        //Média da amostra
  med  =

     8.
-->desv = stdev(amostra)      //Desvio padrão
  desv  =

     4.8989795
-->var = variance(amostra)    //Variância
  var  =

     24.
-->desvp = mad(amostra)       //Desvio padrão absoluto
  desvp  =

     4.
```

2.12.4   Outras Funções Matemáticas

```
-->x = 12;

-->y = 5;

-->z = y - x;

-->log(x)       //Logaritmo natural de x
```

---

20 Para ver todas as funções estatísticas digite no *prompt* **help labostat**

```
ans  =

   2.4849066

-->log10(x)    //Logaritmo decimal de x
 ans  =

   1.0791812


-->log2(x)     //Logaritmo de x na base 2
 ans  =

   3.5849625

-->imag(log(z))   //Parte imaginária de um complexo
 ans  =

   3.1415927

-->real(log(z))    //Parte real de um complexo
 ans  =

   1.9459101

-->abs(z)      //Valor absoluto de z
 ans  =

   7.

-->exp(x)      //Exponencial de x
 ans  =

   162754.79

-->modulo(x,y)    //Resto da divisão de x por y
 ans  =

   2.
```

Capítulo 2 - Operações Básicas | 81

```
-->sqrt(x)     //Raiz quadrada de x
  ans  =

    3.4641016
-->sqrt(z)     //Raiz quadrada de z
  ans  =

    2.6457513i
-->sqrt(sqrt(z)) //Raiz quadrada de complexo
  ans  =

    1.1501633 + 1.1501633i
```

2.12.5   Funções Manipuladoras de Strings

As principais funções manipuladoras de *strings* são as seguintes:
- **convstr**   Converte letras do *string* em maiúscula (ou minúscula).
- **eval**   Converte uma *string* em número.
- **evstr**   Converte uma *string* em número.
- **length**   Retorna o comprimento de uma *string*.
- **part**   Extrai caracteres de uma *string*.
- **strindex**   Pesquisa a posição de um caractere dentro da *string*.
- **strcat**   Faz concatenação de *strings*.
- **string**   Converte número em uma *string*.
- **strsubst**   Substitui parte de uma *string* por outra *string*.

```
-->pnome = 'Ana ';

-->snome = 'Lucia ';

-->tnome = 'Pereira';

-->convstr(pnome, "u")
  ans  =
```

Com o parâmetro "**u**" converte tudo em maiúsculas.

```
  ANA

-->length(pnome)    //Retorna o comprimento de pnome
 ans  =

    4.

-->nome = strcat([pnome, snome, tnome])
 nome  =

 Ana Lucia Pereira

-->part(pnome,2)    //Pesquisa o caractere da posição 2
 ans  =

 n

-->strindex(pnome,'n')    //Pesquisa posição de n em pnome
 ans  =

    2.    //Confirma que encontrou na posição 2

-->strindex(nome,'P')    //Pesquisa caractere 'P' em nome
 ans  =

    11.    //Primeira ocorrência na posição 11

-->nome2 = strsubst(nome,tnome,'Rodrigues Leite')
 nome2  =

 Ana Lucia Rodrigues Leite    //String concatenada
```

A função **string**() converte um número (ou expressão numérica) em uma *string* de caracteres; já a função **eval**() realiza a operação inversa: converte uma *string* em número (se isto for possível; se a *string* for uma sequência de dígitos numéricos). Observe o exemplo a seguir

```
-->str = string(3*4)
 str =

 12

-->str + 3
        !--error 144
 Undefined operation for the given operands.

 check or define function %c_a_s for overloading.
-->num = eval(str)
 num =

        12.

-->num + 3
 ans =

        15.
```

> Converte o resultado da multiplicação em "12"

> Agora a operação é possível pois "12" foi convertido em 12.

A **Tabela 2.8** resume as principais funções matemáticas elementares do SciLab mais utilizadas rotineiramente.

Função	Descrição	Tipos de dados (parâmetros/retorno)
abs(x)	Valor absoluto (módulo) de x.	real / real
acos(x)	Arco-cosseno de x; com x em radianos.	real / real
acosh(x)	Arco-cosseno hiperbólico de x; com x em radianos.	real / real
asin(x)	Arco- seno de x, em radianos.	real / real
asinh(x)	Arco-seno hiperbólico de x; com x em radianos.	real / real
atan(x)	Arco-tangente de x, em radianos.	real / real

atanh(x)	Arco-tangente hiperbólico de x; com x em radianos.	real / real
binomial (p,n)	Binomial normalizado de p classe n	real,inteiro / vetor
ceil(x)	Arredondamento para o maior inteiro posterior.	real / inteiro
cos(x)	Cosseno de x; com x em radianos.	real / real
cosh(x)	Cosseno hiperbólico de x; com x em radianos.	real / real
cotg(x)	Cotangente de x, com x em radianos.	real / real
coth(x)	Cotangente hiperbólica de x; com x em radianos.	real / real
cumprod(v)	Produto cumulativo dos elementos de um vetor numérico.	vetor / real
cumsum(v)	Soma cumulativa dos elementos de um vetor numérico.	vetor / real
diff(v)	Diferencial discreta dos elementos de um vetor numérico.	vetor / inteiro
eval(s)	Converte em valor uma *strings*, se isto for possível.	string / real
exp(x)	Exponencial de x, tendo como base o número de Euler.	real / real
factor(N)	Fatores primos de N.	inteiro / inteiro
find(k "s'" V)	Encontra os índices dos elementos de V que tornam a comparação verdadeira ("s" ==,<,>,~=,...) .	inteiro-string-vetor / lógico
fix(x)	Arredonda para o inteiro mais próximo de zero.	real / inteiro
floor(x)	Arredonda para o maior inteiro anterior.	real / inteiro
gsort(V,'r/c','i/d')	Ordena os elementos de um vetor.	vetor-string-string / vetor
imag(z)	Coeficiente da parte imaginária de um número complexo z.	complexo / real

Capítulo 2 - Operações Básicas | 85

int(N)	Parte inteira de N	real / inteiro
linspace(A,B,N)	Vetor com N pontos entre A e B (limites incluídos).	inteiro-inteiro-inteiro / vetor
log(x)	Logaritmo natural de x	real / real
log10(x)	logaritmo decimal de x	real / real
log2(x)	Logaritmo na base 2 de x	real / real
Logspace(N,A,B)	Vetor de N pontos com espaço logarítmico entre A e B (limites A e B incluídos).	inteiro-inteiro-inteiro / vetor
max(v)	Máximo valor contido no vetor v.	vetor / real
min(v)	Mínimo valor contido no vetor v.	vetor / real
modulo(m,n)	Resto da divisão de m por n (m>n).	real / real
ndims(M)	Número de dimensões de uma matriz M.	matriz / inteiro
pmodulo(m,n)	Resto da divisão de m por n (m>n).	real / real
nextpow2(x)	Maior potência de 2 e mais próxima de x.	inteiro / inteiro
norm(A)	Norma de A.	real / real
perms(v)	Permutações do vetor v.	vetor / inteiro
primes(N)	Todos os números primos de 1 até N.	inteiro / inteiro
prod(v)	Produtório de todos os elementos do vetor v.	vetor / real
rand()	Retorna um número randômico entre 0 e 1 (exclusivos).	/ real
rand(m,n)	Retorna uma matriz mxn de números randômicos entre 0 e 1.	inteiro-inteiro/real
round(x)	Arredonda para um inteiro mais próximo de x.	real / inteiro
setdiff(v1,v2)	Retorna os elementos de v1 que não estão em v2.	vetor-vetor / real

sign(v)	Retorna os sinais dos elementos de do vetor v: 1, se positivo, e -1 se negativo.	vetor / inteiro
sin(x)	Seno de x, x dado em radianos.	real / real
sinh(x)	Seno hiperbólico de x; x dado em radianos.	real / real
sqrt(x)	Raiz quadrada de x.	real / complexo
ssprint(expr)	Altera a forma de exibição de um sistema linear.	lista / inteiro
sum(v)	Soma de todos os elementos de um vetor v numérico.	vetor / real
tan(x)	Tangente de x; x dado em radianos.	real / real
tanh(x)	Tangente hiperbólica de x; x dado em radianos.	real / real
tril(m)	Triangularização inferior de uma matriz m.	matriz / matriz
triu(m)	Triangularização superior de uma matriz m.	matriz / matriz
vectorfind(m,v,'s')	Encontra o vetor v na m, s=r ou s=c (r=linha, c=coluna).	matriz-vetor-string / vetor

Tabela 2.8 - Algumas funções matemáticas do SciLab mais utilizadas

2.13   Como desdobrar uma linha de instrução

Até agora todas as instruções apresentadas foram escritas em uma única linha; mas pode acontecer que uma instrução seja muito longa e o usuário queira desdobrá-la em várias; como fazer isto? O SciLba permite escrever uma instrução em várias linha colocando, no final de cada uma delas, o símbolo de continuação ... (três pontinhos). Veja o exemplo a seguir.

```
-->a = 3;
-->b = 6;
```

```
-->c = 3*a + 2*b + a-b + sqrt(a+b) ...
-->    + b^2 - 4*a - 2*b/a ...
-->    - a + b + sqrt(a/b)
 c =

    44.707107
```

2.14 Mudança de ambiente no SciLab

O Scilab oferece vários ambientes de computação, de acordo com as necessidades do usuário; ambientes esses semelhantes ao apresentado normalmente, porém dentro de uma hierarquia bem determinada. E, para migrar de um ambiente para outro, basta digitar o comando **pause** (ou pressionar simultaneamente as teclas **Ctrl+C**) dentro do ambiente atual. Cada ambiente tem o seu *prompt* característico; o de hierarquia mais alta (o primeiro – hierarquia **0**) é o tradicional **-->**, o segundo será **-1->**, o terceiro **-2->**, o quarto **-3->**, e assim sucessivamente. Isto é, a partir do nível mais alto (nível **zero**), o ambiente de hierarquia **n** apresentará o *prompt* **–n->**. As variáveis que forem definidas no ambiente de hierarquia n (n>=0) mais alta serão visíveis também naqueles de hierarquias mais baixas; isto é, serão globais para os níveis n+1, n+2, n+3, n+m. Portanto, basta observar o *prompt* para saber qual é o ambiente atual. Para retornar ao ambiente anterior (voltar para o ambiente n-1) basta digitar o comando **resume** (ou **return**) no *prompt* atual. Entretanto, é importante saber que, ao retornar para o ambiente anterior, as variáveis definidas no antigo ambiente ficarão indefinidas para o novo ambiente. É como se você estivesse na China (falando o *mandarim*) e retornasse ao Brasil; a expressão *xie xiê* (que você usava lá para agradecer), agora (em português), não seria reconhecida. Uma outra comparação seria uma volta ao passado e lá a gente pronunciasse "Internet", esta expressão seria desconhecida lá, mas daqui a alguns anos "Internet" continuará. Por outro lado, aconteceria uma coisa estranha (talvez a Física pudesse explicar): se pudéssemos viajar no tempo e ir para o ano 2115, com certeza "Internet" ainda seria conhecida lá (mesmo que só através de livros de História); mas, ao retornar para o ano de origem nós *esqueceríamos* por completo o que é "Internet"!!! Estranho isso, não é mesmo? Mas é o que acontece quando se migra de um ambiente de nível mais baixo para outro de nível mais alto: as variáveis definidas num ambiente de nível hierárquico mais alto (**n** mais baixo) também são visíveis nos níveis de hierarquia mais baixos (para **n** mais altos); entretanto, quando se define uma variável num determinado nível **n** (n>=1) e retorna-se ao nível n-1, essa variável não é mais reconhecida no nível **n** (anterior) ao se retornar novamente para esse nível. Mas, a despeito dessa pequena confusão, a mudança de ambiente no SciLab é importante quando se deseja depurar programas ou mesmo fazer testes computacionais com expressões, funções, ou apenas checar valores encontrados nos cálculos.

Veja o exemplo a seguir onde são trabalhados três ambientes diferentes: o de nível **0** (mais alto), o de nível **1** e o de nível **2**. Em cada um deles definimos uma variável: a=1 no nível 0, b=2 no nível 1 e c=3 no nível 2. Observe os resultados a seguir.

```
-->a = 1;     //Define variável a no nível 0

-->pause      //Pula para o nível 1

-1->b = 2;    //Define variável b no nível 1

-1->pause     //Pula para o nível 2

-2->c = 3;    //Define variável c no nível 2

-2->a         //Exibe variável a do nível 0
  a =

     1.

-2->b         //Exibe variável b no nível 1
  b =

     2.
2->resume     //Retorna ao nível 1
```

```
-1->a          //Exibe variável a do nível 0
 a  =

    1.

-1->b          //Exibe variável b do nível 1
 b  =

    2.

-1->c          //Erro ao tentar exibir variável c do nível 2
 !--error 4
Undefined variable : c

1->resume      //Retorna ao nível 0
-->a           //Exibe variável a no nível 0
 a  =

    1.

-->b           //Erro ao tentar exibir variável b do nível 1
 !--error 4
Undefined variable : b

-->c           //Erro ao tentar exibir variável c do nível 2
 !--error 4
Undefined variable : c
```

Observe que estando em um nível **n**, ao tentar acessar uma variável de um outro nível **n+k** (k>=1), o SciLab se "esquece" dela. É como se estivéssemos diante do paradoxo *"presente-futuro-presente"*. Mas, será que não é possível "trazer" nada do futuro? Ou melhor, será que não dá para preservar o valor de uma variável definida em ambiente de nível **n+1** no ambiente **n**? Resposta: é possível sim! Para isto deve ser indicado explicitamente com a instrução **var = resume(var)** onde var é uma variável no ambiente de nível **n+k** que deve ser vista (preservada) no ambiente de nível **n**.

```
-->x = 1;
-->y = 2;
-->pause;
-1->z = 3;
-1->x,y,z
 x   =

     1.

 y   =

     2.

 z   =

     3.
 -1->z = resume(z);
-->x,y,z
   x   =
       1.
   y   =
       2.
   z   =
       3.
```

> Instrução para preservar a variável **z** no ambiente de nível inferior (hierarquia mais alta).

> Observe que a variável **z**, que havia sido definida no ambiente de nível 1, agora também pode ser vista no ambiente de nível **0**.

Pela última instrução apresentada, constatamos que a variável **z** pode ser vista no ambiente de nível mais baixo (hierarquia mais alta); é como se o paradoxo *"presente-futuro-presente"* fosse quebrado com algum dispositivo encontrado no futuro que permitiu uma "volta para o presente", mas preservando o futuro. Meio estranho, mas é assim que funciona!

2.15 Exercícios propostos

1. Marque com **V** os identificadores de variáveis válidos e com **F** os inválidos.

( ) _letra
( ) DevIr15
( ) 2015IR
( ) Nome_Cli
( ) $Dolar
( ) $Real
( ) Nota3
( ) AmanhãDeManhãVouPedirOCaféPráNósDois
( ) Te_fazer_um_carinho_e_depois
( ) Te envolver em meus braços...

2. Considerando x=3, y=15 e z =24, quais serão os valores de R quando as instruções a seguir forem executadas?

a) $R = x + y - z$
b) $R = x + y/z$
c) $R = (x+y)/z$
d) $R = \textbf{sqrt}(x+y)/z$
e) $R = x*\textbf{abs}(y-z)$
f) $R = (x>y) \mid (z<>y) \& (x==y)$
g) $R = x/(\textbf{fix}(z/y)) * \textbf{modulo}(y,x)$
h) $R = \sim(x<y) \& (z>33)$
i) $R = x>z \mid y<z$
j) $R = \textbf{int}(z/y)^\wedge\textbf{modulo}(y,x)$

3. Explique qual é a vantagem de empregar o Editor do próprio SciLab para criar arquivos de *scripts*, em vez de um outro editor qualquer que também possa criar arquivos-texto?

4. Qual é a diferença entre as duas instruções: R==3 e R=3?

5. Qual será o resultado da execução das instruções a seguir? Explique!

```
--> r = 3 ;
--> Area = disp(%pi*r^2);
--> ans = Area
```

6. Considere as variáveis a seguir contendo os seguintes valores:

```
nome1 = "Ana "
nome2 = "Claudia "
nome3 = "Foz "
nome4 = "Rodrigues"
```

Quais serão os resultados quando forem executadas sequencialmente as seguintes instruções no *prompt* do SciLab:

```
a)   -->nome = strcat([nome1, nome2, nome3, nome4])
b)   -->length(nome)
c)   -->strindex(nome, 'z')
d)   -->strindex(nome, 'a')
e)   -->strindex(nome, 'c')
f)   -->nome = nome + ' Leite'
g)   -->nome = strsubst(nome,nome2,'Paula ')
h)   -->convstr(nome)
i)   -->convstr(nome,'u')
```

7. Avalie a próxima expressão e mostre a sua sequência correta de execução no *prompt* do SciLab.

```
--> ~(4>5)|40/8==10 & (4+2)>sqrt(5)|6>5
```

8. O que siginifica a instrução x = y = z ? Por que é gerado um *warning*?

Capítulo 2 - Operações Básicas | 93

9. Considere dois pontos P(x1,y1) e Q(x2,y2) cujas coordendas no plano cartesiano sejam (3,8) e (6,12), respectivamente. Calcule a distância entre esses dois pontos.

10. Generalizando a questão do exercício 9, considere agora que os pontos P e Q estão no espaço e que possuem coordenadas (3,8,5) e (6,12,7), respectivamente. Calcule a distância entre esses dois pontos.

Capítulo 3
Polinômios

3.1 Conceitos básicos

O termo "polinômio" indica *"muitos nomes"*, ou *"muitos termos"*. Mas, de um modo geral, um polinômio é uma função composta da soma de vários termos, onde cada termo é o produto de uma constante numérica por uma variável com expoente que varia de 0(zero) até n (n>0), onde n define o grau do polinômio. Assim, considerando o conjunto C dos números complexos, um polinômio **P(x)** pode ser dado por:

$$P(x) = a_0x^0 + a^1x^1 + a_2x^2 + a^3x^3 + a_4x^4 + a_5x^5 + \ldots + a_{n-1}x^{n-1} + a_nx^n$$

Por exemplo, se n for igual a 5 o grau do polinômio é 5 e o número de termos será n+1=6; **x** é denominado *variável independente*, e o valor do polinômio depende do valor dessa variável.

O estudo dos polinômios é importante, uma vez que algumas leis da Física são definidas em função de equações matemáticas baseadas em polinômios, como a equação do movimento de um corpo em queda livre. E essas equações encontram aplicações práticas na engenharia com muito mais frequência do que se imagina. Por exemplo, projetar o abastecimento de água para uma população de uma grande cidade para daqui a 30 anos, baseando-se em dados passados sobre o crescimento dessa população. Deste modo, pode-se considerar como **y** os anos e **x** a taxa de crescimento; então **y(x)** seria uma função polinomial que controlaria o crescimento da população para o futuro, com uma precisão bem considerável. Um outro caso poderia ser a projeção das vendas de determinado produto recém lançado, em função de vendas efetuadas ao longo de alguns meses de pesquisas junto aos consumidores.

Um caso muito estudado é o emprego do Modelo Clássico de Regressão Linear (MCRL), que se baseia no princípio de que uma variável **y** dita *dependente* pode ser relacionada com variáveis **x**'s ditas *explicativas*. Isto pode ser visto na próxima expressão onde os β's (a serem determinados) representam os coeficientes da equação e o termo **u** as perturbações (resíduos) associadas aos erros cometidos nas estimativas de **y**, e conhecido como erro estocástico. Segundo GUJARATI [2000, p.49], esse modelo está apoiado em dez hipóteses que lhe dão sustentação teórica, com a condição de que os coeficientes β's medem a variação de **y** por variação unitária de um dado x_i, enquanto os outros **x**'s permanecem constantes; condição esta conhecida como *ceteris paribus*.

$$ y = \beta_0 + \beta_1 x_1 + \beta_2 x_2 + \beta_3 x_3 + \ldots + \beta_N x_N + u $$

Esse é o caso mais geral de aplicação de polinômio com mais de uma variável independente (que não será tratado neste livro) e requer uma solução mais complexa. Por fim, é preciso frisar que o estudo dos polinômios é muito importante nas ciências exatas e na engenharia, na prática do dia a dia. SciLab possui inúmeros comandos e funções para manipular polinômios: criação, operações, determinação de valores pontuais, etc.

3.2   Criação de polinômios

A criação de polinômios no SciLab pode ser feita através das constantes predefinidas **%s** e **%z** ou mais comumente com o comando **poly**, através de seus coeficientes ou através de suas raízes. Podemos criar o polinômio p(x) conhecendo os coeficientes (a_o, a_1, a_2, ..., a_n) ou raízes (r_1, r_2, ..., rn).

3.2.1 Criação de Polinômios com %s

A constante predefinida (variável especial) **%s** permite criar um polinômio em s. Por exemplo, suponha **p** nossa variável dependente que representa um polinômio com quatro termos:

```
-->p = 24 -10*%s - 3*%s^2 + %s^3
 p =

                2      3
   24  -  10s  - 3s  +  s
```

Conforme explicado no **Item 3.1**, tendo quatro termos o grau do polinômio é 3; isto é, o maior expoente da variável independente **s** é 3.

3.2.2 Criação de Polinômios com %z

Neste caso o polinômio terá como variável independente **z**; isto é, teremos um polinômio p(z).

```
-->p = 24 -10*%z -3*%z^2 + %z^3
 p =

                2      3
   24  -  10z  - 3z  +  z
```

NOTA

O fato de usar letras **%s** e **%z** para criar polinômios não significa necessariamente que podemos usar qualquer letra para isto. Com qualquer outra letra não conseguiremos criar o polinômio e, em alguns casos, obteremos um valor númerico como resultado. Por exemplo, usando **%e** na expressão do polinômio anterior, teremos um valor igual a

```
-5.2644497, pois %e vale  2.7182818 (base dos loga-
ritmos naturais).
```

3.2.3 Criação de Polinômios com o Comando poly

O comando **poly** permite criar polinômios tanto através de seus coeficientes, quanto de suas raízes.

1. **Como criar polinômios através de seus coeficientes**: Neste caso, a forma geral de criação de um polinômio com **poly** é a seguinte:

```
p = poly([a_o + a_1 + ... + a_n], "x", "c")
```

a_o   Constante numérica (termo independente).
a_1   Coeficiente de x_1.
a_2   Coeficiente de x_2.
...   ...
a_n   Coeficiente de x_n.
x   Identificador da variável simbólica.
"c"   Indica que o polinômio será criado a partir dos coeficientes ("coeff" está obsoleto como terceiro parâmetro da função **poly**).

Considerando o polinômio dado no item anterior, teremos o seguinte:

```
-->p = poly([24 -10 -3 1], "x", "c")
 p =

                    2    3
      24 - 10x - 3x + x
```

2. **Como criar polinômios através de suas raízes**: As raízes desse polinômio são: 2, -3 e 4 [que podem ser calculadas com a instrução **roots**(p)]. Desse modo, a criação do polinômio conhecendo suas raízes será dada pela seguinte instrução:

```
-->p = poly([2 -3 4], "x")
 p =
```

$$2 \quad 3$$
$$24 - 10x - 3x + x$$

Observe que neste caso não foi colocado o parâmetro **"c"**.

Casos particulares de polinômios no ambiente do SciLab estão ligados às variáveis especiais %s e %z, abordadas anteriormente. Veja as duas instruções a seguir:

- poly(0, "s")
- poly(0, "z")

Deste modo, a instrução **poly(1, "s")** define um polinômio do primeiro grau em s com raiz igual 1.

```
-->ps = poly(1,"s")
 ps  =

  - 1 + s
```

E para a variável especial %z teríamos:

```
-->pz = poly(1,"z")
 pz  =

  - 1 + z
```

- **Exemplo 3.1**

Criar um polinômio cujas raízes sejam: 1, 3, 4 e 6.

Neste caso, como são quatro raízes, o polinômio é do $4°$ grau e, consequentemente, ele possui $4+1= 5$ termos.

```
-->p = poly([1 3 4 6], "x")
 p  =

             2     3    4
  72 - 126x + 67x - 14x + x
```

100 | SciLab: Uma Abordagem Prática e Didática 2ª Edição - Mário Leite

- **Exemplo 3.2**
  O movimento de queda livre é regido pela equação: $H = Vo*t + (1/2)*g*t^2$

  H   =   altura do corpo em relação ao solo (em metros).
  Vo   =   velocidade inicial do corpo (em m/s).
  g   =   constante da aceleração da gravidade (aproxima-
                damente $9.81m/s^2$).
  t   =   tempo de queda (em segundos).

  Considerando um corpo abandonado a uma altura de 120 metros, crie
  o polinômio **H** no Scilab com o comando **poly** em função da variável t.

```
-->Vo = 0;          //O corpo foi abandonado

-->g = 9.81;

-->G = (1/2)*g;

-->H = poly([0 Vo G], "t", "c")
  H =

              2
     4.905t
```

  Note que na criação do polinômio H(t) do **Exemplo 3.2**, foi preciso colocar o primeiro parâmetro 0 (zero) para criar o polinômio do 2º grau como
  definido pela Física. Na verdade esse termo existe sim: é a distância inicial percorrida antes de começar a contar como queda livre; no caso é 0.
  Assim, existe coerência entre o que executamos no comando **poly** e o
  que a ciência diz; pois, se não fosse colocado esse parâmetro, o SciLab
  interpretaria como um polinômio do 1º grau e não do 2º grau como deve
  ser. Observe como ficaria se esse parâmetro não fosse considerado...

```
-->H = poly([Vo g], "t", "c")
  H =

     9.81t
```

Agora a pergunta: *"Qual o tempo gasto pelo corpo para atingir o solo?"*
Considerando o polinômio do 2° grau teremos o seguinte resultado:

```
120 =      0.5*9.81*t²   ==> t = ± √120/4.905

     t1    =      4.95 s (aproximadamente)

     t2    =     -4.95 s (aproximadamente)
```

Mas, como o tempo não pode ser negativo na Física Clássica, a resposta correta é **t = 4.95 s**.

Por outro lado, considerado o polinômio do 1° grau teríamos:

```
120 = 9.81*t   ==> t =   12.23 s
```

Que são resultados bem diferentes, não é mesmo?

3.3   Raízes de polinômios
· ·

Normalmente, o que se deseja em muitas ocasiões é conhecer os zeros de um polinômio; isto é, calcular as raízes da equação quando o polinômio é igualado a 0. O que se quer é encontrar x1, x2, x3,..., xn tal que P(x)=0.

```
P(x) = a₀X⁰ + a₁x¹ +a₂x² + a₃x³ + a₄x⁴ + a₅x⁵ + ... + a_{n-1}x^{n-1} + a_n x^n = 0
```

Existem vários algoritmos para resolver essa questão; entretanto, não existem fórmulas específicas para calcular as raízes de um polinômio de grau superior a 3. Para polinômios do 2° grau existe a já consagrada fórmula de Baskara, e para polinômios do 3° grau a fórmula de Tartáglia resolve satisfatoriamente, apesar de ser um pouco complexa [21].

---

21 Tartaglia - pseudônimo de Niccolò Fontana - matemático italiano do século XVI, famoso pelas suas propostas de soluções para equações cúbicas.

- ## Exemplo 3.3

  Calcular as raízes do polinômio $y(x) = x^3 + 3x^2 - x - 3$.

  Este é um daqueles clássicos exemplos dados pelos professores do Ensino Médio para "infernizar" a vida dos alunos (principalmente aqueles alunos que faltaram à aula de revisão um dia antes da prova). Mas, para os alunos estudiosos, a solução não é muito difícil. Siga estes passos:

  Como x^2 aparece em dois termos do polinômio, ele pode ser colocado em evidência: $x^2(x + 3) - x - 3 = 0$.

  1. O termo $(-x -3)$ também pode ser escrito assim: $-1(x + 3)$.

  2. Então o polinômio pode ser escrito com esses dois termos em evidência, do seguinte modo: $x^2(x + 3) - (x + 3) = 0$.

  3. Assim o polinômio poderá ser reescrito em função de apenas dois termos $(x+3)$ e $(x^2 - 1)$ do seguinte modo: $(x + 3).(x^2 - 1) = 0$.

  4. Agora, lembrando da aula de revisão do professor de matemática o binômio $(x^2 -1)$ pode ser escrito como o produto da soma pela diferença: $(x+1)(x-1)$. Portanto, nosso polinômio se reduzirá a um produto de binômios: $(x + 3).(x +1).(x -1) = 0$.

  5. Para que o primeiro termo da equação $(x + 3).(x +1).(x -1)$ seja igual ao segundo termo (0) temos três soluções disjuntas:

```
x + 3 = 0    ==> x = -3  ⎫
x + 1 = 0    ==> x = -1  ⎬  Raízes do polinômio
x - 1 = 0    ==> x =  1  ⎭
```

Foi fácil, não é mesmo? Fácil para aqueles alunos que assistiram à revisão de matemática do professor no dia anterior à prova, onde foi apresentada uma questão sobre fatoração de polinômios bem parecida com esta. Mas, e quem não foi à aula de revisão por motivos justificáveis..?

Capítulo 3 - Polinômios | 103

A verdade é que para essa classe de polinômios em que é possível colocar alguns termos em evidência, a solução parece ser fácil; mas de um modo geral encontrar as raízes de polinômios de grau superior a 2 nem sempre é uma tarefa tranquila. Por isso, graças a ferramentas como o SciLab, esta tarefa é extremamente fácil e até trivial, pois podemos calcular as raízes de um polinômio de qualquer grau n (n≥1). As raízes de um polinômio de grau n (n≥1) podem ser calculadas com a função **roots()**. Vamos testar com o polinômio do **Exemplo 3.3**.

```
-->y = poly([-3 -1 3 1], "x", "c")
 y  =

                  2     3
    - 3 - x + 3x + x

-->roots(y)
   ans  =
     1.
    - 1.
    - 3.
```

Bem mais fácil e bem mais rápido, não é? Mas isto não quer dizer que você pode "matar" aula de matemática; nunca faça isto!

3.4   Como calcular valores de um polinômio

Podemos calcular o valor de um polinômio p(x) dado um valor para a variável independente x. Isto é, para **x=c** podemos calcular **p(c)** onde **c** é uma constante numérica; o que pode ser feito com a função **horner()**. Então, considerando ainda o polinômio do **Exemplo 3.3**, a instrução para calcular o valor do polinômio em x = 4, seria:

```
-->horner(y,4)
   ans  =
     105.
```

E para uma faixa de valores de x, digamos: de 1 a 16, com incrementos de 3 teríamos os seguintes resultados:

```
-->x = 1:3:16
  x  =

   1.    4.    7.    10.    13.    16.

-->y = -3 - x + 3*x.^2 + x.^3
  y  =

   0.   105.   480.   1287.   2688.   4845.
```

Observe que o primeiro valor de y é 0 (zero), pois x=1 é uma das raízes do polinômio, conforme foi mostrado anteriormente. E como já foi apresentado, o comando **poly**() é o mais utilizado para criar polinômios; entretanto, como foi exposto nos **Itens 3.21** e **3.2.2** as constantes %s e %z podem ser empregadas especificamente para representar as variáveis independentes de polinômios. Por exemplo, seja criar o polinômio definido como $p = 12 - 7x + x^2$ utilizando **poly**(); isto é imediato:

```
-->clear
-->p = poly([12 -7 1], "x", "c")
  p  =

             2
   12 - 7x + x
```

Mas, se tentarmos criar esse polinômio tal como nós o escrevemos normalmente, seria gerado um erro, como mostrado a seguir.

```
-->y = 12 - 7*x + x^2
              !--error 4
  undefined variable : x
```

Neste caso ocorre erro; x não é reconhecido como variável.

Utilizando as constantes especiais %s ou %z (exclusivamente estas duas) podemos escrever diretamente o polinômio.

```
-->y = 12 - 7*%s + %s^2
  y  =

                 2
    12 - 7s + s
-->y = 12 - 7*%z + %z^2
  y  =

                 2
    12 - 7z + z
```

Calculando as raízes teremos:

```
-->roots(y)
  ans  =

    3.
    4.
```

3.5 Como criar uma função polinomial

O comando **poly** pode ser usado para criar ruma função polinomial em qualquer variável simbólica, conforme foi explicado no **Item 3.2.3**. Por exemplo, **poly**(0,"x") define uma função polinomial em "**x**"; por outro lado, o produto (x-x1)*(x-x2) resulta num polinômio do $2°$ grau com raízes **x1** e **x2** .

```
-->x = poly(0,"x")
  x          raízes

-->p = (x-4)*(x-6)
  p  =
```

106 | SciLab: Uma Abordagem Prática e Didática 2ª Edição - Mário Leite

```
                    2
      24 - 10x + x
-->roots(p)
  ans  =
    4.
    6.
```

O produto que envolve as raízes do polinômio pode ser generalizado:

```
(x-x1)*(x-x2)*(x-x3)*(x-x4)*(x-x5)*... *(x -xn) [22]
-->p = (x-4)*(x-6)*(x+3)

  p  =

                    2    3
      72 - 6x - 7x + x
```

> Neste caso o resultado é um polinômio de grau **3** com raízes x1, x2 e x3.

```
-->roots(p)
  ans  =
    4.
  - 3.
    6.
```

Adicionalmente, pode ser empregada a função **coeff**() para saber qual é o coeficiente de um determinado termo do polinômio; aqui é **coeff** mesmo; não é empregada como um parâmetro da função **poly**(); observe:

```
coeff(p,0)=72; coeff(p,1)= -6; coeff(p,2)= -7;
coeff(p,3)= 1
```

---

22 **Atenção**: A cada execução dessa instrução os termos em **x** serão multiplicados.

3.6 Operações com polinômios

3.6.1 Adição de Polinômios

Para somar dois polinômios devemos agir como se fossem, ambos, variáveis normais sem quaisquer aditivos extras na operação.Por exemplo, os dois polinômios a seguir criados com o comando **poly**.

```
-->p1 = poly([6 -5 1], "x", "c")
 p1 =
               2
    6 - 5x + x
-->p2 = poly([15 -8 1], "x", "c")
 p2 =
               2
    15 - 8x + x
```

Somando os dois obteremos um outro polinômio com seus respectivos coeficientes somados.

```
-->soma = p1 + p2
 soma =
                 2
    21 - 13x + 2x
```

3.6.2 Subtração de Polinômios

A subtração também ocorre de maneira semelhante à adição; a operação realiza a subtração termo a termo.

```
-->sub = p1 - p2
 sub =

   - 9 + 3x
```

3.6.3   Multiplicação de Polinômios

No caso da multiplicação o processo pode gerar um polinômio de grau superior aos dois envolvidos.

```
-->mult = p1*p2
 mult =

                    2     3    4
     90 - 123x + 61x - 13x + x
```

3.6.4   Divisão de Polinômios

A divisão entre dois polinômios também é possível, mas deve ser realizada com a função **pdiv**(). Neste caso podemos obter, além do quociente, o resto da divisão, que devem ser colocados entre colchetes [ ] do lado esquerdo da operação de divisão. Considerando **r** o resto e **q** o quociente da divisão entre p1 e p2, teremos:

```
-->[r,q] = pdiv(p1,p2)
  q =

     1
  r =

   - 9 + 3x
```

3.7 Exercícios propostos

1. Como pode ser criado um polinômio no SciLab?
2. Qual é a vantagem de criar um polinômio com o comando **poly**?
3. Crie um polinômio **p** com os coeficentes: 20, -9 e 1, sendo 20 o termo independente, -9 o coeficiente de **x** e 1 o coeficiente de x^2.
4. Recrie o polinômio do item anterior a partir de suas raízes.
5. Calcule as raízes do polinômio $y(x) = 1 + 2x + 3x^2 + 4x^3 + 5x^4 + 6x^5$.
6. Crie o polinômio cujas raízes sejam 3, 4 e 5.
7. Qual é o valor do polinômio do item anterior para $x = 5$?
8. Para x=1:0.1:10, quais serão os valores do polinômio do item anterior?
9. Crie uma função polinomial p(t) com raizes 1, 2 e 3. A instrução **coeff**(p,0) resultará em que valor?
10. Faças as operações de soma, subtração, multiplicação e divisão com os dois polinômios dos itens 6 e 9.

Capítulo 4
Tipos Estruturados

4.1 Conceitos básicos

Os tipos estruturados são definidos como *arrays* ou estruturas homogêneas na maioria das linguagens de programação. Nesse contexto são definidos vetores e matrizes; sendo os vetores casos particulares das matrizes. Assim, de um modo geral, pode-se dizer que vetores são matrizes unidimensionais: uma matriz com apenas uma linha ou apenas uma coluna. A **Figura 4.1** mostra um esquema com a representação de um vetor, e na **Figura 4.2** o de uma matriz. Na verdade o próprio SciLab é baseado, fundamentalmente, em vetores e matrizes. Por exemplo, um escalar (real ou complexo) é considerado como uma matriz **1×1**; um vetor linha de **n** elementos é visto como uma matriz **1×n**, e um vetor coluna como uma matriz **n×1**. Até as variáveis são tratadas como matrizes no SciLab.

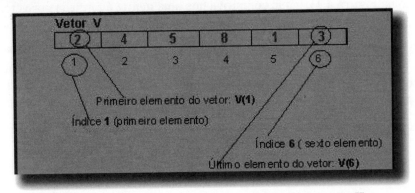

Figura 4.1 - Representação de um vetor com seus elementos indexados [23].

---

23 O índice de um vetor (ou matriz) é também chamado de **subscrito**.

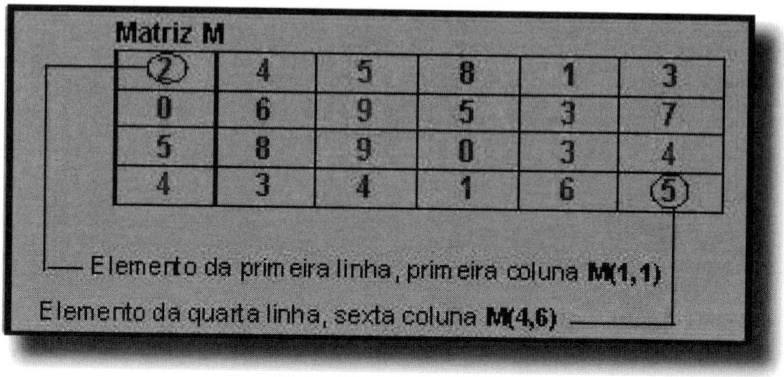

Figura 4.2 - Representação de uma matriz bidimensional.

O elemento **M(4,6)** da matriz cujo valor é 5 tem por índices 4 e 6:

```
4  ==>  Número da linha
6  ==>  Número da coluna
```

A interpretação de um elemento de uma matriz bidimensional é sempre assim: **Matriz[linha, coluna]**. O primeiro índice sempre se refere à linha e o segundo índice à coluna. A **Figura 4.2** mostra um exemplo de matriz bidimensional 4×6 (quatro linhas por seis colunas), compondo um total de 24 elementos. A primeira linha da matriz **M** é exatamente o vetor **V** (esquematizado na **Figura 4.1**), o que comprova que uma matriz é formada por vetores. Quando a matriz possui apenas uma linha temos um vetor linha, e se ela possuir apenas uma coluna teremos um vetor coluna. No exemplo dado, a matriz **M** pode ser entendida como uma tabela formada por linhas e colunas, onde o encontro de uma linha e uma coluna define um elemento dessa matriz. Mas a definição de matriz é bem mais formal.

Capítulo 4 - Tipos Estruturados | 113

4.2 Definição de matriz[24]

Considerando o conjunto dos números reais **R**, uma definição muito importante é o produto cartesiano $P = R \times R = \{a, b\}$, $a,b \in R$; e ainda podemos considerar a relação $S_{mn} = \{i,j : <1<m \text{ e } <1<j<n \}$ em P.

Assim, uma matriz **A** no conjunto S_{mn} pode ser definida como sendo uma função que associa um número real (ou complexo) a cada par (i,j) desse conjunto. Deste modo, podemos dizer que **A** é uma matriz de dimensão m×n em **R** indicando-a por $A \in R^{m \times n}$. Normalmente a representação de uma matriz m×n é semelhante à mostrada no esquema da **Figura 4.3**.

$$A = \begin{pmatrix} a_{11} & a_{12} & a_{13} & a_{14} & a_{15} & \cdots & a_{1n} \\ a_{21} & a_{22} & a_{23} & a_{24} & a_{25} & \cdots & a_{2n} \\ a_{31} & a_{32} & a_{33} & a_{34} & a_{35} & \cdots & a_{3n} \\ a_{41} & a_{42} & a_{43} & a_{44} & a_{45} & \cdots & a_{4n} \\ a_{51} & a_{52} & a_{53} & a_{54} & a_{55} & \cdots & a_{5n} \\ \cdots & \cdots & \cdots & \cdots & \cdots & \cdots & \cdots \\ \cdots & \cdots & \cdots & \cdots & \cdots & \cdots & \cdots \\ a_{m1} & a_{m2} & a_{m3} & a_{m4} & a_{m5} & \cdots & a_{mn} \end{pmatrix}$$

Figura 4.3 - Esquema de representação de uma matriz m×n.

Na prática, uma matriz pode ser considerada um arranjo retangular de mn elementos reais ou complexos. E, de acordo com a **Figura 4.3**, cada par ordenado (a_{mn}) é um elemento da matriz, onde **m** é número da linha e **n** o número da coluna. Se m=n então **A** é uma matriz quadrada. Deste modo, segundo a definição formal de matriz, nosso vetor **V** da **Figura 4.1** também pode ser considerado uma matriz **1×6** (1 linha e 6 colunas - vetor linha).

$$V = [2\ 4\ 5\ 8\ 1\ 3] \quad \text{ou} \quad V = [2, 4, 5, 8, 1, 3]$$

---

24 Uma matriz não possui um valor numérico, apenas representa um quadro de elementos dispostos em linhas e colunas em uma determinada ordem.

O vetor **V** também pode ser disposto verticalmente, transformando-se num vetor coluna. Nesta segunda representação temos um vetor coluna: **6×1**.

$$V = \begin{pmatrix} 2 \\ 4 \\ 5 \\ 8 \\ 1 \\ 3 \end{pmatrix}$$

4.3 Criação de matrizes no SciLab

Criar uma matriz (ou vetor) no ambiente do SciLab é extremamente fácil, não exigindo uma função ou comando expecífico; basta digitar os elementos entre colchetes e atribuir a uma variável. Seja, por exemplo, criar o vetor **V** mostrado no esquema da **Figura 4.1** e a matriz **M** (**Figura 4.2**).

a)   Vetor linha:

```
-->V = [2 4 5 8 1 3]
   V  =

    2.    4.    5.    8.    1.    3.
```

b)   Vetor coluna [25]:

```
-->V = [2; 4; 5; 8; 1; 3]
   V  =

    2.
    4.
    5.
```

> Observe que para criar um **vetor coluna** os elementos devem estar separados por ponto-e-vírgula (;), caso contrário, o vetor criado será um **vetor linha.**

---

25 Este vetor coluna também poderia ser criado com o comando: **str2code**("245813") nas versões 5.xx., mas este será excluído da versão 6.0.0

```
                8.
                1.
                3.
```

c) **Matriz**:

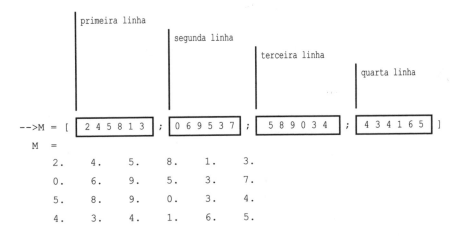

Na criação da matriz **M** observe que <u>cada bloco</u> de números separados por ponto e vírgula representa uma linha da matriz (um vetor linha); por conseguinte, o <u>número total de blocos</u> dá o número de linhas.

4.4 Como acessar elementos de matrizes

4.4.1 Acesso Direto

Para acessar elementos de um vetor basta indicar diretamente esse elemento com **Vetor(índice)**, onde **Vetor** é o nome do vetor e **índice** a sua posição dentro do vetor. Por exemplo, para acessar o terceiro elemento do vetor **V** teremos:

```
-->V(3)
  ans  =

     5.
```

> **Atenção**: o(s) índice(s) deve(m) ficar entre **parênteses** e não entre colchetes. Colocados entre colchetes, será gerado um erro.

Observe que o acesso a um elemento do vetor não depende de nenhuma função (ou comando) em particular. No caso de matriz a instrução é semelhante; por exemplo, acessar o elemento (3,2) da matriz **M** definida anteriormente.

```
-->M(3,2)
  ans  =

     8.
```

4.4.2   Acesso com o Operador:

O operador : (dois pontos) é um recurso muito util para acessar uma faixa de elementos de um vetor ou de uma matriz. Ele é particularmente interessante quando se deseja acessar uma linha inteira (ou uma coluna) de uma matriz. O uso desse operador deve levar em conta o conceito de "índice linear" da matriz. Essa "indexação linear" considera que uma matriz pode ter seus elementos indexados linearmente a partir do seu primeiro elemento (a_{11}) e segue colocando cada coluna uma embaixo da outra, definindo (internamente) um grande vetor coluna. Considerando, ainda, a nossa matriz **M** da **Figura 4.2**, teremos sua indexação linear como mostrada a seguir.

```
Elemento        Índice linear
    2                 1
    0                 2
    5                 3
    4                 4
    4                 5
```

6	6
8	7
3	8
5	9
9	10
9	11
4	12
8	13
5	14
0	15
1	16
1	17
3	18
3	19
6	20
3	21
7	22
4	23
5	24

Para obter este vetor no SciLab basta utilizar o operador **:** na instrução **M(:)**. Veja a seguir como fica, no ambiente do SciLab, o resultado da execução dessa instrução.

••
Atenção: Para extrair elementos <u>não repetidos</u> de um vetor, podemos usar o comando *unique*: **unique**(vetor).
••

```
-->M(:)
 ans  =

       2.
       0.
       5.
```

118 | SciLab: Uma Abordagem Prática e Didática 2ª Edição - Mário Leite

```
4.
4.
6.
8.
3.
5.
9.
9.
4.
8.
5.
0.
1.
1.
3.
3.
6.
3.
7.
4.
5.
```

1. Extrair elementos a partir do segundo até o quinto.

```
-->M(2:5)
 ans   =

        0.
        5.
        4.
        4.
```

Capítulo 4 - Tipos Estruturados | 119

2. Extrair a terceira linha da matriz.

Operador **:** delimita linha, coluna (só interessa a coluna 3)

```
-->M(3,:)
 ans  =

    5.    8.    9.    0.    3.    4.
```

3. Extrair a terceira coluna da matriz.

Operador **:** delimita linha, coluna (só interessa a coluna 3)

```
-->M(:,3)
 ans  =

    5.
    9.
    9.
    4.
```

4. Extrair o oitavo elemento da matriz.

```
-->M(8)
 ans  =

    3.
```

5. Extrair as linhas 3 e 4 da matriz.

Indica as linhas a serem extraídas (da terceira até a quarta)

Da coluna 1 até a coluna 6

```
-->M(3:4,1:6)
 ans  =

    5.    8.    9.    0.    3.    4.
    4.    3.    4.    1.    6.    5.
```

120 | SciLab: Uma Abordagem Prática e Didática 2ª Edição - Mário Leite

6.   Extrair apenas a quinta coluna da matriz.

Indica as linhas a serem extraídas (da primeira até a quarta)

Indica a coluna desejada (apenas a quinta)

```
-->M([1:4],5)
ans   =

    1.
    3.
    3.
    6.
```

7.   Alterar uma linha da matriz (alterar todos os elementos da terceira linha para 7).

```
-->M(3,:)  =  [7 8 7 8 7 8]
  M =

    2.    4.    5.    8.    1.    3.
    0.    6.    9.    5.    3.    7.
    7.    8.    7.    8.    7.    8.
    4.    3.    4.    1.    6.    5.
```

8.   Substituir todos os elementos da coluna 3 por 0.

```
-->M(:,3)  =  0
  M   =

    2.    4.    0.    8.    1.    3.
    0.    6.    0.    5.    3.    7.
    7.    8.    0.    8.    7.    8.
    4.    3.    0.    1.    6.    5.
```

Capítulo 4 - Tipos Estruturados | 121

9. Incluir uma nova (quinta) linha na matriz.

```
-->M(5,:) = [9 9 9 9 9 9]
 M   =
```

2.	4.	0.	8.	1.	3.
0.	6.	0.	5.	3.	7.
7.	8.	0.	8.	7.	8.
4.	3.	0.	1.	6.	5.
9.	9.	9.	9.	9.	9.

10. Eliminar a quarta linha da matriz.

```
-->M(4,:) = []                    Matriz nula.
 M   =
```

2.	4.	0.	8.	1.	3.
0.	6.	0.	5.	3.	7.
7.	8.	0.	8.	7.	8.
9.	9.	9.	9.	9.	9.

11. Eliminar a quarta coluna da matriz.

```
-->M(:,4) = []
 M   =
```

2.	4.	0.	1.	3.
0.	6.	0.	3.	7.
7.	8.	0.	7.	8.
9.	9.	9.	9.	9.

4.4.3   Acesso com o Operador $

O operador **$** (cifrão) permite acessar elementos de uma matriz de várias maneiras. Vamos considerar ainda nossa matriz **M** do item anterior (modificada pelas operações realizadas sobre ela, naturalmente).

1.   Extrair do décimo sexto até o último elemento da matriz.

```
-->M(16:$)
  ans   =

        9.
        3.
        7.
        8.
        9.
```

2.   Extrair o penúltimo elemento da matriz.

```
-->M($-1)
  ans   =

        8.
```

3.   Extrair o antepenúltimo elemento da matriz.

```
-->M($-2)
  ans   =

        7.
```

4.   Extrair somente os elementos de índice par da matriz.

```
-->M(2:2:$)
  ans   =

        0.
```

```
9.
6.
9.
0.
9.
3.
9.
7.
9
```

5. Considerar o vetor W = [2 4 6 8 10 12] com seus elementos definidos como uma faixa de valores: W = 2:2:12. Em seguida extrair seus elementos na ordem inversa.

```
-->W = 2:2:12
 W   =

    2.    4.    6.    8.    10.    12.

-->W($:-1:1)
 ans   =

    12.    10.    8.    6.    4.    2.
```

4.5 Operações com matrizes e vetores
••

O SciLab oferece muitos recursos para operações com matrizes: desde as simples operações aritméticas até os cálculos mais complexos.

4.5.1   Operações entre uma Matriz e um Esalar

As operações entre um escalar e uma matriz são regidas pelas mesmas leis das operações matemáticas comuns. Vamos considerar uma matriz **A** e um escalar **k**, definidos com as instruções seguintes:

```
-->k = 2
  k  =

     2.

-->A = [1 2 3; 4 5 6; 7 8 9]
  A  =

     1.    2.    3.
     4.    5.    6.
     7.    8.    9.
```

1.   Adição com escalar:

```
   -->k + A
    ans  =

         3.    4.    5.
         6.    7.    8.
         9.   10.   11.
```

2.   Subtração com escalar:

```
   -->A - k
    ans  =

       - 1.    0.    1.
         2.    3.    4.
         5.    6.    7.
```

Capítulo 4 - Tipos Estruturados | 125

3. Multiplicação por escalar:

```
-->k*A
 ans  =

    2.     4.     6.
    8.    10.    12.
   14.    16.    18.
```

4. Divisão por escalar:

```
-->A/k
 ans  =

   0.5    1.     1.5
   2.     2.5    3.
   3.5    4.     4.5
```

5. Potenciação pontual (elemento a elemento) com escalar:

```
-->A.^k              O operador .^ permite potencializar
 ans  =              cada elemento individualmente.
                     A(i,j)^k

    1.     4.     9.
   16.    25.    36.
   49.    64.    81.
```

6. Multiplicando apenas a terceira coluna por um escalar:

```
-->k*A(:,3)
 ans  =

    6.
```

```
12.
18.
```

4.5.2 Outras Operações com Vetores

1. Adicionando um novo elemento a um vetor.

```
-->V = [1 2 3 4 5]
  V  =

    1.   2.   3.   4.   5.

-->V6 = 6;

-->V = [V V6]
  V  =

    1.   2.   3.   4.   5.   6.
```

2. Eliminando um elemento do vetor.

```
-->V(:,3) = []   //Elimina o terceiro elemento
  V  =

    1.   2.   4.   5.   6.
```

3. Somando dois vetores (das mesmas dimensões).

```
-->V1 = [1 3 5 7];

-->V2 = [2 4 6 8];

-->Soma = V1 + V2
  Soma  =

    3.   7.   11.   15.
```

4. Subtraindo dois vetores (das mesmas dimensões).

```
-->V3 = [6 4 5 9];

-->V4 = [2 5 3 1];

-->Sub = V4 - V3
 Sub  =

    - 4.   1. - 2. - 8.
```

5. Somando os elementos de um vetor.

```
-->V3 = [6 4 5 9];

-->Soma = sum(V3)     //6+4+5+9
 Soma  =

    24.
```

6. Produto dos elementos de um vetor.

```
-->V3 = [6 4 5 9];

-->Produto = prod(V3)   //6*4*5*9
 Produto  =

    1080.
```

7. Obtendo o elemento de maior e menor valor de um vetor.

```
-->Maior = max(V3)
 Maior  =

    9.
-->Menor = min(V3)
 Menor  =
    4.
```

128 | SciLab: Uma Abordagem Prática e Didática 2ª Edição - Mário Leite

8. Obtendo a soma dos quadrados dos elementos de um vetor.

```
-->V = [1 3 5 7];

-->SomaQua = sum(V^2)
 SomaQua =

    84.
```

9. Obtendo os sinais dos elementos de um vetor.

Com o comando **sign** podemos saber quais são os elementos positivos e quais são os elementos negativos de um vetor. O resultado é mostrado na ordem em que os elementos do vetor estão.

```
-->W = [1 -5 2 -3 4];

-->sign(W)
 ans =

    1. - 1.   1. - 1.   1.
```

4.5.3   Operações entre Matrizes

As operações de adição e subtração entre matrizes seguem as mesmas regras matemáticas das operações comuns. Entretanto, para as operações de multiplicação e divisão existem regras bem particulares e preestabelecidas pela Álgebra Linear, e que devem ser seguidas à risca. O SciLab apenas dá o formato final para os comandos. Para apresentar essas operações, vamos considerar nossa matriz **A** (definida no item anterior) A = [1 2 3; 4 5 6; 7 8 9] e uma nova matriz **B** criada com a instrução a seguir.

```
-->B = [1 3 5; 2 4 6; 1 4 7]
 B =

    1.    3.    5.
    2.    4.    6.
    1.    4.    7.
```

1. Adição de matrizes:

    ```
    -->A + B
       ans =
    ```

    > Observe que os elementos das duas matrizes são somados um a um como se fossem valores individuais. A(i,j) + B(i,j).

    ```
       2.    5.    8.
       6.    9.   12.
       8.   12.   16.
    ```

2. Subtração de matrizes:

    ```
    -->A - B
       ans =
    ```

    > Os elementos de **B** são subtraídos dos elementos de **A** nas mesmas posições, do mesmo modo da adição. A(i,j) - B(i,j).

    ```
       0.  - 1.  - 2.
       2.    1.    0.
       6.    4.    2.
    ```

3. Multiplicação de matrizes

    Se $A \in R^{m \times p}$ e $B \in R^{p \times n}$, o produto das matrizes A e B é dado por
    $$C = A*B \in R^{m \times n}$$

    Observe que, para ocorrer a multiplicação entre duas matrizes, é necessário que o número de colunas da primeira matriz seja igual ao número de linhas da segunda matriz. No nosso caso A(3,3) e B(3,3); essa operação é perfeitamente possível.

    ```
    -->A*B
       ans =

          8.    23.    38.
         20.    56.    92.
         32.    89.   146.
    ```

4. Multiplicação pontuada de matrizes (elemento a elemento).
   Neste caso deve ser utilizado o operador .* (ponto asterisco)

   ```
   -->A.*B
   ans =

      1.    6.    15.
      8.   20.    36.
      7.   32.    63.
   ```

   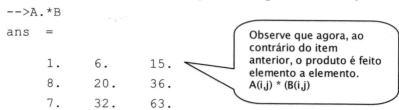

   Observe que agora, ao contrário do item anterior, o produto é feito elemento a elemento. A(i,j) * (B(i,j)

5. Divisão total de matrizes (operação em situações especiais):

   ```
   -->A/B
   Warning :
   matrix is close to singular or badly scaled. rcond =
   1.9385D-17
   computing least squares solution. (see lsq).
   ans =

      0.    0.5      0.
      0.    2.75   - 1.5
      0.    5.     - 3.
   ```

   Observe que neste caso a matriz resultante tende a ser singular. Por isso o alerta.

6. Divisão pontual de matrizes:

   ```
   -->A./B
   ans =

      1.   0.6666667   0.6
      2.   1.25        1.
      7.   2.          1.2857143
   ```

   Neste caso a divisão ocorre elemento a elemento, normalmente: A(i,j) / B(i,j).

Obs: Formalmente não existe divisão de matrizes, mas o SciLab usa o fato de que A/B = A*inv(B), onde inv(B) é a inversa de B.

Capítulo 4 - Tipos Estruturados | 131

7. Potenciação pontual de matrizes:

```
-->A.^B
 ans   =

    1.      8.        243.
    16.     625.      46656.
    7.      4096.     4782969.
```

8. Concatenação de matrizes

A concatenação de matrizes gera uma nova matriz, e pode ser feita por linha ou por coluna.

8.1. Concatenação por coluna:

```
-->[A,B]
 ans   =

    1.    2.    3.    1.    3.    5.
    4.    5.    6.    2.    4.    6.
    7.    8.    9.    1.    4.    7.
```

8.2. Concatenação por linha:

```
-->[A;B]
 ans   =

    1.    2.    3.
    4.    5.    6.
    7.    8.    9.
    1.    3.    5.
    2.    4.    6.
    1.    4.    7.
```

A **Tabela 4.1** resume os principais operadores utilizados nas operações entre matrizes.

Operador	Descrição	Exemplo
+	Adição	A + B
-	Subtração	A - B
^	Potenciação	A^k (k é um escalar)
*	Multiplicação total	A*B
.*	Multiplicação pontual	A.*B
/	Divisão total à direita	A/B
./	Divisão pontual à direita	A./B
\	Divisão total à esquerda	A\B
.\	Divisão pontual à esquerda	A.\B
.^	Potenciação pontual	A.^B
.*.	Produto tensorial	A.*.B
./.	Divisão tensorial à direita	A./.B
.\.	Divisão tensorial à esquerda	A.\.B
[ ]	Operador de definição de matriz	C = [A + B]
( )	Extrai elemento da matriz	x = A(3,2)
( )	Insere elemento na matriz	A(3,2) = 6
'	Cria matriz transposta	At = A'
;	Separa linhas de uma matriz	A = [1 2 3; 4 5 6; 7 8 9]

Tabela 4.1 - Operadores utilizados nas operações com matrizes.

4.6 Matrizes e vetores especiais

Existem algumas matrizes especiais que podem ser definidas e tratadas no ambiente do SciLab de maneira bem fácil.

4.6.1 Matriz Transposta[26]

A transposta de uma matriz A é a matriz A^T obtida de A com a permutação das linhas pelas colunas, e vice-versa. Considerando ainda nossas matrizes A e B, suas transpostas A^T e B^T respectivamente serão dadas no SciLab por At = A' e Bt = B'.

```
-->A                    -->B
  A   =                   B   =

    1.    2.    3.          1.    3.    5.
    4.    5.    6.          2.    4.    6.
    7.    8.    9.          1.    4.    7.
```

Então, as transpostas dessas duas matrizes serão:

```
-->At = A'              -->Bt = B'
   At   =                  Bt   =

    1.    4.    7.          1.    2.    1.
    2.    5.    8.          3.    4.    4.
    3.    6.    9.          5.    6.    7.
```

O estudo de matrizes transpostas é muito importante nas ciências exatas e nas engenharias, particularmente em problemas de programação linear na pesquisa operacional cuja solução depende da resolução de sistemas lineares do tipo $Ax = b$ onde A é uma matriz de coeficientes com solução em **x** (matriz das incógnitas), e **b** um vetor de constantes. Nesses casos, se o sistema tem solução, então uma solução também pode ser implementada através das transpostas das matrizes. Seja, por exemplo, o sistema linear a seguir.

$$\begin{cases} 3x1 & + & x2 & + & x3 & = & 20 \\ 2x1 & - & x2 & - & x3 & = & -15 \\ -4x1 & + & x2 & - & 5x3 & = & -41 \end{cases}$$

---

26   Se uma matriz **M** for igual à sua transposta M^T, então é **M** é uma matriz simétrica.

A matriz A é composta pelos coeficientes de **x**: A = [3 1 1; 2 -1 -1; -4 1 -5] e o vetor **b** pelos termos independentes: b = [20; -15;-41]. Na forma matricial fica assim:

$$
\begin{bmatrix} 3 & 1 & 1 \\ 2 & -1 & -1 \\ -4 & 1 & -5 \end{bmatrix} \star \begin{bmatrix} x1 \\ x2 \\ x3 \end{bmatrix} = \begin{bmatrix} 20 \\ -15 \\ -41 \end{bmatrix}
$$

No ambiente do SciLab teremos:

1)   Definição da matriz A.

```
-->A = [3 1 1; 2 -1 -1; -4 1 -5]
 A  =

    3.    1.    1.
    2.  - 1.  - 1.
    4.    1.  - 5.
```

2)   Definição do vetor b.

```
-->b = [20; -15; -41]
 b  =

    20.

  - 15.

  - 41.
```

3)   Uma solução do sistema pode ser dada pela aplicação do operador de divisão total de matrizes à esquerda \ como mostrou a **Tabela 4.1**[27]. A aplicação simples deste operador pode resolver o sistema; o resultado de A\b é a uma solução do sistema.O que poderia ser obtido, também, através da operação com as transpostas das matrizes.

---

27 A divisão à esquerda também pode ser feita com a função backslash: **backslash**(A,b)

Capítulo 4 - Tipos Estruturados | 135

```
-->A\b              ou    -->((A\b)')'
  ans  =                    ans  =

          1.                        1.
          8.                        8.
          9.                        9.
```

Então, teremos uma solução com: x1=1, x2=8 e x3=9.

4.6.2   Matriz Inversa e Matriz Identidade

Pela Álgebra Linear, se uma matriz M é quadrada (m=n) então existe uma matriz inversa M^{-1} se, e somente se:

$$M*M^{-1} = M^{-1}*M = I$$

Onde I é a matriz identidade de ordem n e M^{-1} é a matriz inversa de M.
Isto quer dizer que o produto total entre uma matriz e a sua inversa dá como resultado a matriz identidade. A matriz inversa é definida no SciLab através do comando **inv**. Então, considerando M = [0 4 1; 2 3 1; 1 3 1], sua inversa M^{-1} identificada no SciLab por Mi, será dada por: Mi = **inv**(M).

```
-->M = [0  4  1;  2  3  1;  1  3  1]    -->Mi = inv(M)
  M  =                                    Mi =
                                              0.    1.  -   1.
          0.    4.    1.                      1.    1.  -   2.
          2.    3.    1.                    - 3.  - 4.       8.
          1.    3.    1.
```

```
-->M*Mi
ans  =

          1.    0.    0.
          0.    1.    0.
          0.    0.    1.
```

Observe como fica o produto total entre elas.

136 | SciLab: Uma Abordagem Prática e Didática 2ª Edição - Mário Leite

A matriz identidade **I** é o produto total entre uma matriz quadrada e sua inversa. De acordo com a enciclopédia eletrônica rápida Wikipedia http://pt.wikipedia.org/wiki/Matriz_identidade (acesso em 13/11/14 – 14:50).

"Matriz identidade, em matemática, é uma matriz quadrada e uma matriz diagonal, cuja função é de ser o elemento neutro na multiplicação de matrizes".

No SciLab o comando que cria uma matriz identidade é **eye**; veja a seguir.

```
-->I = eye(M)
   I  =

      1.   0.   0.
      0.   1.   0.
      0.   0.   1.
```

Observe que uma matriz identidade tem sua diagonal principal formada por 1's e os demais elementos por 0 (zeros). Desse modo, as seguintes relações são válidas:

$$M_{m,n} * I_n = M_{m,n}$$
$$I_m * M_{m,n} = M_{m,n}$$
$$I_n = [a_{i,j}]_n \quad a_{i,j} \begin{cases} = & 1, \text{ se } i=j \\ & 0, \text{ se } i \neq j \end{cases}$$

Podemos comprovar que a diagonal da matriz identidade é uma matriz $n \times 1$ onde todos os elementos das **n** linhas são iguais a **1**: em outras palavras, é um vetor coluna de n linhas, cujos elementos são 1's. Isto pode ser comprovado utilizando o comando **diag** que cria a diagonal de uma matriz.

```
-->D = diag(I)
   D  =

      1.
      1.
      1.
```

O comando **diag** também pode ser usado para criar uma matriz tendo como diagonal os elementos de um vetor. Seja um vetor V = [1; 2; 3; 4].

```
-->MV = diag(V)
   MV =

    1.   0.   0.   0.
    0.   2.   0.   0.
    0.   0.   3.   0.
    0.   0.   0.   4.
```

4.6.3 Matrizes Triangulares

A triangulação de matriz é de suma importância no estudo de soluções algébricas de sistemas lineares. Um dos métodos clássicos de solução que emprega triangulação de matrizes é o método denominado "Eliminação de Gauss". Triangular uma matriz nada mais é do que transformar em 0s (zeros) todos os elementos acima ou abaixo da sua diagonal principal. Observe na **Figura 4.4**, onde **A** é uma matriz m×n quadrada (m=n), destacando os elementos $a_{i,j}$ (i=j) da sua diagonal principal.

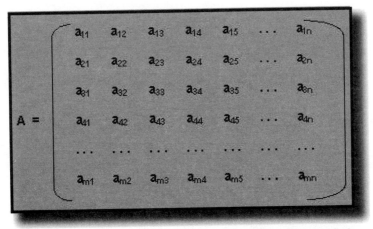

Figura 4.4 - Matriz quadrada destacando os elementos da diagonal principal.

A **Figura 4.5a** mostra a matriz **A** com seus elementos acima da diagonal principal transformados em 0's (zeros), ficando a matriz restrita aos elementos abaixo da diagonal principal; é a "Triangulação Inferior".

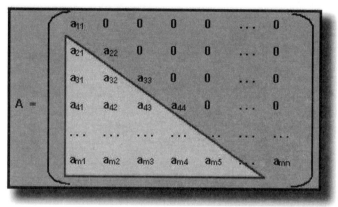

Figura 4.5a - Matriz triangular inferior.

A **Figura 4.5b** mostra a mesma matriz **A**, porém agora os elementos abaixo da diagonal principal é que foram transformados em 0's. O que sobra da matriz fica acima da diagonal principal; neste caso temos uma "Triangulação Superior" da matriz.

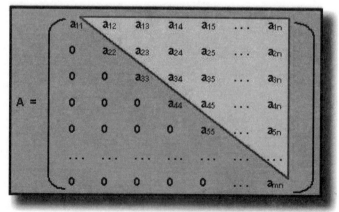

Figura 4.5b - Matriz triangular superior.

Capítulo 4 - Tipos Estruturados | 139

A triangulação de uma matriz no SciLab é extremamentre fácil; basta empregar o comando **tril** para triangulação inferior ou **triu** para triangulação superior. Observe o exemplo a seguir.

```
-->X = [1 3 5 7; 2 4 6 8; 3 6 9 0; 1 2 3 5]
  X =

    1.    3.    5.    7.
    2.    4.    6.    8.
    3.    6.    9.    0.
    1.    2.    3.    5.
```

-->**tril**(X)	-->**triu**(X)
ans =	ans =
1. 0. 0. 0.	1. 3. 5. 7.
2. 4. 0. 0.	0. 4. 6. 8.
3. 6. 9. 0.	0. 0. 9. 0.
1. 2. 3. 5.	0. 0. 0. 5.

4.6.4 Matrizes Randômicas

Uma matriz randômica é uma matriz formada por elementos oriundos de uma randomização de uma faixa de números . Esse tipo de matriz é muito usado em situações de tomadas de decisão em que as soluções dependem de muitas variáveis incertas (aleatórias por natureza). Por exemplo, decidir qual tipo de método de exploração de uma bacia petrolífera em função de estimativas (reais não especulativas) sobre as potencialidades dessa jazida, possíveis danos ao meio ambiente, disponibilidade de transporte, métodos aplicados, mercado financeiro, etc. Nesses casos, as tomadas de decisão são baseadas em avaliações subjetivas, e as matrizes randômicas são ferramentas indispensáveis.

Para gerar matrizes randômicas no SciLab deve ser usado o comando **rand** que cria uma matriz com elementos reais gerados randomicamente entre 0 e 1. A forma mais comum do uso de **rand** é na instrução a seguir.

$$R = \textbf{rand}(m, n)$$

Gera uma matriz randômica R de números reais de dimensões m × n.

```
-->R = rand(4,3)
  R  =

      0.2113249    0.6653811    0.8782165
      0.7560439    0.6283918    0.0683740
      0.0002211    0.8497452    0.5608486
      0.3303271    0.6857310    0.6623569
```

É possível definir um novo *seed* (semente) de geração de números randômicos quebrando o "vício" de possíveis repetições (é o famoso *"balançar o saco"* nos tempos antigos do bingo). A instrução para isto é **rand**("seed",k) onde k é um número real que definie o novo gerador de números randômicos. Algumas possíveis variações com **rand** são as seguintes:

- rand("uniform")   Define gerador de números randômicos no intervalo `(0 , 1)`.
- rand("normal")   Define gerador de números randômicos para a Gaussiana com média 0 e variância 1.
- rand()   Gera um número randômico que muda a cada execução da instrução.
- rand("info")   Exibe o tipo de gerador randômico atual: "uniform" ou "normal".

Capítulo 4 - Tipos Estruturados | 141

- **Exemplo 4.1**

Gerar seis dezenas como palpite para a Mega Sena desta semana.

1) Gera uma matriz de 6 linhas e 1 coluna com números randômicos.

```
-->Mega = rand(6,1)
  Mega  =

        0.0437334
        0.4818509
        0.2639556
        0.4148104
        0.2806498
        0.1280058
```

2) Converte os números em dezenas com auxílio do comando **int**.

```
-->Dez = int(Mega(:,1) * 100)
  Dez  =

        4.
        48.
        26.
        41.
        28.
        12.
```

3) Exibe as dezenas numa mesma linha usando a transposta de Dez.

```
-->Dext = Dez'
  Dext  =

        4.    48.    26.    41.    28.    12.
```

4) Escreve o primeiro elemento do vetor como se fosse realmente uma dezena, concatenando-o com "0" e, em seguida, reproduz o vetor de dezenas com o auxílio da função **string**().

```
-->ele = "0" + string(Dext(1))
  ele  =

       04


-->Dezt = ele + "  " + string(Dez(2)) + "  " +...
     string(Dez(3)) + "  " + string(Dez(4)) + "  " + ...
     string(Dez(5)) + "  " + string(Dez(6))
  Dezt  =

       04  48  26  41  28  12
```

4.6.5   Matrizes de Strings

Uma matriz de *strings* é uma matriz tal que seus elementos são cadeias de caracteres escritos entre apóstrofos (' ') ou aspas (" "), como a seguir.

```
-->Ms = ['a' 'b' 'c' ; '1' '2' '3' ; 'x' 'y' 'z']
  Ms  =

    !a  b  c  !
    !         !
    !1  2  3  !
    !         !
    !x  y  z  !
```

Observe que os elementos da segunda linha, apesar de terem sidos digitados como números, na verdade não são; pois foram colocados entre apóstrofos na definição da matriz. Assim, não se pode fazer operações aritméticas com eles, uma vez que são considerados apenas *strings*.

```
-->Ms(2,1) + Ms(2,2) + Ms(2,3)
  ans  =

       123
```

> Observe que esta operação NÃO é uma adição (pois teria que dar 6). Na verdade é apenas uma concatenação dos elementos da segunda linha da matriz.

Capítulo 4 - Tipos Estruturados | 143

- **Exemplo 4.2**
Considerar os elementos gerados randomicamente no **Exemplo 4.1**, e inserir a dezena "04" no local correto. Neste caso podemos utilizar o conceito de matriz de *strings*. Recordando o que já tinha sido visto.

```
-->ele = Dez(1)
  ele =

       4.

-->ele = "0" + string(ele)
  ele =

       04
```

Agora podemos recriar a matriz, considerando os elementos como *strings*; o elemento '04' foi armazenado na variável **ele**.

```
-->Mat1 = [ele '48' '26' '41' '28' '12']
  Mat1 =

       ! 04  48  26  41  28  12  !
```

Uma outra solução (mais elegante) seria a seguinte:

```
-->Dez1 = (string(Dez))'
  Dez1 =

       ! 4  48  26  41  28 12  !

-->Dez1(1) = ele
  Dez1 =

       ! 04  48  26  41  28  12  !
```

> Converte a matriz numérica em matriz de *string* (transposta) com a função **string()** e depois insere o elemento **ele** na posição correta.

144 | SciLab: Uma Abordagem Prática e Didática 2ª Edição - Mário Leite

Agora você seria capaz de ordenar essas dezenas, tal como a Caixa Econômica Federal divulga os resultados de Mega Sena? Veja como isto pode ser feito no **Exemplo 5.15 (Capítulo 5)** com o "Método de Classificação da Bolha".

4.6.6   Matrizes de 1's

Este tipo e matriz tem todos os seus elementos iguais à unidade. Para criar uma matriz assim pode ser usado o comando **ones**. A sintaxe geral e prática deste comando é a seguinte:

Número de linhas

Número de colunas

Número de matrizes (*default* é 1)

ones (m, n, p)

Como exemplo vamos criar uma matriz 4×4 formada exclusivamente por 1.
```
-->ones(4,4)
  ans  =

     1.    1.    1.    1.
     1.    1.    1.    1.
     1.    1.    1.    1.
     1.    1.    1.    1.
```

Agora 2 matrizes 4×4 de 1's.
```
-->ones(4,4,2)
  ans  =

  (:,:,1)

     1.    1.    1.    1.
     1.    1.    1.    1.
```

Capítulo 4 - Tipos Estruturados | 145

```
    1.    1.    1.    1.
    1.    1.    1.    1.
 (:,:,2)

      1.    1.    1.    1.
      1.    1.    1.    1.
      1.    1.    1.    1.
      1.    1.    1.    1.
```

Observe como o operador : (dois pontos) é importante no processo de exibição de uma matriz m×n×p.

4.6.7   Matrizes de 0's[28]

Neste caso todos os elementos da matriz serão 0 (zero) quando for utilizado o comando **zeros**. A sintaxe deste comando é semelhante à do comando **ones** visto no item anterior.

```
Número de linhas
    ┌──────────────
    │  Número de colunas
    │      ┌──────────────
    │      │  Número de matrizes (default é 1)
    │      │      ┌──────────────
    │      │      │
 zeros(m,  n,  p)
```

Repetindo o mesmo exemplo do item anterior obtemos as seguintes matrizes:

```
-->zeros(4,4)
  ans  =

    0.    0.    0.    0.
    0.    0.    0.    0.
```

───────────────
28 Também chamada de matriz nula.

```
0.    0.    0.    0.
0.    0.    0.    0.
```

Com duas matrizes...

```
-->zeros(4,4,2)
 ans  =

 (:,:,1)


    0.    0.    0.    0.
    0.    0.    0.    0.
    0.    0.    0.    0.
    0.    0.    0.    0.

 (:,:,2)


    0.    0.    0.    0.
    0.    0.    0.    0.
    0.    0.    0.    0.
    0.    0.    0.    0.
```

4.6.8   Matrizes Simbólicas

O SciLab também permite a criação de matrizes simbólicas onde seus elementos podem ser qualquer número real ou complexo, incluindo as constantes simbólicas. E o acesso a seus elementos é feito tal como no caso de matrizes numéricas. Observe o exemplo a seguir.

```
-->S = [1 2 3; %F %e %i; 2+%F 2+%e 2+%i]
 S  =

    1.    2.          3.
    0     2.7182818   i
```

```
2.      4.7182818    2. + i

-->S(2,2)
  ans  =
      2.7182818
```

Acessando o segundo elemento da segunda linha da matriz.

4.6.9   Matrizes Booleanas[29]

As matrizes booleanas são aquelas cujos elementos são todos constantes especiais booleanas (lógicas): ou %t (vertadeiro) ou %f (falso). Sua criação, acesso aos elementos e atribuição de valores a elementos seguem as mesmas regras dos outros tipos de matrizes; entretanto deve ser observado que sendo valores lógicos, as operações são regidas pela Lógica Simbólica. Considere as duas matrizes booleanas L1 e L2 a seguir.

```
-->L1 =[%t %t %t %t; %f %f %f %f; %t %f %t %f; %f %t %f %t]
  L1  =

    T T T T
    F F F F
    T F T F
    F T F T


-->L2 =[%f %f %f %f; %t %t %t %t; %f %t %f %t; %t %f %t %f]
  L2  =

    F F F F
    T T T T
    F T F T
    T F T F
```

---

29 **Atenção**: Não confundir %t com T e %f com F. %t e %f são as constantes especiais (*booleanas*); T e F são os **valores *booleanos*** resultantes de operações lógicas. Podemos atribuir %t ou %f a uma variável, mas nunca T ou F.

Veja as operações com as matrizes L1 e L2 definidas anteriormente.

```
-->L1 | L2
   ans  =

      T T T T
      T T T T
      T T T T
      T T T T


-->L1 & L2
   ans  =

      F F F F
      F F F F
      F F F F
      F F F F


-->~(L1 & L2)
   ans  =

      T T T T
      T T T T
      T T T T
      T T T T


-->~(L1 | L2)
   ans  =
      F F F F
      F F F F
      F F F F
      F F F F


-->~L1 & L2
   ans  =
```

```
       F  F  F  F
       T  T  T  T
       F  T  F  T
       T  F  T  F

-->L1(2,3) & L2(2,3)
   ans  =

       F

-->L1(2,3) & L2(2,3) | L1(1,2)
   ans  =
       T
```

4.6.10   Matrizes de Polinômios

Podemos criar matrizes a partir de polinômios de maneira simples. Por exemplo, considere quatro polinômios **p1**, **p2**, **p3** e **p4**, definidos a seguir:

```
-->p1 = poly([6 5 1], "x", "c")
   p1  =
                    2
       6 + 5x + x

-->p2 = poly([3 4 1], "x", "c")
   p2  =
                    2
       3 + 4x + x

-->p3 = poly([2 -3 1], "x", "c")
   p3  =
                    2
       2 - 3x + x
```

150 | SciLab: Uma Abordagem Prática e Didática 2ª Edição - Mário Leite

```
-->p4 = poly([8 6 1], "x", "c")
 p4  =
                   2
    8 + 6x + x
```

1) Criar uma matriz **Mp** *monotônica* (vetor) com esses quatro polinô-mios.

```
-->Mp =[p1; p2; p3; p4]
  Mp  =
                  2
     6 + 5x + x


                  2
     3 + 4x + x


                  2
     2 - 3x + x


                  2
     8 + 6x + x
```

2) Acessar o elemento (2,1) da matriz.

```
-->Mp(2,1)
  ans  =
                  2
     3 + 4x + x
```

3) Criar uma matriz 2×2 com os quatro polinômios dados anteriormente.

```
-->Mp =[p1 p2; p3 p4]
  Mp  =
```

Capítulo 4 - Tipos Estruturados | 151

```
         2                    2
6 + 5x + x        3 + 4x + x

         2                    2
2 - 3x + x        8 + 6x + x
```

4) Multiplicar um elemento da matriz por um outro elemento.

```
-->Mp(2,2)*Mp(2,1)
 ans   =
                     2     3     4
   16 - 12x - 8x + 3x + x
```

5) Calcular o inverso da matriz Mp (2×2).

Para calcular o inverso de uma matriz <u>polinomial</u> deve ser utilizado o comando **coffg** e não **inv**. Este último deve ser utilizado em matrizes numéricas "normais". Note a diferença quando se usa um e outro comando:

```
-->coffg(Mp)
 ans   =
                 2                    2
     8 + 6x + x      - 3 - 4x - x

                 2                    2
    - 2 + 3x - x        6 + 5x + x
```

```
-->inv(Mp)
 ans   =
                 2
     8 + 6x + x                   - 0.1 - 0.1x
   --------------------        ----------------
                     2     3                    2
   42 + 77x + 51x + 10x        1.4 + 2.1x + x
```

```
               2
 - 2 + 3x - x                      0.2 + 0.1x
------------------              ----------------
               2    3                          2
42 + 77x + 51x + 10x           1.4 + 2.1x + x
```

Neste segundo exemplo (utilizando o comando **inv**), obtivemos uma matriz cujos elementos são frações. E podemos obter apenas os numeradores dessas frações, bem como apenas seus denominadores, indicando como parâmetros as *strings* '**num**' e '**den**', respectivamente. Observe os dois exemplos a seguir.

```
IMat = inv(Mp)

   IMat   =
                  2
      8 + 6x + x                       - 0.1 - 0.1x
   --------------------              ---------------
                  2    3                            2
   42 + 77x + 51x + 10x             1.4 + 2.1x + x


                  2
    - 2 + 3x - x                        0.2 + 0.1x
   --------------------              ---------------
                  2    3                            2
   42 + 77x + 51x + 10x             1.4 + 2.1x + x


   -->N = IMat('num')
      N   =
                  2
      8 + 6x + x      - 0.1 - 0.1x

                  2
    - 2 + 3x - x        0.2 + 0.1x
```

```
-->D = IMat('den')
 D  =
                              2     3                              2
     42 + 77x + 51x + 10x        1.4 + 2.1x + x


                              2     3                              2
     42 + 77x + 51x + 10x        1.4 + 2.1x + x
```

Portanto, caso precisemos do numerador e denominador dos elementos de uma matriz polinomial, esses dois parâmetros podem ser empregados.

4.6.11 Matrizes Esparsas

Matrizes esparsas são aquelas cuja maioria de seus elementos é preenchida por zeros. De um modo geral esse tipo de matriz serve para economizar espaço na memória, pois somente valores diferentes de zero são alocados. Em estruturas de dados é uma forma bem eficiente de armazenar valores através de alocação encadeada (por exemplo, utilizando listas); é como empregar o chamado "Tipo Registro". O Google© emprega um mecanismo de busca baseado em matrizes esparsas para aumentar sua eficiência em pesquisa na Web[30].

No SciLab, uma matriz esparsa pode ser criada com o comando **sparse**, cuja sintaxe tem a forma geral:

```
sp = sparse(ij,v [,mn])
```

i,j   Inteiros diferentes de zeros que representam colunas da matriz.
v   Vetor.
mn   Inteiros com as duas dimensões (linha/coluna) do vetor entrada.

---

30 Maiores esclarecimentos em "Introdução à Álgebra Linear com Aplicações" (pág. 11), de Bernard Kolman e David R. Hill, Rio de Janeiro, LTC, 2006.

Veja o próximo exemplo, onde é criada uma matriz esparsa 9×8 com as entradas 5.4 e 69 nas posições (3,5) e (7,8), respectivamente.

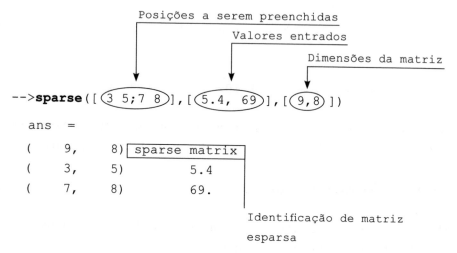

4.6.12 Vetores com Elementos Igualmente Espaçados

O Scilab permite criar vetores com elementos igualmente espaçados: linearmente ou com incrementos logarítmicos iguais.

1. Elementos igualmente espaçados com **linspace**()

    O comando **linspace** é usado para criar vetores com incrementos lineares iguais entre os seus elementos (vetores *monotônicos*). Sua sintaxe geral é:

Capítulo 4 - Tipos Estruturados | 155

```
linspace(a1,a2 [n])
```

Onde **a1** é o primeiro elemento (real ou complexo) do vetor, e **a2** o último elemento. O parâmetro **n** é um inteiro que define o número de elementos que serão gerados (100 é o *default*). Por exemplo, seja gerar um vetor de 4 elementos cujo primeiro elemento seja 2 e o último 8.

```
-->V = linspace(2,8,4)
  V  =

   2.    4.    6.    8.
```

Neste primeiro exemplo era óbvio que o vetor seria: [2, 4, 6, 8], Mas observe agora se quiséssemos 10 elementos igualmente espaçados.

```
-->V = linspace(2,8,10)
  V  =
          column 1 to 7

   2.   2.6666667   3.3333333   4.   4.6666667
   5.3333333     6.

          column  8 to 10

   6.6666667     7.3333333     8.
```

Note que o número de elementos é o número de colunas reportado na saída, e o espaçamento (incremento) entre os elementos é de 0.6666667.

2.   Elementos igualmente espaçados com **logspace()**

O comando **logspace** cria vetores com incrementos logarítmicos iguais entre os seus elementos. Sua sintaxe geral é a seguinte:

156 | SciLab: Uma Abordagem Prática e Didática 2ª Edição - Mário Leite

$$\boxed{\texttt{logspace}(\texttt{a1},\texttt{a2 [n])}}$$

Onde **a1** é o primeiro elemento (real ou complexo) do vetor, e **a2** o último elemento. O parâmetro **n** é um inteiro que define o número de elementos a serem gerados (50 é o *default*). Neste caso a faixa de valores dos elementos vai de 10^{a1} a 10^{a2}. Um caso especial ocorre quando a1=%pi; neste caso a faixa de valores vai de 10^{a1} a %pi. Consideremos o exemplo do item anterior.

```
-->W = logspace(2,8,4)
   W  =

      100.     10000.    1000000.    1.000D+08

-->W = logspace(2,8,10)
   W  =

         column 1 to 6

      100.        464.15888    2154.4347      10000.
      46415.888   215443.47

         column  7 to 10

      1000000.   4641588.8   21544347.  1.000D+08
```

4.7   Criação de matrizes a partir de outras
•••

O SciLab permite criar uma matriz a partir de outra matriz de modo fácil e direto. Considere as matrizes A e B definidas a seguir

```
-->A = [1 2 6; 2 4 6; 3 4 7]
   A  =

      1.    2.    6.
```

```
        2.      4.      6.
        3.      4.      7.

-->B =[2  4  3;  0  1  2;  1  3  5]
    B   =
        2.      4.      3.
        0.      1.      2.
        1.      3.      5.
```

Vamos criar uma nova matriz C a partir de A. e B.

```
-->C  =  [A,B]
    C   =
```

1.	2.	6.	2.	4.	3.
2.	4.	6.	0.	1.	2.
3.	4.	7.	1.	3.	5.

```
          Matriz A      Matriz B
```

Observe que, neste caso, as duas matrizes (A e B) são colocadas lado a lado para formar a matriz C.

Uma matriz também pode ser criada com o comando **matrix**, cuja sintaxe é:

```
M = matrix(<matriz>,m,n)
```

Onde *matriz* é a matriz de origem a partir da qual a matriz **M** será criada, e m,n as dimensões. É importante observar, porém, que o produto m*n tem que ser igual ao tamanho da matriz de origem.

Consideremos, agora, a matriz D = [2 4 6; 1 3 5; 1 0 1; 4 6 8]. Vamos criar a matriz E (6×2) a partir da matriz D.

158 | SciLab: Uma Abordagem Prática e Didática 2ª Edição - Mário Leite

```
-->D = [2 4 6; 1 3 5; 1 0 1; 4 6 8]
  D =

    2.    4.    6.
    1.    3.    5.
    1.    0.    1.
    4.    6.    8.

-->E = matrix(D,6,2)

  E =

    2.    0.
    1.    6.
    1.    6.
    4.    5.
    4.    1.
    3.    8.
```

Observe agora a próxima instrução.

```
-->F = matrix(E,4,2)
                    !--error 60
  Wrong size for argument: Incompatible dimensions.
```

> Ocorre erro porque as dimensões de **F** só podem ser tais que o produto dê **12** (que é o comprimento da matriz E).

Agora, deste modo, dá certo (2*6 = 12).

```
-->F = matrix(E,2,6)
  F =

    2.    1.    4.    0.    6.    1.
    1.    4.    3.    6.    5.    8.
```

Capítulo 4 - Tipos Estruturados | 159

NOTA

Observe que, na criação de uma matriz a partir de outra, a matriz resultante tem seus elementos formados de acordo com a indexação linear, de modo sequencial (reveja o **Item 4.4.2**).

4.8 Determinantes

Determinante de uma matriz é um número ou uma função associado(a) a uma matriz quadrada. Isto quer dizer que não existe determinante de uma matriz não quadrada. Teoricamente, existem regras bem particulares para calcular o determinante de uma matriz, dependendo de sua ordem.

4.8.1 Determinante de Matrizes de 2ª Ordem

Neste caso, o determinante da matriz é dado pelo produto dos elementos da diagonal principal menos o produto dos elementos da diagonal secundária. Por exemplo, seja a matriz A a seguir na sua forma matricial. O determinante de A será dado por $(1*4) -(2*3) = -2$.

$$A = \begin{bmatrix} 1 & 2 \\ 3 & 4 \end{bmatrix}$$

No ambiente do SciLab, utilizamos o comando **det** para calcular o determinante de uma matriz quadrada.

```
-->A = [1 2 ; 3 4]
 A  =

    1.    2.
```

```
3.    4.
-->detA = det(A)
  detA =

   - 2.
```

4.8.2 Determinante de matrizes de 3ª Ordem

Neste caso não vale mais (exatamente) o que foi estabelecido para as matrizes de 2ª Ordem. Uma das soluções práticas para calcular o determinante de uma matriz 3×3 é empregar a Regra de Sarrus (pronuncia-se Sarrí)[31]. Em resumo, essa regra pode ser aplicada da seguinte forma:

1)   Reescreve-se a 1ª e a 2ª colunas ao lado da matriz original, como se ela fosse se transformar numa matriz 3×5.

2)   Multiplica-se em "diagonal" os elementos atribuindo o sinal + (positivo) para os que estiverem no sentido para a direita na diagonal e o sinal – (negativo) para os que estiverem no sentido para a esquerda.

3)   Efetua-se a soma algébrica desses dois produtos. O resultado será o determinante da matriz.

Observe o dispositivo para aplicação a Regra de Sarrus na **Figura 4.6** mostrando uma matriz A = {[ai,j] i=1,3 e j=1,3, onde foram repetidos os elementos a_{11}, a_{21}, a_{31}, a_{12}, a_{22} e a_{32}, justamente para que se pudesse aplicar essa regra.

---

[31] Frederic Sarrus (1798 - 1861) foi professor na universidade de Strasbourg e membro ilustre da Academia de Ciências de Paris - França.

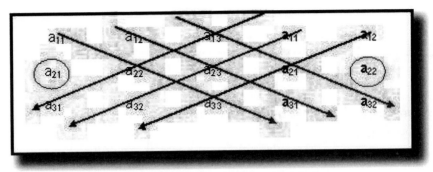

Figura 4.6 - Dispositivo para aplicação da Regra de Sarrus.

Os elementos que estão sobre as setas apontadas para a direita em **vermelho** serão multiplicados com o sinal +. Os elementos que estão sobre as setas apontadas para a esquerda em **azul** serão multiplicados com o sinal -. Note que dois elementos ficam de fora das setas. A soma algébrica resultante será o determinante da matriz. Então, de acordo com a Regra de Sarrus, teremos:

```
detA = (a₁₁.a₂₂.a₃₃+a₁₂.a₂₃.a₃₁+a₁₃.a₂₁.a₃₂) - (a₁₃.a₂₂.a₃₁+a₁₁.a₂₃.a₃₂+a₁₂.a₂₁.a₃₃)
```

Para comprovar esssa regra, vamos expandir nossa matriz A do item anterior, tornando-a quadrada: A = [1 2 3; 4 5 6; 7 8 0]

```
-->A = [1 2 3; 4 5 6; 7 8 0]
   A =

      1.    2.    3.
      4.    5.    6.
      7.    8.    0.
```

Aproveitando os recursos do SciLab montaremos o dispositivo para aplicar a Regra de Sarrus como resultado da agregação de suas duas primeiras colunas. Essas duas primeiras colunas serão uma matriz intermediária **B**, definida como a seguir.

```
-->B = [1 2; 4 5; 7 8]
```

```
B    =
    1.    2.
    4.    5.
    7.    8.
```

Agora basta criar a nova matriz **A** concatenada com a original e a matriz **B**.
```
-->A = [A,B]
A    =
    1.    2.    3.    1.    2.
    4.    5.    6.    4.    5.
    7.    8.    0.    7.    8.
```

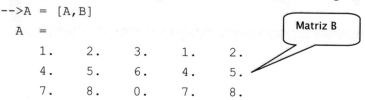

Aplicando a Regra de Sarrus, teremos:

```
detA    = (1*5*0 + 2*6*7 + 3*4*8) - (3*5*7 +1*6*8 + 2*4*0) =
        = (0 + 84 + 96) - (105 + 48 + 0)
        = (180) - (153)
        = 27
```

Os determinantes são muito importantes na Álgebra Linear, e possuem algumas propriedades que devem ser consideradas.

1. Somente as matrizes quadradas possuem determinantes.
2. O deteminante de uma matriz e o de sua tranposta são iguais; isto quer dizer que det(A) = **det**(A').
3. O determinante de uma matriz que tem um linha ou uma coluna de zeros é igual a zero.
4. Multiplicando (ou dividindo) os elementos de uma linha (ou de uma coluna) por um número, o determinante fica multiplicado (ou dividido) por esse número.
5. O determinate da inversa de uma matriz é igual ao inverso do determinante dessa matriz; **det**(**inv**(A)) = 1/**det**(A).

Capítulo 4 - Tipos Estruturados | 163

6. Permutando de posição duas linhas (ou duas colunas), o determinante muda de sinal.
7. Se existirem duas linhas (ou colunas) paralelas iguais ou proporcionais, o determinante é nulo.
8. O valor do determinante não se altera quando se substitui uma linha (ou coluna) pela soma desta com uma paralela.
9. Se a matriz é triangular, então o determinante é igual ao produto dos elementos da diagonal principal.

4.8.3 Determinante de matrizes de ordem n>3

Para matrizes de ordem superior à 3ª não existem fórmulas para o cálculo do determinante; nesses casos deve ser empregado o famoso Teorema de Laplace[32]. Esse teorema diz o seguinte: *"O determinante de uma matriz quadrada é igual à soma dos produtos dos elementos de uma fila qualquer (linha ou coluna) pelos respectivos cofatores"*. Aí surge mais uma novidade: **cofator**. E para determinar o *cofator* vamos recorrer ao que se conhece pelo nome de *menor complementar* de um elemento da matriz.

Menor complementar (D_{ij}) de um elemento de uma matriz é igual ao determinante obtido ao se eliminar a linha **i** e a coluna **j** da matriz; e o cofator (cof) de um elemento a_{ij} de uma matriz é dado por:

```
cof(aij) = cof(aij) = (-1)i+j *Dij
```

Para testar esse teorema vamos considerar uma matriz A de 4ª ordem na sua forma matricial a seguir.

$$
A = \begin{bmatrix}
1 & 0 & 2 & -1 \\
2 & 1 & 3 & -2 \\
0 & 0 & 2 & 3 \\
1 & -1 & 0 & 2
\end{bmatrix}
$$

---

32 Pierre Simon Laplace. (1749-1827), matemático e astrônomo francês.

164 | SciLab: Uma Abordagem Prática e Didática 2ª Edição - Mário Leite

Pelo estabelecido no Teorema de Laplace devemos escolher uma fila (linha ou couna), calcular os menores complementares (Dij) de cada elemento dessa fila e, em seguida, calcular seus cofatores. Vamos escolher a **linha 2** cujos elementos são: $a_{21}=2$; $a_{22}=1$; $a_{23}=3$; $a_{24}=-2$.

$$A = \begin{bmatrix} 1 & 0 & 2 & -1 \\ 2 & 1 & 3 & -2 \\ 0 & 0 & 2 & 3 \\ 1 & -1 & 0 & 2 \end{bmatrix}$$

1) Menor complementar de a_{21} (D_{21}) ==> eliminar a linha 2 e coluna 1:

$$D_{21} = \det \begin{bmatrix} 0 & 2 & -1 \\ 0 & 2 & 3 \\ -1 & 0 & 2 \end{bmatrix}$$

Aplicando a Regra de Sarrus teremos o seguinte dispositivo D_{21}.

$$\begin{vmatrix} 0 & 2 & -1 & 0 & 2 \\ 0 & 2 & 3 & 0 & 2 \\ -1 & 0 & 2 & -1 & 0 \end{vmatrix}$$

```
D21 = (0*2*-2 + 2*3*-1 - 1*0*0 ) - (-1*2*-1 + 0*3*0 + 2*0*2) = -8
```

2) Menor complementar de a_{22} (D_{22}) ==> eliminar a linha 2 e coluna 2:

$$D_{22} = \det \begin{bmatrix} 1 & 2 & -1 \\ 0 & 2 & 3 \\ 1 & 0 & 2 \end{bmatrix}$$

Aplicando a Regra de Sarrus teremos o seguinte dispositivo para D_{22}.

$$\begin{vmatrix} 1 & 2 & -1 & 1 & 2 \\ 0 & 2 & 3 & 0 & 2 \\ 1 & 0 & 2 & 1 & 0 \end{vmatrix}$$

$D_{22} = (1*2*2 + 2*3*1 + -1*0*0) - (-1*2*1 + 1*3*0 + 2*0*2) = \mathbf{12}$

3)   Menor complementar de a_{23} (D_{23}) ==> eliminar a linha 2 e coluna 3:

$$D_{23} = \det \begin{bmatrix} 1 & 0 & -1 \\ 0 & 0 & 3 \\ 1 & -1 & 2 \end{bmatrix}$$

Aplicando a Regra de Sarrus teremos o seguinte dispositivo para D_{23}.

$$\begin{vmatrix} 1 & 0 & -1 & 1 & 0 \\ 0 & 0 & 3 & 0 & 0 \\ 1 & -1 & 2 & 1 & -1 \end{vmatrix}$$

$D_{23} = (1*0*2 + 0*3*1 + -1*0*-1) - (-1*0*1 + 1*3*-1 + 0*0*2) = \mathbf{3}$

4)   Menor complementar de a_{24} (D_{24}) ==> eliminar a linha 2 e coluna 4:

$$D_{24} = \det \begin{bmatrix} 1 & 0 & 2 \\ 0 & 0 & 2 \\ 1 & -1 & 0 \end{bmatrix}$$

Aplicando a Regra de Sarrus teremos o seguinte dispositivo para D_{24}.

$$\begin{vmatrix} 1 & 0 & 2 & 1 & 0 \\ 0 & 0 & 2 & 0 & 0 \\ 1 & -1 & 0 & 1 & -1 \end{vmatrix}$$

$D_{24} = (1*0*0 + 0*2*1 + 2*0*-1) - (2*0*1 + 1*2*-1 + 0*0*0) = \mathbf{2}$

166 | SciLab: Uma Abordagem Prática e Didática 2ª Edição - Mário Leite

Reunindo todos os Dij teremos: $D_{21} = -8$; $D_{22} = 12$; $D_{23} = 3$; $D_{24} = 2$
Aplicando o Teroema de Laplace:

```
detA = cof((D21)*a21 + cof((D22)*a22 +
       cof((D23)*a23 + cof((D24)*a24
```

Substitutindo os dados indicados pelos seus respectivos valores, teremos:

```
detA = (-1)^(2+1)(-8)*2 + (-1)^(2+2)(12)*1 + (-1)^(2+3)(3)*3 + (-1)^(2+4)(2)*-2

detA = +16  +  +12  +  -9  +  -4
```

Finalmente chegaremos ao determinante da matriz A;

```
detA    =  15
```

Observe que, como diria nosso professor de Matemática no Ensino Médio: *"Calcular determinante não é difícil, é apenas trabalhoso"*. Realmente ele tem razão: É MUITO TRABALHOSO! Mas, e se tivéssemos precisando urgentemente calcular esse determinante, qual seria a solução prática, rápida e sem muito trabalho? <u>Resposta</u>: Utilizar o comando **det** do SciLab. Observe a facilidade como isto pode ser feito!!

```
-->A = [1 0 2 -1; 2 1 3 -2; 0 0 2 3; 1 -1 0 2]
 A   =

    1.     0.     2.   - 1.
    2.     1.     3.   - 2.
    0.     0.     2.     3.
    1.   - 1.     0.     2.

-->detA = det(A)
 detA   =

    15.
```

Mas, mesmo assim, aprender a Regra de Sarrus é importante e não deve ser desprezada pelo estudante!

4.9 Produtos entre Vetores

4.9.1 Produto Escalar

O produto escalar pode ser definido como um número real que resulta do produto entre dois vetores; este conceito é muito importante tanto na Física como na Engenharia. Por exemplo, uma carroça puxada por uma força $\vec{F}$ ao longo de uma distância $\vec{d}$ realiza um trabalho T definido pelo produto escalar da força pela distância; calculado por: $T = \vec{F} \circ \vec{d}$.

Considere **U** e **V** dois vetores mostrados na **Figura 4.7**; o produto escalar entre eles - denotado por **Pe** - é dado em função do produto dos seus módulos pelo cosseno do ângulo θ, através da seguinte expressão:

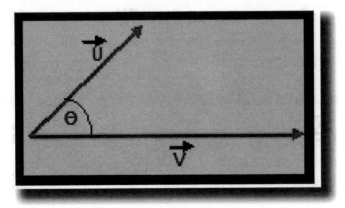

Figura 4.7 - Relação entre dois vetores.

O símbolo o indica "produto escalar" (ou produto interno) ente os vetores **U** e **V**, e as setinhas sobre **U** e **V** indicam que se trata de grandezas vetorias (que possuem módulo, direção, sentido e ponto de aplicação); U e V sem as setas indica os seus respectivos módulos[33].

Podem ser considerados dois casos particulares: se os dois vetores são perpendiculares o produto escalar entre eles é 0, e se estiverem sobre uma mesma reta o produto escalar será igual ao produto de seus módulos: U*V, sendo esta uma operação comutativa. Do ponto de vista prático e computacional é possível calcular o produto escalar somando os produtos de cada elemento respectivo dos dois vetores: U={3, 5, 9} e V={2, 4, 6}, mostrados no esquema da **Tabela 4.2**.

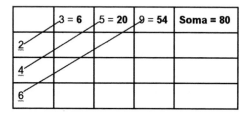

Tabela 4.2 - Esquema do produto escalar entre os vetores U e V.

Pelo esquema mostrado na **Tabela 4.2**, para se obter o produto escalar entre dois vetores U e V, ambos com **m** elementos, basta somar os produtos dos seus respectivos elementos.

$$Pe = U[1]*V[1] + U[2]*V[2] + U[3]*V[3] + ...U[m]*V[m]$$

Resumindo, é possível escrever a expressão acima de forma compacta para o produto escalar entre dois vetores U e V de **m** elementos cada um em função da expressão mostrada na **Figura 4.7a**.

---

[33] Por ser um assunto muito profundo da matemática e da física e por fugir ao escopo deste livro, não serão apresentados maiores detalhes sobre vetores; esta explanação básica inicial é apenas para entender o que são os vetores tratados nas Ciências Exatas. Aqui o interesse maior é no processo computacional: de como calcular o produto escalar entre dois vetores. E também por uma questão prática e objetiva, será dispensada a notação vetorial; assim, para indicar que são vetores eles serão mostrados em negrito e sem as setinhas acima deles; e seus módulos serão impressos em fonte normal.

$$U \circ V = \sum_{i=1}^{i=m} U[i] * V[i]$$

Figura 4.7a - Expressão do produto escalar entre dois vetores.

No caso dos dois vetores dados na **Tabela 4.2**, empregando a expressão da **Figura 4.7a** o produto escalar deles seria dado assim:

$$Pe = (3*2) + (5*4) + (9*6) = 80$$

No ambiente do SciLab poderia ser calculado pela expressão: Pe = U'*V (onde U' é o transposto de U),

```
-->U = [3; 5; 9]
 U   =
    3.
    5.
    9.
-->V = [2; 4;6]
 V   =
    2.
    4.
    6.

-->U'
 ans  =
    3.    5.    9.

-->Pe = U'*V
 Pe   =
    80.
```

4.9.2 Produto Vetorial

O produto vetorial, ao contrário do produto escalar, produz um vetor e não um número puro. Na Física o produto vetorial (ou produto externo) é um conceito muito importante; por exemplo, no eletromagnetismo a força exercida sobre uma partícula num campo magnético uniforme é proporcional ao produto vetorial do vetor velocidade da partícula pelo vetor campo magnético. Assim, ainda considerando os vetores U e V do item anterior, o produto vetorial (Pv) entre eles é definido como o produto dos seus módulos pelo seno do ângulo θ (reveja a **Figura 4.7**).

$$\vec{Pv} = \vec{U} \times \vec{V} = U * V * \text{sen}(\theta)$$

Onde o símbolo x é o operador que indica "produto vetorial" ente os vetores U e V. Como casos particulares tem-se os seguintes: o produto vetorial será 0 (zero) quando estiverem sobre uma mesma reta, e igual ao produto de seus módulos (U*V) quando forem perpendiculares entre si[34].

> **Atenção:** O produto escalar é um escalar (um número), mas o produto vetorial é um vetor (não é um número). A propriedade comutativa da multiplicação não se aplica ao produto vetorial.
> Portanto, Pe = **U** o **V** = **V** o **U**, mas Pv = **U**x**V** <> **V**x**U**

A **Figura 4.7b** mostra um sistema de eixos ortogonais no espaço constituído de três eixos direcionais: X, Y e Z; mostra também três pequenos vetores **i, j, k** (*vetores unitários* - de módulo 1) nos respectivos eixos.

---

34 Como foi explicado para o produto escalar, não serão mostrados os detalhes físico-matemáticos sobre o produto vetorial. Também como foi dito anteriormente, a explanação básica inicial sobre produto vetorial é importante para que se possa entender o conceito básico sobre este assunto; mas aqui o interesse real é apenas no aspecto computacional de como obter esse produto. Dispensando a notação vetorial (setinhas acima do nome dos vetores), eles serão impressos em negrito para indicar que são vetores, e em fonte normal serão considerados seus módulos

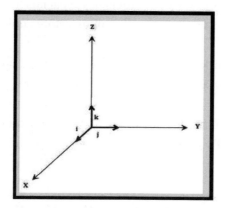

Figura 4.7b - Sistema de eixos ortogonais (X,Y,Z).

A **Figura 4.7c** mostra o que se convencionou chamar de "regra da mão direita" para indicar o sentido do produto vetorial, cujo resultado é um vetor perpendicular ao plano que define os vetores **U** e **V**

Figura 4.7c - Regra da mão direita do produto vetorial

O esquema da **Figura 4.7c** também tem como consequência que o produto vetorial é *anti-comutativo*; isto é, **(UxV)** = − **(VxU)**.

Considere os vetores U e V de coordenadas espaciais u1, u2, u3 e v1, v2, v3, respectivamente, nos eixos X, Y e Z com os vetores unitários i, j, k.

```
U = {u₁i, u₂j, u₃k}
V = {v₁i, v₂j, v₃k}
```

i j k são os vetores unitários nos eixos X, Y e Z mostrados na **Figura 4.7b**. O produto vetorial **Pv** de U por V é dado pelo esquema abaixo.

$$Pv = U \times V = \begin{matrix} i & j & k \\ u_1 & u_2 & u_3 \\ v_1 & v_2 & v_3 \end{matrix}$$

Para calcular o produto vetorial reescreve-se as duas primeiras colunas ao lado da terceira, produzindo um esquema tabelar estendido. As setas para a direita indicam produtos que terão sinais positivos, e as setas com sentido para a esquerda (tracejadas) indicam produtos que terão sinais negativos:

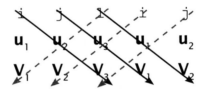

O produto vetorial será um vetor **Pv** de três elementos dado por:

$Pv = [(u_2{}^*v_3)i + (u_3{}^*v1)j + (u_1{}^*v_2)k] - [(u_2{}^*v_1)k + (u_3{}^*v_2)i + (u_1{}^*v_3)j]$

Agrupando os termos em função dos três vetores unitários, teremos:

$$\boxed{Pv = (u_2{}^*v_3 - u_3{}^*v_2)i + (u_3{}^*v_1 - u_1{}^*v_3)j + (u_1{}^*v_2 - u_2{}^*v_1)k}$$

Capítulo 4 - Tipos Estruturados | 173

E como os módulos dos três vetores unitários ($\mathbf{i}$ $\mathbf{j}$ $\mathbf{k}$) são iguais a 1, então o produto vetorial **Pv** pode ser dado em função de seus três elementos:

Pv = (Pv[1], Pv[2], Pv[3])

onde os módulos desses elementos são dados, respectivamente, por:

$$
\begin{aligned}
Pv[1] &= (u_2{}^*v_3 - u_3{}^*v_2) \\
Pv[2] &= (u_3{}^*v_1 - u_1{}^*v_3) \\
Pv[3] &= (u_1{}^*v_2 - u_2{}^*v_1)
\end{aligned}
$$

Para os vetores **U** e **V** da **Tabela 4.2**, temos o seguinte:

$\mathbf{U} = (3i, 5j, 9k)$
$\mathbf{V} = (2i, 4j, 6k)$

Então, o produto vetorial **U** x **V** será calculado assim:

Pv[1] = (5*6 - 9*4)i
Pv[2] = (9*2 - 3*6)j
Pv[3] = (3*4 - 5*2)k

$$\boxed{\mathbf{Pv = UxV} = (-6i, 0j, 2k)}$$

Por exemplo, dados os vetores A = (1i, 2j, 3k) e B = (3i, 6j, 9k), calcular o produto vetorial de A por B. Neste caso, temos:

- Elementos de A: a1=1, a2=2, a3=3
- Elementos de B: b1=3, b2=6, b3=9

Então, pela expressão dada acima, para o produto vetorial teremos:
Pv = (2*9 - 3*6)i + (3*3 - 1*9)j + (1*6 - 2*3)k

(18 -18)i + (9 -9)j + (6-6)k

$$Pv = (0i, 0j, 0k)$$

Observe que o produtro vetorial encontrado foi o vetor nulo (módulo zero); isto estava previsto desde o início, pois os dois vetores **A** e **B** são paralelos (o resultado seria o mesmo se estivessesm sobre uma mesma reta); ou mais formalmente, *um desses vetores tem seus elementos como uma combinação linear dos elementos do outro vetor*. Se observarmos melhor veremos que os elementos do vetor **B** é uma combinação linear dos elementos do vetor **A**, tal que cada um dos seus elementos é igual a cada elemento respectivo de **A** multiplicado por 3; isto é: **B** = 3***A**.
b1 = 3*a1
b2 = 3*a2
b3 = 3*a3

Portanto, já era de se esperar que o produto vetorial tivesse módulo 0, pois em termos geométros estes dois vetores estão dipostos tal como mostrado na **Figura 4.7d**: vetor **A** (tracejado), e o vetor **B** tendo seu módulo igual a três vezes o módulo do vetor **A**; neste caso o ângulo entre eles é 0, e seno(0)=0, o que está de acordo com a definição trigonométrica de produto vetorial de dois vetores como foi mostrado na **Figura 4.7**.

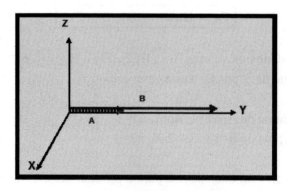

Figura 4.7d - Vetores A e B são lineares.

4.9.3 - Produto Misto

Dados três vetores **U, V, W** como na **figura 4.7e**, o produto misto Pm destes três vetores é um número real dado por: Pm = Uo(VxW). Isto é, o produto misto destes três vetores pode ser dado pelo produto escalar do vetor **U** pelo produto vetorial de **V** por **W**; e esta operação é *comutativa*.

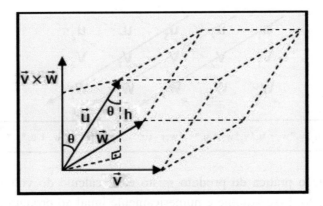

Figura 4.7e - Esquema de três vetores no produto misto.

Considerando o esquema da **Figura 4.7e**, o produto misto também pode ser dado por:

Pm = [U, V, W] = U*|VxW|*cos(θ)

Onde |VxW| é o módulo (valor absoluto) do produto vetorial de **V** por **W**. Semelhantemente ao dispositivo tabelar para calcular o produto vetorial, o produto misto também pode ser indicado pelo mesmo dispositivo, com a diferença que a primeira linha da tabela não é constituída pelos vetores unitários e sim pelos elementos do vetor **U**. Observe os esquemas a seguir...

$$Pv = U \circ (V \times W) = \begin{matrix} u_1 & u_2 & u_3 \\ v_1 & v_2 & v_3 \\ w_1 & w_2 & w_3 \end{matrix}$$

Funcionalmente, para o cálculo do Pm deve ser colocado assim:

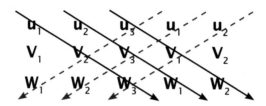

$$Pm = (u_1{*}v_2{*}w_3 + u_2{*}v_3{*}w_1 + u_3{*}v_1{*}w_2) - (u_3{*}v_2{*}w_1 + u_1{*}v_3{*}w_2 + u_2{*}v_1{*}w_3)\ [35]$$

Uma aplicação prática do produto misto é no cálculo do volume de um paralelepípedo. Esse volume é numericamente igual ao produto misto dos vetores que determinam suas três arestas. Assim, se o paralelepípedo tem arestas definidas por três vetores A, B e C, então seu volume pode ser dado por: **Ao(BxC)**. Veja o exemplo a seguir...

A = 3i, 3j, 7k
B = 10i, 0j, 0k
C = 5i, 10j, 0k

Considerando a expressão do Pm dada anteriormente, teremos:

Pm = (3*0*0 + 3*0*5 + 7*10*10) − (7*0*5 + 3*0*10 + 3*10*0)
= (0 + 0 + 700) - (0 + 0 + 0)
Pm = 700

---

[35] Como foi visto no item 4.8.3, essa expressão é a mesma empregada para calcular o determinante de uma matriz 3x3.

Por exemplo, seja verificar se os pontos P1(2,1,0), P2(1,5,2), P3(3,0,1) e P4(4,1,4) são coplanares; isto é, se eles estão sobre um mesmo plano. Observe a **Figura 4.7f** que mostra, esquematicamente, esses quatro pontos.

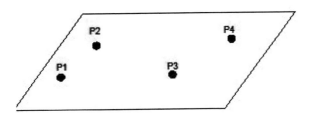

Figura 4.7f - Exemplo de pontos coplanares.

Para que **n** pontos sejam coplanares é necessário e que o produto misto deles seja zero ==> determinante definido pelos elementos dos vetores = 0
Vamos descobrir os vetores que definem estes pontos, podemos fazer:

$\overline{P1P2}$ = P2-P1 = (1i,5j,2k)-(2i,1j,0k) = (-1i,4j,2k) ==>| P2 - P1| = (-1,4,2) = A

$\overline{P1P3}$ = P3-P1 = (3i,0j,1k)-(2i,1j,0k) = (1i,-1j,1k) ==> | P3 - P1| = (1,-1,1) = B

$\overline{P1P4}$ = P4-P1 = (4i,1j,4k)-(2i,1j,0k) = (2i,0j,4k) ==> | P4 - P1| = (2,0,4) = C

O produto misto de **A**, **B** e **C** (vetores das distâncias) será dado por:

$$Pm = A \circ (B \times C) = Det \begin{vmatrix} -1 & 4 & 2 \\ 1 & -1 & 1 \\ 2 & 0 & 4 \end{vmatrix} = 0$$

Ou algebricamente, pela expressão:
Pm = (a1*b2*c3 + a2*b3*c1 + a3*b1*c2) - (a3*b2*c1 + a1*b3*c2 + a2*b1*c3)
Pm = (-1*-1*4 + 4*1*2 + 2*1*0) – (2*-1*2 + -1*1*0 + 4*1*4)

$$= (4 + 8 + 0) - (-4 + 0 + 16)$$
$$Pm = 0$$

Conclusão: Como o produto misto dos vetores que definem os pontos é zero, então esses pontos são coplanares; e Isto pode ser comprovado no ambiente do SciLab.

```
->A = [-1, 4, 2]
 A  =

 - 1.    4.    2.

-->B = [1, -1, 1]
 B  =

  1.  - 1.    1.

-->C = [2, 0, 4]
 C  =

  2.    0.    4.

-->ABC = [A;B;C]
 ABC  =

 - 1.    4.    2.
   1.  - 1.    1.
   2.    0.    4.

-->det(ABC)
 ans  =

   0.
```

4.10 Dimensões de Matriz e Produtos Especiais

As funções **size**() e **length**() podem ser utilizadas para obter as dimensões e o comprimento, respectivamente, de uma matriz. Considere a matriz M definida a seguir.

```
-->M = [1 2 3 4; 5 6 7 8; 9 0 1 0]
  M  =
      1.     2.     3.     4.
      5.     6.     7.     8.
      9.     0.     1.     0.
```

```
-->size(M)
   ans  =
      3.     4.
```
Dimensões: 3×4

```
-->length(M)
   ans  =
      12.
```
Comprimento: 12 elementos

Dada a matriz X=[1 0 0 0; 5 6 0 0; 0 0 5 0; 0 0 0 8] e os seguintes vetores Y=[1; 3; 5], Z=[2; 4; 6] e W[1; 2], calcular:

a)   O determinante da matriz X;

b)   O produto escalar entre Y e Z;

c)   O produto vetorial de Z por Y ;

d)   O produto tensorial de Y por Z.

180 | SciLab: Uma Abordagem Prática e Didática 2ª Edição - Mário Leite

```
-->W = [1; 2]
  W   =

    1.
    2.
```

a)   Determinante de X.

```
    -->detX = det(X)
      detX   =

              240.
```

> Observe que o determinante é exatamente igual aos produtos dos elementos da diagonal principal da matriz. Isto foi coincidência? Reveja a 9ª propriedade dos determinantes no **Item 4.8.2.**

b)   Produto escalar entre Y e Z.

```
    -->Y'*Z
      ans   =

              44.
```

c)   Produto vetorial de Z por W.

Assim o produto vetorial Z x W será:

Pv = (2i, -4j, 2k)

```
    -->Pv1 = Z(2)*Y(3)  -  Z(3)*Y(2)
      Pv1   =

              2.

    -->Pv2 = Z(3)*Y(1)  -  Z(1)*Y(3)
      Pv2   =

            - 4.

    -->Pv3 = Z(1)*Y(2)  -  Z(2)*Y(1)
      Pv3   =

              2.
```

d) Produto tensorial de Y por Z.

```
-->Y.*.Z
   ans =

2.
4.
6.
6.
12.
18.
10.
20.
30.
```

4.11 Listas

Ao contrário das matrizes, as listas definem uma coleção de valores que não precisam ser, necessariamente, do mesmo tipo. Desse modo, as listas formam o que se chama de *estruturas heterogêneas*, tal como os tipos definidos pelo usuário em algumas linguagens e as famosas *structures* na linguagem C. O SciLab oferece dois tipos de listas[36]:

    1. Listas ordinárias

    2. Listas tipadas

4.11.1 Listas Ordinárias

As listas normais (ordinárias - sem tipo) são criadas com o comando **list** e têm a seguinte sintaxe:

```
list(e1, e2, e3, ..., en)
```

---

36 O SciLab oferece um terceiro tipo de lista que na verdade é para conter os tipos de dados em uma lista: o comando usado para isto é mlist que não será estudado aqui.

182 | SciLab: Uma Abordagem Prática e Didática 2ª Edição - Mário Leite

Onde e_i (i=1,n) é um elemento qualquer de qualquer tipo de dado: real, *string*, matriz, etc. Por exemplo, seja criar uma lista com os seguintes elementos: 1, 2, 3, "Brasil", [2 4 6].

```
-->L = list(1, 2, 3, "Brasil", [2 4 6])
  L  =


      L(1)

   1.

      L(2)

   2.

      L(3)

   3.

      L(4)

  Brasil

      L(5)

   2.    4.    6.
```

Observe que a separação dos elementos é feita através de vírgulas; para **n** elementos teremos **n-1** vírgulas. Para acessar um elemento qualquer da lista basta indicá-lo com seu respectivo índice.

- Acessar o terceiro elemento:
```
-->L(3)
  ans  =

       3.
```

Capítulo 4 - Tipos Estruturados | 183

- Acessar o quarto elemento:

```
-->L(4)
   ans  =

   Brasil
```

Também podemos fazer operações normalmente entre os elementos que sejam do mesmo tipo de dado:.

```
-->L(2) + L(3)

   ans  =

      5.

-->L(2)*L(3)

   ans  =

      6.
```

As operações mais comuns nas listas são: *extração, inserção* e *remoção*.

1. Extração

A extração, conforme já mostrada anteriormente, consiste em exibir o valor do elemento e_i através da indicação do seu índice **i**, mas de uma maneira mais formal tem a seguinte sintaxe:

```
[x, y, z] = L(v)
```

onde **L** é o identificador da lista, **v**, um vetor de índices, e **x**, **y**, **z** são as variáveis (opcional) que recebem os valores dos elementos extraídos. Observe o próximo exemplo, considerando ainda a nossa lista **L**.

```
-->[x, y, z, w, t] = L([1,2,3,4,5])
   t  =
```

```
        2.    4.    6.
   w  =

Brasil
   z  =

        3.
   y  =

        2.
   x  =

        1.
```

Para extrair todos os elementos da lista devemos executar a instrução seguinte, utilizando o operador faixa (:).

```
-->[x, y, z, w, t] = L(:)
   t  =

        2.    4.    6.
   w  =

Brasil
   z  =

        3.
   y  =

        2.
   x  =

        1.
```

Observe que esta instrução equivale à anterior quando os elementos foram explicitamente atribuídos às variáveis **x**, **y**, **z**, **w** e **t**.

2. __Inserção__

Para inserir um elemento **i** em uma lista basta atribuir o seu valor a um elemento de índice **i** na lista (0< i <=n).

```
L(i) = valor
```

Por exemplo, L(6) = %t insere o valor T (verdadeiro) como sexto elemento da lista L.

```
-->L(6) = %t
  L   =

        L(1)

    1.

        L(2)

    2.

        L(3)

    3.

        L(4)

  Brasil

        L(5)

    2.   4.   6.

        L(6)

    T
```

Do mesmo modo que podemos incluir um novo elemento na lista, podemos também alterar o valor de um elemento. Seja, por exemplo, alterar o quinto elemento da lista (vetor linha [2 4 6] por um vetor coluna [1; 3; 5]. Neste caso teremos como quinto elemento o vetor:

```
L(5)
1.
3.
5.
```

Observe como isto é feito na instrução a seguir.

```
-->L(5) = [1; 3; 5]
 L =

        L(1)

    1.

        L(2)

    2.

        L(3)

    3.

        L(4)

 Brasil

      L(5)

    1.
    3.
    5.

        L(6)

    T
```

Capítulo 4 - Tipos Estruturados | 187

3. Remoção

A remoção de qualquer elemento de uma lista pode ser feita através da seguinte instrução:

```
L(i) = null()
```

Onde **i** é o índice do elemento a ser removido da lista. Note que, semelhantemente a algumas linguagens de programação, **L(i)** representa um *ponteiro* para o *i-ésimo* elemento da lista L. Então, ao atribuir **null()** - valor nulo - ao elemento, estaremos apagando o endereço da memória onde o elemento está referenciado; isto é, o ponteiro para esse elemento é eliminado. Chique, não é mesmo? (Os aficcionados de programação adoram isto!; principalmente os "escovadores" de *bits*!)

Consideremos a remoção do sexto elemento da nossa lista L; a instrução para isto seria: L(6) = null(). Após executar esta instrução, o elemento de valor T estará removido, e a lista voltará a ter apenas cinco elementos (como havia sido criada anteriormente). Confira na instrução a seguir dentro do ambiente do SciLab.

```
-->L(6) = null() //Elimina o sexto elemento da lista L
  L =

       L(1)

  1.

       L(2)

  2.

       L(3)

  3.

       L(4)
```

```
    Brasil

        L(5)

     1.
     3.
     5.
```

4.11.2   Listas Tipadas

Esse tipo de lista permite tipar os elementos a partir do seu primeiro elemento, que deve ser do tipo *string*; esse elemento é o que tipa a lista. A sintaxe geral para criar uma lista tipada baseia-se no comando **tlist**, e tem a seguinte sintaxe:

```
Lt = tlist(tipo, e_1, e_2, e_3, ..., e_n)
```

Onde **tipo** é o primeiro elemento que dá o tipo; e_1, e_2, e_3, ..., e_n são os demais elementos.

Como exemplo, vamos criar uma lista **Lt** com os seguintes elementos:
- Primeiro elemento: vetor de *strings* com dois valores;
- Segundo elemento: um valor *string*;
- Terceiro elemento: um valor *string*;
- Quarto elemento: um vetor linha de inteiros.

Veja como isto pode ser feito na instrução a seguir.

```
-->Lt = tlist(['Estado';'Cidade'],'MG','Tombos',[1,3])
  Lt   =

       Lt(1)

  !Estado   !
```

```
     !          !
  !Cidade   !

          Lt(2)

  MG

          Lt(3)

  Tombos

          Lt(4)

       1.    3.
```

Para extrair um elemento da lista tipada o processo é o mesmo empregado na lista ordinária.

```
-->Lt(4)      //Extrai o quarto elemento da lista
   ans   =

       1.    3.

-->Lt(5) = %f;   //inclui um quinto elemento na lista
```

4.12 Leitura de matrizes em arquivo-texto
●●●

Além do comando **read** (que será visto no **Capítulo 7**) o SciLab possui vários comandos que permitem ler dados de um arquivo gravados como matriz. Entre esses comandos podemos destacar **mgetl** que lê linhas de um arquivo ASCII. Sua sintaxe é a seguinte:

```
V = mgetl("arquivo" [,m])
```

V: Vetor de *strings* (resultado da leitura do arquivo).

Arquivo: arquivo-texto (formato .txt).
m: um escalar inteiro cujo valor *default* é -1.

Vamos considerar um arquivo denominado "MatNum.txt" gravado no diretório de trabalho, cujo conteúdo seja o mostrado na **Figura 4.8** e gravado com o Bloco de Nota do Windows.

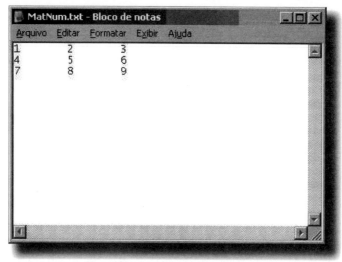

Figura 4.8 - Arquivo "MatNum.txt".

Para ler e exibir o conteúdo do arquivo "MatNum.txt" empregando o comando **mgetl**.

```
-->V = mgetl("MatNum.txt",[-1])
 V =

!1    2    3  !
!           !
!4    5    6  !
!           !
!7    8    9  !
```

Observe o resultado quando acessamos elementos de V:

Capítulo 4 - Tipos Estruturados | 191

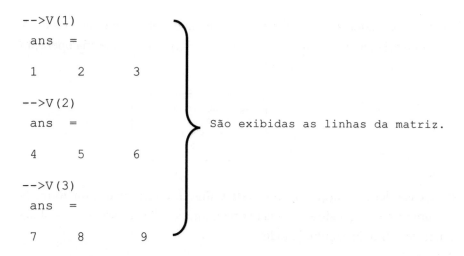

```
-->V(1)
 ans  =

  1    2    3

-->V(2)
 ans  =                   São exibidas as linhas da matriz.

  4    5    6

-->V(3)
 ans  =

  7    8    9
```

Estes elementos são considerados *strings*; se tentarmos "somar" os elementos, ocorrerá uma concatenação.

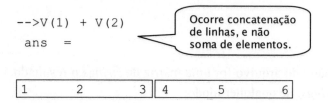

```
-->V(1) + V(2)            Ocorre concatenação
 ans  =                   de linhas, e não
                          soma de elementos.
```

| 1 | 2 | 3 | 4 | 5 | 6 |

Tabém pode ser empregado o comando **evstr** em conjunto com **mgetl** para ler os valores da matriz gravada no arquivo. Neste caso teremos mais flexibilidade nas operações.

```
-->V = evstr(mgetl("MatNum.txt",[-1]))
 V  =

    1.    2.    3.
    4.    5.    6.
    7.    8.    9.
```

Observe que, agora, a saída é diferente de quando empregamos apenas o comando **mgetl** (sem os ! delimitando a matriz). Repetindo a mesma operação de "concatenação" anterior, teremos:

```
-->V(1) + V(2)
  ans   =

    5.
```

> Agora ocorre uma soma real dos elementos, e não concatenação.

Neste caso, lendo o arquivo com **evstr** e **mgetl**, e se a matriz for formada por números, o resultado será uma matriz numérica. E o acesso a uma coluna poderá ser feito do seguinte modo:

```
-->V(:,3)
  ans   =

    3.
    6.
    9.
```

É claro que se o conteúdo do arquivo for uma matriz de *strings* o resultado será uma matriz de *strings*, de qualquer modo.

4.13 Manipulação de planilhas do Excel

O SciLab permite que as matrizes gravadas em arquivos do MS-Excel possam ser acessadas e lidas no seu ambiente de trabalho. Os comandos usados para isto são: **xls_open** (para abertura) e **xls_read** (para leitura), cujas sintaxes são mostradas a seguir.

```
[fd,SST,Sheetnames,Sheetpos] = xls_open("arquivo.xls")
```

arquivo:	nome do arquivo no Excel (.xls).
fd :	um número que dá a unidade lógica de entrada do arquivo.
SST :	vetor de caracteres *strings* que aparece na planilha do Excel.
Sheetnames:	vetor de *strings* lidos da planilha.
Sheetpos:	vetor de números; dá a posição do início dos dados.

```
[Value, TextInd] = xls_read(fd, Sheetpos)
```

Value:	matriz de números; representa os dados numéricos encontrados na planilha. Para células que não contenham números, retorna a constante especial *nam* (*not a number*).
TextInd:	matriz de índices da dimensão de Value. Índice 0 indica que não existe *string* correspondente no Excel; é um índice positivo **i** para SST(i) onde SST foi gerado pelo comando **xls_open**.
fd:	número da unidade lógica de entrada, gerado na abertura do arquivo com o comando **xls_open**.
Sheetpos:	o mesmo parâmetro gerado por ocasião da abertura do arquivo.

Para ilustrar, vamos considerar uma clássica planilha de despesas domésticas no arquivo "Despesas.xls", onde se deseja controlar as despesas mensais de uma família. A **Figura 4.9** mostra um exemplo de planilha dessa natureza, onde as linhas mostram os tipos de despesas, e as colunas os meses (primeiro semestre do ano). Vamos abrir o arquivo "Despesas.xls" com o comando **xls_open** no *prompt* e em seguida ler a planilha com o comando **xls_read**.

194 | SciLab: Uma Abordagem Prática e Didática 2ª Edição - Mário Leite

Observe a seguir o resultado da abertura do arquivo no ambiente do Scilab com o comando **xls_open**. Note que é exibida uma gama enorme de dados que indicam o que foi lido da planilha no Excel, e o mais importante: os valores dos parâmetros **fd** e **Sheetpos** que deverão ser considerados quando o arquivo for lido posteriormente com **xls_read**.

```
-->[fd,SST,Sheetnames,Sheetpos] = xls_open("Despesas.xls")
 Sheetpos  =

    1984.    4528.    4791.
 Sheetnames  =

 !Plan1  Plan2  Plan3  !
 SST  =

 !Des/Mês  Jan  Fev  Mar  Alimentação  Saúde  Educação
 Lazer  Transporte  Abr  Mai  Jun  Total  Média  !
 fd  =

    1.
```

Número da unidade lógica que identifica a entrada no arquivo.

```
-->[Value, TextInd] = xls_read(fd, Sheetpos)
 TextInd  =

    1.   2.   3.   4.   10.   11.   12.   13.
    5.   0.   0.   0.    0.    0.    0.    0.
    6.   0.   0.   0.    0.    0.    0.    0.
    7.   0.   0.   0.    0.    0.    0.    0.
    8.   0.   0.   0.    0.    0.    0.    0.
    9.   0.   0.   0.    0.    0.    0.    0.
   13.   0.   0.   0.    0.    0.    0.    0.
   14.   0.   0.   0.    0.    0.    0.    0.
 Value  =

 Nan  Nan   Nan   Nan   Nan   Nan   Nan   Nan
```

Capítulo 4 - Tipos Estruturados | 195

```
Nan    500.    510.    550.    550.    560.    570.    3240.
Nan    300.    300.    350.    340.    340.    340.    1970.
Nan    400.    410.    390.    400.    450.    400.    2450.
Nan    200.    150.    120.    120.    130.    300.    1020.
Nan     80.     80.     90.    100.    100.    120.     570.
Nan   1480.   1450.   1500.   1510.   1580.   1730.   9250.
Nan    296.    290.    300.    302.    316.    346.    1850.
```

Figura 4.9 - Arquivo "Despesas.xls" no Excel.

Veja o que aparece quando acessamos desde a linha 1 até a linha 4 e desde a coluna 1 até a coluna 4.

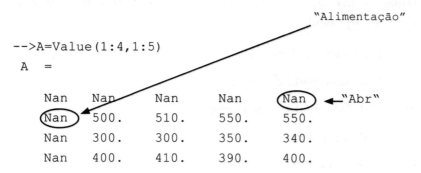

```
                                          "Alimentação"
-->A=Value(1:4,1:5)
 A  =

    Nan    Nan     Nan    Nan    Nan    ←"Abr"
    Nan    500.    510.   550.   550.
    Nan    300.    300.   350.   340.
    Nan    400.    410.   390.   400.
```

196 | SciLab: Uma Abordagem Prática e Didática 2ª Edição - Mário Leite

Observe que alguns dados são reconhecidos como **Nan** (*not a number*) pelo SciLab; os dados numéricos são tratados como um arranjo matricial.

Como exemplo, vamos calcular a soma das despesas em "Jan".

```
-->sum(Value(2:5,6))      -->Media= mean(Value(2:6,2))
  ans   =                  Media  =

    1480.                    296.
```

Isto quer dizer que para ler uma matriz de um arquivo do Excel precisamos tomar cuidado com os títulos das linhas e colunas; o SciLab só computa numericamente os dados e expressões numéricas da planilha.

4.14   Exercícios propostos
· ·

1.   Responda:

   a)   O que é uma matriz quadrada?

   b)   O que é triangulação de um matriz e para que serve?

   c)   Dado um vetor V= [1 3 5 7 9], o que siginifica a instrução V(4)?

   d)   Como transformar o vetor V em vetor coluna?

2.   Dadas as matrizes A = [1 2 3; 4 5 6; 7 8 9] e B = [0 2 4; 6 8 4; 1 2 6] calcule:

   a)   O produto total entre elas.

   b)   O produto pontual entre elas.

   c)   A divisão total à direita entre A e B.

   d)   A transposta de A.

   e)   O determinante da matriz B

Capítulo 4 - Tipos Estruturados | 197

3. Com relação à matriz A do exercicio anterior, responda:

    a) O que significa a instrução A(2,3)?

    b) O que acontecerá quando for executada a instrução A(: , 3)?

    c) Qual instrução seria dada para extrair somente os elementos pares?

    d) Qual a instrução para que cada elemento de A fique triplicado?

4. Crie dois vetores X e Y de modo que os elementos de X sejam os dez primeiros números ímpares e os elementos de Y sejam o dobro dos elementos de X.

5. Faça o produto total entre os dois vetores criados no exercício anterior. O determinante desse produto é zero. Explique por quê!

6. Dadas as matrizes C=[0 2; 1 3; 4 6] e D=[1 3; 1 4; 1 5], construa a matriz E a partir destas duas.

7. Considerando a matriz D do exercício anterior, o que siginifica a instrução N(:,2) = 4*D(:,2)?

8. Crie dois vetores e calcule os produtos escalar e vetorial entre eles.

9. Qual o resultado da operação mostrada a seguir?

$$\begin{bmatrix} 2 & 3 & 5 \\ 5 & 0 & -4 \\ 6 & 3 & 1 \end{bmatrix} * \begin{bmatrix} 5 & 2 \\ 4 & 7 \\ 3 & 6 \end{bmatrix}$$

Capítulo 5
Programação no SciLab

5.1 Manipulação de dados e informações

Desenvolver um programa é, antes de tudo, escrever uma sequência de instruções dentro de uma lógica para resolver um problema proposto pelo usuário. Normalmente deseja-se obter informação que leve a uma tomada de decisão. Observe o esquema da **Figura 5.1**.

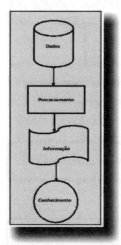

Figura 5.1 - Manipulando dados para obter conhecimento.

Segundo O'BREIN [2003] *"dados são fatos ou observações crus, normalmente sobre fenômenos físicos ou transações de negócios"*. Objetivamente, um dado pode ser considerado "qualquer coisa sobre a qual se tem algum interesse". A manipulação adequada de um dado resulta em *informação* que pode servir nas tomadas de decisão. Em outras palavras, *um dado é uma informação em estado bruto, e a informação é o dado transformado* de acordo com algum processamento para se obter o conhecimento, de acordo com a **Figura 5.1**. Por isto, o objetivo final do processamento dos dados é o conhecimento, forma ideal para que sejam tomadas as decisões mais corretas dentro de uma organização.

As informações obtidas pelo processamento dos dados devem ser gerenciais; isto é, devem servir para tomar decisões, e não apenas como conhecimento dos fatos. E o correto processamento é a função direta da qualidade do Sistema de Informação (SI), que por sua vez depende fundamentalmente das Tecnologias de Informação (TI) empregadas. A **Figura 5.2** mostra um esquema ilustrativo dessa situação.

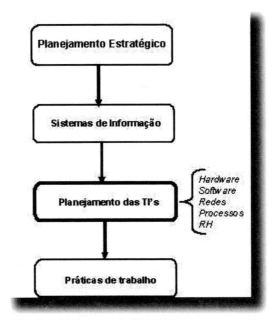

Figura 5.2 - O posicionamento das TI's dentro de uma organização.

De acordo com POLONI [2001, p30] *"sistema de informação é qualquer sistema usado para prover informações (incluindo seu processamento), qualquer que seja sua utilização"*. Deste modo, Tecnologia da Informação é o veículo que difunde e irradia as informações de maneira rápida e eficiente. Então, uma TI é o conjunto de *software/hardware* dos SI's; assim uma simples planilha eletrônica pode ser considerada uma TI, pois auxilia nas tomadas de decisão.

Entretanto, mesmo podendo ser considerada uma TI, uma planilha eletrônica não satisfaz plenamente o gerente tomador de decisão, pois, apesar de exibir a informação desejada, não tem a capacidade de armazenar os dados de maneira conveniente para cruzá-los de modo a permitir informações de vários "locais" da empresa. A **Figura 5.2** mostra que as TI's estão diretamente ligadas às práticas de trabalho na organização, e o cruzamento de vários dados, armazenados em vários locais é muito importante para os tomadores de decisão. Para atender às novas aplicações e aos novos modelos de gestão das organizações e do mercado, a tecnologia de banco de dados é um dos vetores de aplicação dessa tecnologia que vem evoluindo rapidamente para atender as mais diversas práticas de trabalho nas organizações. Essa tecnologia é uma das que tem se beneficiado da redução de custos, das plataformas de *software* e de *hardware*, tornando imperativo a sua adoção. De qualquer forma, deve-se considerar sempre que o disponível nas empresas são os dados que normalmente não têm muita aplicabilidade se não forem devidamente transformados em informações. Angeloni *et al* [1997,p6] afirma que: "*...compreender os pressupostos e princípios da gestão organizacional do conhecimento e da informação requer uma diferenciação entre dado, informação e conhecimento*". Para tratar os dados a fim de torná-los disponíveis como informações e consequentemente obter o conhecimento desejado, é necessário que se tenha uma tecnologia que faça esse serviço de maneira clara e objetiva. E de acordo com WALTON [1998, p35]:

"*A TI é base para o desenvolvimento sustentável das empresas nos dias de hoje; ela pode alavancar os negócios quando bem implantada no âmbito das organizações*". Ele ainda enfatiza que a TI tem dupla potencialidade, dizendo: "*...Por dupla potencialidade, refiro-me à capacidade que a mesma tecnologia básica tem de produzir um conjunto de efeitos organizacionais ou seus opostos*".

Essa afirmativa mostra a importâncias de uma TI bem planejada e bem aplicada no âmbito das organizações que querem ser competitivas e se manter no mercado, e como o armazenamento dos dados deve ser o mais correto possível. A **Figura 5.3** ilustra, esquematicamente, como os Sistemas de Informação na empresa devem ser planejados de modo a fornecerem informações gerenciais para as tomadas de decisão; ela mostra como um SI é composto: Recursos Humanos, Recursos de *Software*, Recursos de *Hardware*, Recursos de Rede e Recursos de Dados. Objetivamente, um SI pode ser entendido como sendo a composição de dois componentes:

- Tecnologias da Informação (TI's)
- Recursos Humanos

As TI's são baseadas em Recursos de *Software*, Recursos de *Hardware*, Recursos de Rede e Recursos de Dados. Esse último componente (Recursos de Dados) talvez seja o mais importante na medida em que é através dele que são tomadas as decisões nas empresas, baseadas nas informações resultantes do tratamento adequado dos dados armazenados em repositórios. Desse modo, os dados representam os elementos fundamentais num SI, e a escolha da TI deve estar de acordo com a estratégia da empresa.

Figura 5.3 - O componentes de um Sistema de Informação.

5.2 Como obter a solução de um problema

Conforme foi explicado no item anterior, as tomadas de decisão dependem das informações gerenciais obtidas pelo processamento adequado dos dados num SI. E esse processamento depende fundamentalmente da qualidade das TI's empregadas, conforme foi mostrado no esquema da **Figura 5.2**. O *software*, particularmente, é o elemento mais importante pois é através dele que os dados são manipulados e as informações exibidas. A manipulação dos dados é feita através de *programas* que seguem uma sequência lógica de passos, com o objetivo de obter a solução do problema proposto. O esquema da **Figura 5.4** mostra como deve ser essa sequência.

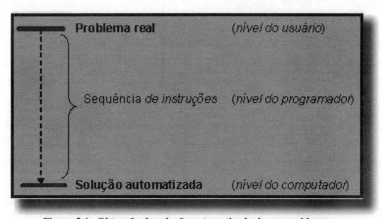

Figura 5.4 - Obtenção da solução automatizada de um problema.

A **Figura 5.4** estabelece que a solução automatizada é uma abstração do problema real proposto pelo usuário. Por isso, a solução deve ser a mais próxima possível da esperada. Por outro lado, a solução é composta pela sequência de instruções escritas pelo programador; na verdade, a solução final (automatizada) nada mais é do que a solução criada pelo programador, escrita de maneira que o computador a entenda. Então podemos concluir que o computador não resolve nada; apenas executa fielmente as instruções escritas pelo programador. Ele (o computador) apenas as executa de maneira mais rápida, mas não cria nada; em resumo, o computador faz apenas aquilo que nós mandamos e não necessariamente aquilo que nós queremos que ele faça!

5.3 Lógica de programação

De acordo com Forbelone (1993) *"a lógica é a arte de pensar corretamente e, visto que a forma mais complexa do pensamento é o raciocínio, a lógica estuda ou tem em vista a correção do raciocínio"*. Portanto, a lógica de programação pode ser entendida como *"ato de encadear pensamentos com o objetivo final de obter a solução de um problema"*.

Na prática podemos considerar esses pensamentos como ações que devem ser executadas para realizar uma determinada tarefa. Essas ações em conjunto formam os passos necessários para realizar as tarefas no sentido de solucionar o problema proposto. Assim, esse conjunto de ações, definidas como instruções, representa a solução do problema em nível do programador. Por outro lado, é importante frisar que esse conjunto de instruções (chamado de algoritimo – que será explicado no próximo item) não deve depender do computador; isto é, a solução deve ser geral, para qualquer tipo de máquina, uma vez que o nível onde ela está ainda não é o nível de máquina. Por exemplo, se a tarefa a ser realizada é somar dois números e exibir o resultado, uma sequência lógica para se obter a solução desse problema pode ser a apresentada a seguir.

1. Conhecer o primeiro número;

2. Conhecer o segundo número;

3. Somar os dois números;

4. Exibir o resultado da soma.

Pronto; com essa sequência de apenas quatro passos a tarefa estará realizada e a solução do problema obtida satisfatoriamente. Mas, será que esses quatro passos são a melhor solução para o problema proposto?

Esta é uma questão que só poderá ser respondida pela pessoa mais qualificada para isto: o USUÁRIO; pois é ele quem deve avaliar a solução, mais ninguém. Observe a **Figura 5.5**, onde temos o <u>problema</u> e o <u>objetivo final</u> que é a sua solução; nos dois extremos está a figura oculta, mas onipresente, do Sr. Usuário. Para ele a *quadratura* do probema tem que se transformar numa solução *redondinha*, não importa o que o programador faça ou invente! O que ele deseja é ver o problema resolvido: de qualquer maneira.

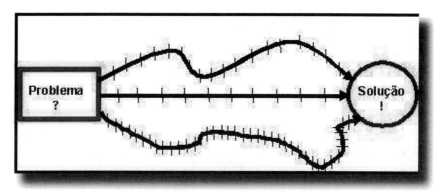

Figura 5.5 - Obtendo a solução de um problema.

A **Figura 5.5** apresenta três possíveis "caminhos" para obter a solução do problema proposto pelo usuário. Qual deles seria o melhor?

  a. O caminho superior (19 instruções)?

  b. O caminho do centro (11 instruções)?

  c. O caminho inferior (41 instruções)?

Se esta pergunta fosse feita a um matemático, ele certamente responderia que seria o caminho do centro, pois a geometria ensina que *"a menor dis-*

tância entre pois pontos é o segmento de reta que os une". Além disso, do ponto de vista físico, essa solução estaria pronta com apenas 11 passos. Mas a questão aqui não é puramente geométrica, e sim de lógica de programação; e nem sempre o caminho mais curto (leia-se menos instruções) produz a melhor solução. Isto acontece porque o produto final da execução dessas instruções é algo abstrato e imponderável, mas real: um programa de computador. Do ponto de vista da eficiência, o caminho reto é mesmo o melhor; mas e em termos de eficácia? A eficácia é dada por quem se interessa diretamente pelo produto final: o usuário. E nem sempre "aquela solução" sofisticada e enxuta do programador é a aprovada pelo usuário.

Conclusão: a melhor solução para um programa é aquela que o usuário aprova, e não a que o programador prefere. É claro que, se a solução dada pelo programador agradar ao usuário, tudo bem; teremos eficiência e eficácia ótimas; mas é preciso entender que a solução deve ser aprovada pelo cliente; e isto é uma verdade incontestável quando se trata de programas com interfaces gráficas principalmente [37].

5.4 Algoritmo

Algoritmo é uma expressão que sempre causa um certo temor nos programadores iniciantes. Mas, infelizmente, todos os programadores têm que saber desenvolver algoritmos, simplesmente por ele ser a própria solução do problema. Formalmente, *"algoritmo é uma sequência de passos factíveis de execução, com início e fim, que quando executada produz a solução de um problema"*. A receita de um bolo pode ser considerada um bom exemplo de algoritmo; entretanto, posto formalmente, um algoritmo correto deve possuir estas três qualidades:

---

37 A criação e desenvolvimento de um programa demandam várias fases (análise, projeto, implementação, testes, instalação e manutenção). Mas, por fugir ao escopo deste livro, não entraremos nesses detalhes.

1. Cada passo deve ser uma instrução que possa ser realizada.
2. A ordem de execução dos passos deve ser precisamente determinada.
3. Deve ter início e fim.

Deste modo, algoritmo é o conjunto das instruções de programação descritas no item anterior; quer dizer é a própria solução desejada. Isso quer dizer que, se o algoritmo estiver errado, o resultado esperado na solução também sairá errado. E como fazer para criar algoritmos? Qual é a fórmula? É aí que o receio dos programadores iniciantes se torna real, pois não existe uma fórmula pronta e certa de fazer um algoritmo; em outras palavras: *não existe um algoritmo para criar algoritmo*. E como fazer então? O aprendizado deve ser devagar e sempre dentro da lógica de cada um; procurando adaptar a solução de um problema a outros semelhantes e com bastante exercícios para fixar ideias. Entretanto, apesar de não existir uma fórmula para criar algoritmos, é importante observar algumas regras básicas:

- Deve ser usado apenas um verbo por frase, no modo imperativo;
- Imaginar que esteja criando um algoritmo para um usuário leigo;
- Empregar apenas frases curtas e simples, sem sofisticação;
- Ser objetivo;
- Não empregar palavras com sentido dúbio.

Desse modo, a tarefa de somar dois números e exibir o resultado da soma - apresentada no item anterior - poderia ser alterada para:

1. Conheça o primeiro número;
2. Conheça o segundo número;
3. Some os dois números;
4. Exiba o resultado da soma.

Você há de concordar que foi uma mudança bem sutil; foi alterado apenas o modo dos verbos. Uma mudança mais acentuada aparecerá quando for empregado o pseudocódigo.

5.5 Pseudocódigo[38]

Pseudocódigo é uma maneira de apresentar o algoritmo numa forma mais técnica, mais enxuta. Todos nós sabemos que o nosso belo e maravilhoso idioma ("Última flor do Lácio, inculta e bela" - como disse Olavo Bilac) não é muito adequado para escrever programas de computador. Por isso, quando apresentamos uma sequência de instruções na forma descritiva, ela fica muito longa e às vezes cansativa. Nesses casos podemos apresentar o algoritmo de maneira menos informal, mais técnica. Essa forma de apresentar algoritmo é chamada pseudocódigo (falso código); é um falso código porque ainda não está na forma de código definitivo para ser introduzido no computador. Observe as **Figura 5.6a e 5.6b**.

Figura 5.6a - Sequência normal de criação um programa.

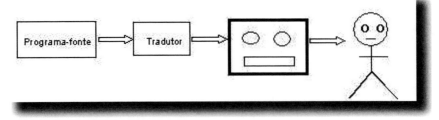

Figura 5.6b - Tradução do código-fonte para o computador.

---

38 Alguns autores empregam os termos "algoritmo" e "pseudocódigo" como sinônimos para definir a sequência lógica de instruções. Neste livro vamos considerar pseudocódigo como uma maneira mais formal e mais técnica de apresentar o algoritmo, que é também conhecido como Portugol ou Português Estruturado. Algoritmo é uma descrição mais informal da solução do problema.

O esquema da **Figura 5.6a** mostra que a última etapa de criação de um programa é o código. Antes do código deve-se ter o pseudocódigo, com a solução do problema. O código é o pseudocódigo escrito numa linguagem formal de programação; normalmente em uma linguagem de alto nível como Fortran, Cobol, Basic, Pascal, C, Java, etc. Esse código (código-fonte) escrito em uma dessas linguagens ainda terá que ser traduzido em linguagem de máquina para que o computador o execute (**Figura 5.6b**).

- **Exemplo 5.1**
  Reescrever o algoritmo do item anterior em pseudocódigo.

```
1. Leia A
2. Leia B
3. Leia C
4. Escreva(C)
```

Quadro 5.1 - Pseudocódigo do Exemplo 5.1.

Observe agora que a sequência de instruções ficou bem mais enxuta, mais técnica e menos descritiva; assim é bem mais fácil de entender. E o símbolo ← é o operador de **atribuição**; em nível de pseudocódigo ele substitui o = ou := nos códigos-fonte das linguagens de programação.

1. Lê o valor do primeiro número definido como **A**.

2. Lê o valor do segundo número definido como **B**.

3. Soma os dois números lidos e atribui à variável **C**.

4. Escreve (exibe) o resultado armazenado em **C**.

Observe que, no **Exemplo 5.1**, tornamos a mencionar a expressão *variável*, termo que já havíamos introduzido no **Item 2.2** do **Capítulo 2**. E como foi dito, *variável* é uma maneira de endereçar a memória do computador, já que não sabemos o endereço real. Suponha que o esquema da **Figura 5.7** represente parte da memória RAM de um computador de 2

Gb. Neste caso, **3** e **4** poderiam ser os valores contidos nas variáveis **A** e **B**, respectivamente; e **7** o valor resultante da soma de A com B que estaria na variável **C**.

Variável é um elemento fundamental no processo de armazenamento temporário de dados; por isso o SciLab oferece a função **exists**() que permite verificar se determinada variável existe (foi definida) ou não no ambiente. O retorno dessa função será 1 se a variável existir ou 0 se ela não existir. No exemplo a seguir, a variável **z** ainda não existe.

```
-->r = exists('z')
   r  =

     0.
```

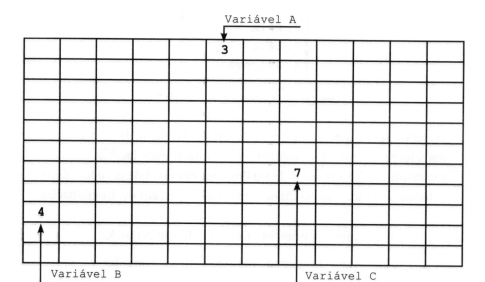

Figura 5.7 - Esquema simbólico da memória RAM de um computador.

Por exemplo, se o esquema da **Figura 5.7** representasse uma parte da RAM de um computador de 2 Gb, então teríamos um total geral de 2147483648 posições (endereços), sem descontar as três posições ocupadas por nossas três variávies e mais as outras ocupadas por outros elementos no momento considerado.

Capítulo 5 - Programação no SciLab | 211

• Exemplo 5.2

Neste segundo exemplo vamos criar um pseudocódigo para calcular e exibir a média de um aluno em uma determinada disciplina, sabendo que essa média é calculada em função de quatro provas parciais, ponderadamente; cada prova tem um peso diferente da outra. Uma solução poderia ser a mostrada no **Quadro 5.2**.

```
1.   Leia Prova1
2.   Leia peso p1
3.   Leia Prova2
4.   Leia peso p2
5.   Leia Prova3
6.   Leia peso p3
7.   Leia Prova4
8.   Leia peso p4
9.   Prod ← (p1*Prova1+p2*Prova2+p3*Prova3+p4*Prova4)
10.  Media ← Prod/(p1+p2+p3+p4)
11.  Escreva(Media)
```

Quadro 5.2 - Pseudocódigo do Exemplo 5.2.

No pseudocódigo mostrado no **Quadro 5.2**, as variáveis **p1**, **p2**, **p3** e **p4** são os pesos das provas: **Prova1**, **Prova2**, **Prova3** e **Prova4**, respectivamente, como é sugerido.

5.6 Variáveis
••

Além de ter um identificador (como nos dois exemplos apresentados anteriormente: A, B, C, p1, Prova1, p2, Prova2,..., Prod, Média), uma variável possui também outras três características. Portanto, para cada variável definida devem ser considerados:

- Identificador
- Valor
- Tipo
- Escopo

O Identificador, como já foi explicado, é o endereço simbólico na memória. o Valor é o valor armazenado em um dado instante, o Tipo é o tipo de dados que esse valor tem (*string*, numérico ou lógico - primitivamente) e o Escopo é a abrangência (visibilidade) da variável - região do programa onde ela é reconhecida e pode ser acessada.

Existem, basicamente, dois tipos de escopos: local e global. Uma variável com escopo local só pode ser "vista" (acessada) dentro da rotina em que ela foi definida; já uma variável com escopo global pode ser vista em todo o programa. E como o escopo indica em que partes do programa a variável pode ser vista (acessada), isto define uma hierarquia de abrangência dentro de um programa em dois níveis: **global** e **local**[39]. As variáveis com escopo global podem ser acessadas de qualquer parte de um programa; isto quer dizer que para que uma variável seja considerada global deve ser declarada em regiões "mais acima" dentro de um programa, no início de um módulo ou num contexto mais geral. Assim, uma variável global pode ser vista em todos os módulos "abaixo" daquele onde ela foi declarada. As variáveis locais só podem ser acessadas localmente; isto é, dentro do módulo onde foram declaradas. A **Figura 5.8** mostra um esquema de um programa contendo uma rotina principal, duas rotinas secundárias, e dentro de cada uma delas várias sub-rotinas.

---

39 Em termos de programação, algumas ferramentas permitem um terceiro tipo de escopo: o tipo **Modal**, em nível de módulo; caso de variáveis declaradas na seção **implementation** de uma *unit* no Delphi ou na seção **General** do Visual Basic até a versão 6.

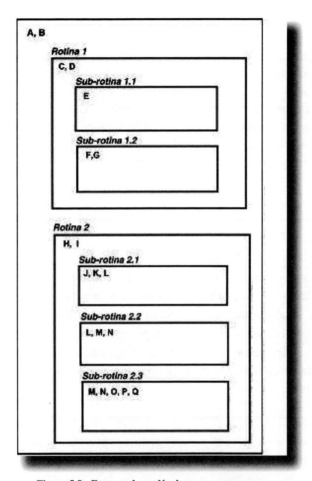

Figura 5.8 - Escopos de variáveis em um programa.

A **Figura 5.8** mostra o esquema de um programa composto de várias rotinas, onde cada uma delas declara variáveis.

- Variáveis **A** e **B**: Globais a todo o programa; são visíveis em todas as rotinas e sub-rotinas.
- Variáveis **C** e **D**: Declaradas na Rotina 1, é global para as sub-rotinas 1.1 e 1.2.
- Variável **E**: Local à Sub-rotina 1.1 (só acessada nesse módulo).

- Variáveis **F** e **G**: Locais à Sub-rotina 1.2 (só é vista ali).
- Variáveis **H** e **I**: Declaradas na Rotina 2, Global para as três sub-rotinas: 2.1, 2.2 e 2.3 (pode ser vista em qualquer uma delas).
- Variáveis **J**, **K** e **L**: Visíveis apenas na Sub-rotina 2.1.
- Variáveis **L**, **M** e **N**: Locais à Sub-rotina 2.2 (só serão vistas nesta sub-rotina). Note ainda que a variável **L** desta sub-rotina não tem nada a ver com a variável **L** da Sub-rotina 2.1, pois ambas são locais aos seus respectivos módulos.
- Variáveis **M**, **N**, **O**, **P** e **Q**: Todas locais à Sub-rotina 2.3; só podem ser acessadas lá.

Nota

As variáveis locais sempre têm prioridade sobre as globais. Por isso, se for declarada uma variável **Local** com o mesmo identificador de uma variável **Global**, a preferência será da variável **Local** dentro da sub-rotina. Isto quer dizer que, se, por exemplo, fosse declarada uma variável **B** de qualquer sub-rotina do programa do esquema da **Figura 5.8**, o valor computado de **B** dentro dessa sub-rotina seria o local e não o global.

As variáveis locais devem sempre ser as preferidas durante a programação, pois entre outros malefícios as variáveis globais são mais susceptíveis de interferências externas do que as locais, violando um dos princípios básicos da **OOP** (**O**bject-**O**riented **P**rogramming – Programação Orientada a Objeto[40]) pois quebra o Encapsulamento; além disso elas (as globais) consomem mais memória que as locais. Esta regra deve ser seguida pelos programadores sempre que for possível.

---

40 Para maiores detalhes sobre OOP consulte o livro do autor: *"Técnicas de Programação: Uma Abordagem Moderna"*, Brasport, Rio de Janeiro, 2006.

5.7 Linguagens de programação

As linguagens de programação surgiram na década de 40 do século XX com o objetivo de substituir os procedimentos rústicos de programar um computador. Tais procedimentos eram na base da programação em linguagem de máquina: basicamente com a alteração dos circuitos elétricos da máquina, o que era extremamente trabalhoso; os primeiros programadores eram, na verdade, "eletrotécnicos". Para resolver esses problemas surgiram as Linguagens de Baixo Nível que na realidade eram dialetos: os Assemblies. O primeiro Assembly desenvolvido foi obtido a partir da tradução da linguagem de máquina para uma correspondente instrução composta de um *mnemônico* e alguns operadores. Assim, dado um programa escrito em Assembly, havia um programa tradutor que gerava seu correspondente em linguagem de máquina para cada instrução. O esquema da **Figura 5.9** mostra como essa tradução era feita.

Figura 5.9 - Tradução de Assembly para Linguagem de Máquina.

Um dos primeiros computadores a trabalhar com o Assembly foi o ENIAC, seguindo a orientação de John von Neumann - cujo verdadeiro nome era Neumann János Lajos[41] - cientista da computação que muito contribuiu para o aprimoramento dos computadores em geral. O código a seguir é um exemplo em Assembly para exibir a famosa frase "Hello world" na tela do monitor de vídeo com o antigo processador 80x86 da Intel, para o sistema operacional DOS. Note que este código só serve para o DOS[42].

---

41 Neumann János Lajos (1903-1957) nasceu em Budapeste (antigo império Austro-Húngaro) e foi um dos mais brilhantes cientistas da computação. Suas contribuições foram decisivas para o desenvolvimento da computação eletrônica.

42 **Atenção**: Muito cuidado se você for digitar esse código, pois qualquer erro pode trazer consequências imprevisíveis.

```
;Programa "Alô mundo" para DOS
.model tiny
.code
org 100h

main proc

    mov ah,9
    mov dx,offset hello_message
    int 21h

    retn


    hello_message db ' Alô mundo!$'

    main endp
end main
```

Além do Assembly (específico para cada máquina), existe uma relação quase interminável de linguagens de programação, por exemplo: Actor, Ada, Algol, APL, Asp, Asp.Net, Basic, C, C#, C++, Cecil, Clipper, Clos, Cobol, Delphi, Delphi.Net, Eifell, Erlang, Forth, Fortran, GPSS (para simulação), Hakell, Java, JavaScript, Kylix, Lisp, ML, Modula, Objective C, Pascal, Perl, PHP, Phyton, Ruby, PL/1, Prolog, RPG, RTCC (de tempo real), RTJava (de tempo real), Scheme, Smalltalk, VB, VB.Net, VBScript, etc. Além dessas existe o HTML (linguagem de marcação de texto utilizada para produzir páginas na Internet), o XML (definida como o formato universal para dados estruturados na Web, estendendo as funcionalidades do HTML) e o SQL (linguagem estruturada de pesquisa em bancos de dados, que pode ser empregada dentro de outras linguagens). Além da relação apresentada, existem as linguagens experimentais desenvolvidas nos centros de computação das universidades. A classificação das linguagens de programação pode ser feita de várias maneiras.

- Quanto à geração: 1ª, 2ª, 3ª, 4ª e 5ª geração.
- Quanto ao domínio de aplicação: científicas, comerciais, programação de sistemas e para propósitos especiais.
- Quanto à implementação: compiladas, interpretadas e de tradução híbrida.
- Quanto ao paradigma de programação: imperativas, funcionais, lógicas e orientadas a objetos.

Entretanto, essas classificações podem sofrer alterações; por exemplo, alguns autores as classificam em apenas dois grandes grupos: Imperativas e Declarativas quanto ao paradigma de programação. Adicionalmente, existem ambientes de computação numérica (como é o caso do SciLab) que possuem uma linguagem interna - normalmente intrepretada -, onde podem ser desenvolvidas aplicações numéricas de alto nível. Essa seria mais uma maneira de classificar as linguagens. Mas não importa a linguagem; qualque código escrito em qualquer uma delas terá que ser traduzido para a linguagem de máquina, pois é a única que o computador entende. A tradução do código-fonte para linguagem de máquina pode ser observada no esquema da **Figura 5.10** onde são mostrados os dois tipos básicos de tradução : Interpretação e Compilação.

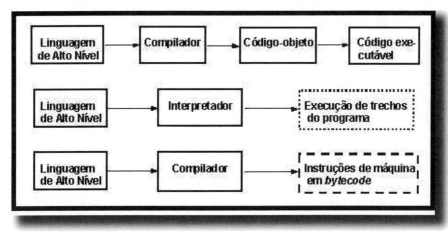

Figura 5.10 - Tradução de um programa-fonte em linguagem de máquina.

O **Compilador** é um programa que gera outro programa em linguagem de máquina a partir da tradução integral do *programa-fonte* (programa original escrito em linguagem de alto nível). O resultado é um arquivo (programa executável) que pode ser carregado diretamente do *prompt* do sistema operacional ou de uma janela (como no caso do Windows). Na verdade, após o processo de compilação normalmente um outro processo se faz necessário: é a *linkedição*. Nessa etapa intermediária (que em alguns ambientes de desenvolvimento é transparente ao usuário) são agregadas algumas funções que estão em bibliotecas, produzindo finalmente o arquivo executável do programa com extensão *.exe*.

O **Interpretador** faz a leitura/tradução/execução (nesta ordem) de cada linha do *programa-fonte*, permitindo ao programador saber, de imediato, se determinada instrução é válida ou não. A **Figura 5.10** mostra esses dois tipos de traduções: compilação e interpretação. Portanto, existem linguagens compiladas e outras interpretadas; existem, ainda, aquelas que suportam os dois tipos de tradução. Ainda na **Figura 5.10** pode se notar que existe um tipo de tradução do código-fonte que não gera diretamente código de máquina; em vez disso, o que gera é um arquivo intermediário composto por *bytecodes*. Esses *bytecodes* são produtos resultantes da compilação, mas que ainda serão interpretados por uma máquina virtual para, finalmente, executar o programa. Um exemplo desse tipo de tradução é o utilizado pela linguagem Java, onde o arquivo contendo os *bytecodes* tem extensão *.class*. A **Tabela 5.1** mostra as vantagens e desvantagens do compilador e do interpretador; a pergunta que pode ser feita é a seguinte: *"qual dos dois tipos é melhor?"* O ideal é poder utilizar uma linguagem que ofereça esses dois ambientes simultaneamente. Por exemplo, o Visual Basic (até a versão 6) possui os dois tradutores; na fase de desenvolvimento, a aplicação pode ser testada com o interpretador, e depois de feitas todas as correções o compilador pode ser usado para gerar o *código-executável* da aplicação. O Delphi, concorrente direto do Visual Basic (VB), é apenas compilado; durante a fase de desenvolvimento, para cada teste é gerado em disco o arquivo executável. O mesmo acontece com o Clipper e o C (que são apenas compiladas), ao passo que o dBase III+ só possui o interpretador.

Tradutor	Vantagens	Desvantagens
Compilador	• Permite estruturas de programação mais complexas, otimizando o código. • Gera arquivo executável, permitindo maior autonomia e segurança do código-fonte. • Execução mais rápida.	• Correção de erros mais difícil. • Não permite correções dinamicamente. • Necessita de várias etapas de tradução do código-fonte. • Consome muita memória.
Interpretador	• Consome pouca memória. • Permite estruturas dinâmicas de programação. • Tradução em uma única etapa.	• Execução lenta. • Não gera arquivo executável, o que diminui a segurança do código-fonte.

Tabela 5.1 - Comparação entre Compilação e Interpretação.

- ## Exemplo 5.3

Traduzir o pseudocódigo do **Exemplo 5.2** (considerando, porém, a média aritmética) em códigos: C, Pascal, Basic, Clipper e Fortran.

A seguir são apresentados os códigos em cada uma dessas linguagens.

1.   Em C:

```c
//Programa Media
#include <stdio.h>
int main() //Estilo para o compilador Dev-C
{
  int j;
  float Soma, Nota, Med;
  Soma = 0.00;
  for (j=1;j<=4;j++)
    {
     printf("Entre com a Nota: ");
     scanf("%f", &Nota);
     Soma += Nota;
    }
  Med = Soma/4;
  printf ("Média =%4.1f \n", Med);
  return 0;
}
```

2.   Em Pascal (Pascal Zim):

```pascal
Program Media;
var
  Provas: array[1..4] of real;
  Soma, Med: real;
  j: integer;
Begin
  ClrScr;
  Soma := 0.0;
  For j:=1 to 4 do begin
    Write('Entre com a nota da prova ' ,j, ' : ');
    ReadLn(Provas[j]);
    Soma := Soma + Provas[j];
  end;
  Med := Soma/4;
  WriteLn('Média = ', Med:4:1);
End.
```

3. Em Basic (Quick Basic):

```
'Programa Media
Dim Provas(4) AS Single
Dim Soma AS Single, Med AS Single
Dim j AS Integer
Cls
Soma = 0.0;
For j:=1 to 4
  Input "Entre com a nota da prova: "; j
  Soma = Soma + Provas(j)
Next j
Med := Soma/4;
Print ""Média = "; Med
End
```

4. Em Clipper (v 5.x):

```
//Programa Media
Function Main
Local GetList:={}
Local Provas[4], Soma, Med, j, Lin
Soma := 0.0
Lin := 1
For j:=1 To 4
  @ lin,10 SAY "Entre a nota da prova:" Get Prova[j]
  Read Prova(j)
  Soma = Soma + Provas[j]
  Lin++
Next j
Med := Soma/4
Print "Média = " + String(Med)
Return Nil
```

5. Em Fortran (v 77):

```
Program Media
REAL Provas(4)
REAL Soma, Med
INTEGER j
Soma = 0.0
Do 123 j=1,4
   WRITE(*,*)'Entre com a nota da prova: ';
   READ Provas(j)
   Soma = Soma + Provas(j)
123 CONTINUE
Med := Soma/4
WRITE (*,*)'Média = '; Med
END
```

Como pode ser notado, os cinco códigos-fonte apresentados anteriormente produzem o mesmo resultado: a média aritmética das quatro provas. Embora sejam diferentes, eles têm uma origem comum: o **algoritmo**. Confirmando o que já foi dito: a solução é o algoritmo, e dependendo da linguagem o código-fonte pode ser bem diferente um do outro, mas a solução do problema veio do algoritmo. O que o computador faz é apenas executar o código de máquina resultante da tradução do código-fonte.

5.8 Estruturas de controle
• •

Considerando ainda o exemplo de calcular a média das quatro provas do nosso aluno fictício, como seria a solução se fosse preciso avaliar o seu desempenho em função dessa média obtida? Por exemplo, se fosse no mínimo igual a 7 (sete) estaria aprovado direto, caso contrário deveria prestar exame; se a média entre o exame e a média obtida fosse superior a 6 (seis) estaria aprovado, caso contrário estaria reprovado. Como seria o algoritmo sob essa nova visão, em função desse novo critério?

Neste caso é necessário que se tenha algum tipo de estrutura que controle (direcione) o fluxo do programa. Em qualquer linguagem de programação existem três tipos de estruturas que controlam o fluxo do programa: decisão, seleção e repetição.

5.8.1 Estruturas de Decisão

As estruturas de decisão são empregadas em situações em que é preciso tomar uma decisão em função da análise de uma condição lógica, cujo resultado pode ser ou **True** (T) ou **False** (F). A palavra-chave inicial da estrutura em pseudocódigo é **Se**, e permite que o fluxo do programa seja desviado em função do resultado da *condição* analisada. Existem três tipos de estruturas de decisão: com uma alternativa, com duas alternativas e com alternativas encadeadas.

1. Estrutura de decisão com uma alternativa [43]

O formato (sintaxe) dessa estrutura é o seguinte:

```
Se(condição) Então
    Instrução1
    Instrução2
    Instrução3
    . . .
    InstruçãoN
Fim_se
```

Essa estrutura funciona do seguinte modo: se a *condição* for verdadeira, as instruções entre as palavras-chave **Então** e **Fim_se** serão executadas; caso contrário (se *condição* for falsa) nenhuma das **n** instruções será executada, e o fluxo seguirá seu caminho normalmente. Desse modo teremos apenas uma alternativa sujeita à análise da *condição*. O esquema lógico de uma "Estrutura de decisão com uma alternativa" é mostrado no fluxograma da **Figura 5.11**.

---

43 Também conhecida como **Desvio Condicional Simples**.

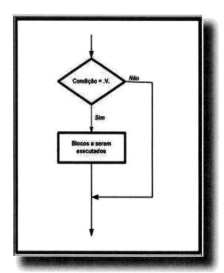

Figura 5.11 - Estrutura de decisão com uma alternativa.

2. Estrutura de decisão com duas alternativas [44]

Nesse caso teremos duas alternativas de execução das instruções: se a *condição* for **True** ou se a *condição* for **False**. Veja a sintaxe:

Se(condição) **Então**
    Instrução11
    Instrução12
    . . .
    Instrução1N
Senão
    Instrução21
    Instrução22
    . . .
    Instrução2N
Fim_se

Agora, se a *condição* for **True**, o primeiro bloco de instruções (entre **Então** e **Senão**) será executado; caso contrário, se a *condição* for **Fal-**

---

44 Também conhecida como **Desvio Condicional Composto**.

se, o segundo bloco de instruções (entre **Senão** e **Fim_se**) é que será executado; ou um ou outro bloco de instruções sempre será executado. A **Figura 5.12** mostra o fluxograma de uma "Estrutura de decisão com duas alternativas".

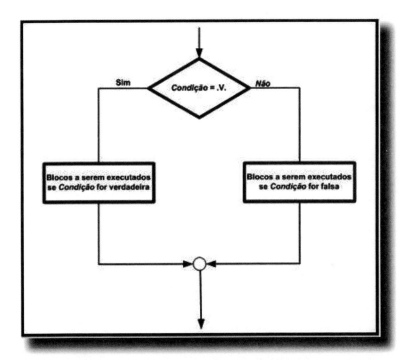

Figura 5.12 - Estrutura de decisão com duas alternativas.

3. **Estrutura de decisão com alternativas encadeadas**[45]

Esse tipo de estrutura de decisão é uma concatenação dos dois primeiros tipos. Nesse caso ocorre uma repetição de **senão** para testar outras condições independentes umas das outras; isto que dizer que, enquanto as duas estruturas anteriores testam apenas uma *condição*, esta testa várias. Mas mesmo assim apenas um bloco de instruções será executado, não importa o número de condições testadas. A primeira que for ver-

---
45 Também conhecida como **Estrutura de Desvio Condicional Encadeada**.

dadeira (**True**) terá seu bloco de instruções executado, não importando se exista outro depois dele cuja *condição* também seja **True**. A forma geral dessa estrutura é a mostrada a seguir.

```
Se(condição1) Então
    Instrução11
    Instrução12
    ...
    Instrução1N
Senão Se(condição2) Então
    Instrução21
    Instrução22
    ...
    Instrução2N
Senão Se(condição3) Então
    Instrução31
    Instrução32
    ...
    Instrução3N
- - -
- - -
Senão
    Instrução1
    Instrução2
    ...
    InstruçãoN
Fim_se
```

Neste terceiro tipo de estrutura de decisão, o teste começa com a *condição1*; se ela for verdadeira, as instruções sob seu comando serão executadas; caso contrário o fluxo do programa testa a segunda condição e assim sucessivamnente, até encontrar uma que seja vedadeira. Se nenhuma delas for verdadeira, então as instruções sob a última cláusula **Senão** é que serão executadas. A **Figura 5.13** mostra o fluxograma de uma "Estrutura de decisão com alternativas encadeadas".

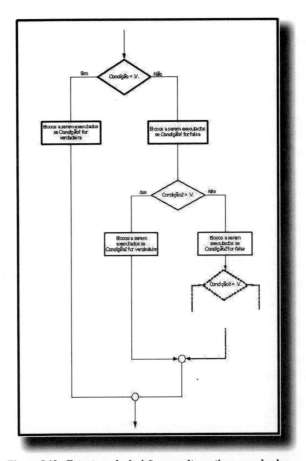

Figura 5.13 - Estrutura de decisão com alternativas encadeadas.

5.8.2 Estrutura de Seleção

Nesse tipo de estrutura o sistema seleciona um bloco de instruções para ser executado de acordo com a comparação de um valor previamente conhecido com um dos oferecidos em seguida nos *cases*. Essa estrutura se assemelha um pouco com a estrutura de "Decisão com desvio encadeado"; entretanto, aqui, os valores oferecidos para comparação com o valor definido devem ser enumeráveis: 1, 2, 3, 4, ..., N (para valores numéricos) ou caracteres 'a', 'b', 'c', ..., 'z'.

228 | SciLab: Uma Abordagem Prática e Didática 2ª Edição - Mário Leite

A forma geral desta estrutura é a mostrada a seguir [46].

```
Selecione(expressão)
    caso1
        Instrução11
        Instrução12
        ...
        Instrução1N
    caso2
        Instrução21
        Instrução22
        ...
        Instrução2N
    - - -

    - - -

    casoN
        InstruçãoN1
        InstruçãoN2
        ...
        InstruçãoNN
    caso contrário
            Instrução1
            Instrução2
            ...
            InstruçãoN
Fim_selecione
```

Onde *expressão* é uma expressão qualquer (ou simplesmente uma variá-vel) que será avaliada; os **casos** são os possíveis resultados que podem ser obtidos pela avaliação da *expressão*. O processamento começa analisando a *expressão* e comparando seu resultado com cada valor oferecido nos **ca-sos**. O primeiro caso que retornar **True** terá suas instruções executadas e em seguida o fluxo continuará depois de **Fim_selecione**. Mas, se nenhum

---

46 Alguns autores usam outros termos para escrever uma estrutura de seleção: **Conforme o caso**(*expressão*)...**Fim_conforme caso**, ou ainda **Caso** (**expressão**)...**Fim_caso** em pseudocódigo.

dos casos for verdadeiro, então serão executadas as instruções entre **Caso contrário** e **Fim_selecione**; por isto, nesse tipo de estrutura é importante esse bloco alternativo. A "Estrutura de Seleção" deve ser empregada em situações em que o usuário deve escolher (selecionar) uma alternativa de execução quando são oferecidas várias opções tais que cada uma delas siga uma sequência enumerável. Por exemplo, um *menu* de opções onde cada uma representa uma ação: "1-Incluir", "2-Alterar", "3-Excluir", "4-Pesquisar", "5-Finalizar", etc. O esquema da **Figura 5.14** mostra o fluxograma de uma estrutura desse tipo.

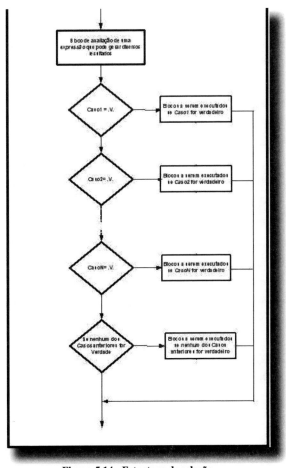

Figura 5.14 - Estrutura de seleção.

5.8.3 Estruturas de Repetição

Esse tipo de estrutura de controle é empregado nas situações em que é necessário repetir um conjunto de instruções. Por exemplo, vamos supor que se deseje escrever a frase "Hoje é dia de rock" cinco vezes. Uma solução para esse problema poderia ser a do **Quadro 5.3**.

```
Escreva('Hoje é dia de rock')
Escreva('Hoje é dia de rock')
Escreva('Hoje é dia de rock')
Escreva('Hoje é dia de rock')
Escreva('Hoje é dia de rock')
```

Quadro 5.3 - Solução inicial sem estrutura.

Imagine agora que o usuário (usuário, é usuário né?!) lhe pedisse que o programa escrevesse não apenas cinco mas cinquenta vezes a mesma frase: como você faria? Repetiria a mesma instrução cinquenta vezes? Seria meio trabalhoso, não acha? Para facilitar esse tipo de código é que existem as estruturas de repetição, também chamadas de *loops* (laços), onde um bloco de instruções é repetido tantas vezes quanto se deseja. Os *loops* têm o objetivo de executar uma série de instruções (simples ou compostas) *enquanto* a *condição* analisada for verdade. Isto é, o *laço* será interrrrompdio quando a condição testada assumir o valor **False**. Desse modo a instrução **Escreva** ('Hoje é dia de rock') deverá executada enquanto o número de vezes for menor ou igual a 50; isto equivale a executar a instrução cinquenta vezes. Existem, basicamente, dois tipos de estruturas de repetição[47]:

- *Loop* Lógico (Estrutura de Repetição Explícita).
- *Loop* Numérico (Estrutura de Repetição Implícita).

---

47 Algumas linguagens de programação oferecem várias estruturas de repetição, mas sempre baseadas em apenas dois tipos de *loops*: "*Loop* Lógico" e "*Loop* Numérico".

1. Loop Lógico

A forma geral desse tipo de *loop* é a seguinte:

```
{Instruções de inicializações}
Enquanto(condição) Faça
    instrução1
    instrução2
    instrução3
    ...
    ...
    instruçãoN
Fim_enquanto
```

Uma estrutura de repetição do tipo "*Loop* Lógico" (não numérico) funciona do seguinte modo: enquanto a *condição* for verdadeira todas as instruções entre **Enquanto** e **Fim_enquanto** serão executadas repetidamente. No momento em que a *condição* se torna falsa, o laço se "rompe" e o fluxo do programa é desviado para a primeira instrução imediatamente após o terminador **Fim_enquanto**. Nesse tipo de *loop* existem três "áreas" que devem ser fortemente consideradas:

- **Inicializações**: são instruções executadas ANTES do fluxo do programa entrar no *loop*.
- **Teste**: feito continuamente na *condição* para cada volta do laço.
- **Realimentação:** é normalmente a última instrução (instruçãoN) dentro do *loop*; ela serve para manter a execução do bloco de instruções de modo a fazer com que, em algum momento, a condição se torne falsa. Sem essa realimentação o *loop* será executado indefinidamente - que caracteriza o chamado "*loop eterno*" - e o fluxo do programa nunca seguirá adiante.

O emprego correto de uma estrutura de repetição explícita exige três tarefas a serem consideradas pelo programador:

a) A *condição* tem que ser inicializada com um valor lógico True.
b) A *condição* tem que ser testada a cada ciclo de repetições para verificar o momento em que deve ser rompido o laço.
c) Para que as instruções possam se repetir adequadamente é necessário que algum valor da condição seja incrementado (ou lido) para que ela seja testada a cada ciclo. É o que se chama de "realimentação do *loop*", sem o qual o laço nunca terminará.

A **Figura 5.15** mostra um esquema de fluxograma que representa a estrutura de um "*Loop* Lógico".

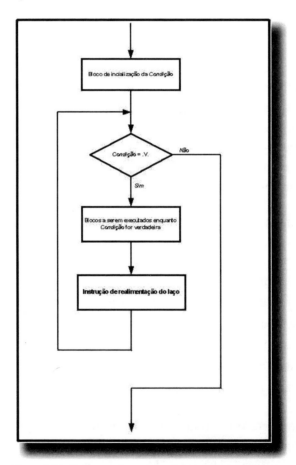

Figura 5.15 - Estrutura de um Loop Lógico (não numérico).

1. *Loop* Numérico

Nesse caso temos a chamada "Estrutura de Repetição Implícita", onde a inicialização da condição, o teste e o incremento estão embutidos na própria estrutura; daí o nome "implícita". Esse tipo de estrutura de repetição é normalmente empregado nas situações em que se conhece previamente o número de vezes que o conjunto de instruções será executado. Por isto, em vez de se ter uma *condição* não numérica, emprega-se uma variável numérica inteira. O formato geral dessa estrutura é: [48]

```
Para <VarCont>=<Início>,[Passo],<Fim>
     Instrução1
     Instrução2
     Instrução3
     . . .
     . . .
     InstruçãoN
Fim_para
```

VarCont   É a variável de controle do *loop* (que por tradição do Fortran são usadas as letras minúsculas i, j, k, l, m ou n).

Início   Valor inicial assumido pela variável de controle (algumas linguagens admitem um valor real qualquer, mas outras apenas inteiro).

Passo   Valor do incremento da variável de controle (novamente aqui, seu tipo de dado dependerá da linguagem empregada).

Fim   Valor máximo que a variável de controle pode assumir (real ou inteiro, dependendo da linguagem).

---

48 Esse formato pode variar, dependendo da linguagem empregada.

234 | SciLab: Uma Abordagem Prática e Didática 2ª Edição - Mário Leite

Nesse tipo de estrutura a última instrução do *loop* NÃO É instrução de realimentação; essa realimentação é dada pelo **Passo**.

Quando se utiliza a estrutura de um *loop* numérico deve-se sempre observar os seguintes fatos:

- Nunca se deve atribuir nada à variável de controle (**VarCont**) dentro do laço, pois seu valor só deve ser alterado pela própria estrutura.

- É permitido criar um laço dentro de outro; nesses casos obtêm-se os chamados **laços aninhados**, e todas as instruções do *laço* mais interno são integralmente executadas prioritariamente para cada valor da variável de controle do *laço* mais externo. Observe o exemplo a seguir: para cada valor de **j** a instrução **Escreva** ('Hoje é dia de rock') será executada dez vezes, o que dá um total de cinquenta execuções.

```
para j=1,1,5
    para k=1,1,10
        Escreva ('Hoje é dia de rock')
    fim_para.k
fim_para.j
```

Em algumas linguagens, essa estrutura (como também o *Loop* Lógico) pode permitir abandonar o laço antes que a *condição* se torne falsa. Entretanto, essa atitude deve ser evitada, pois mostra certa falta de recurso do programador; por isso não é aconselhável sair de um *loop* incondicionalmente, mesmo que a linguagem empregada permita isso. Somente em alguns casos específicos (pesquisa sequencial, por exemplo) esse "pecadinho" é perdoado. O esquema (fluxograma) da **Figura 5.16** mostra a Estrutura de Repetição Implícita (*Loop* Numérico).

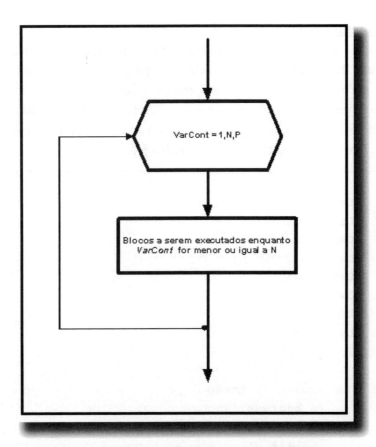

Figura 5.16 - Estrutura de Repetição Implícita (*Loop* Numérico).

Observe que neste caso, não existe o bloco de realimentação do *loop*, pois esta realimentação é dada implicitamente pela própria estrutura

• **Exemplo 5.4**

Considere ainda o exemplo de cacular a média ponderada das quatro provas do aluno. Entretanto, agora se deseja que o programa escreva a frase "Aprovado por média" se a média for igual ou superior a 7.0; caso contrário o aluno deverá fazer exame. Se a média aritmética entre a nota do exame e a média obtida for maior ou igual a 6.0 estará aprovado; caso contrário reprovado. Observe o pseudocódigo no **Quadro 5.4**.

```
1. Leia Prova1
2. Leia peso p1
3. Leia Prova2
4. Leia peso p2
5. Leia Prova3
6. Leia peso p3
7. Leia Prova4
8. Leia peso p4
9. Prod ← (p1*Prova1+p2*Prova2+p3*Prova3+p4 *Prova4)
10. Media ← Prod/(p1+p2+p3+p4)
11. Se(Media>=7) Então
12.      Escreva('Aprovado por média')
13. Senão
14.      Leia NE   //Nota do Exame
15.      Media ← (Media+NE)/2
16.      Se(Media>=6) Então
17.          Escreva ('Aprovado por exame')
18.      Senão
19.          Escreva ('Reprovado')
20.      Fim_se
21. Fim_se
22. Escreva(Media)
```

Quadro 5.4 - Pseudocódigo do Exemplo 5.4.

Capítulo 5 - Programação no SciLab | 237

- **Exemplo 5.5**

Calcular e exibir a soma dos dez primeiros números pares.

```
1. Soma ← 0      //Zera o acumulador da soma
2. j ← 1         //inicia a condição do loop
3. Par ← 2       //Inicia com o primeiro par
4. Enquanto(j<=10) Faça
5.      Soma ← Soma + Par
6.      Par ← Par + 2    //Gera o próximo par
7.      j ← j + 1
8. Fim_enquanto
9. Escreva(Soma)
```

Quadro 5.5a - Pseudocódigo não numérico do Exemplo 5.5.

```
1. Soma ← 0      //Zera o acumulador da soma
2. Par ← 2       //Inicia com o primeiro par
3. Para j=1,1,10
4.      Soma ← Soma + Par
5.      Par ← Par + 2    //Gera o próximo par
6. Fim_para
7. Escreva(Soma)
```

Quadro 5.5b - Pseudocódigo numérico do Exemplo 5.5.

Nesta segunda solução (**Quadro 5.5b**) não foi inicializada e nem incrementada explicitamente a variável de controle **j**.

- **Exemplo 5.6**

Um time de futebol do interior do Paraná deseja reajustar os salários dos seus jogadores de acordo com a seguinte tabela:

Salário atual	Nível do Jogador	Percentual de aumento
Acima de 7000	A	5%
De 5501 a 7000	B	10%
De 4501 a 5500	C	15%
De 3501 a 4500	D	20%
De 2001 a 3500	E	25%
Até 2000	F	35%

Seja desenvolver um algoritmo para calcular o salário reajustado do jogador em função do seu nível, e no final escrever: seu nome, o salário antigo, o percentual de aumento e o salário reajustado. O **Quadro 5.6** apresenta um pseudocódigo da solução do problema.

```
1. Leia Nome
2. Leia Nivel
3. Selecione(Nivel)
4.     Caso 'A'
5.         Aum ← SalAnt*0.05
6.     Caso 'B'
7.         Aum ← SalAnt*0.10
8.     Caso 'C'
9.         Aum ← SalAnt*0.15
10.    Caso 'D'
11.        Aum ← SalAnt*0.20
12.    Caso 'E'
13.        Aum ← SalAnt*0.25
14.    Caso Contrário
15.        Aum ← SalAnt*0.35
16. Fim_selecione
17. SalReal ← SalAnt + Aum
18. Escreva(Nome)
19. Escreva(SalAnt)
20. Escreva(Aum)
21. Escreva(SalRea)
```

Quadro 5.6 - Pseudocódigo do Exemplo 5.6.

> ## NOTA
>
> Todas as estruturas de controles apresentadas aqui em pseudocódigo representam formas teóricas de sintaxes de como controlar e/ou desviar o fluxo de um programa. Entretanto, cada linguagem pode implementá-las um pouco diferente do que foi mostrado aqui; mas o objetivo dessas formas em pseudocódigo é mostrar a importância dessas estruturas, não importando em que linguagem for implementado o algoritmo.

5.9 Programação no SciLab

5.9.1 Conceitos Básicos

O SciLab, apesar de não ter como objetivo principal a implementação de algoritmos, permite que se criem programas para agilizar as instruções em bloco. A ferramenta possui um poderoso interpretador que agiliza bastante a execução das instruções. Sendo assim, num bloco de instruções ele lê, interpreta e executa cada uma delas. Possui centenas de funções matemáticas (tal como o Fortran), além da possibilidade de interagir com essa linguagem e também com o C. A linguagem que integra o ambiente tem uma estrutura própria e adaptada ao contexto de um ambiente de computação numérica; o resultado é um ambiente programável e fácil de operar. Entretanto, devido às suas características de ambiente computacional numérico, tem certas características próprias que o difere das linguagens tradicionais, como algumas listadas a seguir:

- Não possui o chamado "programa principal" que controla todas as rotinas e sub-rotinas (tal como acontece no Pascal, por exemplo).
- A referência global é dada pelo nome do arquivo que contém o programa com as rotinas.

- Sua linguagem não é *tipada*; isto é, não há declaração prévia de tipos de dados para as variáveis. Isto é feito no ato da leitura/interpretação, em tempo de execução.
- As rotinas (particularmente as funções) são carregadas previamente na memória para serem executadas.
- As instruções são escritas dentro de um arquivo que é lido quando carregado.

Para se adaptar às características do ambiente, alguns formatos de estruturas de controle do SciLab também diferem um pouco dos apresentados anteriormente em nível de pseudocódigo. É sempre bom lembrar que o ambiente da ferramenta é *case sensitive* (a é diferente de A) e que TODOS os comandos e funções (palavras reservadas) na programação são escritos em letras <u>minúsculas.</u>

5.9.2 Desvio Condicional

A estrutura de desvio condicional no SciLab é praticamente igual à que foi apresentada em pseudocódigo no **Item 5.8.1** (Subitens 1 e 2). Veja a seguir

1. Desvio condicional simples

```
if (condição) then
    instrução1
    instrução2
    instrução3
    ...
    instruçãoN
end
```

- <u>**Exemplo 5.7**</u>
  Ler um número e verificar se ele é par.

  <u>**1ª Abordagem da solução**</u>
```
-->N = 144;
-->if(modulo(N,2)==0 ) then
-->    disp(string(N) + " é par")
```

Capítulo 5 - Programação no SciLab | 241

```
144 é par
-->end
```

Neste caso, criando e executando diretamente do *prompt* do SciLab, mesmo antes de encerrar a estrutura (antes da cláusula **end**), o resultado "**144 é par**" já é exibido.

2ª Abordagem da solução

Agora, para evitar a execução antes de terminar a estrutura, vamos escrever a estrutura em uma mesma linha (tipo programação *spagethi*).

```
-->N = 144;

-->if(modulo(N,2)==0) then disp(string(N) +" é par"); end;

144 é par
```

Agora fica mais coerente, né? Mas esse tipo de programação não deve ser adotado pelo programador moderno; a estruturação é muito importante para a legibilidade do código. Programação não estruturada deve ser sempre evitada.

3ª Abordagem da solução (empregando o editor do SciLab)

Criar qualquer programa no SciLab, mesmo o mais simples como neste exemplo, deve seguir sempre um mesmo ritual:

1. Abrir o editor;

2. Digitar as instruções;

3. Rodar o programa (dentro do Editor para testar);

4. Salvar o *script* do programa em arquivo com extensão **.sce**.

Estes quatro passos devem estar sempre na cabeça do programador; é a atitude mais correta quando se trata de programação no SciLab. Observe na tela da **Figura 5.17a** o código escrito dentro do Editor.

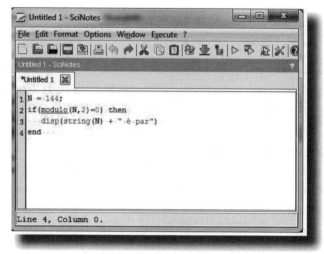

Figura 5.17a - Script do programa do Exemplo 5.7.

Como mostrado na tela da **Figura 5.17a**, agora nosso programa está parecendo mesmo um programa. As instruções estão digitadas num ambiente de *script*: dentro de um arquivo (ainda sem nome). Claro, ainda no ambiente do SciLab, mas não diretamente do seu *prompt*. E para testar o programa basta acessar **Execute/...file with no echo**, como mostra a tela da **Figura 5.17b**.

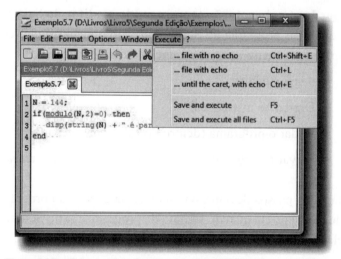

Figura 5.17b - Executando o programa do Exemplo 5.7 dentro do Editor.

O resultado é mostrado no *prompt*.

```
144 é par
```

Agora que o programa está funcionando perfeitamente, devemos salvar o arquivo de *script* (que o contém) para que mais tarde, se precisarmos dele, não haja necessidade de digitar todas as instruções novamente. É claro que este programa com apenas 4 (quatro) linhas de instruções é muito simples; mas, e se ele tivesse dezenas ou centenas de linhas? Por isso é bom que o programador se acostume a salvar todos os seus arquivos que contenham programas. Para salvar as instruções em arquivo de *script* faça o seguinte:

1. No Editor acesse **File/Save as...** (veja a **Figura 5.18a**).

2. No diretório de trabalho digite o nome do arquivo (com a extensão **.sce** – veja a **Figura 5.18b**).

3. Clique no botão **[Salvar]**.

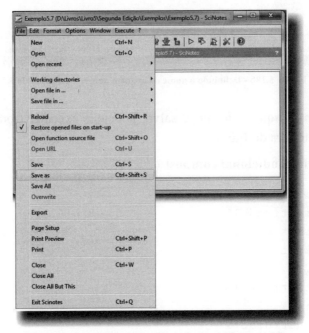

Figura 5.18a - Salvando o arquivo de script do Exemplo 5.7.

> **NOTA:**
>
> Embora, teoricamente a execução de um *script* sempre foi possível de dentro do Editor, em algumas versões (antigas) ocorria um erro interno; isto foi resolvido a partir do *release* 5.1.1.

Figura 5.18b - Definindo o nome do arquivo de *script* do Exemplo 5.7.

Agora, com o arquivo de *script* salvo, podemos executar (rodar) o nosso programa até fora do Editor.

2. **Desvio condicional composto**

```
if(condição) then
    instrução11
    instrução12
    instrução13
    ...
    Instrução1N
else
    instrução21
```

```
        instrução22
        instrução23
        ...
        Instrução2N
End
```

Como já foi explicado em pseudocódigo no primeiro caso (desvio simples), só existe uma alternativa para executar o bloco de instruções; se a *condição* for **True**. No segundo caso (desvio composto), existem duas alternativas: executar as instruções 11, 12, 13...1N se a *condição* for **True**, ou as instruções 21, 22, 2,3 ..2N se for **False**. A cláusula **end** encerra a estrutura ou um bloco de instruções se houver estruturas aninhadas.

- **Exemplo 5.8**

  Neste exemplo vamos completar o problema do **Exemplo 5.7** verificando se o número é par ou ímpar; criaremos um arquivo de *script* com o nome **ProgEx58.sce**. A **Figura 5.19** mostra esse arquivo de *script*.

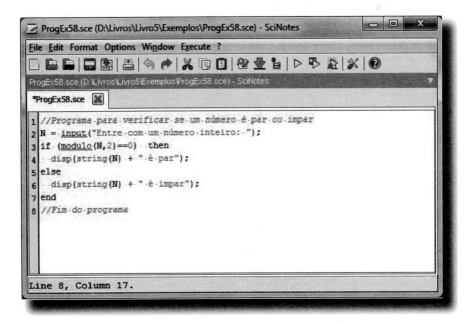

Figura 5.19 - *Script* do programa do Exemplo 5.8.

246 | SciLab: Uma Abordagem Prática e Didática 2ª Edição - Mário Leite

Note que agora o nosso programa já melhorou um pouco em relação ao apresentado no exemplo anterior; em vez de atribuir um valor fixo para o número, entramos com qualquer valor inteiro e ele vai analisar se esse número é par ou ímpar através da estrutura de "Desvio condicional composto" (decisão com duas alternativas). Neste caso, o programa fica mais geral e não "preso" a um número só; para isto foi empregado o comando **input** que permite **input**ar (entrar) com qualquer valor. Observe a seguir o resultado quando o programa é executado.

```
Entre com um número: 133

    133 é impar
```

5.9.3   Desvio Condicional Encadeado

Neste caso o teste é feito sob várias condições independentes umas das outras. O formato da estrutura também é igual ao apresentado em pseudocódigo no **Item 5.8.1** (Subitem 3).

```
if(condição1)   then
    instrução11
    instrução12
    ...
    instrução1N
elseif(condição2)
    instrução21
    instrução22
    ...
    instrução2N
elseif(condição3)
    instrução31
    instrução32
    ...
    instrução3N
---
else
    instrução1
```

```
instrução2
...
instruçãoN
```
end

Aqui cada condição é testada sequencialmente; a primeira que retornar **True** terá suas instruções executadas, não importa se a condição seguinte também retornar **True**. E depois de executar o bloco de instruções o fluxo do programa seguirá normalmente após a cláusula **end** final.

- **Exemplo 5.9**

Para testar essa estrutura vamos considerar o exemplo do cálculo da média sobre as quatro provas do nosso aluno do **Exemplo 5.4** com uma pequena alteração: uma terceira alternativa - se o aluno obtiver uma média final inferior a **4** será jubilado (*uma punição severa no meu tempo de graduação*). Vamos entrar com as notas das quatro provas parciais e com seus respectivos pesos; em seguida calculamos a média. A tela da **Figura 5.20a** mostra o arquivo de *script* do código.

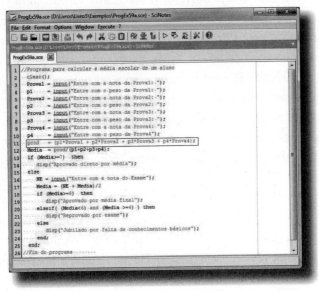

Figura 5.20a - *Script* (primeira solução) do programa do Exemplo 5.9.

248 | SciLab: Uma Abordagem Prática e Didática 2ª Edição - Mário Leite

A **Figura 5.20a** mostra o arquivo de *script* do código do **Exemplo 5.9**; observe a linha 10 do código em destaque: o que há de errado nela? Funcionalmente nada, pois o resultado é exibido corretamente!

```
Entre com a nota da Prova1: 7.0
Entre com o peso da Prova1: 1
Entre com a nota da Prova2: 6.7
Entre com o peso da Prova2: 2
Entre com a nota da Prova3: 6.5
Entre com o peso da Prova3: 3
Entre com a nota da Prova4: 6.9
Entre com o peso da Prova4: 4
Warning :redefining function: prod
Entre com a nota do Exame 6.4
 Média   =

      6.58
Aprovado por média final
```

Embora o resultado esteja correto, o programa emitiu uma mensagem de alerta (*warning*) relativa à instrução da linha 11 do *script* (destacada na **Figura 5.20a**). Por que? Porque foi empregada uma palavra-chave da linguagem: **prod** (que aparece na cor azul). Esta é uma das centenas de palavras-chave da ferramenta. Devemos evitar empregar palavras-chave (reservadas) da linguagem nas instruções de um programa, pois, em certos casos, em vez de um simples alerta, pode gerar erro! E como evitar isso? Como saber se determinada palavra é reservada? Simples: basta NUNCA empregar termos do dialeto inglês; procure utilizar sempre termos em Português para variáveis e funções.

Voltando ao nosso exemplo, vamos usar "**produto**" em vez de "**prod**" como identificador da variável que armazena a soma dos produtos das notas pelos seus respectivos pesos. Desta maneira nosso programa fica como na **Figura 5.20b**. Note que agora não ocorre aquele indesejável alerta quando o programa é executado. A saída do programa, neste caso, é mostrada a seguir.

```
Entre com a nota da Proval: 7
Entre com o peso da Proval: 1
Entre com a nota da Prova2: 6.7
Entre com o peso da Prova2: 2
Entre com a nota da Prova3: 6.5
Entre com o peso da Prova3: 3
Entre com a nota da Prova4: 6.9
Entre com o peso da Prova4: 4
Entre com a nota do Exame: 6.4
 Média =

       6.58
Aprovado por média final
```

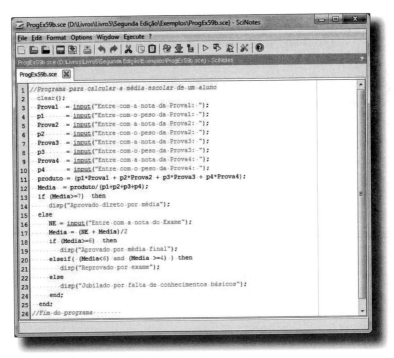

Figura 5.20b - *Script* (segunda solução) do programa do Exemplo 5.9.

Nos dois casos, observe que todas as provas foram entradas com apenas uma casa decimal, mas o resultado da média final foi exibido com três. E o que pode ser feito para que o resultado seja exibido com apenas uma casa decimal e com arredondamento para cima? Afinal de contas 0.1 (um décimo) na média final pode salvar o aluno de uma jubilação(!). Para arredondar um número real com **d** casas decimais desejado pelo usuário, podemos usar a seguinte expressão:

```
MF = int(Media*10^d + 0.5)/10^d
```

Onde **d** é o número de casas decimais desejado; no nosso exemplo d=1. Assim a média final (MF) será dada por:

```
MF = int(Media*10^1 + 0.5)/10^1
MF =
    6.6    //Média final arredondada com uma casa decimal
```

5.9.4   Desvio Selecionado

Novamente, aqui, essa estrutura se parece muito com a estrutura de seleção apresentada no **Item 5.8.2** em pseudocódigo.

```
select (expressão)
  case valor1 [then]
     instrução11
     instrução12
     . . .
     instrução1N
  case valor2 [then]
     instrução21
     instrução21
     . . .
     instrução23
  case valor3 [then]
     instrução31
```

```
    instrução32
    . . .
    instrução3N
    ...
else
    instrução1
    instrução2
    . . .
    instruçãoN
end
```

Nesta estrutura o primeiro bloco de instruções será executado se o **case** desse bloco for o primeiro a retornar **True**; isto é, se o *valor* for igual à *expressão* analisada. Mas, se nenhum **case** retornar um *valor* igual a *expressão*, então o bloco de instruções que será executado é o que está entre a cláusula **else** e o terminador **end**.

- ## Exemplo 5.10
  Para mostrar como funciona na prática a estrutura "Desvio selecionado", vamos considerar o caso do problema de reajustes de salários dos jogadores daquele time do interior do Paraná do **Exemplo 5.6** apresentado em pseudocódigo. A tela da **Figura 5.21a** mostra o *script* que implementa uma solução para o problema. Entretanto, analisando melhor, são notadas certas deficiências no código do arquivo **ProgEx510a.sce** que podem (e devem) ser corrigidas:

  - O usuário poderá entrar com uma letra qualquer, diferente das estabelecidas pelo problema, e mesmo assim o programa considerará como correta a entrada.

  - Depois de entrar com uma letra para o nível, o usuário poderá entrar com um salário atual que não corresponda à faixa indicativa.

  - Os valores monetários são exibidos com três casas decimais.

252 | SciLab: Uma Abordagem Prática e Didática 2ª Edição - Mário Leite

```
//Programa para reajustar salários de jogadores
Nome   = input("Entre com o nome do jogador: ", "string");
Nivel  = input("Entre com o nível do jogador: ", 's');
SalAnt = input("Entre com o salario antual do jogador: ");
select (Nivel)
    case 'A' then
        Aum = SalAnt*0.05;
    case 'B' then
        Aum = SalAnt*0.10;
    case 'C' then
        Aum = SalAnt*0.15;
    case 'D' then
        Aum = SalAnt*0.20;
    case 'E' then
        Aum = SalAnt*0.25;
    else
        Aum = SalAnt*0.35;
end;
SalRea = SalAnt + Aum;
disp("Jogador: " + Nome)
disp("Salario antigo: " + string(SalAnt));
disp("Aumento salarial: " + string(Aum));
disp("Salario reajustado: " + string(SalRea));
//Fim do programa
```

Figura 5.21a - *Script* (solução inicial) do programa do Exemplo 5.10.

Observe a seguir, dois tipos de entrada de dados para o programa: primeiro com o nível do jogador como "E" e, no outro caso, com "e".

```
Entre com o nome do jogador: Juvenal
Entre com o nível do jogador: E
Entre com o salário atual do jogador: 2321.38

 Jogador: Juvenal
 Salario antigo: 2321.38
 Aumento salarial: 580.345
 Salário reajustado: 2901.725

-->Entre com o nome do jogador: Juvenal
Entre com o nível do jogador: e
Entre com o salário atual do jogador: 2321.38
```

```
Jogador: Juvenal
Salário antigo: 2321.38
Aumento salarial: 812.483
Salário reajustado: 3133.863
```

Observe que o usuário entrou com o salário antigo do usuário, tal como o havia feito no item anterior; no entanto, em vez de obtermos um aumento de 580.345 e um salário reajustado para **2901.725**, obtvemos um aumento de 812.483 e o salário reajustado para **3133.863**. Qual das duas entradas está errada? A segunda, pois o jogador "Juvenal" tem nível "E" e não "e". Ao entrar com o nível "e", a estrutura selecionou a última faixa de aumento: 35%, pois nenhum dos **cases** anteriores retornou **True**. Esse tipo de erro pode ser corrigido captalizando o nível do jogador, convertendo-o em maiúscula com a função **convstr**(Nivel,"upper") onde "upper", ou simplesmente "u", significa "*converter em maiúscula*".

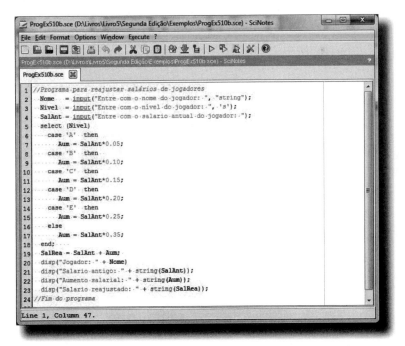

Figura 5.21b - *Script* **(segunda solução) do programa do Exemplo 5.10.**

Observe agora; na tela da **Figura 5.21b** apresentamos uma segunda solução para o programa do **Exemplo 5.10** com o nível do jogador sendo capitalizado adequadamente. O resultado é mostrado a seguir.

```
Entre com o nome do jogador: Juvenal
Entre com o nível do jogador: e
Entre com o salário atual do jogador: 2321.38

 Jogador: Juvenal
 Salário antigo: 2321.38
 Aumento salarial: 580.345
 Salário reajustado: 2901.725
```

O *script* da **Figura 5.21b** apresenta um código mais correto do que o mostrado na **Figura 5.21a**; entretanto, ele ainda não está bem afinado, pois, se o usuário entrar com um nível correto, mas digitar um valor incoerente com a faixa salarial, o aumento salarial não estará de acordo com essa faixa de valores. Por isto, o código da **Quadro 5.7** (terceira solução) é o mais correto para o programa do **Exemplo 5.10**.

```scilab
//Progarma para reajustar salários de jogadores
 Nome  = input("Entre com o nome do jogador: ", "string");
 Nivel = input("Entre com o nível do jogador: ", 's');
 Nivel = convstr(Nivel, "upper"); //Converte em maiúscula
 SalAnt = input("Entre com o salário atual do jogador: ");
 Aum = 0.00;
 select (Nível);
   case 'A'  then
     if (SalAnt>7000)  then
       Aum = SalAnt*0.05;
     end
   case 'B'  then
```

Capítulo 5 - Programação no SciLab | 255

```
if((SalAnt>=5501) & (SalAnt<=7000)) then
      Aum = SalAnt*0.10;
   end
 case 'C' then
   if((SalAnt>=4501) & (SalAnt<=5500)) then
      Aum = SalAnt*0.15;
   end
 case 'D' then
   if((SalAnt>=3501) & (SalAnt<=4500)) then
      Aum = SalAnt*0.20;
   end
 case 'E' then
   if((SalAnt>=2001) & (SalAnt<=3500)) then
      Aum = SalAnt*0.25;
   end
 case 'F' then
   if(SalAnt<=2000 then
      Aum = SalAnt*0.35;
   end
 else
   Aum = 0.00;   //Se o salário for um valor inválido
end;
if (Aum<>0.00) then
  SalRea = SalAnt + Aum;
  SalRea = int(SalRea*10^2 + 0.5)/10^2; //Arredonda
  disp("Jogador: " + Nome)
  disp("Salário antigo: " + "R$" + string(SalAnt));
  disp("Aumento salarial: " + "R$" + string(Aum));
  disp("Salário reajustado: " +"R$" + string(SalRea));
```

```
else

  disp("Nível ou faixa salarial inválidos");
end;

//Fim do programa
```

Quadro 5.7 - Terceira solução do programa do Exemplo 5.10.

```
Entre com o nome do jogador: Juvenal
Entre com o nível do jogador: e
Entre com o salário atual do jogador: 2321.38

 Jogador: Juvenal
 Salário antigo: 2321.38
 Aumento salarial: 580.345
 Salário reajustado: 2901.73
```

Agora podemos notar que mesmo entrando com o nível "e" (em letra minúscula), o resultado sai correto, além de outras melhorias como o arredondamento dos valores monetários.

Questão: Já que nossa moeda é o real (símbolo R$), você seria capaz de imprimir esses valores com esse símbolo nos valores monetários? É facil, basta concatenar "R$" com esses valores.

```
disp("Salário antigo: " + "R$" + string(SalAnt));
disp("Aumento salarial: " + "R$" + string(Aum));
disp("Salário reajustado: " +"R$" + string(SalRea));
```

NOTA

Para entrar com dados do tipo *string* no código do **Quadro 5.7** com o comando **input** - no caso o *nível* e o *nome* do jogador - foi necessário indicar isto claramente com o parâmetro "**string**" ou simplesmente "**s**" após a mensagem. Caso contrário, o SciLab ficará esperando um valor numérico para a variável.

5.9.5 Laços Repetitivos

Existem dois tipos de laços no ambiente de programação do SciLab, tal como foram apresentados em pseudocódigos:

- Laço lógico (não numérico)
- Laço numérico

• Laço lógico (não numérico)

Nesse caso existe uma condição (com resultado não numérico) que controla o *loop*; *enquanto* ela for **True** as instruções serão repetidas. E de acordo com o *help* da ferramenta, são oferecidas três variantes desse tipo de estrutura, e que não são muito compreensíveis nesses formatos.

```
while expr ,instructions,...[,else instructions], end
while expr do instructions,...[,else instructions], end
while expr then instructions,...[,else instructions], end
```

expr é uma instrução que retorna um valor lógico; e, *enquanto* ela retornar **True** (verdadeiro), todas as instruções antes de **else** serão executadas. Quando *expr* for False, as instruções entre **else** e **end** é que serão executadas. Esses três formatos apresentados pelo *help* da ferramenta não são muito compreensíveis para os iniciantes em programação. Por isto, vamos apresentar a estrutura de um modo mais limpo: na vertical, como é conhecida entre o programadores.

```
While(condição) [do|then]
      instrução11
      instrução12
      ...
      instrução1N
[else
      instrução21
      instrução22
```

do e then são opcionais.

```
     . . .
     Instrução2N]
End
```

Observe que a cláusula **while** no ambiente do SciLab é o **Enquanto** no pseudocódigo e **do** substituiu o **Faça**. Por outro lado, como pode ser notado também, opcionalmente pode ser empregada a cláusula **then** na mesma linha do **while**. Outra novidade aqui é que, também por opção, (observe os colchetes) uma cláusula **else** pode ser empregada; mas, em termos de programação estruturada deve ser evitada. Do jeito que é apresentada pelo *help* da ferramenta, o professor Dijkstra não iria gostar nem um pouco, além de não mais reconhecer o seu trabalho [49].

• Exemplo 5.11

Para mostrar como a estrutura de "laço lógico" pode ser empregada na prática, vamos retornar ao problema do **Exemplo 5.4** (cálculo da média de um aluno). Só que agora, em vez de um aluno, vamos calcular a média final de vários alunos; isto é, vamos entrar com os notas das provas de vários alunos *até que não haja mais aluno* para computar. Então a expressão *"até que não haja mais aluno"* é o *flag* (sinal) para interromper o *loop*. Desse modo, *"enquanto Nome for diferente de branco"* vamos entrar como os dados requeridos para calcular a média e emitir a situação de cada aluno. Veja o **Quadro 5.8** (sem considerar a jubillação do aluno).

```
1.   Leia Nome
2.   Enquanto (Nome<>" ") Faça
3.       Leia Prova1
4.       Leia peso p1
5.       Leia Prova2
6.       Leia peso p2
```

---

49 Edsger Wybe Dijkstra (1930 - 2002) foi um brilhante cientista húngaro que contribuiu muito para a ciência da computação, e foi um dos primeiros a estabelecer as bases da programação estruturada em substituição à chamada programação *spagethi* de antes.

7.	Leia Prova3
8.	Leia peso p3
9.	Leia Prova4
10.	Leia peso p4
11.	Prod ← (p1*Prova1+p2*Prova2+p3*Prova3+p4*Prova4)
12.	Média ← Prod/(p1+p2+p3+p4)
13.	**Se**(Media>=7) **Então**
14.	**Escreva**("Aprovado por média")
15.	**Senão**
16.	**Leia** NE //NE é a nota do Exame
17.	Media ← (Média+NE)/2
18.	**Se**(Média>=6) **Então**
19.	**Escreva** ("Aprovado por exame")
20.	**Senão**
21.	**Escreva** ("Reprovado por exame")
22.	**Fim_se**
23.	**Fim_se**
24.	**Leia** Nome //Realimentação do loop
25.	**Fim_enquando**
26.	**Escreva**(Média)

Quadro 5.8 - Pseudocódigo do Exemplo 5.11.

No pseudocódigo do **Quadro 5.8**, nota-se que ele é bastante parecido com o que foi apresentado como solução do **Exemplo 5.4**; aqui a novidade é a esturura de repetição **Enquanto..Fim_enquanto** que controla o *loop* para que as médias de vários alunos (e não de apenas um) sejam calculadas. Em termos de código no ambiente do SciLab, a solução mais geral é mostrada na **Figura 5.22a**. Agora o programa lê, processa os dados de vários alunos e, no final, apresenta um relatório com uma das situações: "Aprovado direto por média", ou "Aprovador por Exame", ou "Reprovado por exame" ou então "Jubilado por falta de conhecimentos básicos".

260 | SciLab: Uma Abordagem Prática e Didática 2ª Edição - Mário Leite

```scilab
//Programa para calcular a média de vários alunos
clear();
Nome = ".";
Nome     = input(" Entre com o nome do aluno: ", "s");
while (Nome<>".") do
    Prova1 = input(" Entre com a nota da Prova1: ");
    p1     = input(" Entre com o peso da Prova1: ");
    Prova2 = input(" Entre com a nota da Prova2: ");
    p2     = input(" Entre com o peso da Prova2: ");
    Prova3 = input(" Entre com a nota da Prova3: ");
    p3     = input(" Entre com o peso da Prova3: ");
    Prova4 = input(" Entre com a nota da Prova4: ");
    p4     = input(" Entre com o peso da Prova4: ");
    produto = (p1*Prova1 + p2*Prova2 + p3*Prova3 + p4*Prova4);
    Media  = produto/(p1+p2+p3+p4);
    if (Media>=7)  then
        disp(Nome);
        disp("Aprovado direto por média");
    else
        NE = input(" Entre com a nota do Exame: ");
        Media = (NE + Media)/2;
        if (Media>=6)  then
            disp(Nome);
            disp("Aprovado por média final");
        elseif((Media<6) & (Media >=4)) then
            disp(Nome);
            disp("Reprovado por exame");
        else
            disp(Nome);
            disp("Jubiliado por falta de conhecimentos básicos");
        end;
    end;
    disp("----------------------------------------------------.");
    disp(".");
    Nome = input(" Entre com o nome do aluno: ", "s");
end;
clc(2)
disp("Programa encerrado");
//Fim do programa
```
Line 39, Column 17.

Figura 5.22a - Primeira solução do programa do Exemplo 5.11.

Ainda no que diz respeito à solução apresentada no *script* da **Figura 5.22a**, ela pode ser melhorada com relação à interatividade com o usuário. Por exemplo, listar também o nome do aluno e imprimir a data em que foi emitido o relatório. Assim, o *script* da **Figura 5.22b** apresenta uma segunda solução mais interativa e mais correta do que a primeira.

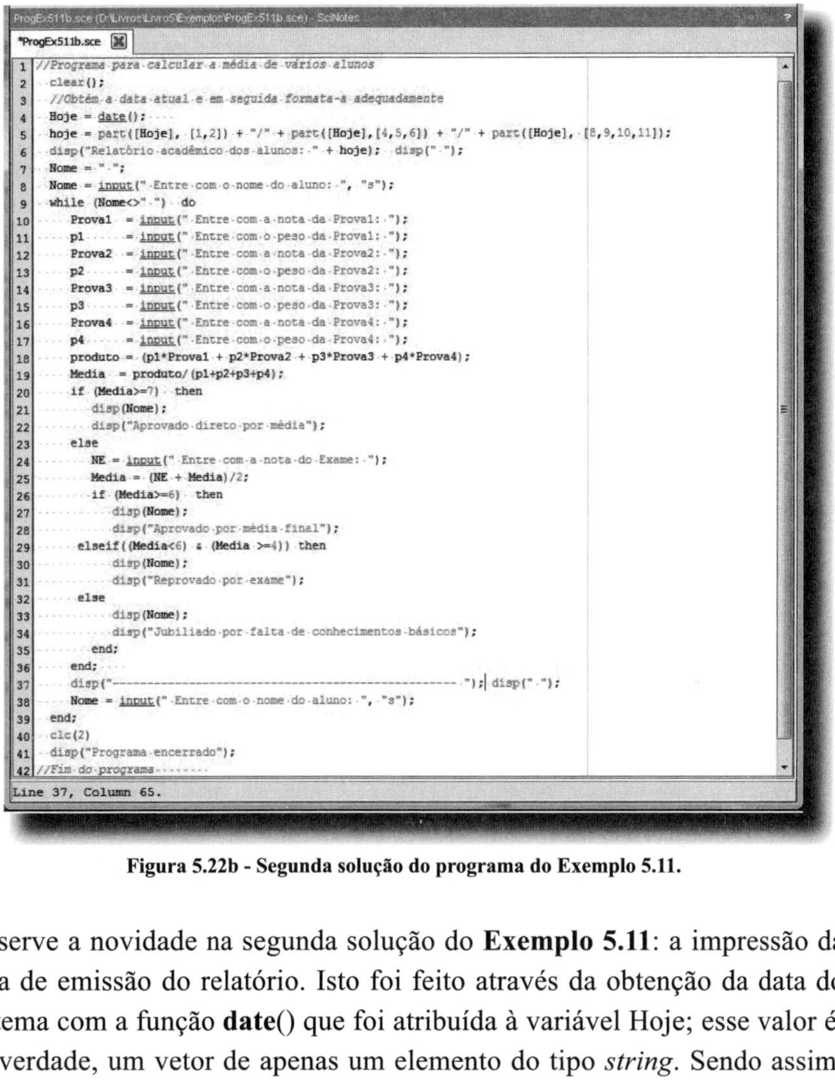

Capítulo 5 - Programação no SciLab | 261

```scilab
1  //Programa para calcular a média de vários alunos
2  clear();
3  //Obtém a data atual e em seguida formata-a adequadamente
4  Hoje = date();
5  hoje = part([Hoje], [1,2]) + "/" + part([Hoje],[4,5,6]) + "/" + part([Hoje], [8,9,10,11]);
6  disp("Relatório acadêmico dos alunos: " + hoje); disp(" ");
7  Nome = " ";
8  Nome = input(" Entre com o nome do aluno: ", "s");
9  while (Nome<>" ") do
10     Prova1 = input(" Entre com a nota da Prova1: ");
11     p1     = input(" Entre com o peso da Prova1: ");
12     Prova2 = input(" Entre com a nota da Prova2: ");
13     p2     = input(" Entre com o peso da Prova2: ");
14     Prova3 = input(" Entre com a nota da Prova3: ");
15     p3     = input(" Entre com o peso da Prova3: ");
16     Prova4 = input(" Entre com a nota da Prova4: ");
17     p4     = input(" Entre com o peso da Prova4: ");
18     produto = (p1*Prova1 + p2*Prova2 + p3*Prova3 + p4*Prova4);
19     Media  = produto/(p1+p2+p3+p4);
20     if (Media>=7) then
21        disp(Nome);
22        disp("Aprovado direto por média");
23     else
24        NE = input(" Entre com a nota do Exame: ");
25        Media = (NE + Media)/2;
26        if (Media>=6) then
27           disp(Nome);
28           disp("Aprovado por média final");
29        elseif((Media<6) & (Media >=4)) then
30           disp(Nome);
31           disp("Reprovado por exame");
32        else
33           disp(Nome);
34           disp("Jubiliado por falta de conhecimentos básicos");
35        end;
36     end;
37     disp("------------------------------------------------------"); disp(" ");
38     Nome = input(" Entre com o nome do aluno: ", "s");
39  end;
40  clc(2)
41  disp("Programa encerrado");
42  //Fim do programa
```

Line 37, Column 65.

Figura 5.22b - Segunda solução do programa do Exemplo 5.11.

Observe a novidade na segunda solução do **Exemplo 5.11**: a impressão da data de emissão do relatório. Isto foi feito através da obtenção da data do sistema com a função **date()** que foi atribuída à variável Hoje; esse valor é, na verdade, um vetor de apenas um elemento do tipo *string*. Sendo assim, podemos extrair partes desse *string* com a função **part()** e concatenar com elementos "/" para compor a data no formato britânico:

```scilab
-->Hoje = date()
 Hoje =

 19-Jan-2015
```

- ## **Laço numérico**

  Neste tipo de *loop* uma variável numérica (real) controla o número de vezes que um bloco de instruções será executado repetidamente. Assim, essa variável tem um valor inicial, um incremento (passo) e um valor final. O laço será executado enquanto o valor assumido pela variável for menor ou igual ao seu valor final. É importante frisar que, dentro do laço, a variável de controle não deve assumir nenhum valor externo, a não ser aqueles determinados pelo incremento; isto que dizer que não devemos atribuir nenhum valor a ela dentro do laço. A sintaxe desta estrutura, do ponto de vista operacional tal como na maioria das linguagens, é mostrada a seguir.

```
For var=início:passo:fim [do]
    instrução1
    instrução1
    instrução1
    ...
    instruçãoN
end
```

Observe que neste tipo de *loop* não há necessidade de iniciar a variável de controle, nem incrementar e nem explicitar a condição de parada. Tudo é feito na própria sintaxe.

- **var**   variável que controla o *loop*;
- **início**   valor inicial da variável de controle;
- **passo**   incremento da variável de controle (o *default* é 1);
- **fim**   valor máximo que a variável de controle pode assumir.

Onde, **início, incremento** e **fim** podem ser quaisquer números reais.

• Exemplo 5.12

Neste exemplo vamos considerar o problema de calcular as médias dos alunos, tal como foi feito no exemplo anterior. Entretanto, para enfatizar as diferenças entre as duas estruturas de repetição, aqui vamos entrar com o número de alunos. Nesse caso estamos tratando de um *loop* numérico e a variável deve controlar um número exato de alunos. O **Quadro 5.9** mostra o *script* da solução do programa.

```
//Programa para calcular a média de vários alunos
    diary('LogEx512.dat');    //Inicia arquivo-log
    clear();
    //Obtém a data atual e em seguida formata-a adequadamente
    Hoje = date();
    hoje = part([Hoje], [1,2]) + "/" + part([Hoje],[4,5,6])+...
                "/" + part([Hoje], [8,9,10,11]);
    disp(" Relatório acadêmico dos alunos: " + hoje);
    disp(" ");
    n = input("Entre com o número de alunos: ");
    for j=1:n do
        Nome = input(" Entre com o nome do aluno", "s" + " :"
                + string(j));
        Prova1 = input("Entre com a nota da Prova1: ");
        p1     = input("Entre com o peso da Prova1: ");
        Prova2 = input("Entre com a nota da Prova2: ");
        p2     = input("Entre com o peso da Prova2: ");
        Prova3 = input("Entre com a nota da Prova3: ");
        p3     = input("Entre com o peso da Prova3: ");
        Prova4 = input("Entre com a nota da Prova4:");
        p4     = input("Entre com o peso da Prova4: ");
```

264 | SciLab: Uma Abordagem Prática e Didática 2ª Edição - Mário Leite

```
produto= (p1*Prova1+p2*Prova2+p3*Prova3+p4*Prova4);
    Media  = produto/(p1+p2+p3+p4);
    if (Média>=7)  then
        disp(Nome);
        disp("Aprovado direto por média");
    else
        NE = input("Entre com a nota do Exame: ");
        Média = (NE + Media)/2;
        if (Média>=6)  then
            disp(Nome);
            disp("Aprovado por média final");
        elseif((Média<6) & (Media >=4))  then
            disp(Nome);
            disp("Reprovado por exame");
        else
            disp(Nome);
            disp("Jubilado por falta de conhecimentos...");
        end;
    end;
    disp("--------------------------------- ");
    disp(" ");
end;
clc(2)  //Limpa as duas últimas linhas do console
disp("Programa encerrado");
diary(0);  //Finaliza arquivo-log
//Fim do programa
```

Quadro 5.9 - *Script* do programa do Exemplo 5.12.

Relatório acadêmico dos alunos: 22/Mar/2008

```
    Entre com o número de alunos: 3
    Entre com o nome do aluno: Janaina A. de Jesus
    Entre com a nota da Prova1: 7.4
    Entre com o peso da Prova1: 1
    Entre com a nota da Prova2: 6.8
    Entre com o peso da Prova2: 2
    Entre com a nota da Prova3: 7.3
    Entre com o peso da Prova3: 3
    Entre com a nota da Prova4: 6.7
    Entre com o peso da Prova4: 4
    Entre com a nota do Exame: 8.4

    Janaina A. de Jesus

    Aprovado por média final

    ------------------------------------------------

    Entre com o nome do aluno: Joaquim Tercílio de Moura
    Entre com a nota da Prova1: 7.8
    Entre com o peso da Prova1: 1
    Entre com a nota da Prova2: 8.4
    Entre com o peso da Prova2: 2
    Entre com a nota da Prova3: 8.6
    Entre com o peso da Prova3: 3
    Entre com a nota da Prova4: 7.5
    Entre com o peso da Prova4: 4
    Joaquim Tercílio de Moura

    Aprovado direto por média

    ------------------------------------------------

    Entre com o nome do aluno: Jucycleide Farias de Brito
    Entre com a nota da Prova1: 8.7
    Entre com o peso da Prova1: 1
    Entre com a nota da Prova2: 7.5
    Entre com o peso da Prova2: 2
    Entre com a nota da Prova3: 7.9
    Entre com o peso da Prova3: 3
    Entre com a nota da Prova4: 8.1
    Entre com o peso da Prova4: 4
    Jucycleide Farias de Brito

    Aprovado direto por média

    ------------------------------------------------

Programa encerrado
```

266 | SciLab: Uma Abordagem Prática e Didática 2ª Edição - Mário Leite

- **Exemplo 5.13**

Criar um programa para arredondar um número real com um determinado número de casas decimais. A solução pode ser dada com base na expressão: $N = (\mathbf{int}(Num*10^{\wedge}d + 0.5)/10^{\wedge}d$.

- **Num**   Número que se deseja arredondar.
- **d**   Número de casas decimais.
- **N**   Número arredondado com d casas decimais.

A **Figura 5.23** mostra o *script* da solução do problema. Em seguida é apresentado um exemplo arredondando o número π para quatro decimais.

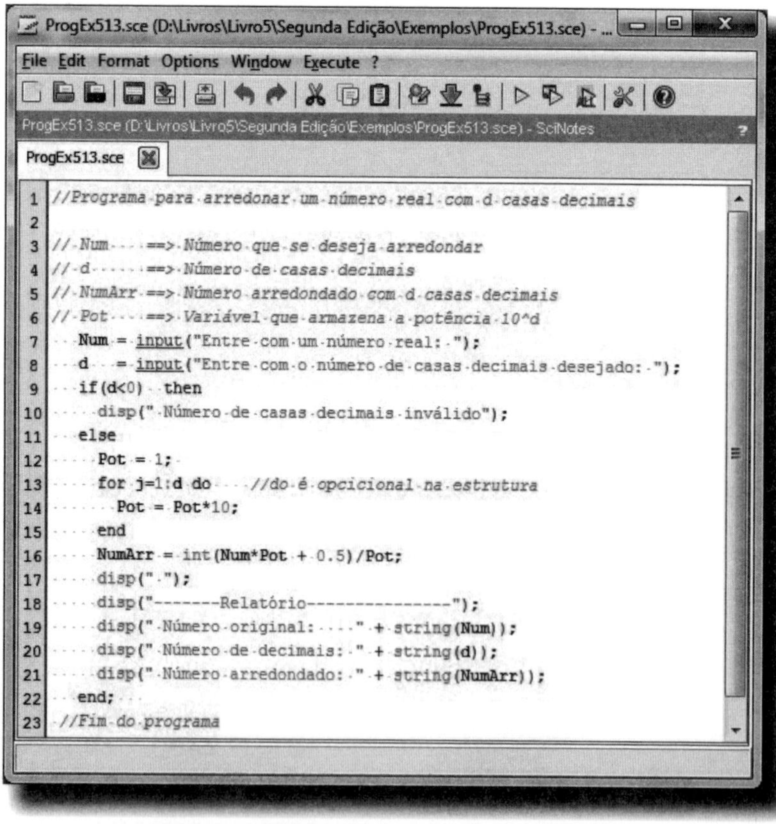

```
1  //Programa para arredonar um número real com d casas decimais
2
3  // Num    ==> Número que se deseja arredondar
4  // d      ==> Número de casas decimais
5  // NumArr ==> Número arredondado com d casas decimais
6  // Pot    ==> Variável que armazena a potência 10^d
7      Num = input("Entre com um número real: ");
8      d   = input("Entre com o número de casas decimais desejado: ");
9      if(d<0) then
10         disp("Número de casas decimais inválido");
11     else
12         Pot = 1;
13         for j=1:d do    //do é opcicional na estrutura
14             Pot = Pot*10;
15         end
16         NumArr = int(Num*Pot + 0.5)/Pot;
17         disp(".");
18         disp("-------Relatório---------------");
19         disp(" Número original: ...." + string(Num));
20         disp(" Número de decimais: " + string(d));
21         disp(" Número arredondado: " + string(NumArr));
22     end;
23  //Fim do programa
```

Figura 5.23 - Solução do programa do Exemplo 5.13.

```
--> Entre com um número real: 3.1415927
    Entre com o número de casas decimais desejado: 4

    -------Relatório--------------

    Número original:    3.1415927

    Número de decimais: 4

    Número arredondado: 3.1416
```

- **Exemplo 5.14**

Criar um programa para imprimir os divisores de um determinado número e também a quantidade total desses divisores. A solução deste exemplo pode ser vista no *script* da **Figura 5.24**.

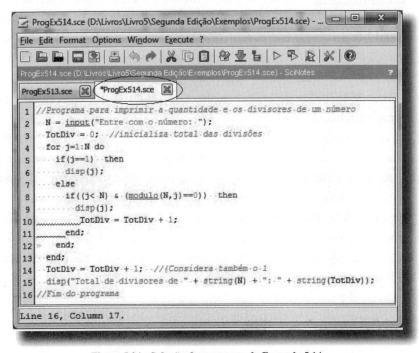

Figura 5.24 - Solução do programa do Exemplo 5.14.

```
Entre com o número: 18

    1.

    2.

    3.

    6.

    9.

Total de divisores de 18: 5
```

Sugestão: teste o programa para o número **1373**.

- **Exemplo 5.15** - Ordenar um vetor de 10 elementos inteiros.
  O que se deseja neste exemplo é, dado um vetor **V** de **n** elementos a_i (sendo $0 < i <= n$), escrever esse vetor em termos desses elementos de maneira que $a_i < a_{i+1}$. Existem vários métodos para ordenar (classificar) elementos de uma lista de valores; Azeredo [1996] descreve várias famílias de métodos de classificação. O Método da Bolha - Bubble Sort - que pertence à família dos métodos de classificação por trocas, é, sem dúvida, o mais popular entre os programadores (apesar de não ser o mais eficiente). Para organizar em ordem crescente, esse método consiste em percorrer os elementos a lista, trocando um elemento de posição com um outro se não estiverem ordenados um em relação ao outro. Isto é, se o elemento **i** for maior que o elemento **j** e se **i** estiver antes de **j**, então eles trocam de posição. A lógica desse método para ordenar um vetor de **n** elementos envolve dois *laços* aninhados, controlados pelas variáveis **i** e **j**. Enquanto no *laço* externo a variável **i** vai de 1 até (**n-1**), no *laço* interno a variável **j** vai de (**i+1**) até **n**. Veja o esquema do **Quadro 5.10**, onde se deseja ordenar uma lista com quatro elementos originalmente dados na seguinte ordem: **8, 4, 6, 2**.

Capítulo 5 - Programação no SciLab | 269

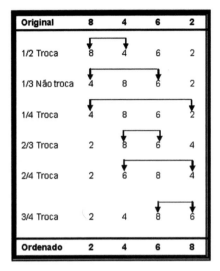

Quadro 5.10 - Esquema do Método da Bolha.

A **Figura 5.25** mostra o *script* da solução do **Exemplo 5.15**, e em seguida a execução desse script.

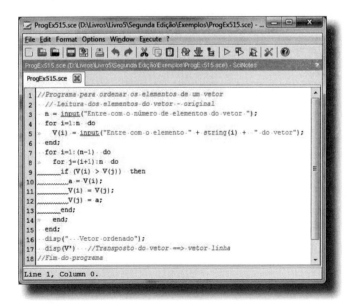

Figura 5.25 - Solução do programa do Exemplo 5.15.

```
--> Entre com o número de elementos do vetor: 4
 Entre com o elemento 1 do vetor: 8
 Entre com o elemento 2 do vetor: 4
 Entre com o elemento 3 do vetor: 6
 Entre com o elemento 4 do vetor: 2

   Vetor ordenado

   2.    4.    6.    8.
```

Observe no código do *script* da **Figura 5.25** que, para expor os elementos do vetor ordenados em linha, exibimos o vetor transposto de V (V').

5.10 Execução de programas a partir do prompt

Após testar (rodar) o *script* do programa dentro do Editor acessando **Execute/Load into Scilab**, o arquivo deve ser gravado (com extensão **.sce**) para posteriormente ser executado no *prompt* do SciLab com o comando **exec**. A sintaxe desse comando é mostrada a seguir.

```
exec("arquivo")
```

Onde *"arquivo"* é o nome do arquivo (com extensão **.sce**) que contém o *script* do programa. Se esse arquivo não estiver no diretório de trabalho, ele deverá ser indicado com o caminho completo. Observe a seguir o resultado da execução do *script* **ProgEx515.sce** do programa do **Exemplo 5.15**.

```
-->exec('ProgEx515.sce')

-->//Programa para ordenar os elementos de um vetor

--> //Leitura dos elementos do vetor - original

--> n = input("Entre com o número de elementos do ve-
tor");
```

Capítulo 5 - Programação no SciLab | 271

```
Entre com o número de elementos do vetor: 4
--> for i=1:n  do
-->   V(i) = input("Entre com o elemento " + string(i)
         +  " do vetor");
--> end;
 Entre com o elemento 1 do vetor: 8
 Entre com o elemento 2 do vetor: 4
 Entre com o elemento 3 do vetor: 6
 Entre com o elemento 4 do vetor: 2

--> for i=1:(n-1) do
-->   for j=(i+1):n do
-->     if (V(i) > V(j)) then
-->       a = V(i);
-->       V(i) = V(j);
-->       V(j) = a;
-->     end;
-->   end;
--> end;
--> disp("Vetor ordenado");

    Vetor ordenado

--> disp(V') //Transposto do vetor V ==> vetor linha

    2.    4.    6.    8.

-->//Fim do programa
```

Observe que TODAS as linhas de instruções foram exibidas quando foi executada a instrução: **exec**('ProgEx515.sce'). Para o programador esta situação pode ser interessante no acompanhamento do fluxo do programa e poder fazer os ajustes necessários; entretanto, para o usuário final é indesejável, uma vez que ele não precisa saber detalhes do programa. Para resolver essa questão, o comando **exec** possui parâmetros (opcionais) que podem melhorar a saída da execução de um programa. Para inibir a descrição das linhas de instrução quando executar um programa a partir do *prompt* do SciLab, teremos o seguinte:

272 | SciLab: Uma Abordagem Prática e Didática 2ª Edição - Mário Leite

```
exec('ProgEx515.sce', 0)
```

O parâmetro **0** (zero) logo após o nome do arquivo inibe a exibição das linhas de instruções. Observe a seguir que, agora, a execução do programa só mostra as linhas de instruções que interagem com o usuário.

```
-->exec('ProgEx515.sce',0)
 Entre com o número de elementos do vetor: 4
 Entre com o elemento 1 do vetor: 8
 Entre com o elemento 2 do vetor: 4
 Entre com o elemento 3 do vetor: 6
 Entre com o elemento 4 do vetor: 2

 Vetor ordenado

 2.    4.    6.    8.
```

- ## Exemplo 5.16

  Criar um programa que calcule as raízes de um polinômio de grau **n** (n>=2). O programa deverá montar o polinômio a partir do seu grau e dos seus coeficientes que o usuário deve entrar pelo teclado. O código do programa está no *script* da **Figura 5.26**. Inicialmente é solicitado o grau do polinômio, e em seguida, dependendo desse grau (armazenado na variável n), ele vai solicitando os coeficientes:

```
1.    Coeficiente de x elevado a 1.
2.    Coeficiente de x elevado a 2.
3.    Coeficiente de x elevado a 3.
4.    Coeficiente de x elevado a 4.
5.    Coeficiente de x elevado a 5.
- -    . . .
n     Coeficiente de x elevado a n.
```

O programa monta o polinômio e, depois, pergunta se ele está correto; se o usuário responder afirmativamente, as raízes serão calculadas e exibidas; caso contrário (se o usuário achar que o polinômio não é aquele) então as raízes não serão calculadas.

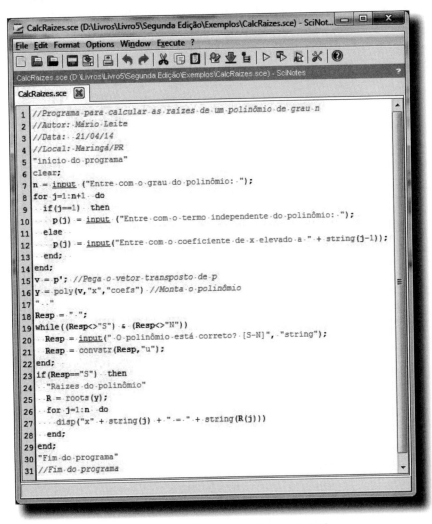

Figura 5.26 - *Script* do programa do Exemplo 5.16.

5.11 Interrompendo um laço

Tanto o *loop* "não numérico" (**while...end**) quanto o *loop* "numérico" (**for..end**) admitem ser interrompidos antes que terminem normalmente. Essa interrupção pode ser feita com o comando **break** (ruptura) dentro de um desses dois laços. Observe o exemplo na **Figura 5.27a**.

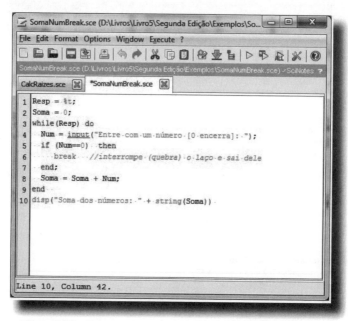

Figura 5.27a - Usando o comando *break* para interromper um laço.

Rodando o programa no ambiente do SciLab, teremos:
```
-->exec("SomaNumBreak.sce",0)
Entre com um número [0 encerra]: 4
Entre com um número [0 encerra]: 5
Entre com um número [0 encerra]: 3
Entre com um número [0 encerra]: 7
Entre com um número [0 encerra]: 0
Soma dos números: 19
```

Pelo *script* da **Figura 5.27a** pode-se notar que o programa soma os números entrados pelo usuário, e o *loop* é controlado pela condição Resp=%t. Entretanto, devido ao comando **break,** o laço será rompido (quebrado) se o usuário entrar com um número igual a 0 (zero)! Ora, se o que foi estabelecido é que o laço deveria durar enquanto **Resp** fosse verdade, por que não alterar a condição de controle do laço colocando já essa condição em função da entrada do número? Isto evitaria o comando **break**. Observe, na **Figura 5.27b,** como o mesmo programa poderia ser escrito de maneira mais elegante e sem ruptura repentina do laço.

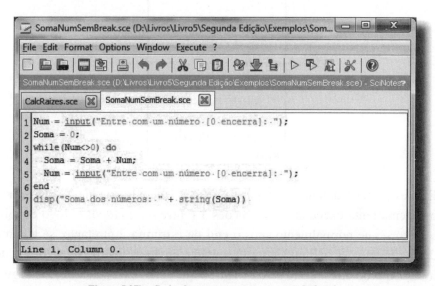

Figura 5.27b - *Script* do programa sem o comando *break*.

Observe na **Figura 5.27b** que agora o programa ficou mais "limpo", mais elegante sem o comando **break**; a saída do laço agora está diretamente ligada à condição de controle. E apesar de existir em quase todas as linguagens de programação esse comando deve ser evitado (sempre que for possível), pois ele quebra a sequência natural de um *loop*.

5.12 Estrutura de tratamento de erro

Tal como acontece em algumas linguagens de programação, o SciLab oferece uma estrutura de tratamento de erro muito parecida com a utilizada pelo Visual Basic (versões .NET). A forma geral dessa estrutura é a seguinte:

```
try
    instrução11
    instrução12
    . . .
    instrução1N
catch
    instrução21
    instrução22
    . . .
    Instrução2N
End
```

Essa estrutura funciona do seguinte modo: ao encontrar a palavra-chave **try**, o sistema tenta executar as instruções **1** (entre *try* e *catch*) e, logo depois, o fluxo segue normalmente após o **end** da estrutura. Entretanto, se alguma dessas instruções não puder ser executada, então as instruções **2** (bloco de tratamento do erro - entre *catch* e *end*) é que serão executadas, e, em seguida, o fluxo continua após o **end**. Essa estrutura deve ser empregada quando houver a possibilidade de ocorrer algum erro no processamento de um bloco de instruções. Observe o exemplo a seguir onde se deseja dividir dois números reais: **x** por **y**. O código do programa "TestaErro.sce" é mostrado na **Figura 5.28**; em seguida ele é testado no *prompt*.

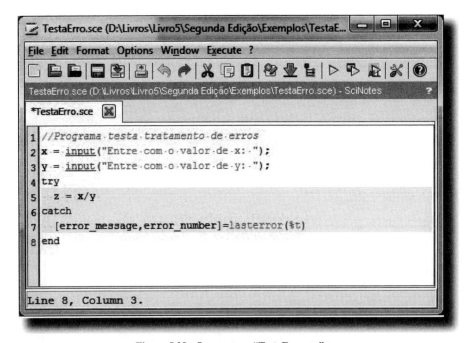

Figura 5.28 - O programa "TestaErro.sce".

```
-->exec('testaerro.sce',0)
Entre com o valor de x: 6
Entre com o valor de y: 5
z =

   1.2

-->exec('testaerro.sce',0)
Entre com o valor de x: 6
Entre com o valor de y: 0
error_number   =

   27.
error_message   =

Division by zero...
```

> Quando o valor de **y** é diferente de zero o processamento ocorre normalmente, e o valor de **z** (quociente da divisão) é exibido. Quando ocorre um erro, o segundo bloco da estrutura é que é processado.

278 | SciLab: Uma Abordagem Prática e Didática 2ª Edição - Mário Leite

• **Exemplo 5.17**

No ritmo em que vai a produção da indústria automobilística, com seu *lobby* altamente agressivo para aumentar suas vendas e com mais facilidades para comprá-los, num futuro não muito distante haverá tantos veículos nas grandes cidades que as autoridades de trânsito irão se deparar com um problemão: como viabilizar o trânsito de maneira racional e segura? A despeito da criação de mais impostos e do aumento de restrições para circulação de carros nos centros das cidades, alguma atitude mais radical terá que ser tomada para resolver definitivamente a questão; por exemplo, a criação de um programa de computador que sorteie os veículos que poderão transitar na cidade no dia seguinte. O sistema, embora muito antipático, é bem simples: o proprietário deverá rodar o programa um dia antes de sair com o veículo: se a placa do veículo estiver na lista, então ele poderá transitar na cidade no dia seguinte; caso contrário, se a placa do veículo não aparecer na listagem ele não poderá sair com aquele veículo, sob pena de tê-lo confiscado pelos agentes de trânsito e o veículo será mais tarde vendido em leilão público, mantendo a frota e o nível de arrecadação de impostos para o governo!
Considere que você seja o programador escolhido para desenvolver esse programa de controle de veículos. Sendo assim, crie um programa para cidades com uma frota estimada entre 1000 e 20000 veículos, sabendo que o ideal para uma boa qualidade de vida no trânsito nas cidades é que a razão veículos/habitantes seja no máximo 0.25 (um veículo para quatro habitantes). Além disso, devido ao aumento assustador de veículos o governo resolveu adotar o sistema de identificação de placas com quatro letras em vez das três atuais; a quantidade de dígitos numéricos continuaria a ser quatro.
O programa "ProVeiculo" a seguir pode ser uma solução para o problema proposto no Exemplo 5.17

```
//Programa "ProVeiculo"
    // Linguagem: Ambiente do SciLab 5.5.0
    // Função: Controle de veículos nas grandes cidades
    // Autor : Copywrite - Mário Leite - marleite@gmail.com
```

Capítulo 5 - Programação no SciLab | 279

```scilab
// Data    : 25/04/2014
//-------------------------------------------------------
// Variáveis globais do programa
// VetPlacas - Vetor de placas geradas aleatoriamente
// VetAutorizados - Vetor de placas de veículos autorizados
// VetIndPlaca - Vetor de placas reindexadas em sequência
// Letras - Vetor de letras (A..Z)
// i,j,k,n,p,x - Variáveis de controle de loops
// IndPlaca  - Variável que armazena placa na reindexação
// NumVeic - Número de veículos autorizados a transitar
// TotVeic - Número total de veículos da cidade
// TotHab - Número total de habitantes da cidade
// Frase1, Frase2 - Variáveis que armazenam as respostas
// NumPlaca - Número da placa do veículo pesquisado
// Cidade - Nome da cidade
// TamTit - Tamanho do título a ser exibido
// VeicHab - Relação TotVeic/TobHab


//=======================================================
//Inicio do programa
clc;  //limpa a tela
TotVeic =  0;
TotHab  = 0;
Cidade = input("Digite o nome da cidade: ", "string");
while((TotVeic<1000) | (TotVeic>20000) | (TotHab<=0))
    TotVeic = input("Digite o número de veículos: ")
    TotHab  = input("Digite o número de habitantes: ")
end;
clc;
VeicHab = (TotVeic/TotHab);
if(VeicHab<=0.25) then
    disp("Não é necessário verificação veicular em " + Cidade + ".")
else
    //Cria um vetor de letras
    NumVeic = round(TotVeic/4);
for x=1:26 do
```

```scilab
    Letras(x) = ascii(x+64);   //pega uma letra
end;
    //Gera placas para todos os veículos/sorteia autorizados
        printf("Processando... Aguarde!  \n");
        for i=1:TotVeic do
        //Sorteia as letras da placa
        grand('setsd',1);    //gera novo seed da faixa numérica
        k = round(rand(10)*26);    //k máximo=26
        if(k==0) then
          k = k + 1;
        end;
        L1 = Letras(k);
        k = round(rand(10)*26);
        if(k==0) then
          k = k + 1;
        end;
        L2 = Letras(k);
        k = round(rand(10)*26);
        if(k==0) then
          k = k + 1;
        end;
        L3 = Letras(k);
        k = round(rand(10)*26);
        if(k==0) then
          k = k + 1;
        end;
        L4 = Letras(k);
        PartLet = L1 + L2 + L3 + L4;
        //Sorteia os números da placa
        N1 = round(rand(10)*10);
        N2 = round(rand(10)*10);
        N3 = round(rand(10)*10);
        N4 = round(rand(10)*10);
      PartNum = string(N1)+string(N2)+string(N3)+string(N4);
        if(length(PartNum)>4) then
```

Capítulo 5 - Programação no SciLab | 281

```
        PartNum = strncpy(PartNum,4); //pega só 4 números
    end;
    //Cria a placa alfanumérica do veículo
    VetPlacas(i) = PartLet + "-" + PartNum;
end;
//Cria lista dos veículos autorizados do total veiculos
j = 0;
k = 0;
while((j<=TotVeic) & (k<=NumVeic))
IndPlaca = 0;
while(IndPlaca==0)
    IndPlaca = round(rand(10)*(TotVeic+1)); //gera placa
end;
if((IndPlaca>0) & (IndPlaca<=TotVeic)) then
    k = k + 1;
    VetAutorizados(k) = VetPlacas(IndPlaca) //reindexa
    //Verifica se tem placa repetida
    if(k>1) then
        grand('setsd',1);
        for i=1:(k-1) do
            p = i + 1;
            for n=p:k do
                while(VetAutorizados(i)==VetAutorizados(k))
                    IndPlaca = 0;
                    while(IndPlaca==0)
                        IndPlaca = round(rand(10)*(TotVeic+1));
                    end;
                    VetAutorizados(k) = VetPlacas(IndPlaca);
                end;
            end;
        end;
    end;   //fim da verificação de placa repetida
    j = j + 1; //pega nova placa de veículo da cidade
end;
end;
printf("\n");
```

```scilab
Titulo ="Veículos autorizados a transitar na cidade de ";
Titulo = Titulo + Cidade;
TamTit1 = length(Titulo);
//Exibe lista dos veículos autorizados a transitar
printf("%s\n",Titulo);
for j=1:TamTit1 do
   printf("-");
end
printf("\n");
for k=1:NumVeic do
   printf("%s \n",VetAutorizados(k))
end;
printf("\n");
//Pesquisa veículo através de sua placa
NumPlaca = input("Digite a placa do seu veículo: ", "string");
NumPlaca = convstr(NumPlaca,"u"); //capitaliza a letra
//Verifica se veículo pesquisado pode transitar
Autorizado = %f;
j = 1;
while((j<=NumVeic) & (Autorizado==%f))
  if(NumPlaca==VetAutorizados(j)) then
     Autorizado = %t;
     break;
  end;
  j = j + 1;
end;
printf("\n");
Frase1 = "O veículo de placa " + NumPlaca;
Frase1 = Frase1 + " poderá transitar em " + Cidade + " amanhã.";
Frase2 = "O veículo de placa " + NumPlaca
Frase2 = Frase2+ " NÃO poderá transitar em " +Cidade+ " amanhã!";
TamTit2 = length(Frase2) + 1;
for j=1:TamTit2 do
    printf("=");
    sleep(20)    //cria um delay de 0.02 segundos
end
```

```
    if(Autorizado) then
        disp(Frase1);
    else
        disp(Frase2);
    end;
    printf("\n");
    for j=1:TamTit2 do
        printf("=");
        sleep(20)
    end
end;  //Fim do programa
```

As **figuras 5.29a e 5.29b** a seguir mostram dois exemplo prováveis de saídas do programa do "ProVeiculo".

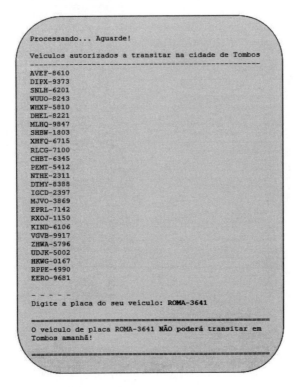

Figura 5.29a - Uma saída do programa "ProVeiculo".

Nota

Nota: Observe que o programa "ProVeiculo" foi limitado à um total mínimo de 1000 e máximo de 20000 veículos, devido a sua implementação ter sido num interpretador (SciLab), o que demanda um grande tempo de processamento. Porém, se for implementado numa linguagem compilada como C, por exemplo, poderá ser utilizado na prática para cidades com milhões de veículos e milhões de habitantes, como São Paulo. Mas, será que os paulistanos aprovariam?!

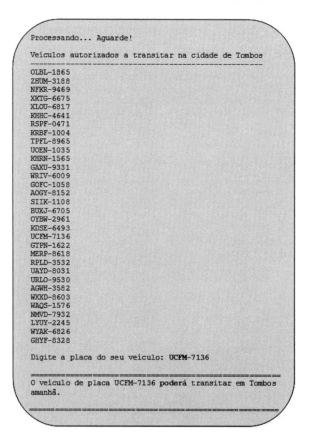

Figura 5.29b - Uma outra saída do programa "ProVeiculo".

Capítulo 5 - Programação no SciLab | 285

5.13 Exercícios propostos
•••

1. Número perfeito é aquele cuja soma de seus divisores (ele próprio ex-cluído) é igual a ele mesmo. Por exemplo, os números 6, 28 e 496 são números perfeitos. Crie um programa para imprimir todos os números perfeitos de 1 a 1000.

2. Crie um programa que calcule e imprima a soma dos **N** primeiros números ímpares.

3. O Índice de Massa Corpórea (IMC) de uma pessoa adulta é dado pela fórmula: **Peso/(Altura)²**. Em função desse índice podemos classificar uma pessoa do seguinte modo [50].

```
IMC < 18.5              : magreza
18.5 <= IMC <= 24.9     : peso normal
24.9 < IMC <= 29.9      : sobrepeso
29.9 < IMC <= 40        : obesidade
40 < IMC                : obesidade grave
```

Sendo assim, faça um programa que classifique uma pessoa solicitan-do seu peso e sua altura.

4. Escreva um programa para ordenar as dezenas da Mega Sena que fo-ram obtidas no **Exemplo 4.1** do **Capitulo 4**.

5. Dois números são chamados de "amigos" quando a soma dos diviso-res de um deles (sem considerar o próprio número) é igual ao outro número, e vice-versa. Por exemplo, 220 e 284 são dois números ami-gos.

---

50 Valores considerados de acordo com a página da Sociedade Brasileira de Endocrinologia e Meta-bologia: http://www.endocrino.org.br/conteudo/publico/imc.php (23/05/08 - 14:56).

286 | SciLab: Uma Abordagem Prática e Didática 2ª Edição - Mário Leite

- Divisores próprios de 220: 1, 2, 4, 5, 10, 11, 20, 22, 44, 55 e 110.
  1 + 2 + 4 + 5 + 10 + 11 + 20 + 22 + 44 + 55 + 110 = **284**

- Divisores próprios de 284: 1, 2, 4, 71 e 142
  1 + 2 + 4 + 71 + 142 = **220**

  Considerando isto, crie um programa para verificar se os dois números recebidos são amigos.

6. Faça um programa que verifique se um determinado número é primo.

7. Leia dois vetores (X e Y) de tamanho 6, sendo os elementos do vetor Y iguais ao dobro dos elementos do vetor X. Crie uma matriz Z onde a primeira coluna sejam os elementos do vetor X e a segunda coluna os elementos do vetor Y. Imprima Z no formato de matriz (m×n).

8. Faça um programa que imprima os **N** primeiros números primos.

9. Crie um programa para calcular e exibir as raízes <u>reais</u> (**x1,x2**) de uma equação do 2º grau do tipo $Ax^2 + Bx + C = 0$, onde A, B e C são números reais e com $A \neq 0$. O programa não deve usar os comandos **poly** e **roots**.

10. Leia três números inteiros e positivos, representando cada um deles um segmento de reta. Crie um programa para verificar qual tipo de triângulo eles podem formar com relação aos seus lados.

11. Uma empresa especializada em pesquisa de opinião entrevistou algumas pessoas para saber suas opiniões sobre um determinado produto recém-lançado no mercado. A pergunta era: "*Você aprova o produto*"? A resposta era "Sim" ou "Não". Junto com a resposta também foi computado o sexo do entrevistado. Crie um programa para receber esses dados e exibir as seguintes informações:

Capítulo 5 - Programação no SciLab | 287

a) Quantas pessoas aprovaram o produto;

b) Quantas pessoas desaprovaram o produto;

c) O percentual de aprovação e reprovação;

d) Quem mais aprovou o produto: as mulheres ou os homens?

12. A formação consagradora da seleção brasileira de futebol na Copa da Suécia em 1958, dirigida magistralmente por "Vicente Feola", era: *Gilmar, Di Sordi, Belini, Orlando, Zito, Nilton Santos, Garrincha, Didi, Vavá, Pelé* e *Zagalo*. Era assim a escalação - sequencial - de um time de futebol na época (formação 4-2-4); Zito (camisa 5) e Didi (camisa 8) regiam a orquestra, sozinhos do meio do campo. Considerando essa formação, crie um programa para exibir o time em ordem alfabética. E sabendo que na última partida contra a Suécia em 29/06/1958 *Djalma Santos* entrou no lugar do *Di Sordi* como lateral direito, inclua esse jogador na equipe titular.

13. Uma forma de calcular o número **Pi** (π) é através de uma série infinita conhecida como série de Gregory-Leibniz. Na sua forma compacta pode ser representada através do somatório abaixo; onde **n** é o número de termos da série.

$$\pi = \sum_{n=0}^{\infty}(-1)^{n}\frac{4}{2n+1}$$

Expandindo esta série resulta em...

$$\pi = 4 - \frac{4}{3} + \frac{4}{5} - \frac{4}{7} + \frac{4}{9} - \frac{4}{11} + ...$$

Sendo assim, crie dois *sripts* em SciLab que façam o seguinte:

a) O primeiro calcula e mostra o valor de Pi para *n* termos desta série.

b) O segundo calcula o valor de Pi com um dado número de casas decimais (de 2 a 25).

Capítulo 6

Como Trabalhar com Rotinas

6.1 Modularização de programas

Conforme foi explicado no capítulo anterior, um programa de computador pode ser entendido como um *conjunto de linhas de instruções contendo ordens precisas para serem executadas pela máquina*. Dependendo do tipo de problema a ser resolvido, da qualidade e da quantidade de informações a serem extraídas, o programa pode ter desde dezenas até milhões de linhas de instruções. Entretanto, um programa não deve ser um bloco monolítico de linhas de instruções; ao contrário, para que seja modular e de fácil manutenção deve ser composto de vários subprogramas (rotinas) que se "encaixem" logicamente formando o todo. Essa metodologia de modularizar um programa pode ser feita através de técnicas formais, das quais três se destacam:

- Programação Estruturada;
- Programação Modular;
- Programação Orientada a Objetos.

Na Programação Estruturada a ênfase é dada à estruturação do programa a partir do método *top-down* (de cima para baixo) com os objetivos de: obter uma visão geral do problema, escolher a rotina principal do programa, definir as rotinas secundárias (sub-rotinas) e detalhar as instruções de cada sub-rotina; nesta ordem. É como escrever um livro: primeiramente é fixada a ideia geral, depois o sumário dos capítulos e, finalmente, os textos desses capítulos. Assim o sumário seria o módulo (rotina) principal, enquanto os capítulos seriam as sub-rotinas, que, por sua vez, poderiam ser divididas em itens e esses itens em subitens. Desse modo, podemos considerar que a metodologia empregada na Programação Estruturada é baseada na abordagem sistêmica, onde o TODO é mais importante que as partes; é como alguns gerentes veem a empresa que representa o TODO, não se importando com os setores específicos; o objetivo final é sempre a empresa.

O esquema da **Figura 6.1** apresenta um exemplo do método *top-down* aplicado à Programação Estruturada, mostrando o desenvolvimento de um livro, focando o "sumário" como o TODO.

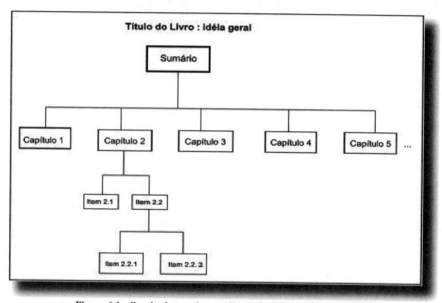

Figura 6.1 - O método *top-down* aplicado à criação de um livro.

Fonte: Técnicas de Programação: Uma Abordagem Moderna, Mário Leite, Brasport, 2006.

A Programação Modular, baseada no método *bottom-up* (de baixo para cima) é uma tecnologia em que o "desenho" do programa é feito a partir da composição de módulos (em vez de decomposição). A ideia é criar pequenos módulos e juntá-los logicamente para criar módulos cada vez maiores até conseguir compor a aplicação como um todo. Como exemplo do mundo real, podemos pensar na construção de uma casa em que os tijolos são criados independentemente uns dos outros e encaixados logicamente para compor módulos: as paredes; depois essas paredes são "encaixadas" umas nas outras para, finalmente, compor a casa. Assim, em vez de produzir o TODO de uma só vez, utilizam-se "peças" que se encaixam para produzir novas "peças", até se conseguir o TODO final. Desse modo, podemos dizer que na Programação Modular o objetivo é compor o TODO a partir de pequenos módulos, ao contrário da Programação Estruturada cujo objetivo é decompor. Isto quer dizer que programar modularmente é criar pequenos módulos que podem se encaixar uns nos outros com o objetivo de criar a aplicação final. A essência desse tipo de programação reside no fato de que se precisarmos resolver um problema devemos resolvê-lo da forma mais genérica possível para que da próxima vez que tal problema aparecer já tenhamos a solução; isto torna a Programação Modular uma boa técnica para a **reutilização** de códigos. Por outro lado, é importante frisar que o tempo para criar programas modulares com vistas à utilização em uma aplicação é bem maior do que o tempo gasto para se criar aplicações com a Programação Estruturada; mas mesmo assim é compensatório, pois, criados os módulos, eles podem ser armazenados e reutilizados.

O **Quadro 6.1** mostra três módulos (rotinas) independentes escritos no ambiente do Delphi: **CalculaFatorial()**, **CalculaInverso()** e **CalculaRaiz()**, que poderiam ser re(utilizados) sempre que for necessário.

```
Function CalculaFatorial(N:integer): integer;
//Retorna o fatorial de um número inteiro
var
  Fat, j: integer;
begin
  Fat :=1;
  For j:=1 to N  do
    Fat := Fat*j ;
  CalculaFatorial:= Fat;
end;

//-----------------------------------------------
Function CalculaRaiz(N:real; k:integer): real;
```

```
//Retorna a raiz de um número real
var
 Raiz: real;
begin
 Raiz := Power(N,(1/k));
 CalculaRaiz := Raiz;
end;
//-----------------------------------------------
Function CalculaInverso(N:real): real;
//Retorna o inverso de um número real
var
 Inverso: real;
begin
 Inverso := (1/N);
 CalculaInverso := Inverso;
```

Quadro 6.1 - Rotinas modularizadas para biblioteca.

Por isso, ao contrário da Programação Estruturada que é baseada na abordagem sistêmica, a Programação Modular é totalmente cartesiana, pois prioriza as partes dentro do que se convencionou dizer que: *a soma das partes é "maior" que o "todo"*. Ou em outras palavras, as partes são mais importantes que o "todo", mas todas trabalhando em sintonia.

A Programação Orientada a Objetos (OOP) é considerada por muitos como extensão natural da Programação Modular. Entretanto, os módulos produzidos pela OOP são muito mais funcionais e mais consistentes do que aqueles produzidos pela Programação Modular, uma vez que esses módulos produzidos na tecnologia orientada a objetos são entes "vivos", que tornam essa tecnologia o "estado da arte" no modelo imperativo de implementação. A Programação Modular estrutura o programa em módulos que escondem a estrutura de dados "dentro" das rotinas, ao passo que a OOP o faz encapsulando os dados nos objetos através de interfaces.

Em resumo: enquanto a Programação Estruturada trabalha com a estrutura do programa como um todo e a Programação Modular trabalha com o conceito de comunicação entre os módulos, a Programação Orientada a Objetos emprega o conceito de objetos, oriundos de classes definidas de acordo com as necessidades do problema. Por exemplo, se na Programação Modular deve ser criado um módulo de "Cadastramento de Clientes", na Programação Orientada a Objetos pode ser criada uma classe "TClientes" com vários objetos "clientes" dessa classe, possuindo propriedades e rotinas internas que podem gerenciar esse cadastramento de maneira mais efetiva e com possibilidade desses objetos serem reutilizados em outros programas. Esta é a maior vantagem da OOP sobre as outras técnicas de programação: a reutilização[51].

6.2   Rotinas

Seja qual for o tipo de programação usada, ele deve oferecer meios para que o programador possa modularizar o programa empregando "pedaços" de códigos. Esses "pedaços" de códigos são os módulos que, em termos de programação, são chamados **rotinas**. Uma rotina é um bloco de instruções adequadamente identificado que executa uma tarefa específica dentro de um programa, e pode ser: **procedimento** ou **função**.

6.2.1   Procedimentos

Um procedimento (*procedure*) é um tipo de rotina que ao ser chamado executa a tarefa que lhe foi designada, mas não expõe o resultado publicamente. Isto é, esse resultado não pode ser conhecido no local do

---

51   Por fugir ao escopo deste livro, não entraremos nos detalhes sobre as três técnicas de programação aqui mencionadas. Para maiores esclarecimentos consulte o livro do autor: *"Técnicas de Programação: Uma Abordagem Moderna"*, Rio de Janeiro, Brasport, 2006.

programa onde foi chamado. O **Quadro 6.2** mostra a forma geral de um procedimento no estilo Pascal.

```
Procedimento Nome_do_procedimento[(parâmetros:tipos)]
   //Declaração de constantes e variáveis
início
   Instrução1
   Instrução2
   Instrução3
   ...
   ...
   InstruçãoN    //Exibição do resultado no local
Fim
```

Quadro 6.2 - Forma geral de um procedimento.

O **Quadro 6.3** mostra o exemplo de um procedimento em pseudocódigo - no estilo Pascal - para calcular e exibir a soma dos números ímpares tirados de uma série de números lidos.

```
Procedimento SomaÍmpares
var
   Soma, Num: inteiro
Início
   Soma ← 0
   Leia ('Digite um número [zero encerra]: ', Num)
   Enquanto (Num<>0) Faça
      //verifica se o número lido é ímpar
   Se (Num mod 2 <> 0) Então
      Soma ← Soma + Num
   Fim_se
```

```
    Leia ('Digite um número [zero encerra]: ', Num)
    Fim_enquanto
    Escreva ('Soma dos números ímpares: ', Soma)
Fim
```

Quadro 6.3 - Exemplo de um procedimento no estilo Pascal .

6.2.2   Funções

Sendo um tipo de rotina, as funções se parecem com os procedimentos quanto ao fato de também executarem uma determinada tarefa específica dentro do programa. Entretanto, existem diferenças marcantes entres esses dois tipos de rotinas; por exemplo, como já foi mencionado, os procedimentos não publicam o resultado do seu processamento, ao passo que as funções sim. Isto que dizer que de onde a função for chamada é possível saber o resultado da sua execução. Usando os termos corretamente: as funções têm *retorno*; os procedimentos não retornam nada. O resultado (não deve ser entendido como retorno) de um procedimento só pode ser conhecido dentro dele mesmo, enquanto que as funções permitem que o programa (ou uma outra rotina) que a chamou conheça esse resultado. Então, o resultado do processamento (retorno) de uma função poderá ser atribuído a uma variável local. O **Quadro 6.4** mostra o formato geral de uma função no estilo Pascal e o **Quadro 6.5** um exemplo de função com a mesma tarefa de calcular a soma dos ímpares lidos de uma lista.

296 | SciLab: Uma Abordagem Prática e Didática - Mário Leite

```
Função Nome_da_função[(parâmetros:tipos)]: tipo
   //Declaração de constantes e variáveis
início
   Instrução1
   Instrução2
   Instrução3
   ...
   ...
   InstruçãoN      //Retorno da função
Fim
```

Quadro 6.4 - Forma geral de uma função.

```
Função SomaImpares: inteiro
var
   Soma, Num: inteiro
Início
   Soma ← 0
   Leia ('Digite um número [zero encerra]: ', Num)
   Enquanto (Num<>0) Faça
      //verifica se o número lido é ímpar
      Se (Num mod 2 <> 0) Então
         Soma ← Soma + Num
      Fim_se
      Leia ('Digite um número [zero encerra]: ', Num)
   Fim_enquanto
   SomaÍmpares ← Soma   //Retorno da função
Fim
```

Quadro 6.5 - Exemplo de uma função no estilo Pascal.

Observe que, apesar de executarem a mesma tarefa de calcular a soma dos números ímpares lidos, a função tem duas características básicas:

- O tipo de dado que ela retorna, indicado na primeira linha logo após sua identificação.
- O retorno (normalmente a última linha de instrução).

No exemplo do **Quadro 6.5** o tipo de dado retornado é *inteiro* e o retorno a *soma dos números ímpares*. Note também como esse retorno é indicado: o nome da função recebendo o resultado[52]. Outra coisa a ser observada quando comparados os pseudocódigos dos **quadros 6.3** e **6.5**, é que no procedimento a última instrução deve ser (quase obrigatoriamente) a exibição do resultado; no caso da função isto não é necessariamente obrigatório, pois esse resultado pode ser capturado pelo programa (ou outra rotina) que o chamou; por exemplo, **R:=SomaImpares**, onde **R** é uma variável local do programa (ou rotina) chamadora.

6.3 Passagem de parâmetros

Normalmente em um programa existe um bloco de instruções denominado "programa principal" que gerencia todas as outras rotinas, chamando-as quando houver necessidade de executar uma tarefa específica dentro do contexto de estruturação e modularização do programa como um todo. Por outro lado, uma rotina também pode chamar uma outra, apesar dessa lógica não ser muito usual, pois tira a independência entre elas, tornando-as mais "acopladas", o que não é aconselhável [53]. O esquema do **Quadro 6.6** mostra como a função **CalcFat4()** é executada a partir de sua chamada do programa principal para calcular o fatorial de 4.

---

52 O retorno de uma função também pode ser indicado de outras maneiras, dependendo da linguagem ou do ambiente de programação. Por exemplo, no Dephi também pode ser indicado através da palavra reservada **result**. Neste caso seria: **result := Soma.**

53 Para saber mais sobre ligação, coesão e acoplamento entre rotinas, consulte o livro do autor "Programação Básica e Prática com Delphi". Rio de Janeiro, LTC, 2005.

298 | SciLab: Uma Abordagem Prática e Didática - Mário Leite

```
R        Programa Principal
         var
             F: inteiro
         Inicio
R    ┌──►    F ← CalcFat4  ◄───────────┐        C
e    │       Escreva ('Fatorial de 4: ' , F)    h
t    │    Fim                          │        a
o    │ ─ ─ ─ ─ ─ ─ ─ ─ ─ ─ ─ ─ ─ ─ ─ ─ ─       m
r    │    Função CalcFat4: inteiro ────┘        a
n    │    var                                   d
o    │       j, Fat: inteiro                    a
     │    Inicio
     │       Fat ← 1
     │       Para j=1,4  Faça
     │          Fat ← Fat*j
     │       Fim_para
     │       CalcFat4 ← Fat
     └─ ─ ─  Fim
```

Quadro 6.6 - Chamando e obtendo retorno de uma função.

Note que o retorno da função (que deve ser 24) pode ser atribuído a uma variável do programa principal. Se fosse chamado um procedimento isto não poderia ser feito; o resultado (24) teria que ser exibido dentro do próprio procedimento, pois ele só seria conhecido lá. Mas, digamos que o usuário esteja agora interessado em calcular o fatorial de 5, depois o fatorial de 6, em seguida o fatorial de 7, etc. Desse modo, seguindo esse raciocínio, deveríamos criar outras funções para atender às novas exigências desse usuário. Assim teriam que ser criadas mais uma, e mais uma, e mais uma, etc., funções com códigos quase iguais, diferenciando apenas no valor do número do qual se desejaria calcular o fatorial. Isto seria um desperdício de tempo, além de não haver *reutilização* de um módulo já praticamente criado. É para resolver isto que existem os parâmetros, que permitem parametrizar (personalizar) o funcionamento de uma rotina, seja ela procedimento ou função.

Capítulo 6 - Como Trabalhar com Rotinas | 299

Então, nesse exemplo a melhor lógica é criar uma função geral denominada **Fatorial** para calcular o fatorial de qualquer número inteiro simplesmente pelo ato de passar o número para essa rotina dentro desta filosofia popular: *"o que vier eu traço".* O número passado à rotina é denominado **parâmetro**, que pode ser definido como *"elemento(s) passado(s) a uma rotina para que ela possa realizar sua tarefa".* Na passagem de parâmetros entre duas rotinas é estabelecida uma ligação entre elas: *fraca* ou *forte.* E tanto procedimentos quanto funções podem receber parâmetros, apesar de que, na grande maioria das vezes, essa passagem seja feita para funções, pois normalmente é de interesse do programa principal conhecer o resultado. Os parâmetros envolvidos na comunicação entre os módulos são:

- Parâmetros reais ==> aqueles que são passados para a rotina;
- Parâmetros formais ==> aqueles que são recebidos pela rotina.

Os parâmetros reais e formais não precisam ter, necessariamente, os mesmos identificadores. Assim, o programa principal pode passar os parâmetros (reais) **X** e **Y** para uma rotina, e nessa rotina, esses mesmos parâmetros serem recebidos como formais em **A** e **B**, respectivamente. O esquema do **Quadro 6.7a** mostra um exemplo de chamada da função **Fatorial**(), agora recebendo um parâmetro que representa o número do qual se deseja calcular o fatorial. Portanto, se for passado 4, o retorno será 24, se for passado 5 o retorno será 120, e assim por diante; desse modo a função fica mais geral, calculando e retornando o fatorial de qualquer número inteiro não negativo (é claro, dentro de um limite preestabelecido).

NOTA

A maneira como foi colocada a função **CalcFat()** no **Quadro 6.6** e a função **Fatorial()** nos **Quadros 6.7a, 6.7b** e **6.7c** (depois do programa principal) não está de acordo com a sintaxe do Pascal, que requer o programa principal por último. Entretanto, foi colocado assim para uma melhor explicação do ponto de vista didático. Por outro lado, algumas linguagens trabalham exatamente como apresentamos aqui: as rotinas depois do programa principal.

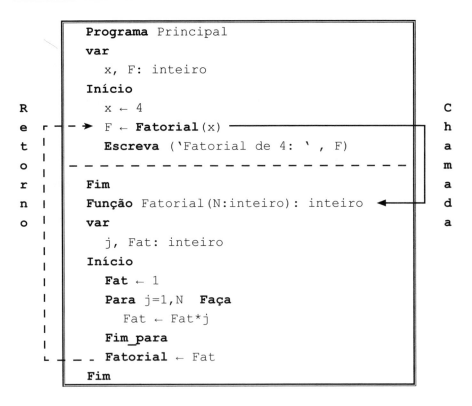

Quadro 6.7a - Chamando uma função com passagem de parâmetro.

Capítulo 6 - Como Trabalhar com Rotinas | 301

Observe no esquema do **Quadro 6.7a** que o programa principal declara uma variável do tipo inteira **x**, atribui o valor 4 a ela e, em seguida, passa esse valor (parâmetro real) à função **Fatorial()**. Então, a função recebe essa variável (agora como parâmetro formal **N**) e calcula o seu fatorial. O retorno (fatorial do número passado, no caso 24) é recebido pelo programa principal na variável **F** (que não é considerado parâmetro, pois não foi envolvido na comunicação entre o dois módulos).

x   Variável que se torna um parâmetro real quando é passada.

F   Variável normal do programa principal.

N   Parâmetro formal da função **Fatorial()**.

Fat   Variável normal da função **Fatorial()**.

j   Variável normal da função **Fatorial()**.

Os parâmetros reais são, normalmente, variáveis locais; os parâmetros formais são sempre variáveis locais pela imposição da comunicação entre as rotinas[54]. Por outro lado, é importante frisar que a passagem de parâmetros pode ser feita de dois modos: "Por Valor" ou "Por Referência".

6.3.1   Passagem de Parâmetros "Por Valor"

Nesse tipo de passagem de parâmetros o que a rotina recebe é, na verdade, uma cópia do valor da variável passada como parâmetro real, e a ligação estabelecida entre elas é fraca. Então, se a rotina chamada (a que recebe o parâmetro) alterar o valor desse parâmetro, o seu valor na rotina chamadora (programa principal) não se alterará. Esse modo de passar parâmetros é o mais utilizado pela maioria das linguagens e pelos ambientes computacionais. O **Quadro 6.7b** reproduz o **Quadro 6.7a**, demonstrando que mesmo o parâmetro **N** sendo alterado para **5** na função **Fatorial()**, o parâmetro **x** continua valendo **4** na rotina **Principal**.

---

54   Releia o **Item 5.6** do **Capítulo 5** sobre escopo de variáveis.

302 | SciLab: Uma Abordagem Prática e Didática - Mário Leite

```
Programa Principal
var
    x, F: inteiro
Inicio
    x ← 4
    F ← Fatorial(x)
    Escreva ('Fatorial de 4: ' , F)
    Escreva (x)   //x continua sendo 4
Fim
- - - - - - - - - - - - - - - - - - - - - - - - - - - - -
Função Fatorial(N:inteiro): inteiro
var
    j, Fat: inteiro
Inicio
    Fat ← 1
    Para j=1,N  Faça
        Fat ← Fat*j
    Fim_para
    N ← 5       //Parâmetro é alterado
    Fatorial ← Fat
Fim
```

Quadro 6.7b - Passagem de parâmetro "Por Valor".

A conclusão mostrada no pseudocódigo do **Quadro 6.7b** parece querer explicar o óbvio: "*se o valor da variável* **x** *era 4 por que motivo seria diferente agora, depois de ser passada como parâmetro*"? Mas, isto deixa de ser óbvio quando a passagem é feita "Por Referência".

6.3.2 Passagem de Parâmetros "Por Referência"

Nesse caso o que a rotina recebe é a variável integralmente, e não apenas o seu valor. Por isso, se a rotina chamada (a que recebe o parâmetro) alterar o valor desse parâmetro, o seu valor na rotina chamadora (programa principal) sofrerá a mesma alteração. Esse modo de passar parâmetros é utilizado como padrão por poucas linguagens de programação. O **Quadro 6.7c** reproduz o **Quadro 6.7b** mostrando que agora o valor da variável **x** (parâmetro real) é **5**, seguindo a alteração sofrida pelo parâmetro **N** na função **Fatorial()**. Isto ocorre porque ao ser recebido "Por Referência" **N** tem TODAS as propriedades da variável **x**.

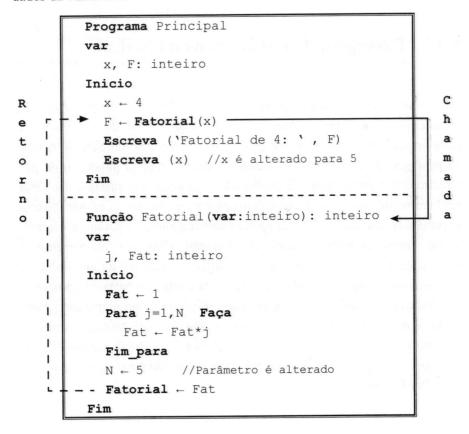

Quadro 6.7c - Passagem de parâmetro "Por Referência".

> ## NOTA
>
> Observe que a indicação que o parâmetro **N** foi recebido **Por Referência** é a presença da palavra **var** (de **var**iável) na frente do parâmetro. Essa indicação de passagem "Por Referência" é usada nas linguagens e ferramentas oriundas de Pascal, entretanto, cada linguagem (ou ambiente de programação) emprega sintaxes ou estilos próprios. No SciLab não existe este tipo de passagem de parâmetros.

6.4 Passagem de parâmetros no SciLab

Conforme foi esclarecido na **Nota** anterior, os dois tipos de passagens de parâmetros ("Por Valor" e "Por Referência") se aplicam diferentemente a cada linguagem ou ambiente de programação. No caso do SciLab, o tipo de passagem é "Por Valor"; não existe "oficialmente" a passagem de parâmetros "Por Referência". E analisando logicamente a questão, não teria nenhum sentido esse tipo de passagem nesse ambiente, uma vez que não tem importância nenhuma o fato da rotina chamada alterar o parâmetro formal e esse retornar ao ambiente com essa alteração. Aliás, seria até perigoso se isso pudesse acontecer, uma vez que o objetivo principal de um ambiente computacional numérico é dar uma resposta exata (ou bastante aproximada) dos cálculos realizados. Apenas para satisfazer os programadores mais curiosos de linguagens tradicionais, vamos *simular* uma passagem de parâmetros "Por Referência" no Scilab. A **Figura 6.2** mostra o arquivo "Troca. sci" com o código da função **Troca()** que simula uma passagem de parâmetros "Por Referência".

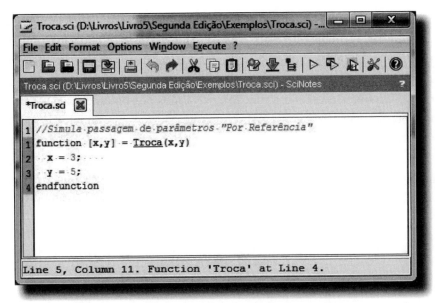

Figura 6.2 - Simulando passagem de parâmetros "Por Referência".

Vamos considerar no *prompt* do SciLab duas variáveis (parâmetros reais) **a** e **b** armazenando os valores 1 e 2, respectivamente. E em seguida vamos carregar a função **Troca**() e executá-la, passado para ela esses dois valores. O resultado do processamento é apresentado a seguir.

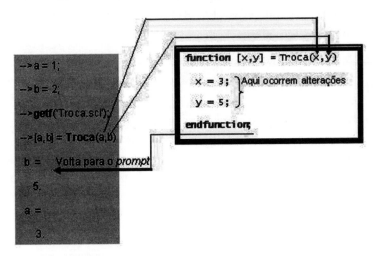

Observe que os valores de **a** e **b** (parâmetros reais 1 e 2 respectivamente) são passados normalmente (sem nenhuma indicação do tipo de passagem). Esses dois parâmetros são recebidos *formalmente* como **x** e **y** na função **Troca()** e, em seguida, são alterados para 3 e 5, respectivamente. Na volta ao *prompt* (depois de executar a função), os valores dos parâmetros de entrada (parâmetros reais) estão "alterados". Na verdade, o que houve foi apenas uma "ilusão" de passagem de parâmetros "Por Referência", uma vez que o SciLab não dispõe de uma sintaxe formal para esse tipo de passagem de parâmetros, apesar dessa simulação funcionar; observe isto quando exibe no *prompt* os valores de **a** e **b**.

```
-->a
 a  =
     3.
-->b
 b  =
     5.
```

Conforme foi dito, este exemplo apenas *simulou* uma passagem de parâmetros "Por Referência" e não como acontece realmente nas linguagens de programação tradicionais com regras bem estabelecidas. Mas, qual seria a vantagem de passar parâmetros "Por Referência" em um ambiente essencialmente voltado para valores?!

Nota

É importante frisar que o comando **exec** carrega o <u>arquivo</u> (que contém a função) para a memória, mas na hora de executar deve ser usado o <u>nome da função</u> e não o nome do arquivo. Isto quer dizer que o nome do arquivo pode ser diferente do nome da função. Aqui (e na maioria dos nossos exemplos) o arquivo foi gravado com o mesmo nome da função apenas por comodidade, mas os nomes não precisam ser, necessariamente, iguais.

Capítulo 6 - Como Trabalhar com Rotinas | 307

6.5   Escopo de variáveis no SciLab

No *prompt* do ambiente do SciLab todas as variáveis são "armazenadas" num *buffer* denominado *workplace* ("espaço de trabalho"). Por conseguinte todas as variáveis definidas no *prompt* serão visíveis para todas as operações, mesmo não sendo formalmente definidas como globais. As variáveis: **a**, **b**, **c**, **delta**, **x1** e **x2** foram definidas no *prompt*; e note que, ao invocar **x3**, foi gerado um erro *"variável indefinida"*. E conforme já foi explicado no **Item 2.3** do **Capítulo2**, o SciLab não tem definição prévia de tipo de dado para as variáveis; assim, todas as variáveis citadas que armazenam valores reais poderiam assumir valores de quaisquer outros tipos de dados posteriormente.

```
-->a = 1;

-->b =-3;

-->c = -28;

-->delta = b**2 - 4*a*c;

-->x1 = (-b + sqrt(delta))/2*a;

-->x2 = (-b - sqrt(delta))/2*a;

-->x1
  x1  =

      7.

-->x2
  x2  =

    - 4.

-->x3

  !--error 4
undefined variable : x3
```

> Variável **x3** não foi definida; não está no "espaço de trabalho".

308 | SciLab: Uma Abordagem Prática e Didática - Mário Leite

As variáveis definidas no *prompt* do SciLab permanecem ativas enquanto a seção estiver carregada; isto é, seu "tempo de vida" é o da sua seção. Entretanto, todas as variáveis globais podem ter esse tempo de vida apagado se um comando **clear** for executado, pois ele limpa (apaga) do "espaço de trabalho" todas as variáveis que foram definidas no *prompt*. Observe a seguir: quando for executado o comando **clear**, todas as variáveis ficarão indefinidas.

```
-->clear;

-->a
  !--error 4
undefined variable : a

-->b
  !--error 4
undefined variable : b

-->c
  !--error 4
undefined variable : c

-->delta
  !--error 4
undefined variable : delta

-->x1
  !--error 4
undefined variable : x1

-->x2
  !--error 4
undefined variable : x2
```

> Agora TODAS as variáveis definidas no "espaço de trabalho" ficam indefinidas devido à limpeza feita pelo comando **clear**.

Para verificar se uma variável tem escopo global podemos usar a função **isglobal**() que retorna **T** se ela for global ou **F** caso contrário. Para apagar especificamente as variáveis globais o comando é **clearglobal**.

As variáveis locais são aquelas definidas dentro de uma função no SciLab; elas só são visíveis localmente na função e não têm nenhuma ligação com o "espaço de trabalho". Esse tipo de variável será visto no item seguinte.

6.6   Criação de funções no SciLab

Pelo que foi apresentado no **Item 6.3**, podemos deduzir que as rotinas são fundamentais para que um programa possa ser considerado profissional, e devemos empregá-las para os seguintes propósitos:

- Modularizar um grande programa em partes menores.
- Executar uma tarefa que é frequentemente solicitada.
- Aumentar a legibilidade e a manutenibilidade do programa.

Mesmo com algumas limitações naturais, o SciLab oferece recursos para desenvolver rotinas do tipo função criadas pelo programador: as chamadas UDF (**U**ser-**D**efined Functions). Essas UDF's complementam as necessidades do programador quanto ao emprego de módulos para calcular ou executar determinada tarefa quando o ambiente não oferece uma função para isso. Por exemplo, se houver necessidade de fazer cálculos para obter níveis de probabilidades de certos eventos, é bem provável que seja preciso trabalhar com elementos de Análise Combinatória; então, nesses casos, com certeza algum fatorial terá que ser calculado. Assim, nossa função **Fatorial**(), criada no **Item 6.3** (reveja os **Quadros 6.7**), poderá ser aproveitada. Usando os recursos oferecidos pelo SciLab é possível criar uma função de três maneiras diferentes:

1. Com o comando **deff**.

2. Digitando a função diretamente do *prompt*.

3. Digitando a função dentro de um editor de texto.

6.6.1 Criação de Funções com o Comando deff

A criação de funções com o comando **deff** tem a seguinte forma geral:

```
deff('[y1,y2,y3,.,yn]=Nome_da_funcao(x1,x2,x3.,xm)',
     'instrucao1,
     instrução2,
     ...
     instrucaoN')

y1, y2, y3, ..yn são os argumentos de saída;
x1, x2, x3, ..xm são os argumentos de entrada;
instrução1,instrução2, instrução3,..,instruçãoN são
as instruções da função.
```

> **Atenção**: Observe que o bloco de instruções deve ficar entre após-trofos como um vetor de *strings*. A definição dos argumentos da função também fica entre apóstrofos.

Veja o próximo exemplo, onde é criada a função **Fatorial**() com **deff** e em seguida sua chamada do *prompt*.

```
                    Parâmetro formal
                         ↓
-->deff('y = Fatorial(N)', 'Fat = 1, for j=1:N, Fat = Fat*j, end, y=Fat')
                    Valor passado (parâmetro real)
                         ↓
-->f = Fatorial(4)                    Retorno da função

   f =
```

6.6.2 Criação de Funções Diretamente do Prompt

```
-->function y = Fatorial(N)
-->    Fat = 1
-->    for j=1:N do
-->       Fat = Fat*j
-->    end
-->    y = Fat
-->endfunction

-->[f] = Fatorial(4)
   f =

      24.
```

Se existir apenas um argumento de saída (y), este pode ser escrito na função sem colchetes.

6.6.3 Criação de Funções com o Editor de Texto

Esta terceira maneira de criar uma função é a mais comum entre os usuários da ferramenta, pois ela dá mais flexibilidade à programação, além de permitir gravar as instruções em arquivo. Para isto, dentro do ambiente do SciLab clique em *Applications/***Editor** na barra de *menus*; aparece a tela da **Figura 6.3a** onde as instruções da função devem ser digitadas.

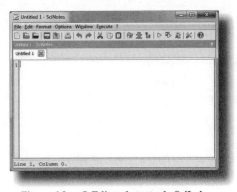

Figura 6.3a - O Editor de texto do SciLab.

A função **Fatorial()** pode ser vista na tela da **Figura 6.3b**; observe que é exatamente igual à apresentada no **Quadro 6.7a** visto anteriormente. A diferença agora é que essas instruções estão dentro de um arquivo, que deverá ser salvo com a extensão **.sci** (e não **.sce** como sugerido).

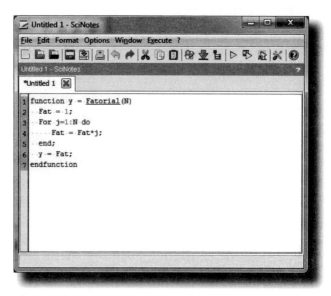

Figura 6.3b - A função "Fatorial" no Editor de texto do SciLab.

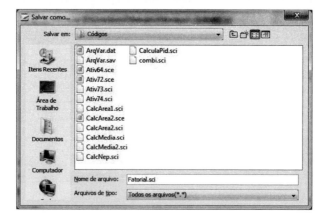

Figura 6.3c - Salvando a função "Fatorial" salva no arquivo como Fatorial.sci.

Observe na tela da **Figura 6.3c** que a função foi salva num arquivo com extensão.**sci**. E para executá-la é preciso, antes, carregar o arquivo no ambiente do SciLab com o comando **exec**, apenas uma vez.

```
exec('nome_do_arquivo,modo')
```

Caso for tentado chamar a função no *prompt* do SciLab carregando-a antes com **getf** (como era feito antes nas versões mais antigas até 5.3.x), será gerado um erro; este comando não existe nas versões 5.5.x.

```
-->getf('Fatorial.sci')
                          !--error 4
Variável indefinida: getf
-->exec('Fatorial.sci')          Carrega o arquivo
                                 com a função.
-->f = Fatorial(8)
   f   =                              Chama a função.

      40320.
```

Conforme foi observado, todas as funções salvas em arquivos (com extensão **.sci**) para serem executadas do *prompt* do SciLab, devem ser previamente carregadas com o comando **exec**; caso contrário, mesmo existindo, ao serem chamadas ocorrerá um erro informando que tal "variável" não existe. Isto porque uma função gravada em arquivo **.sci** não coexiste no ambiente do SciLab com os outros elementos desse *workplace*. As variáveis definidas dentro da função são vistas só lá, na função onde foram criadas. Para haver uma "integração" em memória é necessário que todas as definições externas (a função e seus argumentos) sejam "trazidas" - em tempo de execução, pois não existe compilação no SciLab - para o ambiente. O esquema da **Figura 6.4** mostra essa "ponte" entre o ambiente e a função gravada no arquivo **Fatorial.sci**.

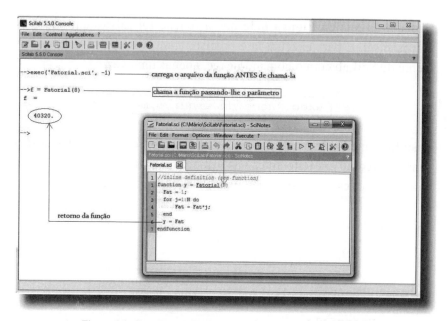

Figura 6.4 - Passagem de parâmetro para a função Fatorial().

Entretanto, é bom saber que mesmo carregando o arquivo **Fatorial.sci** para o *workplace* as variáveis da função continuam locais; elas não são visíveis no *prompt*. O que ocorre é uma passagem de parâmetro para o argumento **N** (argumento de entrada) com retorno na variável **y** (argumento de saída). Observe a seguir quando se tenta acessar essas duas variáveis da função no "espaço de trabalho".

Observe também que o carregamento do arquivo "**Fatorial.sci**" foi feito SEM indicar o caminho; isto porque este arquivo estava no diretório de trabalho; assim não é preciso indicar o *path*.

```
-->N
  !--error 4
undefined variable : N

-->y
  !--error 4
undefined variable : y
```

NOTA

Ao ser executada a instrução **exec**('Fatorial.sci',1) no *prompt*, o que acontece é que o arquivo como um todo (e não a função propriamente dita) é carregado para o "espaço de trabalho". Assim sendo, podemos criar uma biblioteca contendo várias funções, e não apenas uma como foi apresentado na tela da **Figura 6.3**. O Exemplo 6.1 esclarece isto.

Na sua execução - depois de carregado o arquivo com **exec**() - esses parâmetros (se houver) devem ser passados ao chamar a função.

Outra observação importante é que enquanto um arquivo de *script* (.sce) contém apenas uma sequência de instruções e não trabalha com parâmetros (nem de entrada e nem de saída), um arquivo de função (.sci) contém instruções modeladas para receber parâmetros de entrada e de saída. Na sua execução - depois de carregado o arquivo com **gettf**() - esses parâmetros (se houver) devem ser passados ao chamar a função.

- ### Exemplo 6.1
Criar uma biblioteca chamada "MinhaBib.sci" contendo três funções:
  - Função para calcular o fatorial de um número inteiro e não negativo.
  - Função para calcular a raiz k-ésima de um número real.
  - Função para verificar se um número é múltiplo de um outro número.

A **Figura 6.5** mostra o arquivo "**MinhaBib.sci**" com as três funções solicitadas pelo exemplo.

316 | SciLab: Uma Abordagem Prática e Didática - Mário Leite

Figura 6.5 - Arquivo de biblioteca de funções do Exemplo 6.1.

Observe os exemplos de chamadas das funções da biblioteca; note que as chamadas são independentes umas das outras. Compare a **Figura 6.5** com o esquema do **Quadro 6.1**; os esquemas de uma biblioteca de funções são semelhantes; a ideia é sempre a de "modularização".

```
-->exec('MinhaBib.sci')  //Carrega a biblioteca

-->f = Fatorial(8)
  f =

    40320.

-->r = Raiz(8,3)
  r =
```

```
        2.

-->r = Raiz(-8,3)
  r  =

  - 2.

-->m = Múltiplo(8,3)
  m  =

     F

-->m = Múltiplo(8,4)
  m  =

     T
```

> ### NOTA
>
> Observe que o código da função **Fatorial()** da **Figura 6.5** sofreu uma alteração quando comparado com aquele apresentado anteriormente. Agora, se o número passado for negativo o fatorial não será calculado; em vez disso será emitida a mensagem "Número inválido". Isto pode ser feito porque o SciLab não é tipado; a variável que guarda o retorno da função (argumento de saída - **y**) pode assumir qualquer valor, pois a função não tem tipo de dado previamente definido. Esta é uma das vantagens dessa ferramenta sobre algumas linguagens de programação tradicionais, mesmo custando um pouco de sua performance.

Outro detalhe: comparando a forma da função **Fatorial()** no SciLab com o apresentado anteriormente no estilo Pascal podem ser observadas algumas diferenças, pois este ambiente computacional não foi projetado para ser uma linguagem de programação. Essas diferenças são normais e compreensíveis, mas o objetivo é o mesmo: modularizar o programa.

6.7 Como alterar o escopo de variáveis

Conforme já foi demonstrado, variáveis definidas no "espaço de trabalho" podem ser acessadas normalmente dentro de uma função; por outro lado, as variáveis definidas dentro da função são locais e não podem ser acessadas a partir do ambiente do SciLab. Esta situação pode ser alterada com o comando **global**. Esse comando, como sugere o nome, torna uma variável mais abrangente, passando a ser visível fora do local de origem.

Para demonstrar isto vamos considerar o código seguinte de uma rotina escrita no "espaço de trabalho" como sendo o nosso programa principal. Esse programa gerencia as médias dos alunos de uma faculdade, passando para a função as quatro notas bimestrais num vetor, e recebendo de volta a média final e o *status* de "Aprovado" ou "Reprovado". É uma situação semelhante àquela do **Exemplo 5.9** do capítulo anterior; entretanto, agora quem vai calcular a média e definir a situação do aluno é uma função: a função **CalcMedia()** através do parâmetro passado. A **Figura 6.6** mostra o código da função e o **Quadro 6.8** o do programa principal.

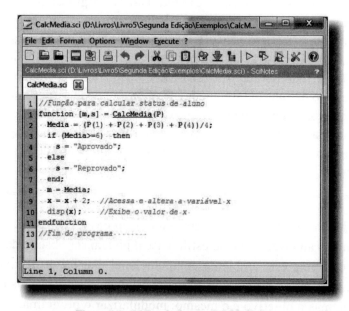

Figura 6.6 - Código da função CalcMedia().

Capítulo 6 - Como Trabalhar com Rotinas | 319

> **NOTA**
>
> Observe que o parâmetro passado é um vetor (**Notas**) recebido na função no parâmetro formal **P** como se fosse uma variável simples. Esta é uma das facilidades oferecidas pela programação no SciLab.

```
"Programa Principal";
clear();
x = 8;
Notas = [6.5, 6.7, 6.9, 7.1];
exec('CalcMedia.sci');
[m,s] = CalcMedia(Notas)
disp(x)
```

Quadro 6.8 - Programa Principal

```
-->"Programa Principal";
-->clear();

-->x = 8;
```

Valor de **x** definido inicialmente no *workplace*.

```
-->Notas = [6.5, 6.7, 6.9, 7.1];

-->exec('CalcMedia.sci');

-->[m,s] = CalcMedia(Notas)

    10.
  s  =
```

Novo valor de **x**, alterado pela função **CalcMedia()**.

```
Aprovado
 m  =

    6.8
```

O valor de **x** permanece inalterado no *workplace*.

```
-->disp(x)

    8.
```

Observerve que, ao rodar o programa principal, na chamada da função **CalcMedia**(), esta altera o valor da variável **x** (definida no "espaço de trabalho") e, em seguida, exibe esse valor alterado (**10**). Mas na volta ao *workplace* o valor de x é o original (8). Isto acontece porque uma variável quando definida no *workplace* é visível e acessível dentro de uma função e pode até ser manipulada lá. Mas, se isto acontecer, essa variável se comportará como se fosse uma "nova variável" local dessa função. Desse modo, quando o fluxo do processamento volta ao programa principal x agora manipulado não tem nada a ver com o x tratado dentro da função. Em outras palavras, a instrução **x = x + 2** dentro da função definiu uma <u>nova</u> variável **x** local à função.

Agora vamos considerar quatro casos:

- **Caso 1**: Semelhante à situação mostrada anteriorente; uma variável **x** é passada para uma função e a função altera seu valor. Esse novo valor alterado é local; o valor exibido no "espaço de trabalho" continua inalterado. A **Figura 6.7** exibe o código do programa principal "ProgPrinc1" e a **Figura 6.8** o código da função **TestaVar**().

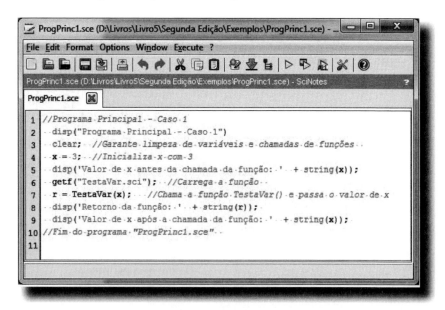

Figura 6.7 - Código do programa principal "ProgPrinc1".

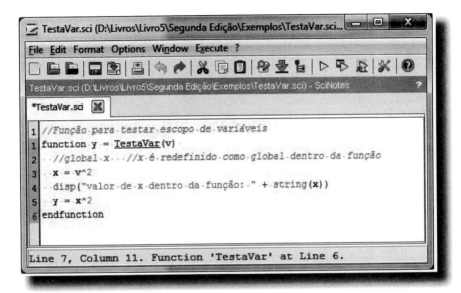

Figura 6.8 - Código da função TestaVar().

Atenção: Observe que a extensão de um arquivo de função é **.sci**, enquanto que a de um programa nomal (*script*) deve ser **.sce**.

Rodando o programa "ProgPrinc1":
```
-->exec('ProgPrinc1.sce',0);

Programa Principal - Caso 1

Valor de x antes da chamada da função: 3

valor de x dentro da função: 9

Retorno da função: 81

Valor de x após a chamada da função: 3
```

Observe pelo resultado obtido que a variável **x** foi alterada dentro da função, mas quando o fluxo do processamento volta ao "espaço de trabalho", seu valor volta a ser o original. Conforme já foi mencionado, isto acontece porque, ao se definir uma variável no *prompt* do SciLab, sua abrangência alcança as funções, mas seu valor original não se altera.

- **Caso 2**: Agora vamos tornar a variável **x** global no *prompt* do "espaço de trabalho" empregando o comando **global**. A **Figura 6.9** exibe o código do programa principal **ProgPrinc2**; a função **TestaVar()** permanece inalterada.

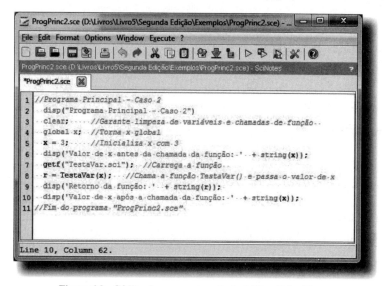

Figura 6.9 - Código do programa principal "ProgPrinc2".

Rodando o programa "ProgPrinc2":

```
-->exec('ProgPrinc2.sce',0);

 Programa Principal - Caso 2

 Valor de x antes da chamada da função: 3

 valor de x dentro da função: 9

 Retorno da função: 81

 Valor de x após a chamada da função: 3
```

Observe que, mesmo empregando o comando **global** para tornar **x** uma variável global, os resultados obtidos com a execução do programa principal não se alteraram. Isto demonstra que todas as variáveis definidas no *prompt* são, por *defaut*, globais para rotinas externas; nesse caso não é necessário usar o comando **global** para torná-las visíveis nas funções.

- **Caso 3**: Aqui vamos tornar a variável **x** global dentro da função **TestaVar()** - agora renomeada como **TestaVar2()** - onde a variável **x** se tornou global. A **Figura 6.10** mostra o código do programa principal "ProgPrinc3", e a **Figura 6.11**, o código da função **TestaVar2()**.

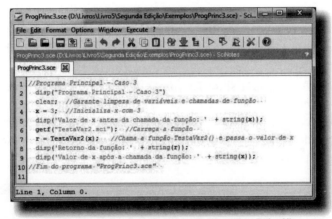

Figura 6.10 - Código do programa principal "ProgPrinc3".

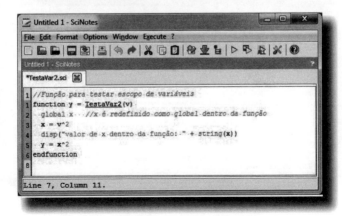

Figura 6.11 - Código da função Testavar2().

Rodando o programa "ProgPrinc3" teremos:

```
-->exec('ProgPrinc3.sce',0);
 Programa Principal - Caso 3
 Valor de x antes da chamada da função: 3
 valor de x dentro da função: 9
 Retorno da função: 81
 Valor de x após a chamada da função: 3
```

Também neste terceiro caso os resultados não se alteraram; o fato de x ser global dentro da função não afeta seu valor no "espaço de trabalho".

- **Caso 4**: Nesta quarta situação vamos forçar a globalidade de **x** no programa principal "ProgPrinc4" com o comando **global**, porém mantendo o mesmo código da função **TestaVar2**(). Isto é, vamos manter também a definição de **x** global dentro da função. A **Figura 6.12** mostra o código do programa principal "ProgPrinc4".

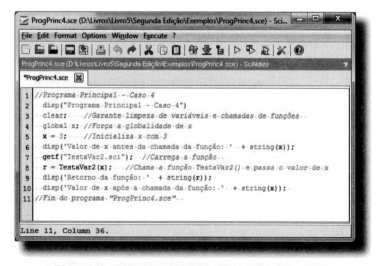

Figura 6.12 - Código do programa principal "ProgPrinc4".

Capítulo 6 - Como Trabalhar com Rotinas | 325

```
Rodando o programa "ProgPrinc4":

-->exec('ProgPrinc4.sce,0');

 Programa Principal - Caso 4

 Valor de x antes da chamada da função: 3

 valor de x dentro da função: 9

 Retorno da função: 81

 Valor de x após a chamada da função: 9
```

Observe que, agora, quando o fluxo do processamento volta ao programa principal, o valor de x está alterado. Isto aconteceu porque, ao considerar x como global dentro do programa e dentro da função, ela sofreu uma "globalização" real, expondo esse seu novo valor em qualquer lugar. Normalmente as variáveis definidas no *prompt* são armazenadas numa área de memória diferente daquela onde são armazenadas as variáveis locais das funções; mas, empregando o comando **global** nas duas rotinas, esse espaço de memória passa ser único e comum aos dois ambientes. **Em tempo**: variáveis definidas dentro de *scripts* permanecem visíveis também no *prompt*.

6.8 Comandos especiais em funções

O SciLab oferece alguns comandos que podem ser usados especialmente e de modo exclusivo dentro de funções definidas pelo usuário. Alguns desses comandos são mostrados a seguir.

arq   Dá o número de argumentos de entrada e de saída da função.

break   Permite a saída forçada de um *loop* ainda não terminado.

error   Emite mensagem de erro.

pause   Suspende a execução da função de maneira temporária.

return   Passa variáveis locais para o ambiente que as chamou.

resume   O mesmo que **return**.

warning   Causa o mesmo efeito que **pause**.

Como exemplo, vamos considerar a função **CalculaPid**() que calcula o peso ideal de um indivíduo através do seu sexo (s) e altura (h), do seguinte modo:
- Para as mulheres: Pdi = (62.1*h) - 44.7
- Para os homens: Pid = (72.7*h) - 58

O código da função é o mostrado no **Quadro 6.9** a seguir.

```
function [p] = CalculaPid(s,h)
   if (s=='F')|(s=='f') then,
        Pid = (62.1*h) - 44.7 ;
   elseif (s=='M')|(s=='m') then
        Pid = (72.7*h) - 58 ;
   else
        error('Sexo inválido');
   end,
   p = Pid ;
   pause,
   x = p*2;
   x = resume(x) ;
   return p
endfunction
```

Quadro 6.9 - Código da função CalculaPid().

```
--> function [p] = CalculaPid(s,h)
-->    if (s=='F')|(s=='f') then
-->    Pid = (62.1*h) - 44.7
-->    elseif (s=='M')|(s=='m') then
-->            Pid = (72.7*h) - 58
-->    else
-->    error('Sexo inválido')
-->    end
-->    p = Pid
-->    pause
-->    x = p*2
-->    x = resume(x)
-->    return p
--> endfunction
```

Dentro da Função

```
-->CalculaPid('F',1.68)
-1->resume
ans  =

    59.628
-->x
x  =

    119.256
```

No ambiente n=0

Os resultados mostram a execução normal da função **CalculaPid()** quando os parâmetros *sexo* (s) e *altura* (h) são passados corretamente, sem quaisquer inconvenientes. Ao executar o comando **pause**, o fluxo do processamento passa ao **nível 1** e retorna o valor de **p** para o programa principal. Ao executar o comando **resume** no nível 1, volta-se ao nível 0 e os resultados são exibidos: primeiro, o retorno da função (**p**), e, em seguida, o seu dobro. Observe que a variável **x** (local na função) se tornou uma variável pública ao ser enviada de volta ao **nível 0** com a execução da instrução **x=resume(x)**, por isto foi possível exibi-la no *prompt*. Entretanto, caso ocorra algum erro na passagem dos parâmetros, o comando **error** entrará em ação e não deixará o processamento continuar; nesse caso o fluxo é desviado imediatamente para o nível 0 e uma mensagem de erro é emitida.

```
-->CalculaPid('b',1.68)
 !--error 10000
Sexo inválido
at line       7 of function CalculaPid called by :
CalculaPid('b',1.68)
```

Observe que, agora, devido ao fato de passar o parâmetro "sexo" com valor 'b' - incompatível com o esperado pela função - ocorre um erro e o fluxo do processamento é desviado para o *prompt* do nível 0 antes do retorno normal da função. O responsável por esse desvio elegante (sem *trauma* computacional) é comando **error** que funciona como um comando de tratamento de erro, evitando que ocorra um erro na execução do programa, o chamado *"run time error"*.

NOTA

No **Item 6.2.1** foi dito que *procedimento* também é um tipo de rotina; entretanto, o tipo estudado e amplamente exemplificado aqui foi **função**, e não procedimento. Isto aconteceu porque no SciLab as rotinas são tratadas somente como funções; não existe a figura específica do procedimento nesse ambiente computacional, apesar de ser possível simular um. Também foi visto que a diferença fundamental entre *função* e *procedimento* é que enquanto a primeira sempre retorna um valor, a segunda não retorna nada. Ora, trabalhando em um ambiente computacional numérico como SciLab sempre se deseja um valor resultante; por isto os procedimentos não existem formalmente neste ambiente computacional.

Capítulo 6 - Como Trabalhar com Rotinas | 329

6.9 Exercícios propostos

1. Número *perfeito* é aquele cuja soma de seus divisores (ele próprio excluído) é igual a ele mesmo. Então, crie uma função que retorne a quantidade de números *perfeitos* que existe em um intervalo (incluindo os extremos) dado pelo usuário. Por exemplo, os números perfeitos no intervalo de 1 a 100 são o 6 e o 28; neste caso a função deve retonar 2.

2. Crie uma função que calcule e retorne a menor raiz de uma equação do segundo grau, cujos coeficeintes são definidos pelo usuário.

3. Crie uma função que receba um número real e faça seu arredondamento com um número de casas decimais, também recebido como parâmetro.

4. Crie uma função que receba um vetor de números inteiros e exiba o vetor com esses números ordenados em ordem decrescente.

5. Dados dois números reais, verifique se um deles é múltiplo do outro.

6. Crie uma rotina que retorne a quantidade de divisores de um dado número inteiro.

7. Crie uma rotina que gere cinquenta dezenas (sem repetições) para a Lotomania, de modo que elas sejam exibidas em ordem crescente numa matriz 5x10. E caso algum número gerado for menor que 10 (dez), este deve ser exibido com um 0 (zero) na frente; por exemplo, se for gerado 7 deve ser mostrado 07.

8. Sabendo que o número de Euler[55] - base dos logaritmos naturais - pode ser dado pela expressão: **e = Somatório(1/n!)** com **n** variando de 0 até infinito, crie uma função que calcule esse número para um valor limite de **n** entrado pelo teclado.

---

55 **Leonhard Paul Euler** (pronuncia-se óilar: 15/04/1707 - 18/09/1783) foi um famoso e importanter matemático suiço que, entre muitas colaborações para as ciências exatas, definiu o número **e** que é a base dos logaritmos naturais. O valor de **e** usado normalmente nos cálculos com sete casas decimais é 2.7182818.

Capítulo 7

Gráficos

7.1 O ambiente gráfico do SciLab

Embora não seja uma ferramenta específica para trabalhar como um ambiente gráfico, o SciLab possui uma janela própria onde são criados e exibidos gráficos de várias naturezas, além de dados de *input* e *output* através de janelas de diálogo com o usuário..

7.1.1 A Janela Gráfica

A tela da **Figura 7.1a** mostra a janela gráfica do SciLab (janela *default* - número 0) acessada com a função scf(), exibindo uma barra de *menu* com quatro itens. A janela que se apresenta é a número 0; outras poderão coexistir.

Figura 7.1a - A primeira janela gráfica (defaut) do SciLab.

332 | SciLab: Uma Abordagem Prática e Didática 2ª Edição - Mário Leite

- Arquivo (File)
- Ferramentas (Tools)
- Editar (Edit)
- ? (Help)

Arquivo

Nova Figura : carrega uma nova janela gráfica.
Carregar : Carrega uma janela gráfica já salva.
Salvar : Salva a janela atual em disco.
Exportar para: Expora a janela gráfic atual para um outro formato.
Copia para a área de Transferência : copia a janela atual para o *clipboard* do Windows.
Configuração de página: permite configurar orientação e margens.
Imprimir : Imprime a janela gráfica atual.
Fechar : Fecha a janela gráfica atual.

Ferramentas
Mostrar/Esconder barra de ferramentas.
Ampliar : Amplia a visão da área.
Ver Original : Volta à visão original da área.
Rotação 2D/3D : Permite rotacionar a janela gráfica nesets dois espaços.

Editar
Contém várias opções relativas à edição da janela gráfica, inclusive parâmetros do gráfico.

?
Apresenta ajuda sobre o SciLab através da página geral de ajuda da ferramenta.

Podem ser utilizadas várias janelas gráficas a partir da janela default (número 0). Para trabalhar em outras janelas que não a inicial, basta executar o comando scf no *prompt* indicando a janela desejada. Por exemplo, para trabalhar na janela 1 basta executar no prompt a instrução scf(1). Por outro lado, é importante saber que não especificando nada em contrário, os sucessivos gráficos serão carregados na mesma janela atual. Para evitar que isto aconteça, podemos "limpar" a área gráfica com o comando clf; o comando xdel exclui (elimina, descarrega) a janela gráfica. A **Figura 7.1b** mostra a segunda janela (a número 1).

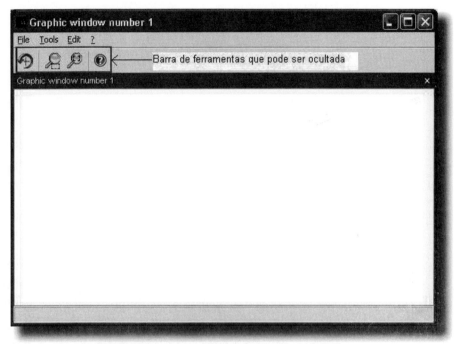

Figura 7.1b - A segunda janela gráfica (1) do SciLab.

7.2 Geração de gráficos

O SciLab permite gerar vários tipos de gráficos baseados em vetores e matrizes explicitamente, e também através de polinômios. Esses gráficos, na verdade, são curvas polinomiais ou de qualquer outra forma, podendo ser bi ou tridimensionais.

7.2.1 Gráficos Bidimensionais: Comando plot2d

Os gráficos bidimensionais são traçados com os comandos **plot** ou **plot2d**. A sintaxe geral do comando **plot2d** é a seguinte:

```
plot2d([x], y, <opções>)
```

Neste caso estamos interessados em traçar um gráfico do tipo y=f(x), onde podem ser empregados os seguintes parâmetros:

x   Um vetor ou matriz real (domínio). Se for omitido, será assumido que é um vetor de 1 a n, com n representando o número de pontos da curva dada pelo parâmetro y.

y   Um vetor ou matriz real que representa, normalmente, o contradomínio.

opções   Representa uma sequência de instruções do tipo: inst1=v1, inst2=v2, inst3=v3, etc., para definir as configurações do gráfico, e que podem ser as seguintes:

        style: Define o estilo de cada curva. O valor associado deve ser um vetor real inteiro, positivo ou negativo. Se for positivo, a curva será contínua e esse valor também estará associado à cor da curva. Se for negativo, a curva será traçada com marcas.

        rect: Estabelece os limites do gráfico; configura a ligação mínima requerida para plotar a curva. Os valores associados deverão formar um vetor real com quatro entradas: [xmin, ymin, xmax, ymax]. Estas entradas representam valores mínimo e máximos para os eixos x e y, respectivamente.

        logflag: Configura a escala (linear ou logarítmica) dos eixos. Os valores associados devem ser uma *string* com valores possíveis: "nn", "nl" , "ln" e "ll". A primeira indica: **n** =normal e **l** =logarítmica. A segunda letra indica o tipo de graduação: **n**ormal ou logarítmica. Os valores padrões são: "**nn**" (escala normal e graduação normal).

frameflag: Controla a escala dos eixos no nível mínimo dos valores requeridos. O valor associado deve ser um inteiro: de 0 a 8.

axesflag: Especifica como os eixos serão desenhados. O valor associado deve ser um inteiro variando de 0 a 5.

nax: Permite configurar os nomes e as marcas dos eixos. O valor associado deve ser um vetor real de quatro inteiros: [nx,Nx,ny,Ny] e só deve ser definido quando se tem **axesflag=1**. O parâmetro Nx representa o número de marcações (*tics*) utilizadas no eixo x; nx é o número de divisões (*subtics*) entre as marcações principais do eixo x; Ny e ny significam o mesmo para eixo y.

leg: Permite definir as legendas do gráfico. O valor associado deve ser uma *string* para cada gráfico.

Como **x** e **y** podem ser, ambos (ou individualmente), vetor ou matriz, então teremos várias situações a serem analisadas:

- **x** vetor e **y** vetor com as mesmas dimensões: neste caso, o comando **plot2d**() traça o gráfico de y em função de x normalmente.
- **x** vetor e **y** matriz: pode ser traçado o gráfico de cada coluna da matriz y em função do vetor x. Neste caso, o número de elementos da coluna da matriz deve ser igual ao número de elementos do vetor x.
- **x** e **y** matrizes: neste caso, podem ser traçados gráficos de cada coluna de y em função de cada coluna de x; mas ambas devem ter as mesmas dimensões.

- **y** é um vetor (independentemente de **x** ser vetor ou matriz): pode ser traçado um gráfico do vetor y em função de [1:size(y)].

Para ilustrar a sintaxe do comando **plot2d** vamos adaptar os exemplos mostrados no *help* da ferramenta para esse comando, traçando curvas com dados trigonométricos. Vamos considerar x= [0:0.1:2*%pi]'; x=0,2π.

1) Um gráfico simples - **Figura 7.2**.

```
-->x = 0:0.1:2*%pi;     //Define a domínio de x
-->y = [sin(x)];         //Define a matriz y
-->clf();                //Limpa a janela gráfica
-->plot2d(x,y)           //Traça o gráfico
```

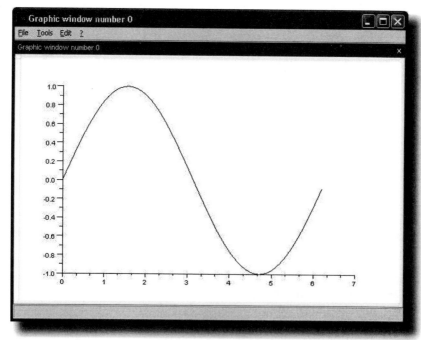

Figura 7.2 - Grafico 1.

2) Múltiplas curvas em uma mesma janela gráfica - **Figura 7.3**.

```
-->clf();
-->y = sin(x);
-->plot2d(x,y)
-->y = sin(2*x);
-->plot2d(x,y)
-->y = sin(3*x);
-->plot2d(x,y)
```

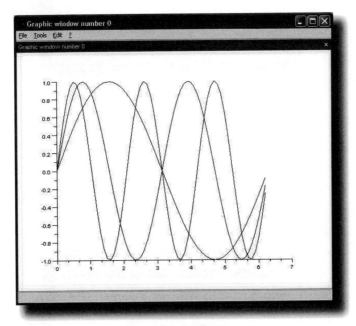

Figura 7.3 - Grafico 2.

3) Com eixos no lado direito da janela - **Figura 7.4**.

```
-->y = sin(x),leg="sin(x)";
-->clf()
-->plot2d(x,y)
-->a=gca();//Obtém o handle dos eixos
-->a.y_location = "right";
```

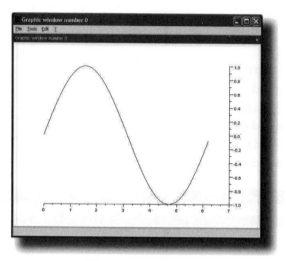

Figura 7.4 - Grafico 3.

4) Com eixos de origens em (0,0) - **Figura 7.5**.

```
-->clf();
-->plot2d(x-4,sin(x),1,leg="sin(x)")
-->a=gca()           //Obtém o handle dos eixos
-->a.x_location = "middle";
-->a.y_location = "middle";
```

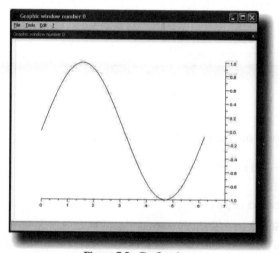

Figura 7.5 - Grafico 4.

A **Tabela 7.1** mostra alguns valores de *style* para colorir uma curva traçada com os comandos **plot** e/ou **plot2d**.

Valor de style	Como a curva é traçada
1	Cor preta
2	Cor azul marinho
3	Cor verde claro
4	Cor azul claro
5	Cor vermelha
6	Cor fucsia
7	Cor amarela
8	Cor branca
9	Cor azul
0	Marcada com .
-1	Marcada com +
-2	Marcada com x
-3	Marcada com ⊕
-4	Marcada com ♦
-5	Marcada com ◊
-6	Marcada com Δ
-7	Marcada com ∇
-8	Marcada com ⊞
-9	Marcada com O
-10	Marcada com *
-11	Marcada com □

Tabela 7.1 - Valores de *style* no traçado de curvas.

- **Exemplo 7.1**
  Traçar uma elipse na cor vermelha:
  ```
  -->t = [0:0.1:2*%pi];   //Define domínio do parâmetro t
  -->deff('[x]=f1(t)','x=3.5*cos(t)');   //Define função f1
  -->deff('[y]=f2(t)','y=3.5*sin(t)');   //Define função f2
  -->x = f1(t);           //Define o vetor imagem em x
  -->y = f2(t);           //Define o vetor imagem em y
  -->clf()                //Limpa a janela gráfica
  -->plot2d(x,y,5)        //Traça o gráfico na cor vermelha
  ```

  A **Figura 7.6** mostra o gráfico do círculo traçado, quando forem executadas as instruções anteriores.

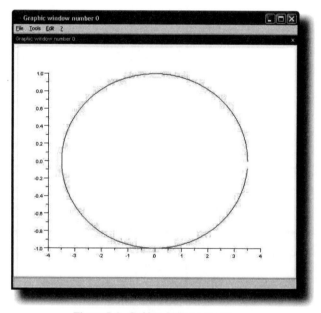

Figura 7.6 - Gráfico do Exemplo 7.1.

Este exemplo foi adaptado do exercício apresentado no *link*: http://www.iutlv.edu.ve/iutlv/materia/CALCULO%20NUMERICO%20PARA%20SISTEMAS%20ELECTRICOS/CALCULO%20NUMERICO%20PARA%20SISTEMAS%20ELECTRICOS.pdf (acesso em 20/11/14 - 11:12)

- **Exemplo 7.2**
Traçar duas curvas na mesma janela gráfica:
```
-->x = 0:0.05:2*%pi;  //Define o domínio da variável x
-->y1=sin(x);         //Define primeira função
-->y2=2*cos(x);       //Define segunda função
-->plot(x,y1,x,y2)    //Traça as curvas na mesma janela
```

A **Figura 7.7** apresenta a duas curvas dos gráficos das duas variáveis dependentes (y1 e y2 - funções de x), plotadas na mesma janela gráfica.

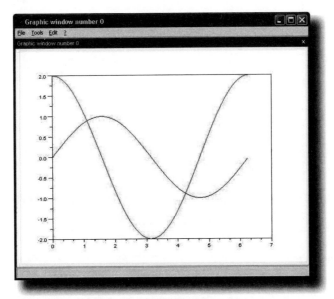

Figura 7.7 - Gráfico do Exemplo 7.2.

- **Exemplo 7.3**
Traçar duas curvas na mesma janela gráfica, com *grid* e com cores e marcas diferentes.
```
-->x = -6:0.1:6;           //Define o vetor x
-->y1 = x.^2 -5*x + 6;     //Define a primeira função de x
-->y2 = 2*x - 2;           /Define a segunda função de x
-->plot(x,y1,'r.+',x,y2);  //Traça as duas curvas
-->xgrid                   //Coloca uma grade no gráfico
```

A parábola **y1= x² - 5x + 6** foi traçada na cor vermelha (**'r'**) e marcada com (+); observe o terceiro parâmetro de **plot**(): **'r.+'**. A reta definida como **y2 = 2x - 2** foi traçada na cor azul marinho, e marcada com pontos (.) valores padrões, por isso não foi preciso nenhuma indicação extra nesse caso. Veja o resultado na **Figura 7.8**.

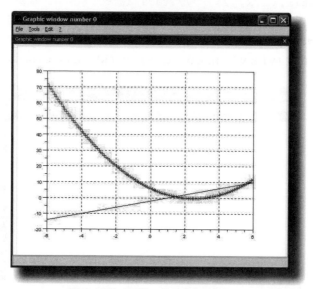

Figura 7.8 - Gráfico do Exemplo 7.3.

- **Exemplo 7.4**

Considere uma função F(x) para os valores permitidos de x como indicados a seguir. Trace as curvas para esses valores com cores diferentes, e com um titulo geral para o gráfico e para cada eixo; veja a **Figura 7.9**.

```
            ⎧ x      : se   x <= -2           (F1)
F(x)    =   ⎨ sin(x) : se  -π ≤ x ≤ 0         (F2)
            ⎪ -2     : se   x = 0             (F3)
            ⎩ 1 - x² : se   x ≥ 0             (F4)

-->x1 = [-5:0.01:-2];         //Define domínio de x1
-->x2 = [-2*%pi:0.01:0];      //Define domínio de x2
```

```
-->x3 = 0;    //Define domínio de x3 (um ponto apenas)
-->x4 = [0:0.01:2.5];   //Define domínio de x4
-->F1 = x1;   //Define função F1(x)
-->F2 = cos(x2);   //Define função F2(x)
-->F3 = -2;   //Define função F3 (com valor constante)
-->F4 = 1-x4^2;   //Define função F4(x)
-->plot(x1,F1,'y.',x2,F2,'g.',x3,F3,'r.*',x4,F4,'b.')
-->xtitle('Gráfico de funções','Valor de x', 'F(x)')
-->xgrid   //Coloca uma grade no gráfico
```

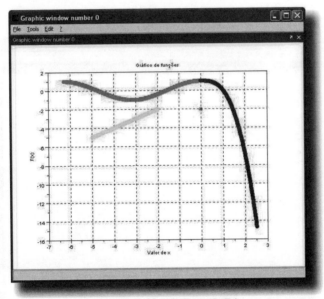

Figura 7.9 - Gráfico do Exemplo 7.4.

Na **Figura 7.9** observe os parâmetros de cor e marca no comando **plot**, com espessura mais grossa:

'y.'   Curva marcada com pontos na cor amarela.
'g.'   Curva marcada com pontos na cor verde.
'r *' Curva marcada com asteriscos na cor vermelha.
'b.'   Curva marcada com pontos na cor azul.

- **Exemplo 7.5**

  Traçar os gráficos y1 = sin(x) e y2 = cos(x) ambos em uma mesma janela gráfica.

  Vamos resolver esse exemplo de duas maneiras diferentes:

  a) Com dois comandos *plots* separadamente; y1=sin(x) na cor vermelha e y2=cos(x) na cor azul, ambas com espessura normal. Veja a **Figura 7.10a**.

  ```
  -->x=0:0.01:2*%pi;
  -->plot(x,sin(x),'-r');
  -->plot(x,cos(x),':b');
  ```

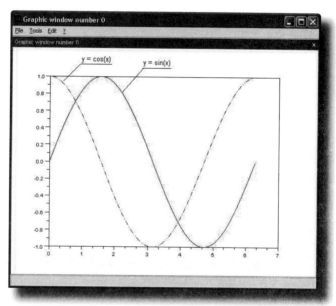

Figura 7.10a - Gráfico do Exemplo 7.5 (item a).

  b) Com apenas um comando **plot**: y1=sin(x) na cor vermelha e y2=cos(x) na cor azul, ambas com espessura mais grossa. Veja a **Figura 7.10b**.

  ```
  -->x=0:0.01:2*%pi;
  -->plot(x,sin(x),'r.',x,cos(x),'b.')
  ```

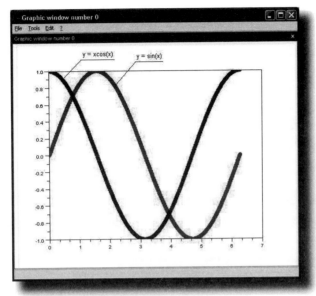

Figura 7.10b - Gráfico do Exemplo 7.5 (item b).

Nota

Observe a diferença de espessura das curvas entre as **Figuras 7.10a** e **7.10b**. No primeiro caso, as curvas foram traçadas cada uma com um comando **plot** separadamente; no segundo caso, foi empregado apenas um comando **plot** para traçar as duas curvas. Observe as diferenças bem sutis nos comandos nos dois casos.

- **Exemplo 7.6**

Traçar os gráficos das funções **sin**(x) e **cos**(x) em uma mesma janela gráfica do seguinte modo:

- Curva seno(x) marcada com ♦.
- Curva cosseno(x) marcada com ◊.
- Com legendas indicativas.

Para colocar legendas vamos utilizar o comando **legends**. Veja o resultado na **Figura 7.11**.

```
-->clf;
-->x = 0:0.1:2*%pi;
-->y1 = sin(x);
-->y2 = cos(x);
-->plot2d(x,y1,-4);
-->plot2d(x,y2,-5);
-->legends(['seno(x)' ;'cosseno(x)'],[-4,-5],opt=3)
```

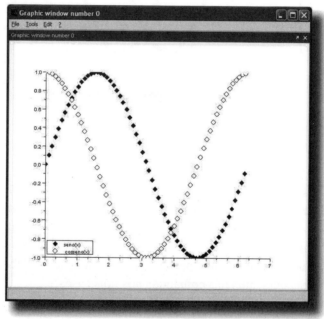

Figura 7.11 - Gráfico do Exemplo 7.6.

NOTA

Para futuras versões o comando plot2d deve ser substituído, preferencialmente, pelo comando **plot** para gráficos em duas dimensões.

- **Exemplo 7.7**

  O comando **polarplot** plota as variáveis em coordenadas polares; veja as instruções na **Figura 7.12**; A **Figura 7.13** mostra o gráfico resultante.

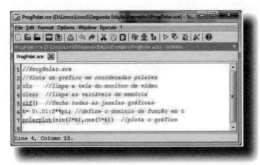

Figura 7.12 - *Script* do programa do Exemplo 7.7.

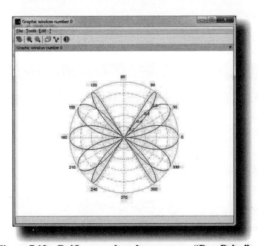

Figura 7.13 - Gráfico gerado pelo programa "ProgPolar".

7.2.2 Gráficos Tridimensionais: Comando plot3d

Os gráficos tridimensionais (que exibem superfícies) são traçados com o comando **plot3d**; sua sintaxe geral é a seguinte:

```
plot3d(x, y, z, <opções>)
```

Embora o comando **plot3d** possa ser usado nos problemas práticos, ele não é tão popular quanto o **plot2d**; a razão é simples: sua sintaxe é bastante complexa, tendo muitas variações. A sintaxe apresentada anteriormente é a mais simples, onde x e y são vetores de tamanhos n1 e n2 respectivamente, e z uma matriz n1^{x}n2. Desse modo, z(i,j) é o valor da superfície no ponto x(i), y(j) com i,j <n. Para outras sintaxes (mais complexas), o parâmetro <opções> pode conter até cores para a superfície. Assim, neste item, não entraremos em maiores detalhes sobre este comando; apresentaremos apenas dois exemplos simples de aplicação.

1. **Uma caixa simples (Figura 7.14).**

    ```
    -->t=[0:0.2:20];
    -->z=3*t;
    -->plot3d(t,t,z)
    ```

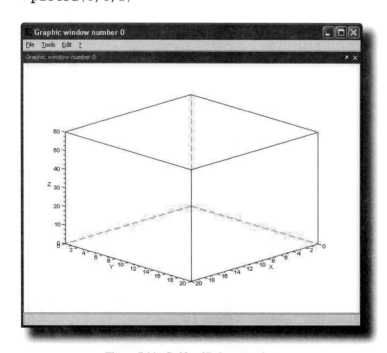

Figura 7.14 - Gráfico 3D de uma caixa.

2. Exemplo tirado do *help* do SciLab (Figura 7.15).

```
-->t=[0:0.3:2*%pi]';
-->z=sin(t)*cos(t');
-->plot3d(t,t,z)
```

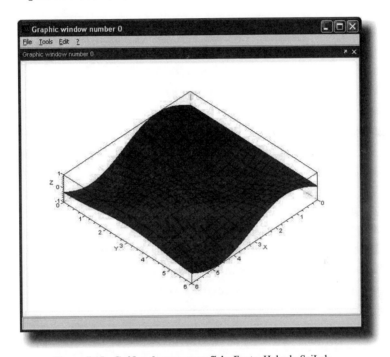

Figura 7.15 - Gráfico de uma superfície. Fonte: Help do SciLab

7.2.3 Outros Comandos para Gráficos[56]

Os comandos básicos para plotar gráficos bidimensionais são **plot** e o seu congênere mais próximo: **plot2d**. Entretanto, existem outros comandos que executados no ambiente gráfico auxiliam esses dois comandos básicos. A seguir são listados alguns deles.

---

56 Para maiores esclarecimentos sobre outros comandos gráficos, consulte o *help* da ferramenta.

350 | SciLab: Uma Abordagem Prática e Didática 2ª Edição - Mário Leite

- **Comando xsetech**

  O comando **xsetech** cria subjanelas dentro de uma janela gráfica, o que permite traçar vários gráficos individualmente em cada uma dessas sub-janelas. Sua sintaxe geral é a seguinte:

  ```
  xsetech(wrect,[frect,logflag])
  ```

  wrect   Vetor de quatro elementos que definem a subjanela (coordenadas x, y, largura, altura).

  frect   Vetor de tamanho 4.

  logflag *String* de dois caracteres "xy", onde x e y definem o tipo de escala: n (normal) ou l (logarítmica) dos respectivos eixos.

- **Exemplo 7.8**

  Traçar quatro gráficos da função y=seno(x), todos numa mesma janela gráfica, mas cada um em uma subjanela. Na primeira subjanela, a curva deve ser na cor preta; na segunda, na cor azul; na terceira janela, verde; e, na quarta, a cor da curva deve ser vermelha.

  ```
  -->clf;
  -->x = 0:0.1:2*%pi;
  -->y = sin(x);
  -->xsetech([0.05,0.03,0.3,0.5]); plot2d(x,y,1)
  -->xsetech([0.66,0.03,0.3,0.5]); plot2d(x,y,2)
  -->xsetech([0.05,0.52,0.3,0.5]); plot2d(x,y,3)
  -->xsetech([0.66,0.52,0.3,0.5]); plot2d(x,y,5)
  ```

  A **Figura 7.16** mostra as quatro curvas; cada uma de uma cor diferente, e cada uma delas traçada em uma subjanela particular, mas todas as quatro na mesma janela gráfica: 1-preta, 2-azul, 3-verde e 4-vermelha.

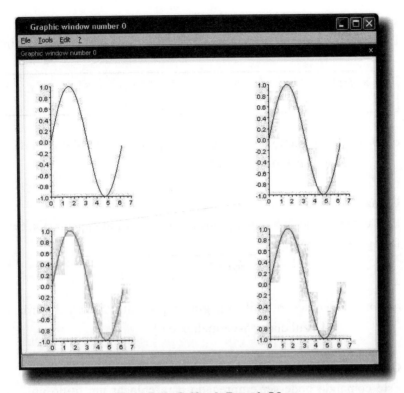

Figura 7.16 - Gráfico do Exemplo 7.8.

Nos comandos **xsetech** do código do **Exemplo 7.8**, os dois primeiros parâmetros dão as coordenadas (x,y) da posição da subjanela dentro da janela gráfica. O terceiro e o quarto parâmetros dão a largura e a altura da subjanela, respectivamente. Veja o esquema do **Quadro 7.1** explicando a instrução que cria a primeira subjanela.

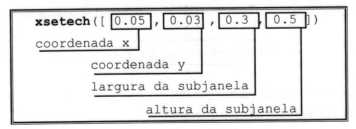

Quadro 7.1 - Esquema de parâmetros do comando *xsetech*.

352 | SciLab: Uma Abordagem Prática e Didática 2ª Edição - Mário Leite

- **Comando xtitle**
Este comando é empregado para definir títulos no gráfico, com a sintaxe:

```
xtitle("Título do gráfico", "Título eixo x", "Tí-
tulo eixo y"), [opções]
```

opções: Conjunto de instruções que podem ser usadas para melhorar o aspecto do gráfico.

- **Comando xgrid**
Este comando desenha uma grade em gráficos bidimensionais. Sua sintaxe geral é a seguinte:

```
xgrid([estilo])
```

estilo: Indica o estilo da grade: [1-preto, 2-azul, 3-verde claro, 4-azul claro, 5-vermelho, etc].

- **Comando titlepage**
Este comando pode ser empregado para colocar um título no meio de uma janela gráfica. Sua sintaxe é:

```
titlepage("Título")
```

- **Comando subplot**
Este comando "quebra" a janela gráfica em uma matriz (m,n), permitindo que seja traçado um gráfico na janela de índice **p** de acordo com a sintaxe:

```
subplot(m, n, p)
```

m: número de linhas da matriz gerada;

n: número de colunas da matriz gerada;

p: ordem (número) da subjanela onde será traçado o gráfico.

Capítulo 7 - Gráficos | 353

NOTA

Para alterar algumas propriedades do gráfico basta clicar no item **Edit** do *menu* da janela gráfica e, em seguida, selecionar a opção desejada. Por exemplo, para fazer alterações na figura plotada: *Figure properties*. Entretanto, dependendo da versão do SciLab, pode haver algumas diferenças nessa janela de edição.

Considere o seguinte polinômio y=f(x) e suas derivadas obtidas com o comando **derivat** [57].

```
-->y = poly([1 2 3 4 5], "x", "c")
 y  =

                  2     3     4
    1 + 2x + 3x + 4x + 5x

-->DyDx1 = derivat(y)          //Primeira derivada Dy/Dx
 DyDx1  =

                  2     3
    2 + 6x + 12x + 20x

-->DyDx2 = derivat(DyDx1)      //Segunda derivada D²y/Dx²
 DyDx2  =
                  2
    6 + 24x + 60x

-->DyDx3 = derivat(DyDx2)      //Terceira derivada D³y/Dx³
 DyDx3  =

    24 + 120x
```

Definindo o domínio e os contradomínios:

---

57 Sobre derivadas no SciLab, veja os exemplos do **Capítulo 8**.

354 | SciLab: Uma Abordagem Prática e Didática 2ª Edição - Mário Leite

```
-->x = 0:0.1:10;

-->y = 1 + 2*x + 3*x^2. + 4*x.^3 + 5*x.^4;

-->D1 = 2 + 6*x +12*x.^2. + 20*x.^3.;

-->D2 =  6 +24*x + 60*x.^2.;

-->D3 =  24 + 120*x;
```

Agora vamos traçar as quatro curvas: y, Dy/Dx, D^2y/Dx^2 e D^3y/Dx^3 nesta ordem; cada uma numa subjanela de uma janela gráfica matricial (2,2) usando o comando **subplot**.

```
-->subplot(2,2,1);     //Define a primeira subjanela
-->plot2d(x,y)         //Plota o primeiro gráfico
-->subplot(2,2,2);     //Define a segunda subjanela
-->plot2d(x,D1)        //Plota o segundo gráfico
-->subplot(2,2,3);     //Define a terceira subjanela
-->plot2d(x,D2)        //Plota o terceiro gráfico
-->subplot(2,2,4);     //Define a quarta subjanela
-->plot2d(x,D3)        //Plota o quarto gráfico
```

A **Figura 7.17** mostra o resultado da execução das instruções anteriores, exibindo as quatro subjanelas com seus respectivos gráficos.

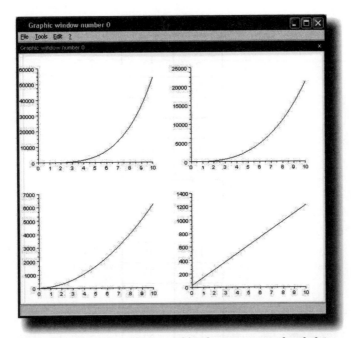

Figura 7.17 - Gerando gráficos em subjanelas com o comando subplot.

Outros tipos de comandos "plot" também podem ser empregados para traçar diversos tipos de gráficos: **plot2d2**, **plot2d3** e **plot2d4**. Consulte o *help* da ferramenta para saber mais detalhes sobre esses comandos.

7.3 Como plotar gráficos a partir de um arquivo de dados

O SciLab permite ler uma matriz num arquivo através do comando **read**; e depois de ler os dados podemos traçar gráficos desses pares de pontos com o comando **plot**, escolhendo a cor e o tipo de marca (tics). Para exemplificar vamos considerar o arquivo "Dados3.txt", contendo os dados da **Tabela 7.2**.

x*	y*
1	12
2	22
3	36
4	40
5	55
6	60
7	63
8	60
9	71
10	73
11	78
12	73
13	81
14	84
15	83
16	84
17	87
18	92
19	87
20	92
21	90
22	92
23	92
24	93
25	92
26	92
27	91
28	92
29	90
30	88

Tabela 7.2

A **Figura 7.18** mostra o código para traçar a curva correspondente aos trinta pares de valores obtidos empiricamente, e a **Figura 7.19** apresenta o gráfico da função **y = f(x)**. A leitura dos dados é feita com o comando **read** que possui a seguinte sintaxe: **read**('arquivo-texto', linhas, colunas).

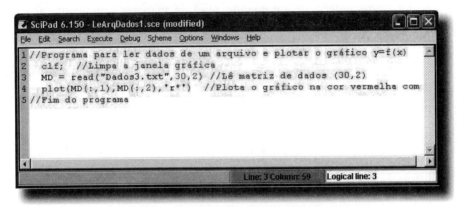

Figura 7.18 - Código do programa do Item 7.3.

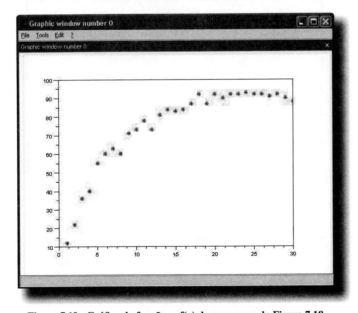

Figura 7.19 - Gráfico da função y=f(x) do programa da Figura 7.18.

7.4 Salvar um gráfico em arquivo .scg

Todo gráfico criado numa janela gráfica do SciLab pode ser salvo e posteriormente carregado com o comando **load** de maneira semelhante aos arquivos de variáveis. Mas, neste caso, é aconselhável salvar o arquivo com a extensão .**scg**; o comando para isto é **xsave**(arquivo,[janela]).

Por exemplo, seja o polinômio $y = 12 + 2x + 3x^2 + 4x^3$ com x variando de -5 a 12 e incrementado de 0.1.

```
-->x = -5:0.1:12;
-->y = 12 + 2*x + 3*x.^2 + 4*x.^3;
-->plot2d(x,y)
```

O gráfico dessa função y(x) é mostrado na **Figura 7.20**.

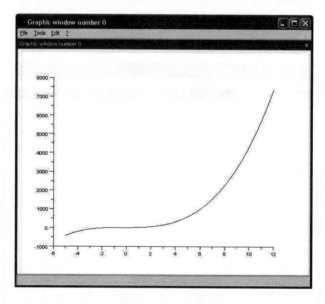

Figura 7.20 - Gráfico da função $y = 12 + 2x + 3x^2 + 4x^3$.

Para salvar o gráfico da **Figura 7.20** deve ser executada a instrução:
```
-->xsave("GraFig720.scg",gcf())        //No prompt do SciLab
```

Ou de maneira alternativa, selecionando na tela gráfica a opção *Save*....Observe a **Figura 7.21** que mostra o nosso gráfico em destaque, gravado no arquivo "GragFig717.scg".

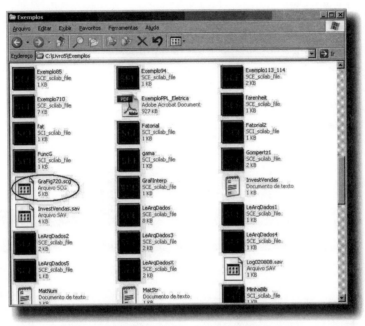

Figuran 7.21 - O gráfico salvo no arquivo.

Para carregar a figura com o gráfico basta acessar o *menu* principal e executar *Load environment...* ou a instrução **load**("GraFig720.scg") diretamente no *prompt..*

7.5 Como obter pontos da curva com o mouse

Existe um comando que permite obter pontos de uma curva de modo inteiramente interativo através de cliques com o *mouse*. Esse comando é **locate**, que obtém as coordenadas de um dos pontos numa janela gráfica na escala atual. Sua sintaxe é a seguinte:

$$\boxed{X=\texttt{locate}([n,flag])}$$

X: matriz(2,n1) dos pontos; n1=n se for dado n.
n,flag: valores inteiros.

Para ilustrar vamos considerar a curva da função: y = 1 - 2sen(x).
```
-->x = 0:0.1:2*%pi;
-->y = 1 - 2*sin(x);
-->plot2d(x,y,5)
-->xtitle("Gráfico da curva: y = 1 -2sen(x)", "Valores de x", "valores de y")
```

O resultado é o gráfico mostrado na **Figura 7.22a**.

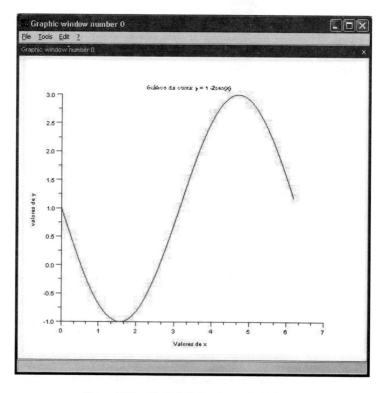

Figura 7.22a - Gráfico da função y = 1 - 2*sin(x).

Capítulo 7 - Gráficos | 361

Agora vamos obter três pontos clicando diretamente na curva com o ponteiro do *mouse*. Observe como deve ser a instrução no *prompt*.

Atenção: Os pontos gerados são aleatórios; em outro exemplo, podem ser gerados pontos diferentes destes mostrados a seguir.

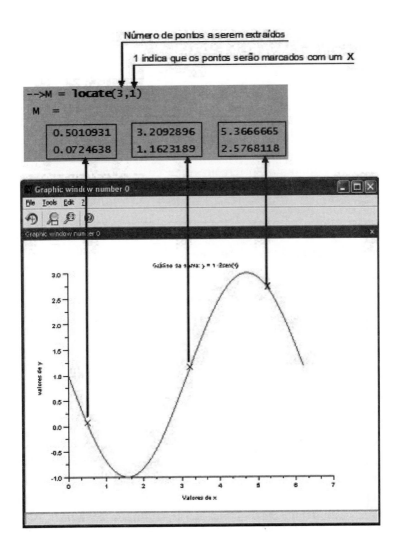

Figura 7.22b - Obtendo os pontos com cliques do *mouse*.

362 | SciLab: Uma Abordagem Prática e Didática 2ª Edição - Mário Leite

Ao clicar sobre a curva (com o ponteiro do *mouse* sob a forma de uma cruz) obtém-se o ponto desejado, que fica marcado com um **X**. Em seguida, os valores desses pontos são retornados como elementos da matriz M [58].

7.6 Exercícios propostos

1. Considerando x variando de 0 a 2π com incrementos de 0.05, trace as curvas das funções $y = 2\text{sen}(x)$ e $y=\text{sen}(2x)$ numa mesma janela gráfica.

2. Crie um polinômio do terceiro grau cujas raízes sejam 1 2 e 3; em seguida trace o seu gráfico com a curva na cor vermelha.

3. Dado o polinômio $y = 3x^3 + 4x^2 + 5x + 6$, trace a curva correspondente para x variando de 0 a 10 com incrementos de 0.1.

4. Trace os gráficos das funções **tangente**(x) e **cotangente**(x) em uma mesma janela gráfica, com x variando de 0 a π, do seguinte modo:

   - Curva tangente(x) marcada com ♦ e na cor vermelha;
   - Curva cotangente(x) marcada com * e na cor azul;
   - Com legendas indicativas.

5. A tabela a seguir representa os dados sobre o movimento em queda livre de um corpo, onde **t** é o tempo medido em segundos e **h** a altura em metros. Considerando que essa tabela está no arquivo "QuedaLivre.txt", trace um gráfico na cor azul a partir da leitura desse arquivo. Esse gráfico deve ter uma grade e as seguintes legendas:

---

58 Consulte o *help* do SciLab para saber mais sobre os parâmetros do comando **locate**.

Capítulo 7 - Gráficos | 363

- Título do gráfico: "Movimento em Queda Livre".
- Eixo t: "Tempo de queda (s)".
- Eixo h: "Altura (m)".

t	h
0	0
1	5
2	-20
3	-45
4	-80
5	-125
6	-180
7	-245
8	-320
9	-405
10	-500

6. Considerando o exercício anterior, crie um programa para traçar a curva do movimento do corpo em queda livre, porém com o usuário entrando com a cor da curva. O programa deverá traçar a curva várias vezes, até que o usuário entre com a cor branca (8 para o comando **plot2d** ou "w" para o comando **plot**). <u>Atenção:</u> Antes de traçar a curva, a janela gráfica deve ser limpa para que apenas uma curva apareça de cada vez.

Capítulo 8
Aplicações na Álgebra

8.1 Resolução de sistemas lineares

O SciLab resolve sistemas de equações lineares (e não lineares) através de matrizes. Esse assunto é o que mais interessa aos engenheiros, pois entre suas muitas utilidades está a possibilidade de aplicação em pespuisa operacional. Nesses casos o que se deseja é montar uma sistema de equações para determinar valores reais que solucionam o problema.

8.1.1 Equações Lineares

Segundo SANTOS [2000, p97], *"equação linear é toda equação escrita na forma: $ax_1 + ax_2 + ax_3 + ... + ax_n$, = b, em que a_1, a_2, a_3,...,a_n são números reais que recebem o nome de coeficientes das incógnitas x_1, x_2, x_3,...,x_n, e b é um número real chamado de termo indepdendente".*
As equações a seguir são exemplos de equações lineares.

- $3x + 4y - z = 5$
- $x - 5y + 2z = 3$
- $x + y - 2z = 12$

Agora observe as seguintes equações:
- $x^2 + 10x + 2y - z = 120$
- $seno(x) + 3cos(y) + 2z = 12$

No segundo exemplo as duas equações não formam um sistema linear, pois além do expoente de x na primeira equação ser maior que 1, também existem funções trigonométricas envolvidas.

8.1.2 Sistemas Lineares

Ainda segundo SANTOS [2000, pág. 217], *"sistema lienar é um conjunto de equações da forma"*:

$$
\begin{cases}
a_{11}x_1 + a_{12}x_2 + a_{13}x_3 + \ldots + a_{1n}x_n = b_1 \\
a_{21}x_1 + a_{22}x_2 + a_{23}x_3 + \ldots + a_{2n}x_n = b_2 \\
\cdots \quad \cdots \quad \cdots \quad \cdots \\
a_{m1}x_1 + a_{m2}x_2 + a_{m3}x_3 + \ldots + a_{mn}x_n = b_m
\end{cases}
$$

O conjunto da(s) solução(s) do sistema dado pelo SciLab pode ser obtido pela divisão total à esquerda de A por b (**A\b**), ou pelo produto total da inversa de A por b, ou através dos comandos **lsq** e **linsolve**.

Na prática, o objetivo é encontrar x_i que faça com que a soma dos termos do lado esquerdo das equações fique igual ao segundo termo. Seja, por exemplo, o sistema de três equações e três incógnitas a seguir.

$$
\begin{cases}
x + 2y - 3z = 9 \\
2x + y + z = 0 \\
3x - y + 4z = -5
\end{cases}
$$

Três valores (x, y e z) que dão uma solução do sistema são:

$$
\begin{aligned}
x &= 2 \\
y &= -1 \\
z &= -3
\end{aligned}
$$

Uma solução do sistema pode ser encontrada manualmente através de métodos de eliminação e/ou através de regras bem estabelecidas como, por exemplo, a "Regra de Cramer". Mas uma maneira prática de resolver um sistema linear é empregar os comandos oferecidos pelo SciLab.

Capítulo 8 - Aplicações na Álgebra | 367

8.1.3 Solução de Sistemas Lineares com o SciLab

- **Exemplo 8.1**

Consideremos o sistema visto anteriormente:

$$\begin{cases} x & + 2y & - 3z & = 9 \\ 2x & + y & + z & = 0 \\ 3x & - y & + 4z & = -5 \end{cases}$$

A matriz A é composta pelos coeficientes de **x**: A = [1 2 -3; 2 1 1; 3 -1 4] e o vetor **b** pelos termos independentes b = [9; 0; -5]. Na forma matricial temos:

$$\begin{bmatrix} 1 & 2 & -3 \\ 2 & 1 & 1 \\ 3 & -1 & 4 \end{bmatrix} * \begin{bmatrix} x1 \\ x2 \\ x3 \end{bmatrix} = \begin{bmatrix} 9 \\ 0 \\ -5 \end{bmatrix}$$

$$\mathbf{A} \quad * \quad \mathbf{x} \quad = \quad \mathbf{b}$$

1) **Definição da matriz A.**

```
-->A =[1   2 -3;  2 1 1;  3 -1 4]
   A   =
        1.     2.   - 3.
        2.     1.     1.
        3.   - 1.     4.
```

2) **Definição do vetor b.**

```
-->b = [9;  0;  -5]
   b  =
        0.
        9.
      - 5.
```

368 | SciLab: Uma Abordagem Prática e Didática 2ª Edição - Mário Leite

3) **Uma solução do sistema pode ser obtida pela aplicação do operador de divisão total de matrizes à esquerda (\). A aplicação simples desta operação resolve o sistema proposto.**

```
-->S = A\b                    -->S = inv(A)*b
   S  =              ou         S  =

        2.                           2.
      - 1.                         - 1.
      - 3                          - 3.

   x = x1  =    2                      ⎫ Conjunto S de solução
   y = x2  =   -1                      ⎬ do sistema.
   z = x3  =   -3                      ⎭
```

E como A*S = b (por definiçã), calcule A*S e compare com **b**.

```
-->A*S
   ans  =
          9.
          0           ⎫ Dependendo da precisão
        - 5.          ⎬ do formato corrente esses
                      ⎪ valores podem aparecer
                      ⎭ aproximados.
```

- **Exemplo 8.2**

Seja o sistema a seguir cujos termos independentes são todos iguais a 0 (zero); isto deve implicar em uma solução particular para o sistema, pois neste caso estamos considerando um "atípico".

$$\begin{cases} x + y - z = 0 \\ -2x - 2y + 2z = 0 \\ 3x - y + 5z = 0 \end{cases}$$

```
-->A = [1 1 -1; -2 -2 2; 3 -1 5]
   A  =

        1.    1.  - 1.
```

Capítulo 8 - Aplicações na Álgebra | 369

```
   - 2.   - 2.    2.
     3.   - 1.    5.
-->b = [0; 0; 0]
   b  =

     0.
     0.
     0.
```

Na solução do sistema, aplicando a divisão total à esquerda encontramos para as variáveis: x=y=z=0 (solução trivial). Além disso, o SciLab emite um alerta, indicando uma quase singularidade da matriz.

```
-->A\b
   warning
Warning :
matrix is close to singular or badly scaled. rcond =
 0.0000D+00
computing least squares solution. (see lsq).
   ans  =
     0.
     0.
     0.
```

A solução trivial para o sistema é: x =y =z = 0.

NOTA

De acordo com KOLMAN & HILL [2006, pág. 71], *"Um sistema homogêneo de m equações a n incógnitas sempre tem uma solução não trivial se m<n, ou seja, se o número de incógnitas exceder o número de equações"*. Complementando, um sistema homogêneo tem todos os seus elementos do vetor **b** iguais a zero e pode ter várias soluções, incluindo sempre a solução trivial.

370 | SciLab: Uma Abordagem Prática e Didática 2ª Edição - Mário Leite

Então o sistema do **Exemplo 8.2** é chamado "sistema homogêneo", pois os elementos do vetor **b** são todos iguais a zero. E, nesses casos, uma das soluções do sistema é sempre a solução trivial ($x_i = 0$, $1<=i<=n$) .

- **Exemplo 8.3**
  Dado o sistema de equações lineares a seguir, encontre uma solução empregando a divisão total à esquerda de A por **b** e comprove essa solução.

$$\begin{cases} 2x & + & 3y & - & z & = & 0 \\ x & - & 2y & + & z & = & 5 \\ x & + & y & + & z & = & -2 \end{cases}$$

1) **Definindo as matrizes no ambiente do SciLab.**

```
-->A = [2 3 -1; 1 -2 1; -1 1 1]
 A =

      2.      3.    - 1.
      1.    - 2.      1.
    - 1.      1.      1.

-->b = [0; 5; -2]
 b =

      0.
      5.
    - 2.
```

2) **Encontrando o conjunto S de solução do sistema com A\b.**

```
-->S = A\b
 S =

      2.
    - 1.
      1.
```

Capítulo 8 - Aplicações na Álgebra | 371

3) **Comprovando que A*S = b.**

```
-->A*S
   ans  =

       0.
       5.
     - 2.
```

Comprovação da solução

- **Exemplo 8.4**
Dado o seguinte sistema de equações lineares, encontre uma solução.

$$\begin{cases} x + 2y - 3z = -4 \\ -3y + 3z = 12 \end{cases}$$

Colocando em termos de matrizes no ambiente do SciLab, teremos:
```
-->A = [1 2 -3; 0 -3 3]
   A  =

       1.      2.    - 3.
       0.    - 3.      3.

-->b = [-4; 12]
   b  =

     - 4.
      12.
```

E uma solução para o sistema pode ser obtida com o comando **lsq**.
```
-->S = lsq(A,b)
   S  =

       4.
     - 4.
```

Uma solução dada pelo
SciLab: x= 4
y= -4
z = 2.790D-16 ($\approx$ 0)

```
    - 2.790D-16  ◄──────  Muito próximo de zero.
```

Testando os valores do vetor S { S(1)=x, S(2)=y, S(3)=z } nas duas equações do sistema:

```
-->S(1) + 2*S(2) - 3*S(3)
 ans  =

    - 4.◄────────── b(1)

-->0*S(1) - 3*S(2) + 3*S(3)
 ans  =

    12.◄────────── b(2)
```

Agora vamos fazer x=5, y=-3 e z=1 e substituir nas duas equações do sistema:

```
-->1*(5) + 2*(-3) + -3*(1)
 ans  =

    - 4.◄────────── b(1)

-->0*(5) - 3*(-3) + 3*(1)
 ans  =

    12.◄────────── b(2)
```

Então, x=5, y=-3 e z=1 também formam um conjunto-solução do sistema; e se fizermos x=2, y=-6, e z=-2 também seria uma outra solução do sistema. Na verdade um sistema de equações lineares pode ter:[59]

- Uma única solução.
- Várias soluções.
- Nenhuma solução.

---

59 Por fugir ao escopo deste livro, não será demonstrado como ver isso, mas empregando o comando **rref(matriz ampliada)** podemos ter forte indicativo do tipo de solução. Veja no próximo item "Método de Eliminação de Gauss-Jordan".

Capítulo 8 - Aplicações na Álgebra | 373

8.1.4 Outras Soluções de Sistemas Lineares com o SciLab

1. Usando o comando linsolve.

Neste caso a relação $A*x=b$ deve ser escrita na forma de uma equação e fazendo o segundo termo igual a 0. Assim teremos: $\mathbf{Ax + k = 0}$ onde **k** é um vetor de constantes e igual ao vetor **–b**. Desse modo utilizamos o comando **linsolve** para encontrar um conjunto **S** de solução do sistema da seguinte maneira:

```
S = linsolve(A, -b)
```

Testando na solução do **Exemplo 8.4**, teremos:

```
-->S = linsolve(A,-b)
 S   =
    4.
  - 4.
  - 2.790D-16
```

Valor desprezível.

NOTA

A sintaxe completa do comando **linsolve** é mais complexa do que a apresentada aqui; entretanto, para os nossos propósitos o essencial dela satisfaz plenamente.

---

2. O "Método de Eliminação de Gauss-Jordan"

Este é um dos métodos mais populares de solução de sistemas de equações lineares. Nesse caso o SciLab oferece o comando **rref**, aplicando a chamada "decomposição à esquerda" (LU). Esse comando tem a sintaxe:

Amp é chamada matriz ampliada de A, calculada do seguinte modo:

Amp = [A b]   Equivale a colocar uma matriz ao lado da outra.

Para comprovar isto vamos considerar, ainda, o nossa sistema de equações lineares do **Exemplo 8.3**, calculando **Amp** e, em seguida, determinando o conjunto de solução do sistema no ambiente do SciLab.

a) Definição da matriz ampliada **Amp**.

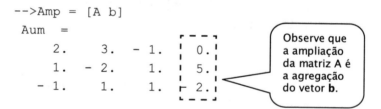

b) Encontrando o conjunto solução do sistema:

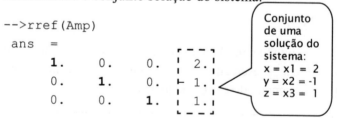

Como pode ser notado, o "Método de Eliminação de Gauss-Jordan" faz a triangulação total da matriz dos coeficientes de **x** (matriz A) ampliada com um vetor coluna que é justamente uma solução do sistema. Então, se este vetor não aparecer fora da triangulação da matriz é uma indicação de que o sistema pode não ter solução. Por exemplo, seja o sistema linear mostrado a seguir.

$$\begin{cases} x + 2y = 10 \\ 2x - 2y = -4 \\ 3x + 5y = 20 \end{cases}$$

No ambiente do SciLab teremos:

```
-->A = [1 2; 2 -2; 3 5]
 A   =
      1.    2.
      2.  - 2.
      3.    5.
-->b = [10; -4; 20]
 b   =
      10.
    - 4.
      20.
```

Empregando a operação **A\b** para encontrar uma soluçãodo sistema obteremos:

```
-->A\b
 ans   =

      1.3
      3.4
```

Entretanto, substituindo x por 1.3 e y por 3.4 nas equações do sistema teremos:

```
1*(1.3) + 2*(3.4) =  8.1 ???
2*(1.3) - 2*(3.4) = -4.2 ???
3*(1.3) + 5*(3.4) = 20.9 ???
```

Que são resultados totalmente inconsistentes para o sistema. O que houve? Então devemos checar por outros meios... Agora observe quando empregamos **rref**(matriz ampliada).

```
-->Amp = [A b]
  Amp  =
     1.    2.   ! 10. !
     2.  - 2.   !  4. !
     3.    5.   ! 20. !

-->rref(Amp)
  ans  =

     1.    0.    0.
     0.    1.    0.
     0.    0.    1.
```

Conjunto da solução é vazio, apesar da triangulação perfeita da matriz A. O que indica <u>nenhuma solução</u> para o sistema.

Considere mais este sistema:
$$\begin{cases} 2x + 2y + 2z + 2w = 0 \\ 2x + 2w = 0 \\ 2x + 4y + 2z = 0 \end{cases}$$

```
-->A = [2 2 2 2; 2 0 0 2; 2 4 2 0];
-->b = [0; 0; 0]
-->Amp = [A b]

  Amp  =
     2.    2.    2.    2.!  0. !
     2.    0.    0.    2.!  0. !
     2.    4.    2.    0.!  0. !

-->rref(Amp)
  ans  =
     1.    0.    0.    1.  | 0 |
     0.    1.    0.   -1.  | 0 |
     0.    0.    1.    1.  | 0 |
```

Solução trivial; e como m<n, então, além da solução trivial, existem outras soluções, como, por exemplo: x=-2, y=2, z=-2 e w=2.

A operação **A\b** também aponta para a solução trivial.

Capítulo 8 - Aplicações na Álgebra | 377

3. **Usando o comando** lsq **(considerando o sistema do** Exemplo 8.3**).**

Este comando também pode ser empregado para resolver um sistema de equações lineares; sua sintaxe é:

```
S = lsq(A,b[, tol]
```

A: Matriz (m×n) real ou complexa, dos coeficientes da matriz **x**.

b: Matriz (m×p) real ou complexa, dos termos independentes.

tol: Escalar positivo que determina o *ranking* efetivo de A (em função da ordem mais alta de triangulação da matriz) o valor *default* é **sqrt(%eps)**.

S: Matriz (n×p) que contém uma solução do sistema.

```
-->A = [2 3 -1; 1 -2 1; -1 1 1];
-->b = [0; 5; -2];
-->S = lsq(A,b)
   S =

       2.
     - 1.
       1.
```

Conjunto de uma solução do sistema:
x = x1 = 2
y = x2 = -1
z = x3 = 1

8.2 Sistemas não lineares

O SciLab também dispõe de recursos para resolver sistemas de equações não lineares que envolvem termos trigonométricos, hiperbólicos, exponenciais ou logarítmicos. Entretanto, por fugir ao escopo deste livro, não entraremos em maiores detalhes sobre este assunto. Apenas como dica: o comando **fsolve** é o mais usado para resolver sistemas desse tipo; e de acordo com o *help* do SciLab, a sintaxe geral desse comando é:

$$[x \; [,v \; [,info]]] \; = \; \textbf{fsolve}(x0,fct \; [,fjac] \; [,tol])$$

x0 vetor do valor estimado inicialmente.

fct função externa (ou lista de *strings*).

fjac função externa (matriz *jacobiana* ou lista de *strings*).

tol escalar real que dá a tolerância (por padrão tol $=1*D-10$).

x vetor real que dá o valor final estimado da função.

v vetor real que dá o valor da função em x.

info indicador de término da operação, que pode ser:

  0: parâmetros de entrada foram inadequados.

  1: o erro relativo entre x e a solução é de no máximo **tol**.

  2: foi excedido o número de chamadas da função.

  3: tolerância é muito pequena; solução não pode ser melhorada.

  4: interação não progride no sentido da convergência.

- **Exemplo 8.5**
  Como exemplo simples de solução de um sistema não linear vamos considerar o seguinte:

$$\begin{cases} x^2 \; + \; 10x \; + \; 2y \; = \quad \; 91 \\ 3x \; - \; 5y^2 \quad \quad \; = \; - \; 305 \end{cases}$$

Uma das soluções para este sistema é apresentada a seguir.

```
function E=f(x)
   E(1) = x(1).^2 + 10*x(1) + 2*x(2) - 91
   E(2) = 3*x(1) - 5*x(2).^2 + 305
endfunction
//Invoca função E=f(x) para resolver o sistema com o
comando fsolve
-->[S]=fsolve([0,0],f)
S  =

5.      8.
```

Conjunto-solução do sistema:
x = S(1) = 5
y = S(2) = 8

8.2.1   Sistema Presa-Predador

Esse sistema, descrito formalmente por Volterra[60], estuda o comportamento e a evolução de presas e predadores juntos, em um ambiente natural. Este é um típico exemplo de sistema que conduz a um conjunto de equações não lineares. Em termos ecológicos esse sistema descreve a evolução da presa e do predador em função do tempo, quando ambos coexistem num mesmo *habitat* natural. Por exemplo, num ambiente em que coexistem tubarões e tainhas é possível analisar matematicamente a evolução das duas espécies. Uma das consequências é que *a diminuição do número de indivíduos de uma espécie e o aumento do número de indivíduos da outra espécie são diretamente proporcionais ao número de encontros entre as duas espécies.* Por outro lado, também é possível formular que *a diminuição do número de tubarões é proporcional ao número de tubarões existente*, e que *a diminuição do número de tainhas é proporcional ao número de tainhas existente.* Em resumo, estas leis são os pilares desse sistema e foram formuladas inicialmente de acordo com as seguintes expressões empíricas:

---

60   Vito Volterra nasceu em 1860, na cidade de Ancona - Itália - e morreu em Roma em 1940. Foi um matemático e físico italiano que desenvolveu trabalhos sobre cálculo relacionado a integrais e diferenciais.

```
diminuição de tainhas = B*número de
tainhas*número de tubarões
```

```
aumento dos tubarões = D*número de
tainhas*número de tubarões
```

Considerando os dados sobre aumento ou diminuição com o tempo para cada espécie, obtêm-se as duas expressões a seguir, ainda de acordo com a formulação de Volterra.

```
variação de tainhas = A * número de tainhas - B
*número de tainhas * número de tubarões
```

```
variação dos tubarões= - C*número de tubarões+D*número
de tainhas * número de tubarões
```

A, B C e D são constantes positivas.

Este modelo, conhecido como modelo de Lotka-Volterra, considera obviamente algumas simplificações [61]:

- *Os tubarões são os únicos predadores das tainhas.*
- *As tainhas são os únicos alimentos dos tubarões.*
- *O alimento das tainhas está sempre disponível.*
- *Os nascimentos e mortes naturais ocorrem a taxas constantes.*
- *Existe competição dentro da espécie por comida ou espaço.*

O modelo também não considera os seguintes fatores:

- *Migração.*
- *Ação do homem* (**não considera possíveis caças**).

---

61 Alfred James Lotka, americano, (02/03/1880 - 05/12/1949) foi matemático, físico, químico e estatístico; ganhou notoriedade pelos seus trabalhos em dinâmica populacional baseada na Estatística.

As variações dos números das espécies dadas nas relações anteriores são funções do tempo, e as traduções analíticas das derivadas podem ser escritas nas seguintes formas:

$$\begin{cases} x' = dx/dt = Ax(t) - Bx(t)y(t) \\ y' = dy/dt = -Cy(t) + Dx(t)y(t) \end{cases}$$

De acordo com ROCHA [2008], as conclusões baseadas nas duas equações diferenciais anteriores, são as seguintes:

> *"Na ausência de peixes predadores a população de*
> *peixes presa cresce indefinidamente."*
> *"Na ausência de peixes presa as espécies de peixes*
> *predadores tendem a extinguir-se."*

- **Exemplo 8.6**

Vamos criar uma função E(x) que mede a variação das espécies, descrita em função de duas equações:

$$E = f[x(1),x(2)] = \begin{cases} E(1) = x(1) - Ax^2 - B(x1)*x(2) \\ \\ E(2) = Dx(1)x(2) - Cx(2) \end{cases}$$

Para este exemplo consideraremos as constantes:

```
A = 0.002; B = 0.05; C =0.20; D = 0.008.
```

```
function E=f(x)
      A = 0.002;
      B = 0.05;
      C = 0.20;
      D = 0.008;
      E(1) = x(1) - A*x(1).^2 - B*x(1)*x(2)
      E(2) = D*x(1)*x(2) - C*x(2)
endfunction
```

```
-->[S]=fsolve([30,60],f)
 S  =

    25.    19.
```

Considerando inicialmente o ambiente com 30 indivíduos da espécie "predador" e 60 da espécie "presa", a solução (S) do sistema nos informa que no equilibrio (quando as duas equações diferenciais forem, ambas, iguais a zero) teremos a seguinte situação:

1)   Aproximadamente **25** predadores.

2)   Aproximadamente **19** presas.

> Estes valores permanecem constantes quando o sistema atinge o equilíbrio.

8.3   Regressões

8.3.1   Regressão Linear com Abordagem não Matricial

A Álgebra Linear mostra que, se existe um conjunto **X(x1,x2,x3,...,xm)** e um outro conjunto **Y(y1,y2,y3,...,ym)** de forma que um elemento de **X** se relacione de maneira biunívoca com um elemento de **Y**, então é possivel estabelecer uma relação linear entre esses dois conjuntos. Desse modo é possível predizer um valor do conjunto Y dado um valor do conjunto X. Considere o esquema da **Figura 8.1** onde foram obtidos experimentalmente dez valores **xi** com seus correspondentes **yi**. Se todos os pontos formados pelos pares (**xi,yi**) estivessem absolutamente alinhados numa mesma direção teríamos uma mesma reta como indicado na figura; essa reta (teórica) é chamada de "Reta Ideal de Ajuste" dos pontos experimentais. Mas, para obter essa reta, seria necessário que as distâncias **di** (i=1,10) indicadas na figura fossem todas reduzidos a 0 (zero); mas como isto não é possível, o que se procura é minimizar essas distâncias. O método clássico mais empregado para resolver essa questão é o "Método dos Mínimos Quadrados". Em resumo, esse método procura minimizar as distâncias (desvios) entre os valores experimentais (observados) de Y (y*) e os da reta ideal baseado na minimização dos quadrados desses desvios, pois, em termos relativos, eles podem ser positivos ou negativos como são os casos de **d8**, **d9** e **d10** na figura.

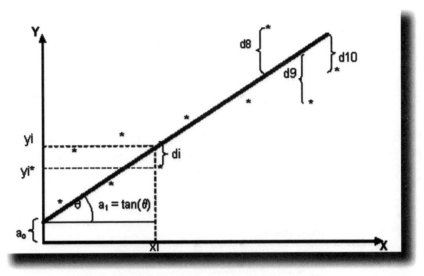

Figura 8.1 - Esquema de pontos experimentais (xi*,yi*).

Do ponto de vista matemático o que se deseja é resolver as equações mostradas a seguir.

$$\sum_{i=1}^{m} di^2 = \sum_{i=1}^{m}(yi^* - yi)^2 \qquad \text{Eq. 8.1}$$

Supondo que yi*-yi seja a diferença entre os valores de y* real e y teórico, então existirá uma função linear tal que $y = a_0 + a_1 x$ de modo que teremos:

$$\boxed{\sum_{i=1}^{m} di^2 = \sum_{i=1}^{m}(yi^* - a_o - a_1xi)^2} \qquad \textbf{Eq. 8.2}$$

Onde:

m   Número de pontos obtidos experimentalmente.

$\mathbf{a_o}$ Termo indedendente da equação (parâmetro linear ou intercepto da reta; valor de y quando x=0).

$\mathbf{a_1}$ Coeficiente de x; coeficiente angular da reta: a_1 = tangente(θ).

O objetivo é encontrar os valores de $\mathbf{a_o}$ e $\mathbf{a_1}$ que minimizam os **di**.

O "Método dos Mínimos Quadrados" é baseado nos seguintes dados para ajuste de reta [62]

- SX1   Soma dos xi.
- SY1   Soma dos yi.
- SYX1   Soma dos produtos yixi.
- SX2   Soma dos quadrados de xi.

Os valores de $\mathbf{a_0}$ e $\mathbf{a_1}$ podem ser dados pelas expressões:

```
a₀ = (SY1*SX2-SX1*SYX1)/(m*SX2-SX1^2)
```
     Eq. 8.3

```
a₁ = (m*SYX1-SX1*SY1)/(m*SX2-SX1^2)
```
     Eq. 8.4

- **<u>Exemplo 8.7</u>**

Considerar um experimento em que foram obtidos 11 pares de valores (x,y); considere também mais outros dados essenciais apresentados na **Tabela 8.1**. Determinar a melhor reta que se ajusta a esses pontos e estimar o valor de y para um valor de x=100.

---

62   Por fugir ao escopo deste livro não entraremos em detalhes sobre o "Método dos Mínimos Quadrados"; apresentaremos aqui apenas os dados essenciais para o processo.

x	y*	y*x	x^2
0	12	0	0
1	14	14	1
2	16	32	4
3	17	51	9
4	19	76	16
5	22	110	25
6	23	138	36
7	28	196	49
8	30	240	64
9	33	297	81
10	35	350	100
55	249	1504	385

Tabela 8.1 - Valores experimentais do Exemplo 8.7 com somatórios.

Calculando os valores de a_0 e a_1 através de substituições desses nas **equações 8.3** e **8.4**, respectivamente, obteremos o seguinte:

```
a0 = (249*385-55*1504)/(11*385-55*55) = 10.863636
a1 = (11*1504-55*249)/(11*385-55*55)  =  2.3545455
```

Então, a equação da reta ajustada será: **10.863636 + 2.3545455x**, e o valor y para x=100 será um valor estimado em:

```
Y(100) =  10.863636 + 2.3545455*100 = 246.3181
```

A **Figura 8.2** mostra o código do programa contido no arquivo "LeArqDados2.sce" que dá a soluçao para o **Exemplo 8.7**; em seguida é apresentado os resultados quando o programa é rodado no *prompt* do SciLab com o comando **exec**.

Figura 8.2 - Código do programa do Exemplo 8.7: Abordagem não matricial.

Rodando o programa do arquivo "LeArqDados2.sce", obtemos:

```
-->exec('LeArqDados2.sce',0)

a0 = 10.863636

a1 = 2.3545455

Equação da reta: y = 10.863636 + 2.3545455x
Entre com o valor de x: 100
ans =

Y(100) = 246.31818
```

Capítulo 8 - Aplicações na Álgebra | 387

8.3.2 Regressão Linear com Abordagem Matricial

Neste item vamos determinar a reta ajustada através da solução do sistema linear, formado pelos elementos envolvidos na análise do item anterior; para isto vamos considerar os seguintes dados:

- m   Número de pontos obtidos empiricamente.
- SX1   Soma dos xi.
- SYX1   Soma dos produtos de yi por xi.
- SX2   Soma dos quadrados de xi.
- SY1   Soma dos yi.

A Álgebra Linear mostra que, no caso de retas, teremos um sistema linear de duas equações a duas incógnitas (a_0 e a_1) como a seguir:

$$\begin{cases} ma_0 + SX1a_1 = SY1 \\ SX1a_0 + SX2a_1 = SYX1 \end{cases}$$

Nesse caso, a matriz dos coeficientes a_i A = [m SX1; SX1 SX2] e o vetor de termos independentes b = [SY1; SYX1] estarão assim relacionados.

$$\begin{bmatrix} m & + & SX1 \\ SX1 & + & SX2 \end{bmatrix} * \begin{bmatrix} a_0 \\ a_1 \end{bmatrix} = \begin{bmatrix} SY1 \\ SYX1 \end{bmatrix}$$

$$A \qquad * \qquad \mathbf{a} \quad = \quad \mathbf{b}$$

Para resolver o sistema podemos empregar a divisão à esquerda da matriz dos coeficientes de A pelo vetor b: A\b. Essa divisão dá um conjunto-solução do sistema (se existir algum). Observe no ambiente do SciLab como ficaria:

```
-->m = 11;
-->SX1 = 55;
-->SY1 = 249;
-->SYX1 = 1504;
-->SX2 = 385;
```

```
-->A = [m SX1; SX1 SX2];
-->b = [SY1; SYX1];
-->A\b
 ans  =

    10.863636   ←————————  a₀
     2.3545455  ←————————  a₁
```

A **Figura 8.3** mostra o código do programa contido no arquivo "LeArqDados3.sce" que gera o resultado semelhante ao apresentado anteriormente com abordagem não matricial.

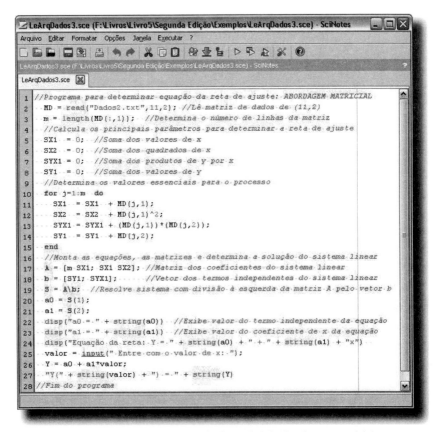

Figura 8.3 - Código do programa do Exemplo 8.7: Abordagem matricial.

Capítulo 8 - Aplicações na Álgebra | 389

Rodando o programa do arquivo "LeArqDados3.sce", obtemos:

```
-->exec('LeArqDados3.sce',0)

a0 = 10.863636

a1 = 2.3545455

Equação da reta: Y = 10.863636 + 2.3545455x
Entre com o valor de x:
-->100
 ans  =

Y(100) = 246.31818
```

8.3.3. Regressão Polinomial[63]

Embora uma reta também possa ser considerada uma curva do 1º grau, neste item vamos tratar especificamente de ajuste de parábolas. Nesse caso, o expoente máximo de x na curva y=(fx) é maior que 1; assim estaremos diante de uma regressão polinomial com uma função do tipo:

$$y = ao + a1x + a2x2 + a3x3 + \ldots + anxn$$

Onde a_i (i=0,n) são os coeficientes de x, e **n** dá o grau da equação. Quando n=2 temos um polinômio quadrático, para n=3 um polinômio cúbico, etc.; nesses casos o ajuste para os pontos experimentais é dado por uma curva de grau **k** (k>=2). E, semelhantemente ao caso de regressão linear, para ajustes de curvas do 2º grau, temos o seguinte sistema de equações:

---

63 Como já foi mencionado, não descreveremos aqui o processo analítico do "Método dos Mínimos Quadrados" para ajuste de curvas; apresentaremos apenas um resumo com os parâmetros necessários para a aplicação desse método.

$$\begin{cases} a_0 m + a_1 SX1 + a_2 SX2 = SY1 \\ a_0 SX1 + a_1 SX2 + a_2 SX3 = SYX1 \\ a_0 SX2 + a_1 SX3 + a_2 SX4 = SYX2 \end{cases}$$

- m   Número de pontos obtidos empiricamente.
- SX1   Soma dos xi.
- SX2   Soma dos xi^2.
- SX3   Soma dos de xi^3.
- SX4   Soma dos de xi^4.
- SY1   Soma dos yi.
- SYX1   Soma dos produtos de yi por xi.
- SYX2   Soma dos produtos de yi por xi^2.

Matricialmente, teremos o seguinte esquema:

$$\begin{bmatrix} m + SX1 + SX2 \\ SX1 + SX2 + SX3 \\ SX2 + SX3 + SX4 \end{bmatrix} \star \begin{bmatrix} a \\ a_1 \\ a_2 \end{bmatrix} = \begin{bmatrix} SY1 \\ SYX1 \\ SYX2 \end{bmatrix}$$

O SciLab resolve facilmente o sistema, determinando os valores dos coeficientes a_0, a_1 e a_2, tal como foi feito para o **Exemplo 8.7**.

Baseado no esquema matricial citado, podemos induzir para uma curva do 3º grau (parábola cúbica) o seguinte sistema de equações:

$$\begin{cases} a_0 m + a_1 SX1 + a_2 SX2 + a_3 SX3 = SY1 \\ a_0 SX1 + a_1 SX2 + a_2 SX3 + a_3 SX4 = SYX1 \\ a_0 SX2 + a_1 SX3 + a_2 SX4 + a_3 SX5 = SYX2 \\ a_0 SX3 + a_1 SX4 + a_2 SX5 + a_3 SX6 = SYX3 \end{cases}$$

- m   = Número de pontos obtidos empiricamente.
- SX1   = Soma dos xi.
- SX2   = Soma dos xi^2.

- SX3   = Soma dos de xi^3.
- SX4   = Soma dos de xi^4.
- SX5   = Soma dos de xi^5.
- SX6   = Soma dos de xi^6.
- SY1   = Soma dos yi.
- SYX1   = Soma dos produtos de yi por xi.
- SYX2   = Soma dos produtos de yi por xi^2.
- SYX3   = Soma dos produtos de yi por xi^3.

Em termos de matrizes teremos o seguinte esquema:

$$
\begin{pmatrix}
m & + & SX1 & + & SX2 & + & SX3 \\
SX1 & + & SX2 & + & SX3 & + & SX4 \\
SX2 & + & SX3 & + & SX4 & + & SX5 \\
SX3 & + & SX4 & + & SX5 & + & SX6
\end{pmatrix}
*
\begin{pmatrix}
a_0 \\
a_1 \\
a_2 \\
a_3
\end{pmatrix}
=
\begin{pmatrix}
SY1 \\
SYX1 \\
SYX2 \\
SYX3
\end{pmatrix}
$$

Tal como nos dois casos anteriores (para uma reta e para uma parábola do $2°$ grau), aqui, também, o SciLab pode resolver o sistema de maneira simples e rápida com a operação de divisão à esquerda da matriz A dos coeficientes pelo vetor b de termos independentes, considerando o seguinte:

```
A = [m SX1 SX2 SX3; SX1 SX2 SX3 SX4; Sx2
     SX3 SX4 SX5; SX3 SX4 SX5 SX6]
b = [SY1; SYX1; SYX2; SYX3]
```

Se existir alguma solução do sistema, então S é o conjunto-solução e pode ser dado por S = A\b ou, então, usar o comando **lsq**: S = **lsq(A,b)**[64].

A formalização de um sistema de equações para ajuste de uma curva do $2°$ grau é dada no **Quadro 8.1**.

---

64   Como será visto no **Exemplo 8.9**, para equações de grau superior a 2 é mais seguro usar o comando **lsq**, pois a divisão à esquerda A\b pode fornecer resultados inconsistentes para alguns sistemas peculiares.

$$a_0 \sum_{i=0}^{m} xi^0 + a_1 \sum_{i=0}^{m} xi^1 + a_2 \sum_{i=0}^{m} xi^2 = \sum_{i=0}^{m} yi$$

$$a_0 \sum_{i=0}^{m} xi^1 + a_1 \sum_{i=0}^{m} xi^2 + a_2 \sum_{i=0}^{m} xi^3 = \sum_{i=0}^{m} yixi$$

$$a_0 \sum_{i=0}^{m} xi^2 + a_1 \sum_{i=0}^{m} xi^3 + a_2 \sum_{i=0}^{m} xi^4 = \sum_{i=0}^{m} yixi^2$$

Quadro 8.1 - Sistema de equações para ajuste de curvas do 2° grau.

```
m            = Número de equações.

i            = Índice de um termo (i=0,m).
```

$\sum xi^0$ = Somatório dos xi elevado a 0 = SX0 = m.

$\sum xi^1$ = Somatório dos xi elevados a 1 = SX1.

$\sum xi^2$ = Somatório dos xi elevados a 2 = SX2.

$\sum xi^3$ = Somatório dos xi elevados a 3 = SX3.

$\sum xi^4$ = Somatório dos xi elevados a 4 = SX4.

$\sum yi$ = Somatório dos yi = SY1.

$\sum yixi$ = Somatório dos produtos de yi por xi = SYX1.

$\sum yixi^2$ = Somatório dos produtos de yi por xi^2 = SYX2.

O **Quadro 8.2** mostra a generalização de um sistema de **m** equações e **n** incógnitas para ajuste de uma curva de grau n.

Capítulo 8 - Aplicações na Álgebra | 393

$$a_0 \sum_{i=0}^{m} xi^0 + a_1 \sum_{i=0}^{m} xi^1 + a_2 \sum_{i=0}^{m} xi^2 + \ldots + an \sum_{i=0}^{m} x^i - \sum_{i=0}^{m} yixi^0$$

$$a_0 \sum_{i=0}^{m} xi^1 + a_1 \sum_{i=0}^{m} xi^2 + a_2 \sum_{i=0}^{m} xi^3 + \ldots + a_1 \sum_{i=0}^{m} x^{i+1} = \sum_{i=0}^{m} yixi^1$$

$$a_0 \sum_{i=0}^{m} xi^2 + a_1 \sum_{i=0}^{m} xi^3 + a_2 \sum_{i=0}^{m} xi^i + \ldots + a_1 \sum_{i=0}^{m} xi^{i+2} = \sum_{i=0}^{m} yixi^2$$

$$\ldots \qquad \ldots \qquad \ldots \qquad \ldots \qquad \ldots$$

$$a_0 \sum_{i=0}^{m} xi^i + a_1 \sum_{i=0}^{m} xi^{i+1} + a_2 \sum_{i=0}^{m} xi^{i+2} + \ldots + a_1 \sum_{i=0}^{m} xi^{2i} = \sum_{i=0}^{m} yixi^n$$

Quadro 8.2 - Sistema de equações para ajuste de curvas de grau n.

$$
\begin{bmatrix}
SX0 + SX1 + SX2 + SX3 + \ldots + SXn \\
SX1 + SX2 + SX3 + SX4 + \ldots + SXn{+}1 \\
SX2 + SX3 + SX4 + SX5 + \ldots + SXn{+}2 \\
SX3 + SX4 + SX5 + SX6 + \ldots + SXn{+}3 \\
\ldots \quad \ldots \quad \ldots \quad \ldots \quad \ldots \quad \ldots \\
SXn + SXn{+}1 + SXn{+}2 + SXn{+}3 + \ldots + \\
SX2n
\end{bmatrix}
*
\begin{bmatrix}
a_0 \\
a_1 \\
a_2 \\
a_3 \\
\ldots \\
a_n
\end{bmatrix}
=
\begin{bmatrix}
SY1 \\
SYX1 \\
SYX2 \\
SYX3 \\
\ldots \\
SYXn
\end{bmatrix}
$$

Devido à generalização, teremos:

SXi   Somatório dos x^i (i=0,n), para i=0 ==> SX0 = m.

SYXi Somatório dos produtos de y por x^i (i=0,n).

Considerando **A** a matriz dos coeficientes (SXi) e **b** o vetor dos termos independentes (SYXi), o conjunto solução será dado por A\b ou **lsq**(A,b), tal como se faz para um sistema de equações lineares que possui alguma solução[65].

---

65 Como já foi explicado no rodapé da página 391, o comando lsq é mais garantido para equações com grau superior a dois (n>2).

- **Exemplo 8.8**

Considerando o gráfico da **Figura 8.4**, determine a melhor curva que se ajusta aos pontos obtidos experimentalmente, e, em seguida, calcule o valor de y para x=50.

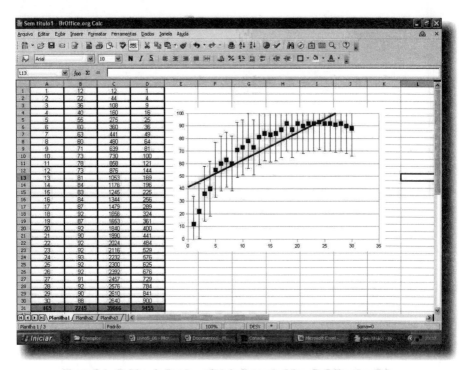

Figura 8.4 - Gráfico da função y=f(x) do Exemplo 8.8 no BrOffice.Org Calc.

Primeiramente vamos tentar ajustar os pontos a uma reta do tipo padrão y = $a_0 + a_1 x$. Nesse caso, obteremos a **Tabela 8.2** com os valores essenciais para aplicar o "Método dos Mínimos Quadrados".

a_0 Parâmetro linear - intercepto - da reta (valor de y quando x=0).
a_1 Coeficiente angular da reta (dá a tangente do ângulo que a reta faz com o eixo das abscissas).

x	y*	y*x	x^2
1	12	12	1
2	22	44	4
3	36	108	9
4	40	160	16
5	55	275	25
6	60	360	36
7	63	441	49
8	60	480	64
9	71	639	81
10	73	730	100
11	78	858	121
12	73	876	144
13	81	1053	169
14	84	1176	196
15	83	1245	225
16	84	1344	256
17	87	1479	289
18	92	1656	324
19	87	1653	361
20	92	1840	400
21	90	1890	441
22	92	2024	484
23	92	2116	529
24	93	2232	576
25	92	2300	625
26	92	2392	676
27	91	2457	729
28	92	2576	784
29	90	2610	841
30	88	2640	900
465	2245	39666	9455

Tabela 8.2 - Dados do Exemplo 8.8 para ajuste de reta.

396 | SciLab: Uma Abordagem Prática e Didática 2ª Edição - Mário Leite

Aplicando as **equações 8.3** e **8.4** para calcular a_0 e a_1 teremos:

```
a  = (SY1*SX2-SX1*SYX1)/(m*SX2-SX1^2)
 o
a  = (m*SYX1-SX1*SY1)/(m*SX2-SX1^2)
 1
```

Substituindo os valores correspodnente da **Tabela 8.2** obtemos:

```
a  = (2245*9455-465*39666)/(30*9455-465^2)
 o
(21226475-18444690) / (283650-216225)
(2781785) / (67425) ≅ 41.257471
a  = (30*39666-465*2245)/(30*9455-465^2)
 1
(1189980-1043925) / (283650-216225)
(146055) / (67425) ≅ 2.1661846
```

Então, a equação da reta que se ajustaria aos pontos seria a seguinte:

```
y = 41.257471 + 2.1661846x
```

Fazendo uma abordagem matricial com o SciLab, também teríamos:

```
-->m = 30;

-->SX1 = 465;

-->SY1 = 2245;

-->SYX1 = 39666;

-->SX2 = 9455;

-->A = [m SX1; SX1 SX2];

-->b = [SY1; SYX1];

-->A\b
 ans  =
      41.257471  ◄────────── a
                              o
      2.1661846  ◄────────── a
                              1
```

Capítulo 8 - Aplicações na Álgebra | 397

Confirmando com o emprego do comando **lsq**.

```
-->S = lsq(A,b)
 S   =

    41.257471
    2.1661846
```

Para x=50, teremos:

$$y = 41.257471 + 2.1661846*\mathbf{50} = \mathbf{149.5667}$$

A **Figura 8.4** mostra o ajuste dos pontos por uma reta quando é usada a planilha LibreOffice.Org Calc[66]. Entretanto, observando melhor a **Figura 8.4** podemos notar que os desvios dos pontos em relação à reta ajustada são muito grandes; será que essa reta é realmente a curva que melhor se ajusta aos pontos da **Tabela 8.2**? É óbvio que não, pois a linha de tendência dos pontos da figura indica claramente que o ajuste deve ser feito por parábola e não por uma reta; por isto, vamos considerar que a curva que melhor se ajusta aos pontos seja uma curva do 2° grau do tipo:

$$y = a_o + a_1 x + a_2 x^2$$

Assim, estendendo a **Tabela 8.2** com novos valores necessários para o ajuste de curva do 2° grau, obteremos a **Tabela 8.3**. Esses novos valores são os seguintes:

SX3 = Somatório dos xi elevados ao cubo.

SX4 = Somatório dos xi elevados à quarta potência.

SYX2= Somatório dos produtos de yi por xi^2.

---

66 LibreOffice Calc (antigo BrOffice.org Calc) é uma ferramenta de planilha eletrônica *open source*, integrante do pacote LibreOffice (antigo BrOffice.org), e que pode ser baixado e usada livremente pela Internet.

x	y*	y*x	x^2	x^3	x^4	$y*x^2$
1	12	12	1	1	1	12
2	22	44	4	8	16	88
3	36	108	9	27	81	324
4	40	160	16	64	256	640
5	55	275	25	125	625	1375
6	60	360	36	216	1296	2160
7	63	441	49	343	2401	3087
8	60	480	64	512	4096	3840
9	71	639	81	729	6561	5751
10	73	730	100	1000	10000	7300
11	78	858	121	1331	14641	9438
12	73	876	144	1728	20736	10512
13	81	1053	169	2197	28561	13689
14	84	1176	196	2744	38416	16464
15	83	1245	225	3375	50625	18675
16	84	1344	256	4096	65536	21504
17	87	1479	289	4913	83521	25143
18	92	1656	324	5832	104976	29808
19	87	1653	361	6859	130321	31407
20	92	1840	400	8000	160000	36800
21	90	1890	441	9261	194481	39690
22	92	2024	484	10648	234256	44528
23	92	2116	529	12167	279841	48668
24	93	2232	576	13824	331776	53568
25	92	2300	625	15625	390625	57500
26	92	2392	676	17576	456976	62192
27	91	2457	729	19683	531441	66339
28	92	2576	784	21952	614656	72128
29	90	2610	841	24389	707281	75690
30	88	2640	900	27000	810000	79200
465	2245	39666	9455	216225	5273999	837520

Tabela 8.3 - Dados do Exemplo 8.8 para ajuste de curva do 2º grau.

Capítulo 8 - Aplicações na Álgebra | 399

No *prompt* do SciLab teremos as seguintes instruções:

```
-->m = 30;

-->SX1 = 465;

-->SX2 = 9455;

-->SX3 = 216225;

-->SX4 = 5273999;

-->SY1 = 2245;

-->SYX1 = 39666;

-->SYX2 = 837520;

-->A = [m SX1 SX2; SX1 SX2 SX3; SX2 SX3 SX4]
 A =

    30.        465.        9455.
    465.       9455.       216225.
    9455.      216225.     5273999.

-->b = [SY1; SYX1; SYX2]
 b =

    2245.
    39666.
    837520.

-->A\b
 ans =

    15.453695
    7.0043928
  - 0.1560712
```

> Confirmando com o comando **lsq**:
> ```
> -->S = lsq(A,b)
>  S =
>
>     15.453695
>     7.0043928
>   - 0.1560712
> ```

$$y = 15.453695 + 7.0043928x - 0.1560712x^2$$

Então, para x=50 teremos um valor mais próximo do real.

y = 15.453695 + 7.0043928*50 - 0.1560712***50**^{2} ≅ **-24.50467**

Observe que o valor de y(50) agora é bem diferente do valor de y(50) para o ajuste com uma reta. O valor y(50) ≅ -24.50467 é bem mais real, pois a curva tende a ser uma parábola com concavidade para baixo. A **Figura 8.5** mostra o gráfico da nossa função y=f(x) - curva contínua - e os pontos experimentais ao rodar o programa "LeArqDados5.sce", cujo código pode ser visto na **Figura 8.6**.

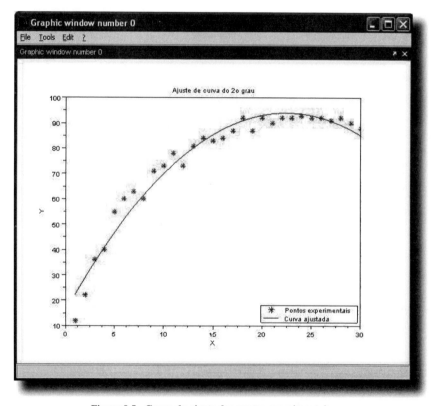

Figura 8.5 - Curva de ajuste dos pontos experimentais.

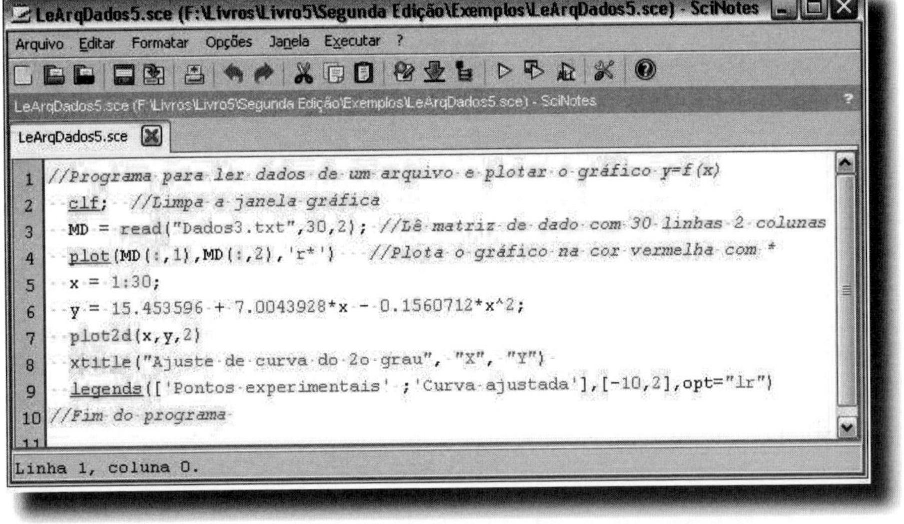


```
//Programa para ler dados de um arquivo e plotar o gráfico y=f(x)
  clf;  //Limpa a janela gráfica
  MD = read("Dados3.txt",30,2); //Lê matriz de dado com 30 linhas 2 colunas
  plot(MD(:,1),MD(:,2),'r*')   //Plota o gráfico na cor vermelha com *
  x = 1:30;
  y = 15.453596 + 7.0043928*x - 0.1560712*x^2;
  plot2d(x,y,2)
  xtitle("Ajuste de curva do 2o grau", "X", "Y")
  legends(['Pontos experimentais' ;'Curva ajustada'],[-10,2],opt="lr")
//Fim do programa
```

Figura 8.6 - Código do programa que gera o gráfico da Figura 8.5.

8.3.4 Coeficientes de Correlação e de Determinação

Na primeira solução apresentada para o **Exemplo 8.8** obtivemos o ajuste dos pontos através da reta: y=41.257471+2.1661846x. Entretanto, conforme foi mostrado na **Figura 8.4**, com um ajuste dessa natureza (com uma curva do primeiro grau) ficaram evidentes os grandes desvios dos pontos (grande dispersão) em relação à reta que os ajustariam. Esta conclusão de que o ajuste com uma reta não foi bom ficou evidente visualmente; mas como provar isto de maneira analítica, matematicamente? Para verificar isso é importante ter um parâmetro que nos dê uma resposta mais contundente: esse parâmetro é o "coeficiente de correlação" (**R**), como é chamado na Álgebra Linear. Formalmente, R dá a medida do grau de associação entre duas características em função de uma série de observações, e possui dois valores extremos: -1 e 1 (-1<=R<=1). Quanto mais próximo R estiver de um desses valores extremos, mais associadas estarão essas duas características. Isto quer dizer que um ajuste perfeito tem R=1 ou R=-1. Assim, quanto maior for o móduldo

402 | SciLab: Uma Abordagem Prática e Didática 2ª Edição - Mário Leite

de R mais forte é a associação entre os pontos observados e os pontos sobre a curva de ajuste.

- $-1<=R<0 =>$ Correlação negativa; relação inversamente proporcional entre x e y (x cresce e y decresce).

- $0<R<=1 ==>$ Correlação positiva; relação diretamente proporcional entre x e y (x cresce e y cresce).

- $R=0 ==>$ Não existe nenhuma correlação entre x e y.

O quadrado de R (R^2) é chamado de "coeficiente de determinação" - ou "coeficiente de correlação de Pearson" - e dá a proporção da variabilidade de uma medida em relação à outra.

$$R^2 = \frac{\sum (y - \overline{y})^2}{\sum (y^* - \overline{y})^2} \qquad \text{Eq. 8.5}$$

Onde y^* representam os valores observados (reais), **y** valores calculados pela equação da curva de ajuste e $\overline{y}$ o valor médio dos y^*. Por exemplo, se $R=0.91$, então $R^2=0.83$. Isto quer dizer que apenas 17% estão fora do ideal, ou que apenas 17% dos pontos não são explicadas pela equação.

Para calcular R^2 do **Exemplo 8.8** vamos considerar primeiramente o ajuste feito com a reta $y = 41.257471 + 2.1661846x$ e depois o ajuste com a curva $y = 15.453695 + 7.0043928x - 0.1560712x^2$.

1º)   Considerando o ajuste com a reta: $y = 41.257471 + 2.1661846x$.

A **Tabela 8.4** reúne todos os dados necessários para calcular R e R^2 onde y^* são valores obtidos experimentalmente (observados), **y** valores calculados pela equação da reta e $\overline{y}$ a média dos valores dos y^*.

Capítulo 8 - Aplicações na Álgebra | 403

x	y*	y	y* - $\bar{y}$	(y* - $\bar{y}$)^2	y - $\bar{y}$	(y - $\bar{y}$)^2
1	12	43.4237	-62.8333	3948.0236	-31.4096	986.5658
2	22	45.5898	-52.8333	2791.3576	-29.2435	855.1799
3	36	47.7560	-38.8333	1508.0252	-27.0773	733.1788
4	40	49.9222	-34.8333	1213.3588	-24.9111	620.5624
5	55	52.0884	-19.8333	393.3598	-22.7449	517.3307
6	60	54.2546	-14.8333	220.0268	-20.5787	423.4838
7	63	56.4208	-11.8333	140.0270	-18.4125	339.0215
8	60	58.5869	-14.8333	220.0268	-16.2464	263.9440
9	71	60.7531	-3.8333	14.6942	-14.0802	198.2511
10	73	62.9193	-1.8333	3.3610	-11.9140	141.9430
11	78	65.0855	3.1667	10.0280	-9.7478	95.0196
12	73	67.2517	-1.8333	3.3610	-7.5816	57.4809
13	81	69.4179	6.1667	38.0282	-5.4154	29.3269
14	84	71.5841	9.1667	84.0284	-3.2492	10.5576
15	83	73.7502	8.1667	66.6950	-1.0831	1.1730
16	84	75.9164	9.1667	84.0284	1.0831	1.1732
17	87	78.0826	12.1667	148.0286	3.2493	10.5580
18	92	80.2488	17.1667	294.6956	5.4155	29.3276
19	87	82.4150	12.1667	148.0286	7.5817	57.4818
20	92	84.5812	17.1667	294.6956	9.7479	95.0208
21	90	86.7473	15.1667	230.0288	11.9140	141.9445
22	92	88.9135	17.1667	294.6956	14.0802	198.2529
23	92	91.0797	17.1667	294.6956	16.2464	263.9461
24	93	93.2459	18.1667	330.0290	18.4126	339.0239
25	92	95.4121	17.1667	294.6956	20.5788	423.4864
26	92	97.5783	17.1667	294.6956	22.7450	517.3337
27	91	99.7445	16.1667	261.3622	24.9112	620.5657
28	92	101.9106	17.1667	294.6956	27.0773	733.1823
29	90	104.0768	15.1667	230.0288	29.2435	855.1837
30	88	106.2430	13.1667	173.3620	31.4097	986.5698
Soma	2245	2245.0000	0.0010	14322.1667	0.0010	10546.0695
Média	74.8333					

Tabela 8.4 - Dados para correlação linear com uma reta do Exemplo 8.8.

Baseado nos dados da **Tabela 8.4** e substituindo os dados na **Eq. 8.5**, o coeficiente de determinação (R^2) será dado por:

$$R^2 = \frac{\sum (y - \overline{y})^2}{\sum (y^* - \overline{y})^2} = (10546.0695/14322.1667) \cong \mathbf{0.7363}$$

A **Figura 8.7** comprova esses resultados quando empregamos a planilha MS-Excel© que plota a reta de ajuste (linha de tendência) e dá o R^2.

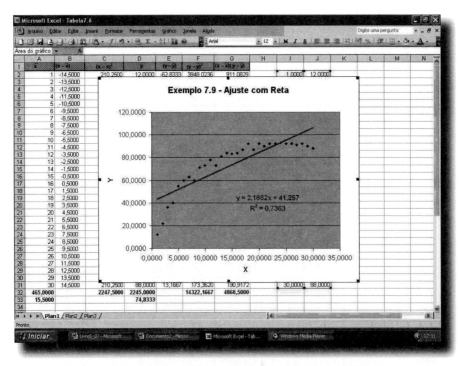

Figura 8.7 - Comprovação do resultado de ajuste por reta no MS-Excel.

Capítulo 8 - Aplicações na Álgebra | 405

NOTA

Observe que tanto pelos nossos cálculos tabelados quanto pelo Excel©, os valores de R^2 são iguais. Por outro lado, algumas literaturas definem faixas de valores para R e R^2 e com essas faixas estabelecem vários tipos de correlação: *nenhuma, fraca, moderada, forte* e *muito forte*. Para um valor de **0.7363** (como o que foi encontrado neste exemplo), seria de moderada para forte(!). Entretanto, como pode ser notado pelo que foi mostrado na **Figura 8.4**, o ajuste com uma reta ficaria bem estranho. Portanto, essas faixas de valores apresentadas nas diversas literaturas devem ser consideradas com um certo cuidado e bastante critério; o ideal é começar a fazer ajustes com reta, mas os outros tipos de curvas também devem ser testados; a que apresentar maior R^2 (em módulo) é a que, em princípio, deve ser considerada.

2°)   Considerando com a curva $y = 15.453695 + 7.0043928x - 0.1560712x^2$.

A **Tabela 8.5** mostra todos os dados necessários para calcular R e R^2.

x	y*	y	y* - $\bar{y}$	(y* - $\bar{y}$)²	y - $\bar{y}$	(y - $\bar{y}$)²
1	12	22.3020	-62.8333	3948.0236	52.5313	2759.5357
2	22	28.8382	-52.8333	2791.3576	45.9951	2115.5496
3	36	35.0622	-38.8333	1508.0252	39.7711	1581.7378
4	40	40.9741	-34.8333	1213.3588	33.8592	1146.4436
5	55	46.5739	-19.8333	393.3598	28.2594	798.5949
6	60	51.8615	-14.8333	220.0268	22.9718	527.7041
7	63	56.8370	-11.8333	140.0270	17.9963	323.8684
8	60	61.5003	-14.8333	220.0268	13.3330	177.7694
9	71	65.8515	-3.8333	14.6942	-8.9818	80.6734
10	73	69.8905	-1.8333	3.3610	-4.9428	24.4312
11	78	73.6174	3.1667	10.0280	-1.2159	1.4784

12	73	77.0322	-1.8333	3.3610	2.1989	4.8350
13	81	80.1348	6.1667	38.0282	5.3015	28.1056
14	84	82.9252	9.1667	84.0284	8.0919	65.4795
15	83	85.4036	8.1667	66.6950	10.5703	111.7305
16	84	87.5698	9.1667	84.0284	12.7365	162.2172
17	87	89.4238	12.1667	148.0286	14.5905	212.8826
18	92	90.9657	17.1667	294.6956	16.1324	260.2542
19	87	92.1955	12.1667	148.0286	17.3622	301.4444
20	92	93.1131	17.1667	294.6956	18.2798	334.1500
21	90	93.7185	15.1667	230.0288	18.8852	356.6525
22	92	94.0119	17.1667	294.6956	19.1786	367.8178
23	92	93.9931	17.1667	294.6956	19.1598	367.0966
24	93	93.6621	18.1667	330.0290	18.8288	354.5241
25	92	93.0190	17.1667	294.6956	18.1857	330.7202
26	92	92.0638	17.1667	294.6956	17.2305	296.8893
27	91	90.7964	16.1667	261.3622	15.9631	254.8204
28	92	89.2169	17.1667	294.6956	14.3836	206.8872
29	90	87.3252	15.1667	230.0288	12.4919	156.0477
30	88	85.1214	13.1667	173.3620	10.2881	105.8450
Soma	2245	2245.0003	0.0010	14322.1667	0.0013	13816.1864
Média	74.8333					

Tabela 8.5 - Dados para correlação polinomial com curva do 2º grau.

Baseado agora nos dados da **Tabela 8.5** e substituindo esses valores na **Eq. 8.5**, o coeficiente de determinação (R^2) será dado por:

$$R^2 = \frac{\sum (y - \bar{y})^2}{\sum (y^* - \bar{y})^2} = (13816.1864/14322.1667) \cong \mathbf{0.9647}$$

Observe que, neste caso (ajuste com uma curva do 2° grau), o resultado é bem melhor, pois agora, apenas 1-0.9647=0.0353=3.53% dos valores calculados de y não são confiáveis; 96.47% podem ser explicados com a curva de ajuste. A **Figura 8.8** mostra a comprovação desse resultado quando empregamos o MS-Excel© para plotar a curva de ajuste (linha de tendência) com a sua respectiva equação.

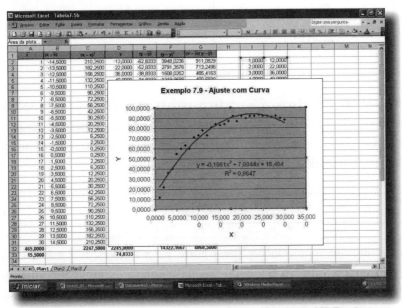

Figura 8.8 - Comprovação do resultado de ajuste por curva no MS-Excel.

8.3.5 Regressão Exponencial

O "Método dos Mínimos Quadrados" é o mais empregado em funções polinomiais; entretanto, em alguns casos, o ajuste com outros tipos de funções pode ser melhor. Um desses tipos de funções pode ser uma função y=f(x) exponencial representada da seguinte forma:

$$y = be^{ax} \quad \text{Eq. 8.7}$$

Onde **a** e **b** são constantes a serem determinadas; **e** representa a base dos logaritmos naturais (e=2.71828...,) que é um número irracional.

Seguindo a mesma linha de raciocínio para funções polinomiais e semelhantemente à **Eq. 8.2**, o que se deseja é minimizar os desvios entre os pontos observados (x,y*) e os pontos sobre a curva. Então devemos ter:

$$D = \sum_{i=0}^{m}(yi^* - be^{ax})$$ **Eq. 8.8**

Derivando **D** em relação a **b** e **a** (separadamente) obteremos equações diferenciais que não possuem soluções exatas. Por isso, o melhor a fazer é dar um tratamento em termos de logaritmos à função que faz a aproximação da solução. Depois do tratamento analítico, obtemos:

$$Ln\ y = Ln\ b + ax$$ **Eq. 8.9**

Assim teremos uma relação linear entre **y** e **x** através de **Ln b** e **a**, caindo no caso anteriormente estudado. Desta maneira os procedimentos necessários ficam bastante aproximados aos empregados em regressões polinomiais, com **a** e **b** sendo determinados pelas **equações 8.10** e **8.11**, respectivamente.

$$a = \frac{m\sum(xiLn\ yi) - \sum(xi)\sum(Ln\ yi)}{m.\sum(xi^2) - \sum(xi)^2}$$ **Eq. 8.10**

$$Ln\ b = \frac{\sum(xi^2)\sum(Ln\ yi) - \sum(xiLn\ yi)\sum(xi)}{m\sum(xi^2) - \sum(xi)^2}$$ **Eq. 8.11**

x	y*	x^2	Ln y*	x*Ln y*
1	12	1	2.4849	2.4849
2	22	4	3.0910	6.1821
3	36	9	3.5835	10.7506
4	40	16	3.6889	14.7555
5	55	25	4.0073	20.0367
6	60	36	4.0943	24.5661
7	63	49	4.1431	29.0019
8	60	64	4.0943	32.7548
9	71	81	4.2627	38.3641
10	73	100	4.2905	42.9046
11	78	121	4.3567	47.9238
12	73	144	4.2905	51.4855
13	81	169	4.3944	57.1278
14	84	196	4.4308	62.0314
15	83	225	4.4188	66.2826
16	84	256	4.4308	70.8931
17	87	289	4.4659	75.9204
18	92	324	4.5218	81.3922
19	87	361	4.4659	84.8523
20	92	400	4.5218	90.4358
21	90	441	4.4998	94.4960
22	92	484	4.5218	99.4793
23	92	529	4.5218	104.0011
24	93	576	4.5326	108.7824
25	92	625	4.5218	113.0447
26	92	676	4.5218	117.5665
27	91	729	4.5109	121.7932
28	92	784	4.5218	126.6101
29	90	841	4.4998	130.4945
30	88	900	4.4773	134.3201
465	2245	9455	127.1675	2060.7341

Tabela 8.6a - Dados para cálculo dos parâmetos a e b.

410 | SciLab: Uma Abordagem Prática e Didática 2ª Edição - Mário Leite

Usando os dados da **Tabela 8.6a** para ajustar os pontos a uma curva exponencial para o **Exemplo 8.8**, obtemos os seguintes valores:

```
a    = 30*2060.7341 - 465*127.1675 / (30*9455 - 465²) ≅ 0,0399
Ln b = 9455*127.1675 - 2060.7341*465 / (30*9455 - 465²)
     = 244127.356 / 67425 = 3.6207 ==> b = e³·⁶²⁰⁷ ≅ 37.3637
```

$$y = 37.3637e^{0.0399x}$$

E os dados gerais seriam os mostrados na **Tabela 8.6b**.

x	y*	y	Ln y*	Ln y	$(Ln\ y^* -\overline{Ln\ y^*})^2$	$(Ln\ y -\overline{Ln\ y^*})^2$
1	12	38,8847	2,4849	3,6606	3,0765	0,3344
2	22	40,4675	3,0910	3,7005	1,3176	0,2899
3	36	42,1148	3,5835	3,7404	0,4295	0,2485
4	40	43,8292	3,6889	3,7803	0,3025	0,2103
5	55	45,6133	4,0073	3,8202	0,0536	0,1753
6	60	47,4701	4,0943	3,8601	0,0209	0,1435
7	63	49,4024	4,1431	3,9000	0,0092	0,1149
8	60	51,4134	4,0943	3,9399	0,0209	0,0894
9	71	53,5063	4,2627	3,9798	0,0006	0,0671
10	73	55,6844	4,2905	4,0197	0,0027	0,0481
11	78	57,9511	4,3567	4,0596	0,0139	0,0322
12	73	60,3101	4,2905	4,0995	0,0027	0,0194
13	81	62,7651	4,3944	4,1394	0,0242	0,0099
14	84	65,3201	4,4308	4,1793	0,0368	0,0036
15	83	67,9791	4,4188	4,2192	0,0324	0,0004
16	84	70,7463	4,4308	4,2591	0,0368	0,0004
17	87	73,6261	4,4659	4,2990	0,0515	0,0036
18	92	76,6232	4,5218	4,3389	0,0800	0,0100

19	87	79,7423	4,4659	4,3788	0,0515	0,0196
20	92	82,9883	4,5218	4,4187	0,0800	0,0323
21	90	86,3665	4,4998	4,4586	0,0681	0,0483
22	92	89,8822	4,5218	4,4985	0,0800	0,0674
23	92	93,5410	4,5218	4,5384	0,0800	0,0897
24	93	97,3487	4,5326	4,5783	0,0862	0,1152
25	92	101,3115	4,5218	4,6182	0,0800	0,1439
26	92	105,4355	4,5218	4,6581	0,0800	0,1757
27	91	109,7275	4,5109	4,6980	0,0740	0,2108
28	92	114,1941	4,5218	4,7379	0,0800	0,2490
29	90	118,8426	4,4998	4,7778	0,0681	0,2904
30	88	123,6803	4,4773	4,8177	0,0568	0,3350
465	2245	2206,767	127,1675	127,1744	6,3972	3,5780
Média			4,2389			

Tabela 8.6b - Dados para correlação exponencial.

O coeficiente de determinação nesse caso é dado pela **Eq. 8.12**.

$$R^2 = \frac{\sum (Ln\ y - \overline{Ln\ y^*})^2}{\sum (Ln\ y^* - \overline{Ln\ y^*})^2}$$ Eq. 8.12

Considerando a **Tabela 8.6b**, teremos:

```
∑ (Ln  y  - Ln  y*)²  =   3.5780
∑ (Ln  y*- Ln  y*)²  =   6.3972
```

Assim obteremos:

```
R² =   3.5780 / 6.3972 ==>  R² = 0.5593
```

412 | SciLab: Uma Abordagem Prática e Didática 2ª Edição - Mário Leite

O valor 0.5593 indica que o ajuste feito com uma curva exponencial ficaria muito pior do que com a reta. Neste caso apenas 55.93% dos valores obtidos para **y** poderiam ser estimados pela equação com uma boa confiança. A **Tabela 8.7** resume os resultados para o **Exemplo 8.8**.

Tipo de curva	Equação	R^2
Parábola do 2º grau	$y = 15.453695 + 7.0043928x - 0.1560712x^2$	0.9647
Reta	$y = 41.257471 + 2.1661846x$	0.7363
Exponencial	$y = 37.3637e^{0.0399x}$	0.5593

Tabela 8.7 - Comparação de ajustes entre tipos de curvas para o Exemplo 8.8.

- ## Exemplo 8.9

  Criar um programa que leia um arquivo contendo uma matriz $m^x n$ com os dados observados de **y*** em função de **x** e que permita que sejam traçadas curvas exponenciais, retas e polinomiais (do 2º, 3º, 4º e 5º graus). E, além de traçar a curva, o programa também deve fazer o ajuste de acordo com a opção do usuário e apresentar o R^2

```
//Programa para traçar curvas e fazer ajuste: "Método dos //
Mínimos Quadrados"
//ProgEx89.sce
"Início do programa"
clear; //Limpa todas as variáveis de memória
TipoReg = input("Entre com o tipo de regressão: 0=exp;
1=reta; 2,3,4,5
=polinomial");
MD = read("Dados3.txt",30,2);   //Lê a matriz de dados: 30x2
m  = length(MD(:,1));   //Determina número de linhas da matriz
format(10);   //Define formato para máximo 7 casas decimais
x = MD(1):MD(m);   //Define faixa de valores de x(x minúsculo)
//Determina os principais parâmetros para determinar a curva
X = MD(:,1);   //Atribui elementos da coluna1 à X (X maiúsculo)
Y = MD(:,2);   //Atribui elementos da coluna2 à Y (Y maiúsculo)
```

Capítulo 8 - Aplicações na Álgebra | 413

```
//SXn     //Somatório dos valores de x elevados a n (n=1,10)
 SX1   = sum(X);
 SX2   = sum(X^2);
 SX3   = sum(X^3);
 SX4   = sum(X^4);
 SX5   = sum(X^5);
 SX6   = sum(X^6);
 SX7   = sum(X^7);
 SX8   = sum(X^8);
 SX9   = sum(X^9);
 SX10  = sum(X^10);
 SY1   = sum(Y);
//SYXn     //Soma dos produtos de y por x elevado a n (n=1,5)
//X' é o vetor transposto de X
 SYX1  = sum(X'*Y);
 SYX2  = sum(X'^2*Y);
 SYX3  = sum(X'^3*Y);
 SYX4  = sum(X'^4*Y);
 SYX5  = sum(X'^5*Y);
 SXLnY = sum(X'*log(Y));   //Soma dos produtos de x pelo log(y)
 SLnY  = sum(log(Y));         //Somatório dos logaritmos dos y
 SLnYoym = 0;   //Soma de quadrados dos log(Lnyo-Lym) observados
 SLnYcym = 0;   //Soma de quadrados de log(Lnyc-Lym) calculados
 S2yoym  = 0;   //Somatório dos quadrados de (yo-ym) observados
 S2ycym  = 0;   //Soma de quadrados de (yc-ym) calculados
 Lnym = SLnY/m;   //Determina o log(y) médio
 ym   = SY1/m;   //Determina o y médio
 QSX  = SX1^2;   //Quadrado do somatório dos elementos de X
 clf;   //Limpa a janela gráfica
 plot(MD(:,1),MD(:,2),'r*');   //Plota gráfico dos pontos
(em vermelho com *)
//Calcula parâmetros de acordo com o tipo de regressão
```

414 | SciLab: Uma Abordagem Prática e Didática 2ª Edição - Mário Leite

```
select  TipoReg
  case  0  then     //Regressão exponencial
  a   = (m*SXLnY-SX1*SLnY)/(m*SX2-QSX);
  Lnb = (SX2*SLnY-SXLnY*SX1)/(m*SX2-QSX);
  b   = %e^Lnb;
  y   = b*%e^(a*x);   //Define y=f(x)
  C0  = string(b) + "*" + string(%e) + "^" + string(a) + "x"
  plot2d(x,y,2);   //Plota a curva y(x) ajustada na cor azul
  //Calcula os valores de y da curva e determina o R²
  for  j=1:m;
      R(j) = b*(%e^(a*MD(j,1)));   //Valores de y na curva
      SLnYcym = SLnYcym + (log(R(j))-Lnym)^2;
      SLnYoym = SLnYoym + (log(MD(j,2))-Lnym)^2;
  end;
  "R2 = " + string(SLnYcym/SLnYoym)
  case  1   then    //Regressão linear
    a0 = (SY1*SX2-SX1*SYX1)/(m*SX2-SX1^2);
    a1 = (m*SYX1-SX1*SY1)/(m*SX2-SX1^2);
    y  = a0 + a1*x;    //Define y=f(x)
    C1 = poly([a0 a1], "x", "c")
    plot2d(x,y,2);   //Plota a reta y(x) ajustada na cor azul
    //Calcula os valores de y da reta e determina o R²
    for  j=1:m;
        R(j)    = a0 + a1*MD(j,1);
        S2ycym = S2ycym + (R(j)-ym)^2;
        S2yoym = S2yoym + (MD(j,2)-ym)^2;
    end;
    "R2 = " + string(S2ycym/S2yoym)
  case  2   then  //Regressão polinomial do 2º grau
      A  = [m SX1 SX2; SX1 SX2 SX3; SX2 SX3 SX4];
      b  = [SY1; SYX1; SYX2];
      S  = A\b;   //Resolve o sistema linear com a operação A\b
```

Capítulo 8 - Aplicações na Álgebra | 415

```
a0 = S(1);
a1 = S(2);
a2 = S(3);
y  = a0 + a1*x + a2*x^2;    //Define y=f(x)
C2 = poly([a0 a1 a2], "x", "c")
//Calcula valores de y da curva e determina o R2
for  j=1:m;
    R(j) = a0 + a1*MD(j,1) + a2*MD(j,1)^2;
    S2ycym = S2ycym + (R(j)-ym)^2;
    S2yoym = S2yoym + (MD(j,2)-ym)^2;
end;
"R2 = " + string(S2ycym/S2yoym)
plot2d(x,y,2);   //Plota a curva ajustada na cor azul
case  3   then   //Regressão polinomial do 3° grau
A  = [m SX1 SX2 SX3; SX1 SX2 SX3 SX4; SX2 SX3 SX4 SX5;
      SX3 SX4 SX5 SX6];
b  = [SY1; SYX1; SYX2; SYX3];
S  = lsq(A,b,0);
a0 = S(1);
a1 = S(2);
a2 = S(3);
a3 = S(4);
y  = a0 + a1*x + a2*x^2 + a3*x^3;
C3 = poly([a0 a1 a2 a3], "x", "c")
//Calcula valores de y da curva e determina o R2
for  j=1:m;
    R(j)  = a0 + a1*MD(j,1) + a2*MD(j,1)^2 + a3*MD(j,1)^3;
    S2ycym = S2ycym + (R(j)-ym)^2;
    S2yoym = S2yoym + (MD(j,2)-ym)^2;
end;
"R2 = " + string(S2ycym/S2yoym)
plot2d(x,y,2);   //Plota a curva ajustada na cor azul
```

416 | SciLab: Uma Abordagem Prática e Didática 2ª Edição - Mário Leite

```
case  4  then    //Regressão polinomial do 4° grau
   A = [m SX1 SX2 SX3 SX4; SX1 SX2 SX3 SX4 SX5;
        SX2 SX3 SX4 SX5 SX6; SX3 SX4 SX5 SX6 SX7;
        SX4 SX5 SX6 SX7 SX8];
   b = [SY1; SYX1; SYX2; SYX3; SYX4];
   S = lsq(A,b,0);
   a0 = S(1);
   a1 = S(2);
   a2 = S(3);
   a3 = S(4);
   a4 = S(5);
   y = a0 + a1*x + a2*x^2 + a3*x^3 + a4*x^4;
   C4 = poly([a0 a1 a2 a3 a4], "x", "c")
   //Calcula valores de y da curva e determina o R2
   for  j=1:m;
       R(j) = a0 + a1*MD(j,1) + a2*MD(j,1)^2 +
       a3*MD(j,1)^3 + a4*MD(j,1)^4;
       S2ycym = S2ycym + (R(j)-ym)^2;
       S2yoym = S2yoym + (MD(j,2)-ym)^2;
   end;
   "R2 = " + string(S2ycym/S2yoym)
   plot2d(x,y,2);   //Plota a curva ajustada na cor azul
case  5  then    //Regressão polinomial do 5° grau
   A = [m SX1 SX2 SX3 SX4 SX5; SX1 SX2 SX3 SX4 SX5 SX6;
        SX2 SX3 SX4 SX5 SX6 SX7; SX3 SX4 SX5 SX6 SX7 SX8;
        SX4 SX5 SX6 SX7 SX8 SX9;SX5 SX6 SX7 SX8 SX9 SX10];
   b = [SY1; SYX1; SYX2; SYX3; SYX4; SYX5];
   S = lsq(A,b,0);
   a0 = S(1);
   a1 = S(2);
   a2 = S(3);
   a3 = S(4);
   a4 = S(5);
```

```
    a5 = S(6);
    y  = a0 + a1*x + a2*x^2 + a3*x^3 + a4*x^4 + a5*x^5;
    C5 = poly([a0 a1 a2 a3 a4 a5], "x", "c")
    //Calcula valores de y da curva e determina o R2
    for  j=1:m;
        R(j) = a0 + a1*MD(j,1) + a2*MD(j,1)^2 +
        a3*MD(j,1)^3 + a4*MD(j,1)^4 + a5*MD(j,1)^5;
        S2ycym = S2ycym + (R(j)-ym)^2;
        S2yoym = S2yoym + (MD(j,2)-ym)^2;
    end;
    "R2 = " + string(S2ycym/S2yoym)
    plot2d(x,y,2);   //Plota a curva ajustada na cor azul
    end;   //Fim Select
 "Fim do programa"
//Fim do programa
```

NOTA

Observe no código anterior que o conjunto-solução **S** do sistema matricial **A*x = b** foi obtido através de três métodos diferentes:

- Para o ajuste com curva exponencial e com reta: diretamente através de cálculos analíticos para obter os parâmetros da equação a e b.
- Para o ajuste com curva do segundo grau: divisão à esquerda da matriz A pelo vetor b: **A\b**.
- Para ajuste com curvas polinomiais acima do grau 2: comando **lsq**.

O comando **lsq** foi utilizado para ajustes de curvas com grau superior a 2 porque dá melhor resultado. A solução através da operação A\b pode provocar (em certos casos) inconsistência nos resultados devido a singularidades que podem acontecer com valores extremos. Observe no **Quadro 8.3** a seguir, a descrição da execução do programa para ajuste com uma curva do terceiro grau utilizando a divisão à esquerda de A por b (**A\b**) neste com os dados da matriz contida no arquivo "Dados3.txt".

```
Início do programa
  Entre com o tipo de regressão: 0=exp. 1=reta.
  2,3,4,5=polinomial-->3
  warning
  matrix is close to singular or badly scaled. rcond =
  3.1451D-10
  computing least squares solution. (see lsq)
  S  =

    0.
    11.8557
  - 0.52023
    0.00760
  C3  =
                              2              3
    11.8557x  - 0.52023x + 0.00760x
  ans  =

  R2 = 1.07013
  ans  =

Fim do programa
```

> Resultados inconsistentes...

Quadro 8.3 - Resultados inconsistentes quando utilizada a divisão A\b.

Como foi explicado na **Nota** anterior, o **Quadro 8.3** mostra que os resultados obtidos com a divisão **A\b** para a solução matricial do ajuste com curva do terceiro grau são completamente inconsistentes com os resultados reais, gerando até uma mensagem de alerta *"matrix is close to singular or badly scaled."* Observe que até o valor de R^2 neste caso é estranho ($R^2>1$); por isto é sugerido o comando **lsq** (linear least **square**).

Capítulo 8 - Aplicações na Álgebra | 419

A **Tabela 8.8** resume os resultados obtidos na execução do programa para os tipos de ajustes oferecidos.

Tipo de ajuste	Equação		R^2
Curva do 5º grau	y =	- 4.94500147 + 17.40536x - 1.611948x² + 0.085265x³ - 0.0022758x⁴ + 0.0000232x⁵	0.9895
Curva do 4º grau	y =	-1.3660964 + 14.584766x - 1.016032x² + 0.0353178x³ - 0.0004789x⁴	0.9886
Curva do 3º grau	y =	6.2492246 + 10.300299x - 0.4175619x² + 0.00562x³	0.9816
Curva do 2º grau	y =	15.453695 + 7.0043928x - 0.1560712x²	0.9647
Curva do 1º grau	y =	41.25747126 + 2.1661846x	0.7363
Exponencial	y =	37.3645*e^{0.03988x}	0.5586

Tabela 8.8 - Resultados de ajustes em tipos de curvas para o Exemplo 8.9.[67]

8.4 Problemas de programação linear[68]

8.4.1 Conceitos Básicos sobre PL

Programação linear é um assunto muito importante, trazendo no seu contexto problemas de extremos de funções sobre certo domínio e sujeito a um conjunto de restrições. Esses problemas originaram-se da física e da geometria, e aplicados mais tarde à engenharia e à teoria econômica. Particularmente tais problemas aparecem quase que constantemente na teoria da

---

67 Os valores desta tabela estão um pouco diferentes dos apresentados na **Tabela 8.7** devido às aproximações efetuadas pelo programa, principalmente para "Exponencial".

68 Por fugir ao nível deste livro não descreveremos em detalhes os problemas de Programação Linear , apenas mostraremos como aplicar o SciLab para resolver problemas simples e práticos dessa natureza.

produção e/ou controles industriais. Nos anos 40 (século XX), essa classe de problemas recebeu o nome genérico de Programação Matemática, já que envolvia basicamente cálculos matriciais com a tarefa de resolver sistemas e determinar o programa de ação mais adequado para alcançar um resultado sujeito a restrições limitantes do seu comportamento. O objetivo é determinar os valores de n variáveis $(x_1, x_2, x_3,..., x_n)$ tais que maximizem ou minimizem o valor de uma função $z = f(x_1, x_2, x_3,..., x_n)$. Assim, dadas **m** restrições, teremos:

```
g(x₁, x₂, x₃, .., xₙ) ≤ =b        (i=1,2,3,...m)
```

Além disso, as variáveis x_j estão normalmente sujeitas às condições de não negatividade, descritas do seguinte modo:

```
xⱼ ≥ 0      (j=1,2,3,...m)
```

Um modelo de aplicação prática é aquele em que as funções f(x) e g(x) são lineares. PL é o caso mais importante de otimização e o mais usado nas diversas áreas do conhecimento: engenharia, física, economia, produção, etc. Uma situação muito estudada e que define uma situação típica de aplicação da PL é o planejamento da produção de uma unidade industrial. Nesses casos, é preciso entender que os recursos (homens, equipamentos, materiais, investimentos, etc.) para produzir bens são limitados, e que é preciso produzir mais a custos mais baixos (minimizar os custos) com ganhos mais altos (maximizar os lucros). Para essa situação, PL é muito mais eficiente do que as soluções clássicas baseadas somente no cálculo diferencial. Assim, existem dois fatores importantes a considerar nos problemas de programação linear:

a)   Alocação de recursos (com as restrições).

b)   Modelagem do sistema.

A alocação de recursos deve levar em conta que estes são limitados e às vezes escassos. A modelagem é uma arte que só é adquirida com experiência e bastante prática; mas sendo um fator crítico para se aplicar corretamente a solução matemática, ela se torna fundamental em todo o processo de solução do problema. Em resumo, os problemas de PL procuram distribuir de maneira eficiente os recursos para atender o objetivo principal, que, em geral, deve ser o de maximizar os lucros ou minimizar os custos. Nestes casos, o objetivo deve ser expresso através de uma função linear, chamada apropriadamente de *"função objetivo"* e normalmente indicada pela letra z. Portanto, deve-se ter:

$$\textbf{max } (z) = z^{T}xi \qquad ou \qquad \textbf{min}(z) = z^{T}xi$$

Sujeito às restrições

$$\begin{cases} Aix = bi \; ; \; i = 1; \; :::;me \; ==> \text{ para igualdades} \\ Aix \leq bi \; ; \; i = m0 + 1;:;m ==> \text{ para desigualdades} \\ xi>=0 \qquad\qquad ==> \text{ não negatividade das incógnitas} \\ ci \leq x \leq cs \end{cases}$$

Onde ci e cs são valores extremos de x. E se existem igualdades, estas devem <u>entrar</u> antes das desigualdades.

A é a matriz dos coeficientes de x, e b é o vetor dos termos independentes. Nas situações práticas, normalmente é considerada a não negatividade de xi (xi>=0); e isto deve ser considerado como equações do sistema. Para o Sci-Lab, usando o comando **linpro**, o padrão é minimizar; entretanto, nos casos de maximização, segundo RAMALHETE *et al* (1984), pode ser:

$$\textbf{min}(z) = - \max(-z)$$

8.4.2. Otimização[69]

Na resolução de sistemas de equações (ou inequações) lineares em aplicações práticas, sempre se depara com o problema de otimizar a função objetivo **z** (maximizar ou minimizar). O que se quer é encontra os valores das variáveis tais que z assuma um valor ótimo; o comando **linpro** resolve satisfatoriamente o problema. Esse comando minimiza (em princípio) uma função sujeita às restrições de desigualdade do tipo $\leq$ e possui várias sintaxes, de acordo com o que está colocado no sistema:

- somente desigualdades sem restrições extremas.
- desigualdades e igualdades sem restrições extremas.
- desigualdades e igualdades com restrições extremas.

A sintaxe (geral) do comando **linpro** pode ser colocada do seguinte modo:

```
[X, lagr, f]=linpro(z, A, b, ci, cs, me, xo)
```

X: Vetor que contém as v,es de Lagrange.
f: Valor da função objetivo (minimizada ou maximizada).
z: Vetor coluna dos coeficientes da função objetivo.
A: Matriz dos coeficientes de x do sistema.
b: Vetor coluna dos termos independentes do sistema.
ci: Limite inferior dos xi (i=1,n).
cs: Limite superior dos xi (i=1,n).
me: Indica o número de igualdades (=) no sistema.
x0:   Valor extremo inicial; se for desconhecido pode ser usado 'v'.

---

69 Para o processo de otimização aqui apresentado foi empregada a função linpro(), que nos *releases* não beta 5.xx foi removido (!). Entretanto, como a otimização com essa função é muito mais fácil e muito mais prática resolvemos utilizar a versão 5.0-beta1 onde ela ainda estava disponível, para apresentar este assunto de uma maneira mais didática possível. Caso o leitor queira fazer otimização usando versões mais atuais, deve consultar o help ferramenta sobre o comando **qpsolve** e outros relacionados. Entretanto, se quiser utilizar a função linpro() para testar estes exemplos ou fazer suas próprias otimizações, pode solicitar o programa instalador da versão 5.0-beta (que contém esta função) junto à editora.

Capítulo 8 - Aplicações na Álgebra | 423

- **Exemplo 8.10**

Considerando o que foi dito anteriormente, vamos minimizar a função objetivo z = -2x1 - 3x2, sujeita às seguintes restrições:

```
2x1 + 2x2 ≤  800 ⎫
2x1 + 4x2 ≤ 1160 ⎬ restrições básicas
2x1       ≤  600 ⎭
x1 ≥ 0 ⎫ restrições de não negatividade
x2 ≥ 0 ⎭
```

As restrições de não negatividade se juntarão às restrições básicas para formar a matriz A dos coeficientes de x. Entretanto, é bom lembrar que no processo de minimização com o SciLab, por padrão, os sinais de desigualdades devem ser ≤. Desse modo, os sinais de x1 e x2 nas restrições de não negatividade deverão ser invertidos na matriz A.

```
 2x1 +  2x2  ≤  800
 2x1 +  4x2  ≤ 1160
 2x1 +  0x2  ≤  600
-x1  +  0x2  ≤    0
 0x1 -   x2  ≤    0
```

Observe que aqui os sinais de x1 e x2 foram invertidos para que as desigualdades ficassem como ≤.

No ambiente do SciLab teremos:

```
-->A = [2 2; 2 4; 2 0; -1 0; 0 -1]
 A  =

    2.    2.
    2.    4.
    2.    0.
 -  1.    0.
    0.  - 1.

-->b = [800; 1160; 600; 0; 0]
 b  =
    800.
```

```
        1160.
         600.
           0.
           0.
-->z = [-2; -3]
 z  =

     - 2.
     - 3.
```
Para determinar o mínimo da função objetivo z empregaremos o comando **linpro** com desigualdades e sem restrições externas:

$$[X, \text{lagr}, f] = \textbf{linpro}(z, A, b)$$

Onde **f** é o valor mínimo de z calculado, **X** contém os valores **xi** ótimos que minimizam z, e **lagr** vetor dos coeficientes de Lagrange [70].

```
-->[X, lagr, f ] = linpro(z, A, b)
 f =
```

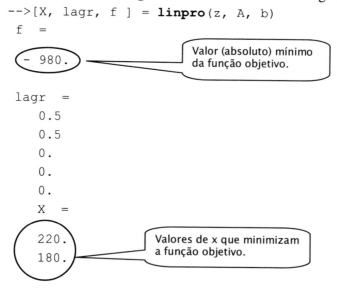

---

70 Joseph Louis Lagrange (25/01/1736 - 10/04/1813) foi um brilhante matemático italiano.

No **Exemplo 8.10** deve ser observado que as desigualdades das restrições básicas estão todas "certinhas" ($\leq$); entretanto, na maioria dos problemas reais acontece de as desigualdades serem do tipo $\geq$ (por exemplo, as produções serem maiores ou iguais a determinados valores e deseja-se minimizar os custos ou maximizar os lucros). Nesses casos, deve-se inverter os sinais dos coeficientes para manter o padrão requerido pelo SciLab, caso exista algum **Aix $\geq$ bi** (o que não ocorreu neste exemplo hipotético).

- **Exemplo 8.11**
Neste exemplo ainda vamos considerar uma situação hipotética, onde coexistem inequações $\leq$ e $\geq$ e equação (=).
Seja minimizar a função objetivo $z = 3x1 + x2$ sujeita às restriçoes:

```
2x1   - 10x2      =   -10
2x1   +  2x2      ≥    4
-4x1  +  8x2      ≥   -4
   x1,  x2   ≥  0
```

Observem que neste caso aparecem inequações do tipos $\leq$ e $\geq$, além de uma equação (=). Então, a primeia providência a ser tomada é padronizar as inequações de acordo com o padrão do SciLab; isto é, transformar a inequação $\geq$ em uma do tipo $\leq$, invertendo os sinais de ambos os termos. Então a terceira linha do sistema fica: $4x1 - 8x2 \leq 4$; as outras duas linhas do sistema permanecem do mesmo jeito, e é claro que as restrições de não negatividade também terão seus sinais invertidos. Assim, o sistema proposto ficará do seguinte modo:

```
 2x1   - 10x2 =   -10
-2x1   -  2x2 ≤   -4
 4x1   -  8x2 ≤    4
-1x1   +  0x2 ≤    0
 0x1   -  1x2 ≤    0
```

A equação deve ficar ANTES das inequações.

No ambiente do SciLab fica sssim:

```
-->A = [2 -10; -2 -2; 4 -8; -1 0; 0 -1];

-->b = [-10; -4; 4; 0; 0];

-->z = [3; 1];

-->ci = [0; 0]; cs = [];    //Valores extremos de x

-->me = 1;       //Número de equações no sistema

-->[X, lagr, f ] = linpro(z, A, b,ci,cs, me, 'v')
 f =

      3.6666667   ◄———— Valor mínimo ótimo de z


   lagr =

       0.
       0.
     - 0.1666667
       1.3333333
       0.
       0.
       0.
   X =

   0.8333333   ◄———— Valores de x1 e x2 que minimizam z
   1.1666667
```

Preste bem atenção neste exemplo quando coexistem num mesmo sistema inequações dos tipos $\leq$ e $\geq$, além de equações, e deseja-se minimizar (como foi o caso) ou maximizar a função objetivo.

Capítulo 8 - Aplicações na Álgebra | 427

• __Exemplo 8.12__

Uma companhia de mineração da Bahia possui duas minas (mina X a céu aberto e mina Y subterrânea) processando minério de cobre, que depois de britado, moído e concentrado, é classificado em três classes quanto ao teor de CuT (cobre total contido): qualidade superior (A), qualidade média (B) e qualidade inferior (C). O minério tipo A é sulfetado, o do tipo B é oxidado e o do tipo C é uma mistura contendo pequenas quantidades de ouro que poderá ser processado mais tarde na usina piloto da empresa para retirar esse subproduto. A mineração tem um contrato exclusivo com uma metalurgia localizada perto de Salvador para abastecer semanalmente sua fundição com, no mínimo: 350 toneladas de minério da classe A, 250 toneladas de minério da classe B e 120 toneladas da classe C (independentemente de ter ouro ou não). Obviamente, as duas minas possuem diferentes características de operação principalmente pelo fato de uma ser a céu aberto e a outra subterrânea a cerca de 700 metros abaixo da superfície. Os dados de produção, incluindo os custos de beneficiamento estão resumidos na __Tabela 8.9__.

Mina	Custo por dia ($)	Produção (t/dia)		
		A	B	C
__X__	400	20	30	35
__Y__	520	40	10	20

Tabela 8.9 - Características das duas minas do Exemplo 8.12

__Situação__: Atualmente a mineração trabalha 12 horas por dia nos sete dias da semana, mas os custos estão muito elevados devido ao pagamento de horas extras na mina subterrânea e a queda no preço das *commodities* no mercado. Assim, a empresa deseja baixar estes custos diminuindo (se possível) os dias de operação nas duas minas.
__Questão__: Quantos dias/semana cada mina deve operar para cumprir o contrato com a planta de fundição da metalurgia e minimizar os custos?

428 | SciLab: Uma Abordagem Prática e Didática 2ª Edição - Mário Leite

Solução:
Note que na descrição verbal do problema não existe nenhuma restrição quanto ao fato do minério tipo C conter ouro e nem sobre preço dos produtos. O que se deseja é encontrar o número ideal de dias/semana que a mineração deve operar as duas minas para minimizar os custos e cumprir o contrato. Então, o que precisamos é traduzir a descrição verbal em uma equivalente descrição matemática, considerando o seguinte:

1º) **Definição das variáveis:** Representam as incógnitas do problema.

x = Número de dias/semana de operação da mina X.
y = Número de dias/semana de operação da mina Y.

2º) **Restrições:** Expressões matemáticas que traduzem o problema.

Para o minério A:
```
20x + 40y  ≥ 350
```

Para o minério B:
```
30x + 10y  ≥ 250
```

Para o minério C:
```
35x +    20y  ≥ 120
```

As restrições de não negatividade para x e y são óbvias: $x \geq 0$ e $y \geq 0$.

3º) **Função objetivo**: O que se deseja é minimizar os custos; e como cada item produzido tem um custo associado, chegamos à seguinte função objetivo **z**:

```
z = 400x + 520y
```

x = Número ótimo de dias que devem ser trabalhados na mina X.
y = Número ótimo de dias que devem ser trabalhados na mina Y.

Capítulo 8 - Aplicações na Álgebra | 429

4°) **Montagem do sistema linear de inequações** (incluindo as restrições de não negatividade de x e y):

```
20x + 40y ≥ 350
30x + 10y ≥ 250
35x + 20y ≥ 120
 1x +  0y ≥   0
 0x +  1y ≥   0
```

Invertendo os sentidos das desigualdades, teremos:

```
- 20x - 40y ≤ - 350
- 30x - 10y ≤ - 250
- 35x - 20y ≤ - 120
 - 1x -  0y ≤   - 0
 - 0x -  1y ≤   - 0
```

> É claro que não há necessidade de inverter os sinais dos zeros. Isto foi feito aqui apenas para enfatizar a necessidade de inversão dos sinais quando as desigualdades mudam de sentido.

5°) **Utilizando o ambiente do SciLab:**

```
-->A = [-20 -40; -30 -10; -35 -20; -1 0; 0 -1]
 A  =

   - 20.   - 40.
   - 30.   - 10.
   - 35.   - 20.
   - 1.      0.
     0.    - 1.

-->b = [-350; -250; -120; 0; 0]
  b  =

   - 350.
   - 250.
   - 120.
       0.
       0.
```

```
-->z = [400; 520]
 z  =
      400.
      520.
```

6º) Usando o comando linpro, teremos:

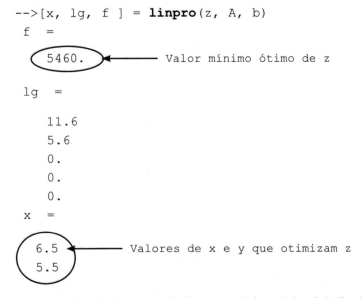

```
-->[x, lg, f ] = linpro(z, A, b)
 f =
      5460.         ← Valor mínimo ótimo de z

 lg =
      11.6
       5.6
       0.
       0.
       0.
 x =
       6.5          ← Valores de x e y que otimizam z
       5.5
```

As minas X e Y devem trabalhar no máximo 6.5 e 5.5 dias/semana, respectivamente, para que os custos sejam o mínimo possível e ainda cumprir o contrato com o cliente.

Como teste, vamos fazer algumas simulações com outros valores de x e y:

1. Supondo que as duas minas trabalhem 6.5 dias/semana cada uma:

    - Minério A: 20***6.5** + 40***6.5** = 390 t/semana.
    - Minério B: 30***6.5** + 10***6.5** = 260 t/semana.
    - Minério C: 35***6.5** + 20***6.5** = 357.5 t/semana.

Capítulo 8 - Aplicações na Álgebra | 431

Neste caso, a produção total de minério atenderia o contrato; entretanto, observe quanto seria o custo de produção e beneficiamento desses minérios: z = 400***6.5** + 520***6.5** = **$ 5980**. Assim z estaria acima dos **$5460** encontrados para x=6.5 e y=5.5; e a função objetivo não estaria minimizada.

2. Supondo agora que ambas as minas trabalhassem num ritmo igual ao da mina Y (5.5 dias/semana).

    *   Minério A: 20***5.5** + 40***5.5** = 330 t/semana.
    *   Minério B: 30***5.5** + 10***5.5** = 220 t/semana.
    *   Minério C: 35***5.5** + 20***5.5** = 302.5 t/semana.

    Observe que, nesta segunda hipótese, o contrato de produção não seria cumprido em função das produções dos minérios tipo A e B.

> **Sugestão ao leitor**: Impor também as condições de que o número de dias de trabalho deve ser no máximo 6. Neste caso não haveria solução para esse nível de produção.

*   **Exemplo 8.13**

    Super Computex Ltda é uma empresa de computadores tipo PDA que só fabrica modelos exclusivos para altos executivos; e são três os modelos oferecidos: C1, C2 e C3. O processo de fabricação é altamente sofisticado e consiste em duas operações básicas: montar as peças e dar acabamento especial. Em média, essas duas operações gastam os tempos (em horas) apresentados na **Tabela 8.10** para cada unidade do tipo de computador. O departamento financeiro da empresa projeta os seguintes lucros unitários:

    *   C1 $ 120
    *   C2 $ 200
    *   C3 $ 100

432 | SciLab: Uma Abordagem Prática e Didática 2ª Edição - Mário Leite

Modelo	Montagem	Acabamento
C1	2	4
C2	4	4
C3	6	8

Tabela 8.10 – Esquema de produção do Exemplo 8.13.

Na operação de montagem o máximo de horas disponíveis é de 320 mensais e no acabamento 380. Entretanto, o modelo C3, por ser muito sofisticado, requer equipamento especial (e alugado) no acabamento para personalização e reconhecimento por comando de voz, por isso o máximo de horas mensais disponíveis é de 120.

Questão a ser resolvida: quantas unidades de cada modelo de computador a empresa deve produzir de modo a que o lucro seja máximo?

Solução:

Tal como foi abordado na solução do exemplo anterior, vamos repetir aqui os mesmos passos.

1º) **Definição das variáveis:** Representam as incógnitas do problema.

$x1 =$ Número de unidades do modelo C1.
$X2 =$ Número de unidades do modelo C2.
$x3 =$ Número de unidades do modelo C3.

2º) **Restrições:** Expressões matemáticas que traduzem o problema.

Para a atividade de montagem:
```
2x1 + 4x2 + 6x3 ≤ 320
```

Para a atividade de acabamento:
```
4x1 + 4x2 + 8x3 ≤ 380
```

Restrição do modelo C3 no acabamento especial: $x3 \leq 120$.

Capítulo 8 - Aplicações na Álgebra | 433

3°) Função objetivo: O que se deseja é maximizar os lucros; então chegamos à seguinte expressão:

```
max(z) = 120x1 + 200x2 + 100x3
```

4°) Montagem do sistema de inequações lineares:

```
2x1 + 4x2 + 6x3 ≤ 320
4x1 + 4x2 + 8x3 ≤ 380
```

> Observe que neste caso NÃO consideramos nem as restrições de não negatividade e nem a restrição específica de x3 como parte da matriz.

Neste exemplo vamos resolver o problema de maximização considerando os dois valores extremos de x1, x2 e x3: os vetores **ci** e **cs**. Esta solução se ajusta ao fato de não haver igualdades no sistema, apenas desigualdades e com valores extremos explícitos; assim teremos:

1) me = 0: não existem igualdades no sistema de restrições.

2) Axi ≤ bi: (padrão para minimização do SciLab com o comando **linpro**).

3) Valores mínimos de xi: (i=1,3): ci = [0; 0; 0].

4) Valores máximos de xi: (i=1,3): cs =

[1e6; 1e6 ; 120].

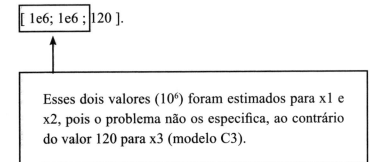

Esses dois valores (10^6) foram estimados para x1 e x2, pois o problema não os especifica, ao contrário do valor 120 para x3 (modelo C3).

434 | SciLab: Uma Abordagem Prática e Didática 2ª Edição - Mário Leite

Neste caso, pode ser usada a seguinte sintaxe para o comando **linpro**:

```
[x,lagr,f] = -linpro(z, A, b, ci, cs, me, 'v')
```

5º)   Utilizando o ambiente do SciLab:

```
-->A = [2 4 6; 4 4 8];

-->b = [320; 380];

-->z = -[120; 200; 100];

-->ci = [0; 0; 0];   cs = [1e6; 1e6; 120];

-->[x, lagr, f ] = -linpro(z, A, b, ci, cs, 0, 'v')
 f  =
```

  16600. ◄─────── Valor máximo ótimo de z

```
 lagr  =

     0.
     0.
 -  220.
    40.
    10.

 x   =
```

    30.
    65. ◄─────── Valores de x1, x2 e x3
    0.   que otimizam z

Capítulo 8 - Aplicações na Álgebra | 435

O conjunto-solução do sistema linear aponta para os seguintes dados:

- Para o modelo C1: 30 unidades.
- Para o modelo C2: 65 unidades.
- Para o modelo C3: 0 unidades.

Conclusão: Teoricamente, para que a função objetivo seja maximizada não haveria necessidade de produzir computadores do modelo C3; este é um resultado teórico dado pela ferramenta. Entretanto, na prática, para satisfazer clientes especiais com gastos refinados a tomada de decisão pode considerar a produção de algumas unidades desse modelo para manter um bom relacionamento com esse tipo de cliente, mesmo necessitando um pouco mais de horas disponíveis.

NOTA

Neste exemplo empregamos um modelo que não considerou nem as restrições de não negatividade e nem a restrição com relação a **x3** na matriz A. Entretanto, se estas restrições fossem consideradas na matriz A, obteríamos os mesmos resultados, entrando com os seguintes dados:

```
A = [2 4 6; 4 4 8; 0 0 1; -1 0 0; 0 -1 0; 0 0 -1];
b = [320; 380; 120; 0; 0; 0 ];
z = -[120; 200; 100];
[X,lagr,f] = -linpro(z, A, b)
```

- **Exemplo 8.14**

Uma empresa fabrica dois tipos de mesinhas de centro de sala: M1 e M2. Para produzir uma unidade de M1 gasta 6 horas-homem e 12 horas-máquina, sendo que a mão de obra é o encargo mais intenso. Para M2, o que pesa mais é o investimento em capital, e sua fabricação gasta 2 horas--homem e 2 horas-máquina. Sabendo que a empresa dispõe de apenas 36 horas-homem e 24 horas-máquina e que os lucros para cada produto são $6 e $2 para M1 e M2 respectivamente, quantas unidades de cada produto devem ser produzidas para que o lucro da empresa seja o máximo? Considere que devido à retração do mercado, a produção de M1 não deve ultrapassar 3 unidades e para a mesinha 2 o máximo de 10.

A **Tabela 8.11** resume os dados do problema, considerando x1 o número de unidades do produto M1 e x2 o do produto M2.

Horas/Produção	Produção de M1	Produção de M2	Horas disponíveis
Horas-máquina	6	2	24
Horas-homem	12	2	36

Tabela 8.11 - Dados do Exemplo 8.14.

1) Restrições de disponibilidade para as horas na produção:

```
 6x1 + 2x2 ≤ 24
12x1 + 2x2 ≤ 36
```

2) Restrições de produção:

```
x1 ≤ 3 e x2 ≤ 10
```

3) Função objetivo:

```
max(z) = 6x1 + 2x2
```

No ambiente do SciLab fica assim:

```
-->A = [6 2; 12 2]; //Matriz dos coeficentes de x
-->b = [24; 36]; //Vetor dos termos independente
-->ci = [0;0];    //vetor de valores mínimos de x
-->cs = [3;10];   //Valores máximos estimados de x
-->me = 0;        //Não existem iqualdades no sistema
-->z = -[6; 2];   //Para maximizar a função objetivo
```

Usando o comando **linpro** para maximizar z e considerando apenas desigualdades, teremos o seguinte:

```
-->[x, lagr, f] = - linpro(z, A, b, ci, cs, 0, 'v')
 f  =
       24.  ◄─────────  Valor máximo ótimo de z

 lg  =

      0.
      0.
      1.
      0.

 x  =
       2.  ◄─────────  Produção de M1 e M2 que otimizam z
       6.
```

NOTA

Observe que, no caso do Exemplo 8.14, as restrições de não negatividade de x_1 e x_2 foram dadas como elementos do vetor **ci**, e o problema diz que os valores máximos de x_1 e x_2 são 3 e 10, respectivamente; que foram considerados como elementos do vetor cs. Assim, quando se tem essa situação as restrições de não negatividade $x_i \geq 0$ $(i=1,...n)$ NÃO devem entrar como inequações da matriz A; elas devem compor os vetores **ci** e **cs**. O mesmo caso foi considerado no **Exemplo 8.13**; por outro lado é bom prestar atenção na Nota logo depois daquele exemplo.

8.4.3 - Básico sobre o Método Simplex

O Método Simplex é um algoritmo criado por George Dantzig[71] com o objetivo de viabilizar a solução de problemas da programação linear, baseado num esquema prático que permite visualizar rapidamente a solução dos problemas de otimização. Esse método é muito popular até entre os profissionais com larga experiência em cálculos numéricos, e encontra ótima aceitação em áreas onde diversas necessidades e restrições influenciam em um valor que precisa ser maximizado ou minimizado.

Este método permite encontrar valores ideais nas situações em que diversos aspectos de restrições e condições de contorno devem ser respeitados. Diante do problema são estabelecidas inequações (equações são um caso à parte) que representam as restrições para as variáveis de decisão denotadas por xi (i>1)

Normalmente obtém-se um sistema de inequações lineares da seguinte forma:

```
a11x1 + a12x2 + a13x3 + ... + a1nxn <= b1
a21x1 + a22x2 + a23x3 + ... + a2nxn <= b2
a31x1 + a32x2 + a33x3 + ... + a3nxn <= b3
---- + ----- + ----- + ... + ----- -----
am1x1 + am2x2 + am3x3 + ... + amnxn <= bm
```

As restrições são apresentadas como inequações, e indicam peculiaridades como o fato de uma empresa só conseguir armazenar ou produzir determinado peso ou quantidade dos produtos, por exemplo. Dentre as possibilidades de valores para as variáveis que atendam às restrições, o algoritmo deve encontrar aqueles que dão à função objetivo z o maior valor possível

---

71 George Bernard Dantzig foi um matemático estadunidense, autor da declaração formal do problema de transporte, elaborou a teoria e a sua resolução computacional baseada no método simplex, em 1941.

Capítulo 8 - Aplicações na Álgebra | 439

$$max(z) = c1x1 + c2x2 + c3x3 + \ldots + cnxn$$

Sujeito às restrições.

$$x1,x2,x3,\ldots,xn <= algum\ valor$$

ou

$x1,x2,x3,\ldots,xn >= algum\ valor$ (sinal >= deve ser tratado...)

Embora, dependendo do contexto, a formulação de um problema a ser resolvido por programação linear deve seguir, basicamente, os seguintes passos:

1°) Definir o objetivo básico do problema: a otimização a ser alcançada. Pode ser maximização dos lucros, produção máxima dos produtos em destaque, ou, se for o caso, minimização dos custos de um produto, minimização das perdas com rejeitos, minimização do investimento, etc.

2°) Após definir o objetivo da otimização, deve-se descrever as variáveis de decisão envolvidas no processo e quais as restrições aplicadas a elas; por exemplo, no caso de produção as variáveis que representam quantidades de produtos não podem ter valores negativos e/ou não podem ser maiores que tais valores (poderia ser devido às restrições do mercado...), as horas trabalhadas não podem ultrapassar a um determinado valor fixado pelo governo, os comprimentos têm que ser todos positivos, o número de máquinas devem ser aqueles disponíveis na empresa, etc. E essas restrições são, normalmente, descritas por inequações.

Depois de entender bem a complexidade do problema deve-se definir todas as variáveis de decisão juntamente com a expressão da função objetivo (que define a otimização do sistema); só após isto é que se monta o quadro do Simplex a partir de um algoritmo, relativamente simples, resumido a seguir...

440 | SciLab: Uma Abordagem Prática e Didática 2ª Edição - Mário Leite

1) Introduzir as variáveis de folga, uma para cada desigualdade.

2) Montar um quadro para os cálculos, colocando os coeficientes de todas as variáveis com os respectivos sinais; na última linha incluir os coeficientes da função objetivo transformada.

3) Estabelecer uma solução básica inicial, normalmente atribuindo valor zero às variáveis originais e achando valores positivos para as variáveis de folga.

4) Para uma nova variável a entrar na Base deve ser escolhida a variável não básica que oferece na última linha a maior contribuição para o aumento da função objetivo (ou seja, tem o maior valor negativo). Se todas as variáveis que estão fora da Base tiverem coeficientes nulos ou positivos nesta linha a solução atual é ótima. Se alguma dessas variáveis tiver coeficiente nulo, isto significa que ela pode ser introduzida na Base sem aumentar o valor da função objetivo. Neste caso tem-se uma solução ótima, com o mesmo valor da função objetivo.

5) Para escolher a variável que deve deixar a Base, deve-se realizar o seguinte procedimento:

> 5.1) Dividir os elementos da última coluna pelos correspondentes elementos positivos da coluna da variável que vai entrar na Base. Caso não haja elemento nenhum positivo nesta coluna, o processo deve parar, já que a solução seria ilimitada.
> 5.2) O menor quociente (pivot) indica a equação cuja respectiva variável básica deverá ser anulada, tornando-se variável não básica.

6) Usando operações válidas com as linhas da matriz, transformar o quadro de cálculos de forma a encontrar a nova solução básica. A coluna da nova variável básica deverá se tornar um vetor identidade, onde o elemento 1 aparece na linha correspondente à variável que está sendo anulada.

Capítulo 8 - Aplicações na Álgebra | 441

7) Retornar ao passo 4 para iniciar uma nova iteração.

- ### **Exemplo 8.15**[72]
Considere uma empresa que produz dois tipos de ração para cães: TipoA e TipoB. Para produzir essas rações são utilizados cereais e carne, sabe-se que:

- Ração TipoA: 5kg de cereais e 1 Kg de carne.
- Ração TipoB: 2Kg de cereais e 4Kg de carne.

O Kg de carne custa $4.00 e o de cereais $1.00

O pacote de ração TipoA custa $20.00 e o de TipoB $30.00.

A disponibilidade mensal é de 10000 kg de carne e 30000 kg de cereais.

Questão a ser resolvida:

Quais quantidades de cada ração devem ser produzidas para maximizar o lucro?

Custo da carne:
- 1*4 = $4.00 (para a ração TipoA)
- 4*4 = $16.00 (para a ração TipoB)

Custo do cereal:
- 5*1 = $5.00 (para a ração TipoA)
- 2*1 = $2.00 (para a ração TipoB)

Custo total:
- Carne = $9.00
- Cereal = $18.00

Preço:
Carne = $4.00
Cereal = $1.00

Lucro:
Carne = ($20.00 - $9.00)   = $11.00
Cereal = ($30.00 - $18.00) = $12.00

---

72 Fonte: Adaptado de um problema proposto na Internet.

Considerando **x1** a quantidade necessária de carne e **x2** a quantidade necessária de cereal, então empregando o método Simplex, a função objetivo Z (que representa o lucro) a ser maximizada pode ser escrita da seguinte forma:

Z = x1 + 12x2

Para maximizar Z existem restrições (condições de contorno) que devem ser consideradas:

1 x1 + 4 x2 <= 10000 (restrição relativa à carne)
5 x1 + 2 x2 <= 30000 (restrição relativa ao cereal)
x1, x2>= 0   (quantidades de carne e cereal não podem ser negativas)

A solução poderia ser dada através do emprego da função **linpro()** - conforme explicado no **item 8.4.2** sobre "Otimização" - entretanto, a solução que adotaremos aqui será através de um *script* no editor SciNotes, cujo código está no programa "Maximizar" a seguir...

```scilab
//------------------------------------------------------------------
// Maximizar.sce
// Problema de Programação Linear
// Copyright(2011-2014) - Mário Leite
// marleite@gmail.com
// Todos os direitos reservados
// Programa que resolve problema de maximização
//------------------------------------------------------------------

//=== Início do programa  ==========================================
//Início do programa
  clc;
  clear;

  //Matrizes: A, b e z (duas equações e duas incógnitas)
  A = [1 4 1 0; 5 2 0 1]; //Matriz dos coeficientes das variáveis
                //(incluindo as variáveis de folga)
  b = [10000; 30000; 0];  //Vetor-coluna dos termos independentes
                //(m+1 elementos)
  z = [11 12 0 0]; //Função objetivo (número de colunas da matriz A)
  op = -1;   //Define o tipo de otimização [Max -1]
  z = op*z;
  m = input("Digite o número de equações  do  sistema: ");
```

Capítulo 8 - Aplicações na Álgebra | 443

```
n = input("Digite o número de incógnitas do sistema: ");
[linhas,colunas] = size(A);   //pega as dimensões da matriz A
while((linhas<>m) | (colunas<>n)) do   //valida as entradas
    printf("Entrada incompatível com a matriz das incógnitas \n");
    printf("\n");
    m = input("Digite o número de equações  do  sistema: ");
    n = input("Digite o número de incógnitas do sistema: ");
 end;

//Define a Base: inicialmente com as variáveis de folga
Base = [];
for(k=1:m) do
    Base(k) = "X" + string(n+k);   //Títulos das variáveis de folga
end;
Base(m+1) = "z ";  //Título da função objetivo
    //Vetor dos títulos das variáveis (reais e de folga: linha 0)
V = [];
for(j=1:(n+m))
    V(j) = "X" + string(j);
end;

//Definições iniciais
Q1 = A;
Q1((m+1),:) = z;     //Insere a linha (m+1) no Quadro1
Q1(:,(n+m+1)) = b   //Insere a coluna b no Quadro1
nl = (m+1);       //Número total de linhas dos quadros
nc = (n+m+1);   //Número total de colunas dos quadros (exclui a Base)
Q1;     //Exibe o Quadro1 do Simplex (sem a Base)
tracos = int(nc*62)/6; //Número de traços horizontais do quadro

//Sistema inicial
Q1
printf("\n\n")

//Loop para determinar a solução do problema de maximização
loop = 1;
verdade = %t;
Quadro = Q1;

while(verdade) do
    //Ainda existe algum z(j) negativo?
    ZNeg = 0;
    for(j=1:(nc-1)) do
        if(Quadro(nl,j)<0) then
            ZNeg = ZNeg + 1;
        end;
    end;
    if(ZNeg==0) then
        verdade = %f;
        break;   //abandona o loop; não precisa mais nenhuma iteração
    end;
    printf("Iteração: %d \n", loop)

    //Determina o elemento mais negativo em z
    MaisNeg = 0;
```

```
for(j=1:(nc-1)) do
  if(Quadro(nl,j)< MaisNeg) then
      MaisNeg = Quadro(nl,j);
      cp = j;   //coluna do pivot
  end;
end;

//Determina o divisor (b/Quadro(i,cp) da coluna do pivot
Div = [];
k = 0;
for(i=1:m) do
  if(Quadro(i,cp)>0) then
    k = k + 1;
    if(k==1) then
      Div(1) = Quadro(i,nc)/Quadro(1,cp);
      pivot = Quadro(i,cp);
      lp = i;
    else
      Div(i) = Quadro(i,nc)/Quadro(i,cp);
      if(Div(i)< Div(i-1)) then
        pivot = Quadro(i,cp);
        lp = i;   //Linha do pivot
      end;
    end;
  end;
end;

//Verifica se o sistema admite alguma solução
Nelcp = 0;
for(i=1:m) do
  if(Quadro(i,cp)<0) then
    Nelcp = Nelcp + 1;
  end;
end;
if(Nelcp==m) then
  printf("O sistema não tem solução; será encerrado...\n");
  sleep(5000);
  exit;
end;

//Reduz o pivot a 1 fazendo lp/pivot
for(j=1:nc) do
  Quadro(lp,j) = Quadro(lp,j)/pivot;
end;
for(i=1:m) do

  if(i<>lp) & (Quadro(i,cp))<>0  then
    fator = -Quadro(i,cp);
    for(j=1:nc) do
      Quadro(i,j) = fator*Quadro(lp,j) + Quadro(i,j);
    end;
  end;
end;
```

Capítulo 8 - Aplicações na Álgebra | 445

```
//Reduz a zero o elemento mais negativo em z (MaisNeg)
for(j=1:nc) do
   Quadro(nl,j) = -MaisNeg*Quadro(lp,j) + Quadro(nl,j);
end;

//Insere nova variável na Base
for(i=1:m) do
  if(Quadro(i,cp)==1.00) then
    Base(i) = V(cp);
  end;
end;

//Monta o dispositivo do Simplex (a Base) para efeito visual
printf(" ")
printf("%s","|Base|")
for(j=1:(nc-1)) do
   X(j) = "X" + string(j);
   if(j==1) then
     printf("%s %s","   ", X(1))
   else
     printf("%s %s","       ", X(j))
   end;
   sleep(100)
end;
printf("     |")
printf("\n")
for(j=1:tracos) do
   printf("-")
   sleep(10)
end;
printf("\n")
//Imprime os elementos do Quadro
for(i=1:m) do
  printf("%s %s %s", " |", Base(i), "| ")
  for(j=1:nc) do
     if(j==1) then
        if(Quadro(i,j)>=0) then
          printf("%s %4.2f"," ", Quadro(i,j))
        else
          printf("%4.2f",Quadro(i,j))
        end;
     else
        if(Quadro(i,j)>=0) then //analisa tamanho do elemento
          if((Quadro(i,j)>=0) & (Quadro(i,j)<10)) then
             printf("%s %4.2f", "     ",Quadro(i,j))
          end;
          if((Quadro(i,j)>=10) & (Quadro(i,j)<100)) then
             printf("%s %4.2f", "    ",Quadro(i,j))
          end;
          if((Quadro(i,j)>=100) & (Quadro(i,j)<1000)) then
            printf("%s %4.2f", "   ",Quadro(i,j))
          end;
          if((Quadro(i,j)>=1000) & (Quadro(i,j)<10000)) then
```

```
                    printf("%s %4.2f", " ",Quadro(i,j))
              end;
          else
             if(abs(Quadro(i,j))>=0) & (abs(Quadro(i,j))<10) then
                 printf("%s %4.2f", "    ",Quadro(i,j))
             end;
             if(abs(Quadro(i,j))>=10) & (abs(Quadro(i,j))<100) then
                printf("%s %4.2f", "   ",Quadro(i,j))
             end;
             if(abs(Quadro(i,j))>=100)&(abs(Quadro(i,j))<1000) then
                 printf("%s %4.2f", "  ",Quadro(i,j))
             end;
              if(abs(Quadro(i,j))>=1000)&(abs(Quadro(i,j))<10000) then
                 printf("%s %4.2f", " ",Quadro(i,j))
             end;
         end;
      end;
    end;
    sleep(100)
    end;
    printf("\n")
end; //fim do loop de impressão dos elementos

//Traça a linha da função objetivo
for(j=1:tracos) do
  printf("-")
  sleep(10)
end;
printf("\n")
for(i=nl:nl) do
   printf("%s %s %s", " |", Base(i), "| ")
   for(j=1:nc) do
      if(j==1) then
        if(Quadro(i,j)>=0) then
          printf("%s %4.2f"," ", Quadro(i,j))
        else
          printf("%.2f",Quadro(i,j))
        end;
      else
      if(j==nc) then
        printf("%s%4.2f", "    |",Quadro(i,j))
      else
        if(Quadro(i,j)>=0) then   //analisa tamanho do negativo
          if((Quadro(i,j)>=0) & (Quadro(i,j)<10)) then
            printf("%s %4.2f", "    ",Quadro(i,j))
          end;
          if((Quadro(i,j)>=10) & (Quadro(i,j)<100)) then
            printf("%s %4.2f", "   ",Quadro(i,j))
          end;
          if((Quadro(i,j)>=100) & (Quadro(i,j)<1000)) then
            printf("%s %4.2f", "  ",Quadro(i,j))
          end;
          if((Quadro(i,j)>=1000) & (Quadro(i,j)<10000)) then
            printf("%s %4.2f", " ",Quadro(i,j))
          end;
          if(abs(Quadro(i,j))>=10000)
```

Capítulo 8 - Aplicações na Álgebra | 447

```
                    printf("%s %4.2f", " ",Quadro(i,j))
                  end;
              else //analisa tamanho de elemento negativo
                if(abs(Quadro(i,j))>=0) & (abs(Quadro(i,j))<10) then
                   printf("%s %4.2f", "   ",Quadro(i,j))
                end;
                if(abs(Quadro(i,j))>=10)&(abs(Quadro(i,j))<100) then
                   printf("%s %4.2f", "  ",Quadro(i,j))
                end;
                if(abs(Quadro(i,j))>=100)&(abs(Quadro(i,j))<1000) then
                   printf("%s %4.2f", " ",Quadro(i,j))
                end;
                if(abs(Quadro(i,j))>=1000)&(abs(Quadro(i,j))<10000) then
                   printf("%s %4.2f", " ",Quadro(i,j))
                end;
                if(abs(Quadro(i,j))>=10000)
                   printf("%s %4.2f", " ",Quadro(i,j))
                end;
              end;
          end;
      end;
    end;
    printf("\n\n")
  end;
  // Fim da montagem do dispositivo Simplex

  //-----------------------------------------------------------------
  //PPP
  Simplex = [];
  Ele = [];
  for(i=(lp+1):m) do   //Procurar elemento a ser reduzido a zero
        Ele(i) = Simplex(i,cp); //elementos diferente do pivot
  end;
  LinEle=(m-1); //Número de linhas conter elemento a ser reduzido
  for(i=(lp+1):m) do
    for(j=1:nc) do
      if(Ele(i)<>0) then
        Simplex(i,j) = -Ele(i)*Simplex(lp,j) + Simplex(i,j);
      end;
    end;
  end;
  //É maximização ou minimização?
  if(op==1) then
    Simplex = -Quadro;
  else
    Simplex = Quadro;
  end;
  //-----------------------------------------------------------------
  loop = loop + 1;
  end;  //fim do loop da solução do problema

//Exibe os resultados em quadros
printf("Processando...aguarde!");
sleep(5000);
VarBase = [];
for(i=1:(n+m)) do
```

448 | SciLab: Uma Abordagem Prática e Didática 2ª Edição - Mário Leite

```
    VarBase(i) = "X";
end;

printf("\n\n");
Resumo1 = " Resumo da solução do problema";
Resumo2 = " ---------------------------";
for(i=1:(length(Resumo1)))
    printf("%s", part(Resumo1,i))
    sleep(50)
end;
printf("\n")
sleep(100)

for(i=1:(length(Resumo2)))
    printf("%s", part(Resumo2,i))
    sleep(30)
end;
printf("\n");
//Imprime as variáveis da Base
for(i=1:(nl-1)) do
    printf(" %s %s %4.2f \n", Base(i), "  =",Quadro(i,nc));
    VarBase(i) = Base(i);
end;
//Imprime com valor zero as variáveis que não estão na Base
StrBase = "";
for(i=1:m) do
    StrBase = StrBase + Base(i);
end;
VetPos = [];
for(j=1:(m+n)) do
    ind = string(j);
    VetPos = strindex(StrBase,ind);
    if(VetPos==[]) then
      printf(" %s %s \n", V(j), "  = 0.00");
    end;
end;
//Imprime o valor otimizado da função objetivo
printf(" %s %4.2f \n", "Zmax =",Quadro(nl,nc));

//===== Fim do programa =================================
```

A saída do programa é mostrada a seguir...

```
Digite o número de equações do  sistema: 2
Digite o número de incógnitas do sistema: 3
```

```
Iteração: 1
|Base|    X1       X2       X3       X4       X5      |
--------------------------------------------------------
|  X2  |  0.25    1.00     0.25     0.00     0.00    2500.00
|  X5  |  4.50    0.00    -0.50     1.00     0.00
--------------------------------------------------------
|  z   | -8.00    0.00     3.00     0.00     0.00    |30000.00

Iteração: 2
|Base|    X1       X2       X3       X4       X5      |
--------------------------------------------------------
|  X2  |  0.00    1.00     0.28    -0.06     0.00    1111.11
|  X1  |  1.00    0.00    -0.11     0.22     0.00    5555.5
--------------------------------------------------------
|  z   |  0.00    0.00     2.11     1.78     0.00    |74444.44
Processando...aguarde!
Resumo da solução do problema
-----------------------------
X2   = 1111.11
X1   = 5555.56
X3   = 0.00
X4   = 0.00
X5   = 0.00
Zmax = 74444.44
```

Conclusão: Para maximizar os lucros com os dois tipos de rações comercializados a empresa deverá produzir:

- 5555.56 Kg de ração TipoA
- 1111.11 Kg de ração TipoB

Com estas produções o lucro (ótimo) será de $ 74444.44

450 | SciLab: Uma Abordagem Prática e Didática 2ª Edição - Mário Leite

---

NOTA:

O código do programa "Maximizar" apresentado acima contém várias linhas de instruções apenas para produzir um efeito visual na impressão dos dispositivos tabelares como estabelecido no algoritmo do método Simplex! Assim, a variável traco e essas linhas poderão ser eliminadas sem prejuízo da solução do problema. Linhas estas que vão desde *"Monta o dispositivo do Simplex (a Base) para efeito visual"* até *"Fim da montagem do dispositivo Simplex"*, conforme indicado abaixo

```
//Monta o dispositivo do Simplex (a Base) para
efeito visual
Nesta área as instruções podem ser eliminadas
//Fim da montagem do dispositivo Simplex
```

Exemplo 8.16 - Repetir o problema da produção de computadores para executivos apresentado no **Exemplo 8.13**, agora utilizando o programa "Maximizar2.sce" baseado no **Exemplo 8.15**.

Questão a ser resolvida: quantas unidades de cada modelo de computador a empresa deve produzir de modo que o lucro seja máximo?

Tal como foi abordado na solução do **Exemplo 8.13**, então teremos para os três modelos de computador:

$x1$ = Número de unidades do modelo C1
$x2$ = Número de unidades do modelo C2.
$x3$ = Número de unidades do modelo C3.

A matriz A será: $\begin{pmatrix} 2 & 4 & 6 \\ 4 & 4 & 8 \end{pmatrix}$

Capítulo 8 - Aplicações na Álgebra | 451

A matriz b será: $\begin{pmatrix} 320 \\ 380 \end{pmatrix}$

O que se deseja é maximizar os lucros; então a função objetivo z será dada por:

z = 120x1 + 200x2 + 100x3

Então, é um sistema de duas equações e três incógnitas.

O programa "Maximizar2" a seguir dá a solução do problema, dispensando as linhas que criam as tabelas do método Simplex, conforme Nota explicativa no Exemplo 8.15

```
//------------------------------------------------------------------
// Maximizar2.sce
// Problema de Programação Linear
// Copyright(2011-2014) - Mário Leite
// marleite@gmail.com
// Todos os direitos reservados
// Programa que resolve problema de maximização
//------------------------------------------------------------------

//====== Início do programa=========================================

clc;      //limpa a tela
clear;    //lima as variáveis da memória

//Matrizes: A, b e z (duas equações e três incógnitas)
A = [2 4 6; 4 4 8]; //Matriz dos coeficientes das variáveis
                    //(incluindo as variáveis de folga)
b = [320; 380; 0];  //Vetor-coluna dos termos independentes
                    //(m+1 elementos)
z = [120 200 100]; //Função objetivo(número de colunas da matriz A)
op = -1;   //Define o tipo de otimização [Max -1]
z = op*z;
m = input("Digite o número de equações  do  sistema: ");
n = input("Digite o número de incógnitas do sistema: ");
[linhas,colunas] = size(A);  //pega as dimensões da matriz A
while((linhas<>m) | (colunas<>n)) do  //valida as entradas
    printf("Entrada incompatível com a matriz das incógnitas \n");
    printf("\n");
    m = input("Digite o número de equações  do  sistema: ");
    n = input("Digite o número de incógnitas do sistema: ");
 end;

//Define a Base: inicialmente com as variáveis de folga
Base = [];
for(k=1:m) do
```

452 | SciLab: Uma Abordagem Prática e Didática 2ª Edição - Mário Leite

```
   Base(k) = "X" + string(n+k);    //Títulos das variáveis de folga
end;
Base(m+1) = "z "; //Título da função objetivo

//Vetor dos títulos das variáveis (reais e de folga: linha 0)
V = [];
for(j=1:(n+m))
   V(j) = "X" + string(j);
end;

//Definições iniciais
Q1 = A;   //sistema inicial
Q1((m+1),:) = z;    //Insere a linha (m+1) no Quadro1
Q1(:,(n+m+1)) = b   //Insere a coluna b no Quadro1
nl = (m+1);    //Número total de linhas dos quadros
nc = (n+m+1);   //Número total de colunas dos quadros (exclui a Base)

printf("\n\n")

// -- Loop para determinar a solução do problema de maximização ---
loop = 1;
verdade = %t;
Quadro  = Q1;
while(verdade) do    //enquando existir algum z(j) negativo ...
   ZNeg = 0;
   for(j=1:(nc-1)) do
      if(Quadro(nl,j)<0) then
         ZNeg = ZNeg + 1;

      end;
   end;
   if(ZNeg==0) then
      verdade = %f;
      break;   //abandona o loop; não precisa mais nenhuma iteração
   end;

   //Determina o elemento mais negativo em z
   MaisNeg = 0;
   for(j=1:(nc-1)) do
      if(Quadro(nl,j)< MaisNeg) then
         MaisNeg = Quadro(nl,j);
         cp = j;   //coluna do pivot
      end;
   end;

   //Determina o divisor (b/Quadro(i,cp) da coluna do pivot
   Div = [];
   k = 0;
   for(i=1:m) do
      if(Quadro(i,cp)>0) then
         k = k + 1;
         if(k==1) then
            Div(1) = Quadro(i,nc)/Quadro(1,cp);
            pivot = Quadro(i,cp);
            lp = i;
```

Capítulo 8 - Aplicações na Álgebra | 453

```
        else
          Div(i) = Quadro(i,nc)/Quadro(i,cp);
          if(Div(i)< Div(i-1)) then
            pivot = Quadro(i,cp);
            lp = i;   //Linha do pivot
          end;
        end;
    end;
end;

//Verifica se o sistema admite alguma solução
Nelcp = 0;
for(i=1:m) do
    if(Quadro(i,cp)<0) then
      Nelcp = Nelcp + 1;
    end;
end;
if(Nelcp==m) then
    printf("O sistema não tem solução; será encerrado...\n");
    sleep(5000);   //produz um delay de cinco segundos
    exit;
end;

//Reduz o pivot a 1 fazendo lp/pivot
for(j=1:nc) do
    Quadro(lp,j) = Quadro(lp,j)/pivot;
end;
for(i=1:m) do
    if(i<>lp) & (Quadro(i,cp))<>0 then
      fator = -Quadro(i,cp);
      for(j=1:nc) do
         Quadro(i,j) = fator*Quadro(lp,j) + Quadro(i,j);
      end;
    end;
end;

//Reduz a zero o elemento mais negativo em z (MaisNeg)
for(j=1:nc) do
    Quadro(nl,j) = -MaisNeg*Quadro(lp,j) + Quadro(nl,j);
end;

//Insere nova variável na Base
for(i=1:m) do
    if(Quadro(i,cp)==1.00) then
      Base(i) = V(cp);
    end;
end;

//------------------------------------------------------------
//início PPP
Simplex = [];
Ele = [];
for(i=(lp+1):m) do  //Procurar elemento a ser reduzido a zero
    Ele(i) = Simplex(i,cp); //elementos diferente do pivot
end;
```

454 | SciLab: Uma Abordagem Prática e Didática 2ª Edição - Mário Leite

```
LinEle=(m-1); //Número de linhas conter elemento a ser reduzido
for(i=(lp+1):m) do
    for(j=1:nc) do
        if(Ele(i)<>0) then
            Simplex(i,j) = -Ele(i)*Simplex(lp,j) + Simplex(i,j);
        end;
    end;
end;
//É maximização ou minimização?
if(op==1) then
    Simplex = -Quadro;
else
    Simplex = Quadro;
end;
//Fim PPP-------------------------------------------------------
loop = loop + 1;
end;
//--- Fim do loop da solução do problema ------------------------

printf("Processando...aguarde!");
sleep(5000);
clc;

printf("\n\n");
Resumo1 = " Resumo da solução do problema";
Resumo2 = " ----------------------------";
for(i=1:(length(Resumo1)))
    printf("%s", part(Resumo1,i))
    sleep(50)
end;
printf("\n")
sleep(100)
for(i=1:(length(Resumo2)))
    printf("%s", part(Resumo2,i))
    sleep(30)
end;
printf("\n");
//Imprime as variáveis da Base (zero para as que estão fora da Base)
for(i=1:(nl-1)) do
    printf(" %s %s %4.2f \n", Base(i), " =",Quadro(i,nc));
    VarBase(i) = Base(i);
end;
StrBase = "";
for(i=1:m) do

    StrBase = StrBase + Base(i);
end;
VetPos = [];
for(j=1:(m+n)) do
    ind = string(j);
    VetPos = strindex(StrBase,ind);
    if(VetPos==[]) then
        printf(" %s %s \n", V(j), " = 0.00");
    end;
end;
```

```
//Imprime o valor otimizado da função objetivo
printf(" %s %4.2f \n", "Zmax =",Quadro(nl,nc));

// ====== Fim do programa===================================
```

A saída final do programa "Maximizar2" é mostra a seguir...

```
Resumo da solução do problema
------------------------------
X2    = 65.00
X1    = 30.00
X3    = 0.00
X4    = 0.00
X5    = 0.00
Zmax  = 16600.00
```

Então, para maximizar os lucros a empresa deverá produzir:

> 30 unidades do modelo C1
> 65 unidades do modelo C2
> 0 unidades do modelo C3

Conclusão: Para que a função objetivo seja maximizada (obter lucro máximo) teoricamente não haveria necessidade de produzir computadores do modelo C3; este é um resultado teórico dado pela ferramenta; na tomada de decisão pode ser que seja interessante produzir algumas poucas unidades do modelo C3 para satisfazer alguns clientes especiais e manter a boa imagem da empresa junto a esta clientela.

8.5 Interpolação polinomial

8.5.1 Interpolando Pontos Analiticamente

Este é um dos muitos assuntos que fazem parte do estudo de sistemas lineares: a *interpolação através de polinômios*. A interpolação polimomial ajuda muito na matemática aplicada quando se deseja inserir valores em uma curva, fazendo até previsões de dados futuros. Nesses casos deve-se descobrir a função através dos dados experimentais da amostra. Como exemplo, vamos considerar o caso em que se deseja encontrar uma função do $2°$ grau que passe por três pontos P, Q e R de coordenadas P(x,y)=(2,7); Q(x,y)= (3,0) e R(x,y)=(9,0).

1) A função é um polinômio do tipo $y = ax^2 + bx + c$.

2) Para P(x,y) ==> $7 = a*2^2 + b*2 + c$ ==> $4a + 2b + c = 7$

3) Para Q(x,y) ==> $0 = a*3^2 + b*3 + c$ ==> $9a + 3b + c = 0$

4) Para R(x,y) ==> $0 = a*9^2 + b*9 + c$ ==> $81a + 9b + c = 0$

$$\begin{cases} 4a + 2b + c = 7 \\ 9a + 3b + c = 0 \\ 81a + 9b + c = 0 \end{cases}$$

5) Observe que a solução do problema está na resolução do sistema de equações lineares para determinar os parâmetros **a**, **b** e **c** nas equações.

6) Montando as matrizes teremos: A = [4 2 1; 9 3 1; 81 9 1] e v = [7; 0; 0]

7) Usando o ambiente do SciLab teremos:

```
-->A =[4 2 1; 9 3 1; 81 9 1]
 A   =

     4.     2.     1.
     9.     3.     1.
    81.     9.     1.
-->v = [7; 0; 0;]
 v =

     7.
     0.
     0.

-->A\v
 ans   =

     1.
   - 12.
    27.
```

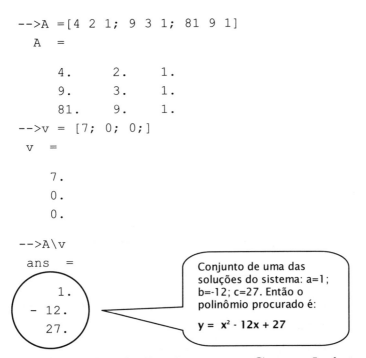

Conjunto de uma das soluções do sistema: a=1; b=-12; c=27. Então o polinômio procurado é:

$y = x^2 - 12x + 27$

8.5.2 Interpolando Pontos com o Comando interp1

Para mostrar como se faz interpolação com o comando **interp1** do SciLab, vamos tomar como base a equação de Gompertz[73]. Esta equação é um dos modelos mais empregados no estudo de crescimento de plantas, comportamento de micro-organismos, taxa de mortalidade, vida útil de bens, evolução de aprendizado, etc. Para McMEEKIN *et al* (1993) *apud* M. K. NAKASHIMA, esta equação é uma curva do tipo *sigmoide*, e pode ser descrita (no modo original) como:

---

73 Benjamin Gompertz nasceu em 5 de março de 1779 e morreu em 14 de julho de 1865, em Londres. Foi um matemático e atuário que desenvolveu estudos sobre a taxa de mortalidade, prevendo que essa taxa cresceria geometricamente.

458 | SciLab: Uma Abordagem Prática e Didática 2ª Edição - Mário Leite

```
N(t) = C*exp {exp [- B ( t - T)]}
```

t =   tempo.

N(t) =   densidade da população no tempo t.

C =   valor da assíntota superior, isto é, a densidade máxima da população indicada por N(+∞).

T =   tempo no qual a velocidade de crescimento absoluta é máxima.

B =   velocidade de crescimento relativa no tempo T.

Uma forma reduzida dessa equação pode ser apresentada a seguir, como indicada por BARRETO (2008).

```
y(t)   = Ab^(exp(-ct)
```

A: constante a ser definida (valor máximo da densidade: assíntota).

c: taxa de crescimento

t: tempo.

Como exemplo, vamos considerar os seguintes dados para traçar uma curva de Gompertz:

- $A = 600$
- $c = 0.3$
- $b = 0.003$

Assim, na área de trabalho do SciLab teremos:

```
-->A = 600;

-->c = 0.3;

-->b = 0.003;
```

```
-->t = 0:0.01:25; //Faixa de tempos considerada
-->y= A*b^exp(-c*t);
-->plot2d(t,y,2)
-->xtitle('Curva de Gompertz', 'Tempo', 'Densidade')
-->xgrid
```

A **Figura 8.9** mostra a curva de Gompertz para esses valores dados.

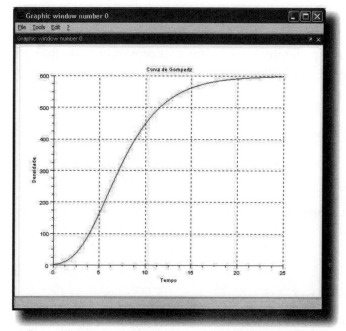

Figura 8.9 - A curva de Gompertz traçada com os valores dados.

Agora vamos interpolar cinco pontos (igualmente espaçados) na curva de Gompertz definida anteriormente. Neste caso, podemos usar o comando **linspace**(0,20,5) que resulta nos seguintes valores: **0. 5. 10. 15. 20**. E vamos empregar o comando **interp1** para fazer a interpolação desses pontos na curva, cuja sintaxe é a seguinte:

460 | SciLab: Uma Abordagem Prática e Didática 2ª Edição - Mário Leite

```
interp1([xi], [y], [x], 'método')
```

[xi]: vetor de valores linearmente espaçados que serão interpolados.

[x]: vetor de valores sobre os quais os xi serão interpolados.

[y]: vetor de valores de y disponíveis (normalmente dados pela equação) em função dos valores de [xi].

método: método selecionado para interpolação (*linear*, *nearest* ou *spline*).

Para mostrar a interpolação polinomial com o comando **interp1** vamos empregar o método *spline*, pois é o que dá o melhor resultado. Observe a **Figura 8.10**.

```
-->xi=linspace(0,20,5);   //Cinco valores a serem interpolados.

-->y= 600*0.003^exp(-0.3*xi);   //Cria os cinco valores de
                                 y pela equação.

-->x=linspace(0,20,20);   //Faixa de valores de x.

-->yi=interp1(xi,y,x,'spline');   //Dá os valores de y
      por interpolação na faixa de x.

-->plot(x,[yi],xi,y,'*')        //Plota o gráfico

-->xtitle("Interpolação com o método spline", "Valores
de x","Valores de y")

-->xgrid
```

Capítulo 8 - Aplicações na Álgebra | 461

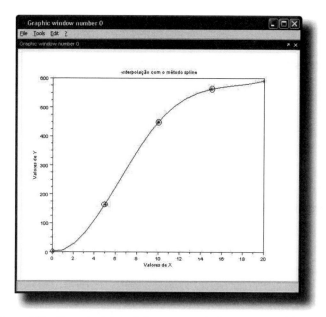

Figura 8.10 - Os pontos interpolados na curva de Gompertz com interp1.

Agora comparemos os valores dados pela equação e os valores dados pela interpolação com o comando **interp1**.

1. **Valores de x (faixa de 0 a 20).**

```
-->x
x  =

        column  1 to  8

0.          1.0526316   2.1052632   3.1578947
4.2105263   5.2631579   6.3157895   7.3684211

        column  9 to 15

8.4210526   9.4736842   10.526316   11.578947
12.631579   13.684211   14.736842

        column 16 to 20
```

```
15.789474    16.842105    17.894737 18.947368
20.
```

2. Valores de xi a serem interpolados.

```
-->xi
   xi  =

      0.   5.   10.   15.   20. //Valores interpo-
      lados
```

3. Valores dados pela equação y= $600*0.003^{\wedge}\exp(-0.3*xi)$:

```
-->y= 600*0.003^exp(-0.3*x)
 y  =

      column 1 to 8

  1.8          8.6783146    27.327922    63.078234
116.0868    181.11473    250.50506    317.34776

      column  9 to 15

 377.08514    427.62233    468.69538    501.11275
 526.15691    545.20506    559.52859

      column 16 to 20

 570.21019    578.1277    583.97047    588.26829
 591.42225
```

4. Valores dados pela interpolação com interp1 e método *spline*:

```
-->yi=interp1(xi,y,x,'spline')
 yi  =

      column 1 to 8

  1.8    6.4174326    30.139498    69.32328
         120.32586    179.50434    243.21578
```

Capítulo 8 - Aplicações na Álgebra | 463

```
      307.81727

         column   9 to 15

369.66591    425.11877    470.64447    505.27681
530.61479    548.36892    560.24974

         column 16 to 20

567.96775    573.23348    577.75746    583.25021
591.42225
```

Observe que, comparando os dois valores extremos de x (xi=0 e xi=20), os resultados são exatamente os mesmos; já os outros valores são diferentes.

Agora vamos comparar mais dois valores internos xi=5 e xi=10 (valores que foram interpolados); neste caso obteremos:

1. Pela equação:

```
-->y= 600*0.003^exp(-0.3*5)
 y  =
    164.14245
-->y= 600*0.003^exp(-0.3*10)
 y  =
    449.30837
```

2. Pelo comando interp1 **e método** *spline*:

```
-->yi=interp1(xi,y,5,'spline')
 yi  =
    164.14245
-->yi=interp1(xi,y,10,'spline')
 yi  =
    449.30837
```

464 | SciLab: Uma Abordagem Prática e Didática 2ª Edição - Mário Leite

Observe que não há diferença alguma quando comparamos os dois resultados, pois a curva y=f(x) passa por esses pontos, assim como para os pontos extremos x=0 e x=20 como foi mostrado anteriormente. Por outro lado, é importante frisar que os métodos *"linear"* e *"nearest"* também podem ser empregados para interpolação; entretanto, esses métodos não são tão precisos quando o método *spline*.

8.6 Exercícios propostos

1. Resolva o seguinte sistema de equações lineares com a operação **A\b**.

$$\begin{cases} 4x + 2y = 8 \\ 2x + 6y = 4 \\ 2x + 10y = 4 \end{cases}$$

2. Repita a solução do sistema linear do item anterior, agora empregando o comando **lsq**.

3. Considerando ainda o exercício anterior, verifique o erro cometido ao solucionar o sistema com a operação **A\b**.

4. Resolva o seguinte sistema de equações não lineares:

$$\begin{cases} x^2 - 10x + 2*y = 0 \\ sen(x) + 3cos(y) = 0 \end{cases}$$

5. Uma filial das "Lojas Tombense" apresentou um quadro dos resultados de vendas em função dos investimentos em *marketing* de maio/2013 até abril/2014 de acordo com a **Tabela 8.12**. Determine a melhor curva que se ajusta a esses pontos e estime o total de vendas para um investimento de $ 3000,00.

Capítulo 8 - Aplicações na Álgebra | 465

Período	Investimento ($)	Vendas ($)
Mai/13	750,00	1.840,00
Jun/13	800,00	2.650,00
Jul/13	950,00	6.400,00
Ago/13	1.000,00	5.789,00
Set/13	1.200,00	14.852,00
Out/13	1.300,00	16.500,00
Nov/13	1.500,00	27.540,00
Dez/13	1.800,00	46.230,00
Jan/14	1.900,00	48.320,00
Fev/14	2.000,00	62.458,00
Mar/14	2.100,00	73.740,00
Abr/14	2.200,00	86.800,00

Tabela 8.12 - Investimento *versus* Vendas das "Lojas Tombense".

6. Considere a seguinte situação:

Uma transportadora trabalha com três tipos de recipientes X, Y e Z, que carregam cargas em contêineres de três tipos: 1, 2 e 3. Os recipientes com suas respectivas capacidades (em t) são mostrados na **Tabela 8.13**.

Recipiente	1	2	3
X	6	7	4
Y	5	5	4
Z	5	5	6

Tabela 8.13 - Características dos recipientes.

Calcule quantos recipientes de cada categoria X, Y e Z, serão necessários para transportar 89 contêineres do tipo X, 79 do tipo Y e 99 do tipo Z.

7. Considerando uma função objetivo definida por $z = 3x1 + 2x2$, minimize-a considerando as seguintes restrições:

$$4x1 + 4x2 \leq 16$$
$$2x1 + 10x2 \geq 20$$
$$-2x1 + 6x2 = 12$$

8. Determine um polinômio do $2°$ grau que passe pelos pontos $(1,18)$, $(4,0)$ e $(3,2)$.

9. Determine as raízes do polinômio do exercício anterior.

Capítulo 9
Tópicos Especiais

9.1 Problemas de limites

Considere uma reta como um eixo ordenado X - tal como na **Figura 9.1a** - e um ponto **p** sobre ela. Para um valor infinitamente pequeno ε (o quanto se queira, mas com ε>0), a vizinhança de **p** é o conjunto dos **x** que está compreendido no intervalo p-ε<x<p+ε.

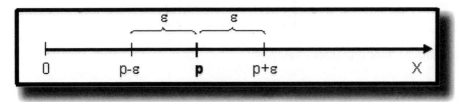

Figura 9.1a - Definindo intervalos em torno de um ponto.

Assim teremos |**x-p**|<ε, e se isto for válido para todo ε>**0**, então diz-se que a variável **x** tem um limite que deve ser **p**. Simbolicamente, definido assim:

$$\text{Lim } x = p \\ x \to p$$

Observe o esquema da **Figura 9.1b** onde x1, x2, x3 e x4 estão na vizinhança de p. Os valores que x pode assumir (xi, x2, x3, x4...xn; com i=1,n) estarão no intervalo definido como p-ε<xi<p+ε.

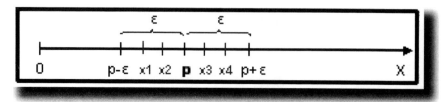

Figura 9.1b - Definindo pontos dentro do intervalo em torno do ponto.

Considerando uma função y = f(x) que pode ser definida nas vizinhanças de um ponto **p** (ou em alguns pontos dessa vizinhança), essa função tende para um valor **q** (limite) quando x tende a **p**. Simbolicamente isto pode ser representado do seguinte modo:

```
Lim   f(x) = q
x → p
```

Sejam os dois seguintes exemplos:

```
Lim (4x + 1) = 9    e   Lim (0.5x - 3x + 12) = 4.5
x→2                     x→3
```

Consideremos um terceiro exemplo:
```
Lim (x³ - 4x )/(x² - 4) = 0/0   ???
x → 2
```

Como resolver esse terceiro exemplo apenas substituindo **x** por 2? Neste caso teríamos uma indeterminação! Mas, de acordo com a definição de limite, pode sim existir um valor finito para esta expressão.
No primeiro exemplo temos:

```
|4x+1-9| < ε ==>  |4x-8| = |(x-2)4| = 4|x-2| < ε ==>
|x-2| < ε/4 então ∂ = ε/4
```

Capítulo 9 - Tópicos Especiais | 469

No segundo exemplo basta seguir o mesmo raciocínio para comprovar a existência de um intervalo bem pequeno onde estaria o limite da função. Pela regra de l'Hopital [74] tem-se que:

```
Lim (x³ - 4x)/(x² - 4) = 2   ... Será?
x→2
```

Vamos usar o SciLab para verificar isto no código a seguir.

```
for x = 0:0.999999:2 do
  limite = [(x^3-4*x)/(x^2-4)];
end
disp(string(limite))
1.999998    //Tende para o valor 2
```

Não dispondo de um comando (ou função) para calcular diretamente o limite de uma função, podemos definir uma faixa de valores bem próximos para descobrir o limite da função como no exemplo anterior.

9.2 Problemas de derivadas
• •

De acordo com a enciclopédia eletrônica livre Wikipédia http://pt.wikipedia. org/wiki/Derivada (acesso à página em 14/08/08 - 19:40), *uma função f é derivável (ou diferenciável) se, próximo de cada ponto* **a** *do seu domínio a função f(x) - f(***a***) se comportar aproximadamente como uma função linear, ou seja, se o seu gráfico for aproximadamente uma reta.*

E o declive (inclinação) dessa reta é a derivada da função **f** no ponto **a** e pode ser representada por:

---

74 Guillaume François Antoine, Marquês de l'Hôpital (1661 - 1704) foi um matemático francês. Conhecido pela famosa "regra da cadeia" para calcular limites de funções.

470 | SciLab: Uma Abordagem Prática e Didática 2ª Edição - Mário Leite

$$f`(a) \quad ou \quad \frac{df(a)}{dx}$$

De um modo geral a derivada y' de uma função derivável y=f(x) em função de x é representada pela expressão:

$$y' = dy/dx$$

9.2.1   Derivada de Função Polinomial

No **Capítulo 3** vimos como criar polinômios e algumas operações e conceitos sobre eles. Uma função polinomial y(x) é do tipo:

$$y(x) = a_0x^0 + a_1x^1 + a_2x^2 + a_3x^3 + a_4x^4 + a_5x^5 + \ldots + a_{n-1}x^{n-1} + a_nx^n$$

Onde a_i (i=0,n) são números reais e x é a variável independente que, com sua faixa de valores permitidos, define o domínio, e n dá o grau do polinômio. Seja, por exemplo, a função y = f(x) dada por y = 6 -5x + x^2. No ambiente do SciLab vamos traçar o gráfico dessa função para os valores de x na faixa -5 a 25 e com incrementos de 0.1.

```
-->x = -5:0.1:25; //Define o domínio de x
-->y = poly([6 -5 1],"x","c")          //Define a função
-->y = 6 -5*x + x^2;     //Define contradomínio da função
-->plot2d(x,y)     //Traça o gráfico da função
```

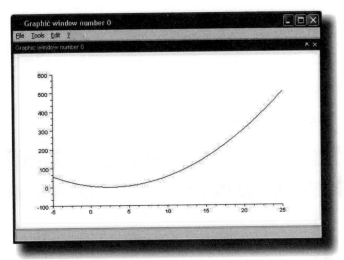

Figura 9.2 - Gráfico da função f(x) = 6 - 5x + x².

O comando **derivat** pode ser usado para encontrar a derivada de uma função polinomial y=f(x). No nosso exemplo executamos a seguinte sequência:

1º) Definir a função com o comando **poly**.

```
-->y = poly([6 -5 1], "x", "c")
 y  =

            2
    6 - 5x + x
```

2º) Encontrar a derivada com o comando **derivat**.

```
-->DyDx = derivat(y)
 DyDx  =

    - 5 + 2x
```

Para traçar o gráfico da derivada DxDy(x) = -5 + 2x deve ser definido o domínio de x como foi feito para a função y=f(x) na mesma faixa.

3º) Definir o contradomínio:

```
-->dydx = - 5 + 2*x;    //Usamos outra variável:dydx#DyDx
```

4º) Traçar o gráfico.

```
-->plot2d(x,dydx, 5)
```

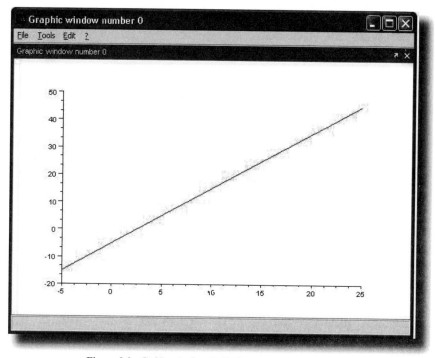

Figura 9.3 - Gráfico da função derivada DyDx = - 5 + 2x.

A **Figura 9.4** mostra que a reta que representa a derivada DyDx é tangente à curva da função y(x) = 6 -5x + x^2 (em algum ponto).

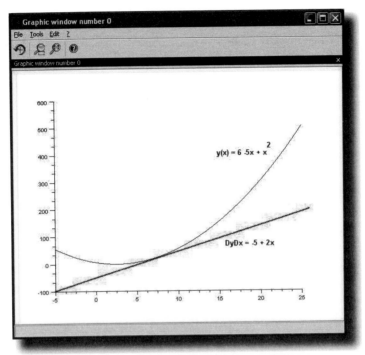

Figura 9.4 - Gráficos da função derivada f(x) e DyDx.

9.2.2 Derivada de uma Função num Ponto[75]

Se a derivada da função f(x) é também uma função g(x), então podemos calcular o valor dessa derivada num ponto **p** do domínio usando simplesmente o comando **horner**.

```
DyDxp = horner(DyDx,p)
```

Por exemplo, vamos calcular o valor da derivada de y em relação a x no ponto x=4. No nosso exemplo da função y = f(x) = 6 -5x + x^2, teremos as seguintes instruções (sequenciais) no ambiente do SciLab:

---
75 Consulte o *help* da ferramenta para saber mais detalhes sobre como fazer aproximações através de derivadas de uma função com o comando **derivative**.

1º) Definir a função com o comando **poly**.

```
-->y = poly([6 -5 1], "x", "c")
 y =

                    2
    6 - 5x + x
```

2º) Encontrar a derivada com o comando **derivat**.

```
-->DyDx = derivat(y)
 DyDx =

    - 5 + 2x
```

3º) Calcular o valor de DyDx no ponto $x = 4$ com o comando **horner**.

```
-->DyDxp = horner(DyDx,4)
 DyDxp =

      3.
```

Uma maneira (mais geral) de calcular o valor da derivada num ponto é usar o comando **derivative**. Neste caso não precisamos encontrar a derivada da função; basta aplicar esse comando diretamente à função f(x), observando que esta deverá ser criada antes, empregando a estrutura **function..endfunction** e não apenas definida como foi feito no caso anterior. Para este nosso exemplo, teremos:

1º) Criar a função a função f(x):

```
-->function y = F(x)
-->  y = 6 -5*x + x^2;
-->endfunction
```

2°) Calcular o valor de f'(x) no ponto desejado (no caso 4):

```
-->derivative(F,4)
 ans  =

    3.
```

Outro exemplo: encontrar as derivadas f'(x), f''(x) e f'''(x) para a função f(x) definida como $f(x) = 2 + 3x + x^2 + 5x^3 + 4x^4$.

```
-->y = poly([2 3 1 5 4], "x", "c")
 y  =
                  2     3     4
    2 + 3x + x + 5x + 4x


-->df1 = derivat(y)
 df1  =
                    2     3
    3 + 2x + 15x + 16x


-->df2 = derivat(df1)
 df2  =
                  2
    2 + 30x + 48x


-->df3 = derivat(df2)
 df3  =

    30 + 96x
```

Traçando as quatro curvas, teremos:

```
-->x = -5:0.1:10;     //Define o domínio de x

//Define cada uma das funções
-->y = 2 + 3*x + x^2 + 5*x^3 + 4*x^4;

-->df1 = 3 + 2*x + 15*x^2 + 16*x^3;
```

```
-->df2 = 2 + 30*x + 48*x^2;

-->df3 = 30 + 96*x;

//Plota os gráficos em subjanelas numa mesma janela
gráfica

-->subplot(2,2,1)    //Função F(x) no 1° quadrante
-->plot2d(x,y,1)     //Gráfico de F(x) na cor preta
-->subplot(2,2,2)    //Função df1(x) no 2° quadrante
-->plot2d(x,df1,2)//Gráfico de df1(x) na cor azul
-->subplot(2,2,3)    //Função df2(x) no 3° quadrante
-->plot2d(x,df2,3)//Gráfico de df2(x) na cor verde
-->subplot(2,2,4)    //Função df3(x) no 4° quadrante
-->plot2d(x,df3,5)//Gráfico de df3(x) na cor vermelha
```

A **Figura 9.5** mostra os gráficos das quatro funções: função F mais as suas três derivadas df1, df2 e df3, respectivamente.

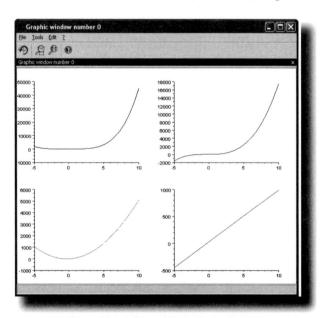

Figura 9.5 - Gráficos das quatro funções.

Capítulo 9 - Tópicos Especiais | 477

9.3 Problemas de integrais
•••

Criadas originalmente para calcular a área sob uma curva, as integrais têm aplicação prática em várias áreas do conhecimento, em particular nas ciências exatas e nas engenharias. Quando for assim considerada, uma integral é dita **definida** (o resultado é um valor numérico). Quando não estamos interessados em obter um valor (área sob a curva de uma função), a integração pode ser entendida como o processo inverso da derivação; nesse caso estamos considerando uma integral **indefinida** (ou antiderivada). De acordo com FLEMMING & GONÇALVES [1992] *"Uma função F(x) é chamada uma primitiva da função f(x) em um intervalo L (ou simplesmente uma primitiva de f(x)), se para todo x ε L temos F'(x) = f(x)"*.

Assim, ainda de acordo com os autores, as primitivas de uma função **f(x)** sempre estarão definidas em algum intervalo dado. E quando o intervalo não for explicitado e ao se referir a duas primitivas da mesma função, fica subentendido que ambas são primitivas de **f** no mesmo intervalo.

Por exemplo, vamos supor a seguinte função (primitiva): $f(x) = x^3$. Então $f'(x)$ é $3x^2$ e uma das antiderivadas ou integrais indefinidas de $f'(x)$ é $F(x) = x^3$. Então, podemos afirmar que:

$$\int f'(x)\,dx = F(x) \text{ se, e somente se, } \frac{dF(x)}{dx} = f(x)\,dx$$

9.3.1 Integrais Definidas

Para os matemáticos o processo de trabalhar integrais indefinidas (antiderivação) é o aspecto mais interessante do cálculo integral; entretanto, para os engenheiros as integrais definidas são as mais importantes, uma vez que o que se deseja é obter um valor resultante da integração num determinado

478 | SciLab: Uma Abordagem Prática e Didática 2ª Edição - Mário Leite

intervalo da curva. E como estamos trabalhando com uma ferramenta de cálculo numérico só estudaremos as integrais definidas.

Os três comandos mais empregados para calcular a integral definida de uma função num determinado intervalo são: **integrate, intg** e **inttrap.**

1. Comando integrate

```
integrate('função', 'variável', limite inferior, limite superior)
```

Para testar esse comando vamos considerar a função $f(x) = x^3$ e o intervalo $0 \le x \le 4$.

```
-->I = integrate('x^3','x', 0, 4)
  I  =

     64.
```

Agora vamos considerar a função y=**sin**(x) e traçar o gráfico dela para x variando de 0 a π com intervalos de 0.01.

```
-->x=0:0.01:%pi;    //Define a faixa de valores de x
-->y = sin(x);
-->plot2d(x,y)
-->xtitle('Gráfico da função y=sin(x)','Valor de X',
'Seno(x)')
-->xgrid
```

Figura 9.6 mostra o gráfico da função $y = \mathbf{sin}(x)$ no domínio $0 \le x \le \pi$.

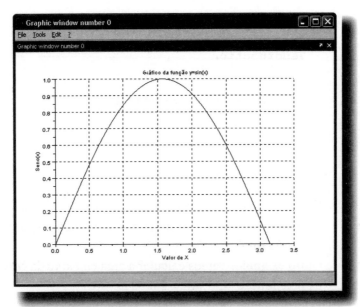

Figura 9.6 - Gráfico da função y = sin(x) com 0<=x<=π.

Integraremos a função para calcular a área sob a curva no intervalo [0, π].

```
-->I = integrate('sin(x)','x', 0, %pi)
  I  =

     2.   //Valor da área sob a curva y=sin(x) em [0,π]
```

2. Comando intg

Para usar o comando **intg** é necessário, antes, criar a função com a estrutura **function**...**endfuncion**. Sua sintaxe é:

```
intg(limite inferior, limite superior, nome da função)
```

Para ilustrar o uso desse comando, vamos repetir o exemplo anterior, calculando a área sob a curva y=**sin**(x), agora com o comando **intg**.

1º) Definir a função F(x).

480 | SciLab: Uma Abordagem Prática e Didática 2ª Edição - Mário Leite

```
-->function y=F(x)
-->  y=sin(x)
-->endfunction
```

2°) Calcular a área com o comando **intg**.

```
-->Area = intg(0,%pi,F)
 Area =
    2.
```

F é a função em x a ser integrada. E observe que nesse caso os valores limites de x entram como os primeiros parâmetros do comando **intg**.

Outro exemplo. Vamos calcular a área embaixo da curva definida pela função $y = -48 + 44x -12x^2 +x^3$.

Primeiramente vamos definir o domínio e o contradomínio.

```
-->x = 0:0.01:10;
-->y = -48 + 44*x -12*x^2 + x^3;
```

Agora vamos calcular a área embaixo da curva no intervalo [2,5] conforme mostrado na **Figura 9.7** (destacada na área hachurada) com o comando **integrate**.

```
-->Area = integrate('-48 + 44*x -12*x^2 +
x^3','x',2,5)
 Area =
    2.25
```

Observe que, usando o comando **integrate**, a função entra como o primeiro parâmetro definido em função de x e entre apóstrofos (' ').

Plotanto o gráfico de y=f(x):

```
-->plot(x,y,'r.')
```

A **Figura 9.7** mostra o esquema da integração da função no intervalo em destaque.

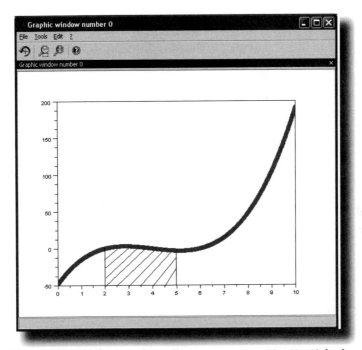

Figura 9.7 - Calculando uma área embaixo da curva y = - 48 + 44x -12x² +x³.

3. Comando inttrap

Esse comando também pode ser empregado para calcular a integral definida de uma função num dado intervalo. Neste caso devemos criar, antes, o intervalo (faixa de valores de x) com o comando **linspace** de modo a considerar valores regulares nessa faixa. E como esse comando usa o método de interpolação trapezoidal para calcular a área embaixo da curva, quanto mais pontos no intervalo mais aproximado será o valor obtido para a área, pois cada pequeno trapézio tenderá a um retângulo tornando o cálculo da pequena área mais preciso. Para exemplificar vamos considerar nossa função definida anteriormente:

$$y = f(x) = -48 + 44x - 12x^2 + x^3$$

482 | SciLab: Uma Abordagem Prática e Didática 2ª Edição - Mário Leite

```
-->y = -48 + 44*x -12*x^2 + x^3;
```

1°)   Considerando o intervalo [2,5] sem indicar a distância entre os valores.

```
-->x=linspace(2,5); //Gera 100 pontos

-->Area1 = inttrap(x,-48 + 44*x -12*x^2 +x^3)
 Area1  =
   2.2493113
```

Para provar que **linspace**(2,5) gera 100 pontos, observe:
```
-->x=linspace(2,5,100);

-->Area1 = inttrap(x,-48 + 44*x -12*x^2 +x^3)
 Area1  =
    2.2493113 //O que dá o mesmo resultado...
```

2°)   Considerando o intervalo [2,5] com 110 pontos distantes igualmente.

```
-->x=linspace(2,5,110);

-->Area2 = inttrap(x,-48 + 44*x -12*x^2 +x^3)
 Area2  =
    2.2494319
```

3°)   Considerando o intervalo [2,5] com 200 pontos distantes igualmente.

```
-->x=linspace(2,5,200);

-->Area3 = inttrap(x,-48 + 44*x -12*x^2 +x^3)
 Area3  =

    2.2498295
```

Capítulo 9 - Tópicos Especiais | 483

4°) Considerando o intervalo [2,5] com 300 pontos distantes igualmente.

```
-->x=linspace(2,5,300);

-->Area4 = inttrap(x,-48 + 44*x -12*x^2 +x^3)
 Area4  =

    2.2499245
```

5°) Considerando o intervalo [2,5] com 500 pontos distantes igualmente.
```
-->x=linspace(2,5,500);

-->Area5 = inttrap(x,-48 + 44*x -12*x^2 +x^3)
 Area5  =

    2.2499729
```

Observe que à medida que aumentamos o número de pontos no intervalo, a precisão do resultado é melhor, aproximando-se do valor **2.25** obtido com o comando **integrate**. Quando usamos 45000 (quarenta e cinco mil) pontos, o resultado - com 17 casas decimais formato(20) – é:
```
-->x=linspace(2,5,45000);

-->Area = inttrap(x,-48 + 44*x -12*x^2 +x^3)
 Area  =

    2.24999999666651895   //Muito próximo de 2.25
```

Aqui poderia ser colocada a seguinte questão: "*Quantos pontos deverão ser considerados (usando o comando inttrap) para se obter o mesmo resultado quando se emprega o comando integrate?*" Teoricamente seriam muitos pontos, dependendo até do formato utilizado. Então vamos estabelecer um número de pontos necessário (empregando o comando **inttrap**) para se obter um valor bem próximo (digamos, mais que 99%) do valor calculado com o comando **integrate**.

O *código* a seguir mostra uma função que pode ser usada para calcular o número mínimo de pontos de um intervalo [L1,L2] para que a área calculada com o comando **inttrap** chegue a no mínimo 99.99% da área real (calculada com o comando **integrate**), usando a curva dada anteriormente.

```
//Função que calcula o número mínimo de pontos num
intervalo
//usando o comando inttrap para alcançar cerca de
99.99% de
//precisão do comando integrate.
function Y = CalcArea1(L1,L2,N)
  //L1 = limite inferior do intervalo
  //L2 = limite superior do intervalo
  //N = número de pontos considerado dentro do intervalo
  Achou = 0;
  j = L1;
  while (j<=N)
    x = linspace(L1,L2,j);
    Area = inttrap(x,-48 + 44*x -12*x^2 +x^3);
    if (Area/2.25 >= 0.9999) then
      Achou = 1;
      Y = string(j);
      disp("Número de pontos necessário: " + Y)
      j = N + 1;   //Artifício para sair do loop
    end;
    j = j + 1;
  end;
  if (Achou==0)   then
    Y = "O número de pontos considerado (" +
        string(N) + ")" + " é insuficiente";
  end;
endfunction
```

- **Exemplo 9.**1
A Física Clássica nos ensina que a velocidade **V** de um corpo com uma aceleração constante **a** num dado instante **t** pode ser dada pela equação: **V = Vo + at** (onde Vo é sua velocidade incial - no instante t=0). Para uma velocidade inicial de 5 m/s e uma aceleração constante de 2 m/s^2, no ambiente do SciLab podemos indicar essa equação como um polinômio.

```
-->V = poly([5 2], "t", "c")
 V  =
    5 + 2t

-->t = 0:0.5:60;
-->V = 5 + 2*t;
-->plot2d(t,V,5)
-->xtitle("Velocidade x Tempo", "Tempo(s)" , "Velo-
cidade( m/s)")
```

Traçando o gráfico "Velocidade *versus* Tempo" teremos um resultado como o da **Figura 9.8a** para o primeiro minuto de movimento.

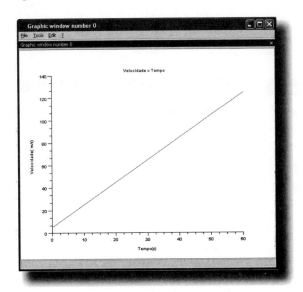

Figura 9.8a - "Gráfico Velocidade *x* Tempo" do Exemplo 9.1.

Se calcularmos a área embaixo da curva V=f(t) desde t=0 até t=30 da **Figura 9.8a**, estaremos calculando a área de um trapézio (hachurada) de bases 5 e 65 respectivamente, pois para t=0 V=5, e para t = 30 V=65. Confira no esquema da **Figura 9.8b**.

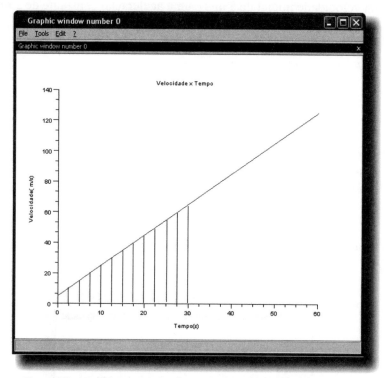

Figura 9.8b - Gráfico Velocidade xTempo do Exemplo 9.1 (área desejada).

Na **Figura 9.8b** a área hachurada representa fisicamente o espaço (em metros) percorrido pelo corpo nos primeiros 30 segundos. Então, usando a equação da velocidade teremos: V = 5 + 2*30 = 65 m/s.

Por outro lado, a física matemática mostra que a derivada temporal do espaço percorrido dá a velocidade instantânea; assim podemos escrever:

```
V = dx/dt
```

Integrando a velocidade ao longo do tempo obtém-se o espaço percorrido denotado por Δx.

$$\int V dt = \Delta x = \int (Vo + at)\, dt = Vot + 0.5at^2$$

Para a área desejada teremos que integrar desde 0 até 30. Então, substituindo os valores de t=30, Vo=5 e a=2 na expressão anterior, teremos:

```
Δx  =  5*30 + (1/2)*2*30² = 1050 m
```

Assim, nos primeiros 30 segundos de movimento, o corpo terá se deslocado 1050 metros.

O SciLab nos permite resolver esta questão de modo fácil e rápido, simplesmente empregando um dos comandos de integração vistos anteriormente; por exemplo, usando o comando **integrate** teremos:

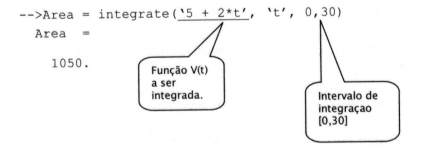

9.4 Problemas de estatística

O SciLab possui comandos e funções que permitem trabalhar com conceitos aplicados à estatística e à análise combinatória, tais como: permutações, combinações, média, desvio padrão, probabilidade, etc. Alguns desses conceitos estão relacionados a seguir:

- **gamma** — avalia a função gama e o fatorial de um número real.
- **prod** — obtém o produto dos elementos de uma matriz.
- **mean** — obtém o valor médio de uma amostra.
- **grand** — extrai elementos de uma polulação.
- **gsort** — ordena uma amostra.
- **min** — obtém o elemento de menor valor de uma amostra.
- **max** — obtém o elemento de maior valor de uma amostra.
- **binomial** — obtém as probabilidades de uma distribuição.
- **histplot** — obtém o histograma da distribuição de uma amostra.
- **cdfbin** — obtém a distribuição de probabilidade acumulada.

- **stddev** — obtém o desvio padrão de uma amostra.

- **geomean** — dá a média geométrica dos elementos de um vetor.

- **variance** — dá a variância dos elementos de um vetor

- **rand** — gera números randômicos com distribuição normal.

- **factorial** — dá o fatorial de um número não negativo

Em quase todos os cursos de programação é de praxe o aluno criar uma função para calcular o fatorial de um número. Entretanto, com o comando **gamma**, o fatorial de um número real pode ser obtido diretamente sem a necessidade de se criar uma rotina específica para isso.

Capítulo 9 - Tópicos Especiais | 489

1) Comando **gamma**: obtém o fatorial de um número n.

```
Y = gamma(n+1)
```
ou
```
Y = factorial(n)
```

Observe que para calcular o fatorial de um número n é necessário entrar com **n+1** como parâmetro do comando. Portanto, para obter o fatorial de 6 teremos que entrar com 6+1, ou diretamente com **fatorial(6)**.

```
-->Fat = gamma(6+1)      --> Fat = factorial(6)
Fat  =                   Fat =
     720.                     720
```

2) Comando **prod**: obtém o produto sequêncial dos elementos numéricos de um vetor; mas não é aplicado a matrizes esparsas.

```
Y =prod(X, ['r'] [, c'])
```

X é um vetor (ou matriz) de real; r = linha, c=coluna (uma ou outra) e Y um escalar que representa o produto resultante.

```
-->X=[1 2;  3 4]

X  =

    1.   2.
    3.   4.


-->prod(X)
ans  =

    24.

-->prod(X,'c')
```

```
ans  =

    2.
    12.

-->prod(X,'r')
ans  =

    3.    8.

-->V = [1:5]
V  =

    1.    2.    3.    4.    5.

-->P = prod(V)
 P  =

    120.
```

3)   Comando **mean**: obtém a média aritmética de uma coluna ou de uma linha de elementos de uma matriz ou vetor.

```
Y = mean(X)
```

Onde X é uma matriz (ou vetor); o resultado é um escalar ou um vetor armazenado em Y. Consideremos um vetor X de 10 elementos.

```
-->X = [1 3 5 7 9 2 4 6 8 0]
 X  =

    1.  3.  5.  7.  9.  2.  4.  6.  8.  0.

-->media = mean(X)
 media  =

    4.5
```

Agora, considerando uma matriz M (3,4).

```
-->M = [1 2 3 4; 2 4 6 8; 4 3 2 1]
 M =

    1.    2.    3.    4.
    2.    4.    6.    8.
    4.    3.    2.    1.
-->media1 = mean(M,'r')
 media1 =

    2.3333333  3.  3.6666667  4.3333333

-->media2 = mean(M,'c')
 Media2 =

    2.5
    5.
    2.5
```

Médias das colunas

Médias das linhas

4) Comando **st_deviation** (ou **stdev**): obtém o desvio padrão normal de uma amostra, composta dos elementos da coluna (ou linha) de uma matriz ou vetor (tal como foi mostrado para o comando **mean**).

```
Y =st_deviation(X)
```

O retorno é um escalar (Y) que representa o desvio padrão normal de uma amostra de elementos de uma matriz/vetor X.

Para ilustrar, vamos considerar o vetor X criado anteriormente, assim:

```
-->X = [1 3 5 7 9 2 4 6 8 0];

-->dp = st_deviation(X)
  dp =

      3.0276504
```

492 | SciLab: Uma Abordagem Prática e Didática 2ª Edição - Mário Leite

5) Comando **grand**: obtém (extrai) randomicamente elementos de uma população em uma dada distribuição[76].

```
Y = grand(dimensões da matriz, 'tipo_dist', média, desvio padrão)
```

- dimensões: são as dimensões da matriz (m,n).
- tipo_dist: é o tipo de distribuição a que a matriz de dados está sujeita, e pode ser 'nor', 'bin', 'poi', 'bet', 'chi', 'exp', 'gam', etc.

O resultado da aplicação do comando **grand** é uma matriz Y (m,n) composta de elementos randômicos. Por exemplo, seja um vetor W qualquer, composto de 5 elementos obtidos randomicamente sob uma distribuição normal ('nor' = normal) com média 2.4 e desvio padrão 3.

```
-->W = grand(1, 5, 'nor', 2.4, 3)
 W   =

   2.779429   4.953031   4.983028   1.751414   4.206466
```

6) Comando **gsort**: ordena uma amostra em ordem crescente ou decrescente[77].

```
[s, [k]]= gsort(v,flag1,flag2)
```

[s,k]: contém o resultado da ordenação; flag1 pode ser "lc" (por coluna) ou "lr "(por linha) flag2 ("i" = ordem crescente; "d" = ordem decrescente).

Consiremos inicialmente um vetor **V** tal como mostrado a seguir.

```
-->V = [3 4 1 5 6 2 8]
 V   =

   3.    4.    1.    5.    6.    2.    8.
```

---

76 Para obter mais detalhes sobre o comando **grand** consulte o *help* da ferramenta.
77 Para obter mais detalhes sobre o comando **gsort** consulte o *help* da ferramenta.

```
-->gsort(V,'lc','i')   //Ordena colunas em ordem crescente
 ans  =

    1.    2.    3.    4.    5.    6.    8.

-->gsort(V,'lc','d')   //Ordena colunas em ordem decrescente
 ans  =

    8.    6.    5.    4.    3.    2.    1.
```

No caso de uma matriz podemos ter o seguinte:

```
-->A = [1 2 3; 4 5 6; 7 8 9]
 A  =

    1.    2.    3.
    4.    5.    6.
    7.    8.    9.

-->gsort(A)
 ans  =

    9.    6.    3.
    8.    5.    2.
    7.    4.    1.

-->gsort(A,'lc','i')
 ans  =

    1.    2.    3.
    4.    5.    6.
    7.    8.    9.

-->gsort(A,'lc','d')
 ans  =

    3.    2.    1.
    6.    5.    4.
    9.    8.    7.
```

494 | SciLab: Uma Abordagem Prática e Didática 2ª Edição - Mário Leite

7)   Comando **min**: obtém o elemento de valor mínimo de uma amostra.

```
Y = min(X)
```

Y é o elemento de menor valor da matriz/vetor X.
Como exemplo, vamos considerar o nosso vetor V do item anterior,
definido como: V = [3 4 1 5 6 2 8].
```
-->menor = min(V)
 menor   =
     1.
```

Para uma matriz basta indicar se é por linha ou por coluna. Observe o
exemplo a seguir.
```
-->M = [3 1 2; 5 6 4; 9 8 7]
 M   =
     3.    1.    2.
     5.    6.    4.
     9.    8.    7.

-->min(M,'c')
 ans  =
     1. //Menor elemento da primeira linha
     4. //Menor elemento da segunda linha
     7. //Menor elemento da terceira linha
```

8)   Comando **max**: obtém o elemento de valor máximo de uma amostra.

```
Y = max(X)
```

Y é o elemento de maior valor da matriz/vetor X.
Ainda considerando o vetor V, teremos:
```
-->maior = max(V)
 maior   =
     8.
```

Para matrizes vale o mesmo raciocínio usado para o comando **min**.

9) Comando **binomial**: obtém as probabilidades de uma distribuição.

Este comando permite obter as probabilidades de uma distribuição, conhecidos n e p.

```
Y = binomial(p,n)
```

Y   vetor linha de probabilidades com n+1 componentes.
p   número real no intervalo [0,1].
n   um número inteiro >= 1.

Por exemplo, vamos considerar n=15 e p=0.3. O resultado é apresentado na forma de um gráfico de linhas verticais criado pelo comando **plot2d3** mostrado na **Figura 9.9**.

```
-->Y = binomial(0.3,15);
-->plot2d3(Y)
```

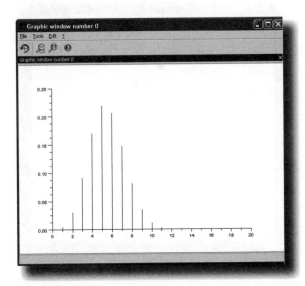

Figura 9.9 - Distribuição de probabilidades obtida com o comando binomial.

10) Comando **histplot**: cria o histograma de uma amostra sob determinada distribuição.

Consideremos uma amostra de tamanho 4000 criada randomicamente com o comando **grand**, como mostrado a seguir[78].

```
-->amostra=grand(1,4000,"nor",3,4);   //Amostra randômica

-->media = mean(amostra);

-->dp = st_deviation(amostra);   //Desvio padrão

-->var = dp^2;      //Variância da amostra

-->x=-30:1:30;      //Define o domínio

-->curva = 1/(sqrt(var*2*%pi))*exp(-(x - ... media)^2/(2*var));  //Curva normal

-->plot2d(x,[curva],5)   //Plota gráfico da curva normal
```

A **Figura 9.10a** mostra o gráfico da mostra com uma distribuição normal.

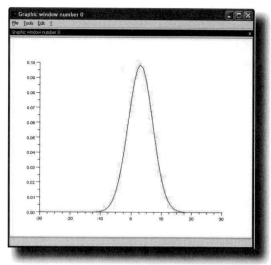

Figura 9.10a - **Curva de distribuição normal da amostra.**

---
78 Exemplo adaptado do *e-book* "Iniciação ao SciLab".

Executando o comando **histplot**, teremos o histograma da amostra. Observe a **Figura 9.10b** que mostra a comparação dos dois gráficos: a curva suave representa a distribuição normal da amostra, e a curva em escada representa o histograma dado pela instrução a seguir.

```
-->histplot([x],amostra)     //Plota o histograma
```

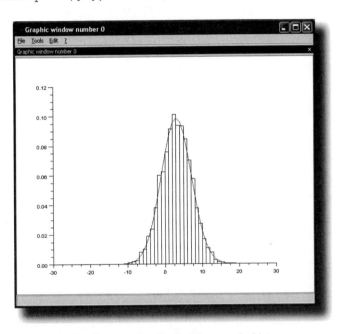

Figura 9.10b - Comparação: distribuição normal x histograma.

11) Comando **cdfbin**: obtém a distribuição binomial da probabilidade acumulada.

```
[P,Q] = cdfbin("PQ", S, n, p, 1-p)
```

- **P:** probabilidade acumulada de 0 a S (probabilidade de um evento futuro).
- **Q:** probabilidade de não acontecer um evento futuro de 0 a S (Q = 1 − P).
- **S:** número de sucessos observado.

n: tamanho da amostra.

p: probabilidade conhecida de acontecer S.

• Exemplo 9.2

O setor de controle de qualidade de uma empresa retirou uma amostra com 20 elementos de um produto para ser analisada; na inspeção os produtos foram classificados em "bom" ou "rejeitado". O resultado apontou que 5% dos produtos não passaram no teste de qualidade. Calcular a probabilidade de não mais do que um produto seja rejeitado.

Para a solução do **Exemplo 9.2** podemos empregar o comando **cdfbin** com os seguintes parâmetros:

- • n= 20 (tamanho da amostra).
- • S=1 (número máximo de produtos que podem ser rejeitados - futuro).
- • p=0.05 (probabilidade de ocorrer S).

```
-->S = 1;

-->n = 20;

-->p = 0.05;

-->[P,Q]=cdfbin("PQ",S,n,p,1-p)
 Q  =

    0.2641605
 P  =

    0.7358395
```

> Neste caso existe 73.6% de probabilidade de que no máximo 1 produto seja rejeitado.

• Exemplo 9.3

Uma equipe de Fórmula 1 descobriu que a cada 3000 Km rodados por seus carros ocorria um estouro de pneu. As próximas provas serão em pistas de 4000 Km, qual a probabilidade de nenhum pneu estourar?

Capítulo 9 - Tópicos Especiais | 499

n = 4000   tamanho da amostra a ser considerado no teste futuro.

S = 0   número de ocorrências esperado (nenhum pneu estourado).

p = 1/3000   probabilidade de ocorrer um estouro na amostra testada.

```
-->n = 4000;

-->S = 0;

-->p = 1/3000;

-->[P,Q]=cdfbin("PQ",S,n,p,1-p)
 Q  =

    0.7364614
 P  =

    0.2635386
```

73.6% probabilidade de **algum** pneu estourar.

26.4% probabilidade de **nenhum** pneu estourar.

• Exemplo 9.4

A **Tabela 9.1a** mostra os dados obtidos (em hectares) de um levantamento de terras produtivas em 105 propriedades cadastradas.

72	84	73	71	51	64	73	71	69	74	77	75	82	69	72
66	73	71	92	58	74	82	53	66	76	73	93	80	74	77
76	88	73	62	78	74	70	77	75	74	99	78	62	77	71
53	75	66	83	62	95	68	90	76	73	72	78	69	78	65
65	87	76	72	65	69	81	47	84	43	76	72	78	71	73
64	77	80	68	62	73	70	46	58	71	91	78	67	68	62
90	65	67	57	64	80	66	79	67	69	81	74	67	75	79

Tabela 9.1a - Dados experimentais do Exemplo 9.4.

Considerando os dados da **Tabela 9.1a**, resolva as seguintes questões:

500 | SciLab: Uma Abordagem Prática e Didática 2ª Edição - Mário Leite

a)   Apresente o Rol.

b)   Determine o número de classes e a amplitude do intervalo de classes.

c)   Construa a tabela de distribuição de frequências.

d)   Trace o histograma.

Para resolver as questões colocadas devemos determinar, antes, os seguintes parâmetros:

- Número de elementos da amostra: **n** (no caso m=105).
- Intervalo de classe: **K**.
- Amplitude total da amostra: **A**.
- O maior valor observado da variável em estudo: X_{max}.
- O menor valor observado da variável em estudo: X_{min}.
- O intervalo de cada classe: **h**.
- O limite inferior de cada classe: L_{inf}.
- O limite superior de cada classe: L_{sup}.
- O ponto médio de cada amostra: P_m.
- As frequências absolutas de cada classe: f_i.
- As frequências relativas de cada classe: f_r.
- As frequências percentuais de cada classe: **fp**.
- As frequências acumuladas: **F**.

Embora pareça muito complexa a resolução deste exemplo, todos os parâmetros são calculados a partir de K. Esse parâmetro pode ser obtido - aproximadamente - pela expressão:

```
K = 1 + Ln(n)/Ln(2)  = Ln(105)/Ln(2)
```

Onde **Ln** é o logaritmo natural.

Tomando a parte inteira de K, teremos o <u>número de classes</u> da amostra, e assim poderemos calcular os outros parâmetros, conhecendo antes a amplitude da amostra.

Capítulo 9 - Tópicos Especiais | 501

$A = 105 - 43$

$h = A/K = (X_{max} - X_{min})/K$

$P_m = (L_{inf} + L_{sup})/2$

f_i = número de valores que aparece na classe i. Por exemplo, na classe determinada por 54| 61 aparecem 3 valores. Essa notação indica que para contar os valores da classe, o valor inferior (54 no caso) não é considerado, mas o valor superior (61), sim.

f_r = fi/n

$f_p = 100*fr$

F = Somatório das frequências anteriores

A primeira providência a ser tomada é transformar a amostra em Rol ordenado, para que os primeiros parâmetros (**A**, **K** e **h**) possam ser facilmente determinados (veja a **Tabela 9.1b**).

43	46	47	51	53	53	57	58	58	62	62	62	62	62	64
64	64	65	65	65	65	66	66	66	66	67	67	67	67	68
68	68	69	69	69	69	69	70	70	71	71	71	71	71	71
72	72	72	72	72	73	73	73	73	73	73	73	73	74	74
74	74	74	74	75	75	75	75	76	76	76	76	76	77	77
77	77	77	78	78	78	78	78	78	79	79	80	80	80	81
81	82	82	83	84	84	87	88	90	90	91	92	93	95	99

Tabela 9.1b - Amostra do Exemplo 9.4 com os dados ordenados.

Desse modo, podemos criar um programa para rever o que se pede no **Exemplo 9.4**. O código (em destaque) a seguir mostra o *script* do programa, comentado. Os dados da amostra foram colocados no arquivo "Amostra. txt" que é lido pelo programa. Depois, no **Quadro 9.1** é mostrado o código do *script* que traça o histograma, apresentado na **Figura 9.11**.

```scilab
//Programa para determinar parâmetros estatísticos de mostra
clc; /Limpa a tela
clear; //Limpa todas as variáveis da memória
MD = read("Amostra94.txt",105,1); //Lê a matriz de dados
n  = length(MD(:,1)); //Determina número de linhas da matriz
//n = tamanho da amostra
//Cria um vetor para os dados brutos (DB)
DB = [ ];
disp("Dados brutos - desordenados");
for i=1:n do
  DB(i) = MD(i);
  if(modulo(i,15)==0) then
    printf(" %d %s \n", DB(i), " ")
  else
    printf(" %d %s", DB(i), " ")
  end
end

//Ordena o vetor de dados brutos (DB) - cria o Rol
for i=1:(n-1) do
  for j=(i+1):n do
    if(DB(i) > DB(j)) then
      aux   = DB(i);
      DB(i) = DB(j);
      DB(j) = aux;
    end
  end
end

//Mostra os dados em 7 linhas de 15 elementos ordenados
disp("----------------------------------------------------");
```

Capítulo 9 - Tópicos Especiais | 503

```
disp("Dados ordenados - Rol");
for i=1:n do
  if(modulo(i,15)==0) then
    printf(" %d %s \n", DB(i), " ")
  else
    printf(" %d %s", DB(i), " ")
  end
end

//Determina os parâmetros básicos
K = round(1 + log(n)/log(2));   //Número de classes
A = DB(n)-DB(1);   //Amplitude da amostra
h = A/K;    //Amplitude de cada classe
C0 = 43;    //Arbitra limite inferior para os dados

//Cria e mostra as classes
disp("----------------------------------------------");
disp("Classes");
Classe = [ ];
for i=1:K do
  if(i==1) then
    Cinf = C0;
    Csup = C0 + h;
    Classe(i) = string(Cinf) + "-" + string(Csup);
    printf(" %s %s", Classe(i), " ")
  else
    Cinf = Csup;
    Csup = Cinf + h;
    Classe(i) = string(Cinf) + "-" + string(Csup);
    printf(" %s %s", Classe(i), " ")
  end
```

```scilab
end

//Determina os limites de cada classe
Linf = [ ]; //Atenção: linf é palavra reservada do SciLab
Lsup = [ ];
for i=1:K do
  inf = part(Classe(i),1) + part(Classe(i),2);
  sup = part(Classe(i),4) + part(Classe(i),5);
  inf = eval(inf);
  sup = eval(sup);
  Linf(i) = inf;
  Lsup(i) = sup;
end

//Determina as frequências de cada classe
Freq  = [ ]; //Frequência absoluta
Freqr = [ ]; //Frequência relativa
Freqp = [ ]; //Frequência percentual
Pm    = [ ];
for i=1:K do
  Soma = 0;
  for j=1:n do
    if( (DB(j)>=Linf(i)) & (DB(j)<Lsup(i)) )  then
      Soma = Soma + 1;
    end
  end

  if( (i==K) & (DB(j)>=Lsup(i)) ) then
    Freq(i) = Soma + 1;
  else
    Freq(i) = Soma;
  end
```

Capítulo 9 - Tópicos Especiais | 505

```
  Pm(i) = (Lsup(i)+Linf(i))/2;
  Freqr(i) = Freq(i)/n;
  Freqp(i) = Freqr(i)*100;
end
SomaFreq = sum(Freq);

//Reavalia as frequências relativas para acertar SomaFreq
//SomaFreq deve ser igual a 1
if(SomaFreq<>1) then
  SomaFreq = 0;
  i = 1;
  while(i<=K)
    SomaFreq = SomaFreq + Freqr(i);
    if(SomaFreq>1) then
      Freqr(i) = Freqr(i) - 0.01;
      Freqp(i) = Freqr(i)*100;
    elseif((SomaFreq<1) & (i==K))
      Freqr(i) = Freqr(i) + 0.01;
      Freqp(i) = Freqr(i)*100;
    end
    i = i + 1;
  end
end

//Monta a tabela de distribuição de classes e frequências
disp("--------------------------------------------------");
disp("Classe    Freq.    Pm      Fr    Fp(%)  Fa" )
SomaF = 0;
for i=1:K do
  SomaF = SomaF + Freq(i);
  if(Freq(i)<10) then
```

```
    printf(" %s %s %d %s %5.1f %s %5.2f %s %4.0f %s %d
    \n",Classe(i)," ",Freq(i)," ", Pm(i)," ",
Freqr(i),"",
    Freqp(i), " ", SomaF)
  else
    printf(" %s %s %d %s %5.1f %s %5.2f %s %4.0f %s %d
    \n",Classe(i)," ",Freq(i)," ", Pm(i), " ",
    Freqr(i),"", Freqp(i), " ", SomaF)
  end
end
```

Dados brutos - desordenados

72	84	73	71	51	64	73	71	69	74	77	75	82	69	72
66	73	71	92	58	74	82	53	66	76	73	93	80	74	77
76	88	73	62	78	74	70	77	75	74	99	78	62	77	71
53	75	66	83	62	95	68	90	76	73	72	78	69	78	65
65	87	76	72	65	69	81	47	84	43	76	72	78	71	73
64	77	80	68	62	73	70	46	58	71	91	78	67	68	62
90	65	67	57	64	80	66	79	67	69	81	74	67	75	79

Dados ordenados - Rol

43	46	47	51	53	53	57	58	58	62	62	62	62	62	64
64	64	65	65	65	65	66	66	66	66	67	67	67	67	68
68	68	69	69	69	69	69	70	70	71	71	71	71	71	71
72	72	72	72	72	73	73	73	73	73	73	73	73	74	74
74	74	74	74	75	75	75	75	76	76	76	76	76	77	77
77	77	77	78	78	78	78	78	78	79	79	80	80	80	81
81	82	82	83	84	84	87	88	90	90	91	92	93	95	99

- -

Capítulo 9 - Tópicos Especiais | 507

Classes

43-50	50-57	57-64	64-71	71-78	78-85	85-92	92-99

Classe	Freq.	Pm	Fr	Fp(%)	Fa
43-50	3	46.5	0.03	3	3
50-57	3	53.5	0.03	3	6
57-64	8	60.5	0.08	8	14
64-71	25	67.5	0.24	24	39
71-78	39	74.5	0.37	37	78
78-85	18	81.5	0.17	17	96
85-92	5	88.5	0.05	5	101
92-99	4	95.5	0.03	3	105

```
//Arquivo: "FazHisto94.sce"
//Programa para traçar Histograma do Exemplo 9.4
//Arquivo: "FazHisto94.sce"

clc;
//Lê os dados no arquivo "Exe5.txt" (matriz 105x1)
amostra = read("Amostra94.txt",105,1);
n   = length(amostra (:,1));
//n = tamanho da amostra

//Calcula parâmetros estatísticos
media = mean(amostra);
dp = st_deviation(amostra);   //Desvio padrão
var = dp^2;   //Variância da amostra
x=43:1:99;   //Define o domínio
curva = 1/(sqrt(var*2*%pi))*exp(-(x-media)^2/(2*var));

//Plota gráfico
clf;
```

Quadro 9.1 - *Script* para traçar histograma do exemplo 9.4.

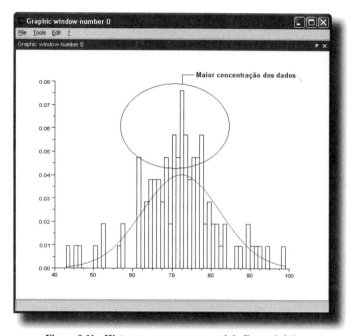

Figura 9.11 - Histograma e curva normal do Exemplo9.4.

9.5 Problemas de Análise Combinatória

Os conceitos básicos para solucionar problemas que envolvem análise combinatória são os seguintes:

- Permutações;
- Arranjos;
- Combinações.

O número de permutações de um número **n** é dado pelo seu fatorial; isto é, P(n) = n! Por exemplo, P(4) = 4! = 1*2*3*4 = 24.
O número de arranjos (simples) de um número **n** "arranjado" **r** a **r** é dado pela seguinte expressão: A(n,r) = P(n)/(n-r)!

O número de combinações (simples) de um número **n** "combinado" **r** a **r** é dado pela expressão: $C(n,r) = A(n,r)/r!$ Assim, para n=4 e r=2, teremos:

- $P(4) = 1*2*3*4 = 24$.
- $A(4,2) = P(4)/(4-2)! = 24/(2!) = 12$.
- $C(4,2) = A(4,2)/2! = 12/2 = 6$.

• **Exemplo 9.5**

Criar uma função que receba um número e a quantidade de maneiras a ser arranjado, e que retorne: o numero de permutações, o número de arranjos simples e o número de combinações simples que podem ser conseguidos com esses dois dados. O **Quadro 9.2** mostra a solução através de uma função.

```scilab
function [C,A,P] = AnalComb(n,r)
  P = prod(1:n);    //Número de permutações
  A = P/gamma(n-r+1); //Número de arranjos simples
  C = A/gamma(r+1);   //Número de combinações simples

  disp("Permutação de " + string(n) + " = " + string(P))
  disp("Arranjos de " + string(n) + ", " + string(r) +" a "
  + string(r) + " = " + string(A))
  disp("Combinações de " + string(n) + ", " + string(r) +
  " a " + string(r) +" = " + string(C))
endfunction
```

Quadro 9.2 - Código da função "AnalComb" (Exemplo 9.5).

Para testar a função "AnalComb", cujo código foi gravado no arquivo"AnalComb.sci" (mostrado no **Quadro 9.2**), vamos considerar que se deseja:

- P(4)
- A(4,2)
- C(4,2)

No espaço de trabalho do SciLab teremos:

```
-->exec("AnalComb.sci");          //Carrega o arquivo

-->[x,y,z] = AnalComb(4,2)        //Executa a função

 Permutação de 4 = 24

 Arranjos de 4, 2 a 2 = 12

 Combinações de 4, 2 a 2 = 6
 z  =

    24.
 y  =

    12.
 x  =

    6.
```

Estes resultados conferem com os que foram obtidos anteriormente de maneira manual.

9.6   Mudanças de base

9.6.1   Sistemas de Numeração

Métodos para representar números e efetuar operações são conhecidos desde a Antiguidade. Portanto, o homem já vem adotando sistemas de numeração há muito tempo. Por exemplo, o sistema de base 60 é creditado aos babilônios em função da hora ser dividida em 60 minutos e o minuto em 60 segundos: é a História que relata isso.

O sistema romano - baseado nas letras M, D, C, X, V e I - não foi muito utilizado na prática por apresentar sérias dificuldades operacionais,

O sistema hindu foi o mais funcional e prático, pois utilizava nove símbolos para representar os números; e, mais tarde, deu um salto histórico entre os sistemas numéricos ao introduzir o *zero*. O emprego do zero no sistema foi fundamental para a matemática e uma arma poderosíssima para os matemáticos (e para toda a humanidade), pois foi a partir do conceito do "nada" é que foi concebido o sistema de "notação posicional", permitindo definir o chamado "valor de posição" de um dígito dentro do número. Esse conceito traduz-se no seguinte: "*a posição de um dígito em um número determina o seu valor quantitativo*". Desta maneira, quando uma pessoa diz que possui uma coleção de **352** DVD´s, o **2** significa que existem duas unidade, o **5** indica que existem cinco dezenas e o **3** três centenas. Por isto, é importante o conceito de "notação posicional". O esquema do **Quadro 9.3** mostra como os dígitos 3, 5 e 2 são reconhecidos para *valorizar* (quantificar) o número 352.

Quadro 9.3 - Quantificação do número 352.

9.6.2 Sistema Decimal

O sistema hindu sofreu aperfeiçoamentos, e a partir dele foi criado o nosso conhecido sistema decimal (ou sistema de base 10). Esse sistema utilizava (e utiliza até hoje) dez dígitos: **0, 1, 2, 3, 4, 5, 6, 7, 8, 9**. Assim, considerando o conceito de "notação posicional", a comparação entre **41** e **401** faz com que eles sejam diferentes devido "apenas" à introdução do 0 entre os dígitos 4 e 1. Observe a **Tabela 9.2**, onde o valor relativo de cada dígito aumenta de 10 a partir da direita para formar o número 401.

Milhão	Centena de milhar	Dezena de milhar	Milhar	Centena	Dezena	Unidade
0	0	0	0	4	0	1

Tabela 9.2 - O número 401 quantificado a partir de seus dígitos.

Considerando o número **401** (esquematizado na **Tabela 9.2**), sua representação "algébrica" pode ser feita de um dos seguintes modos:

```
401 = 400 + 0 + 1
401 = 4*100 + 0*10 + 1*1
401 = 4*10² + 0*10¹ + 1*10⁰
```

Três maneiras diferentes de representar algebricamente o número **401**.

Empregando uma notação compacta, o número 401 ainda pode ser escrito da seguinte forma:

$$\sum_{p}^{0} a_p * 10^p$$

Eq. 9.1

Onde **a** é um dígito do número, e **p** é a posição do dígito no número que varia do número de dígitos menos 1 até 0. Neste caso **p** começa com **2** (pois 401 possui três dígitos) e decrementa de **1** até **0**.

A fórmula geral compacta que dá o valor de um número N real numa base B é a mostrada na Eq. 9.2.

$$N = \sum_{p=m-1}^{p=n} a_p * B^p$$

Eq. 9.2

a_p = Dígito na posição p.

B = Base do sistema de numeração.

m = Quantidade de dígitos à esquerda do ponto decimal.

n = Quantidade de dígitos à direita do ponto decimal.

- **Exemplo 9.6**
Mostre a notação posicional do número 70435.28.
Para o número 70435.28 temos os seguintes parâmetros:
m = 5
n = 2

Usando a fórmula da **Eq 9.2** expandida, teremos:
$70435.28 = \sum a_p * 10^p$ (p variando de 4 até -2)
$= (7*10^4) + (0*10^3) + (4*10^2) + (3*10^1) + (5*10^0) +$
$(2*10^{-1}) + (8*10^{-2})$
$= 70000 + 0 + 400 + 30 + 5 + 0.2 + 0.08$
$= 70435.28$

Isto pode ser checado no esquema da **Quadro 9.4**, observando que **p** varia de 4 (m-1) até -2 (-n).

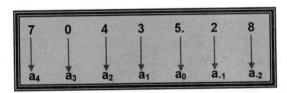

Quadro 9.4 - Posicionamento dos dígitos do número 70435.28.

Considerando rigorosamente a fórmula de notação posicional, um número N qualquer deveria ser representado como **N(B)**, onde **B** é a sua base. Entretanto, como o sistema decimal é por padrão, o utilizado normalmente, a indicação da base (10 no caso) torna-se irrelevante na prática; mas, para outros sistemas de numeração, a base deve ser explicitamente indicada.

9.6.3   Sistema Hexadecimal

Muito pouco se fala nesse sistema de numeração, mas observe a seguinte instrução em Assembly, a seguir:
    JMP   FFFF:0000

514 | SciLab: Uma Abordagem Prática e Didática 2ª Edição - Mário Leite

O que esta instrução faz é provocar um salto para o endereço FFFF:000 (normalmente o topo da pilha) na memória do computador (Intel© 80x86). Note as letras F's: FFFF representa um número no sistema hexadecimal (base 16) onde F é o dígitio de mais alto valor nessa base, e que na base decimal vale 15. Esse sistema possui 16 dígitos, e apesar de não ser muito utilizado na prática para realizar operações do nosso dia a dia, ele é muito empregado na computação, principalmente na linguagem Assembly (como mostrado anteriormente), pois permite definir um número de alto valor com poucos digitos compactados. Seus dígitos são: 0, 1, 2, 3, 4, 5, 6, 7, 8, 9, A, B, C, D, E, F. Assim, um número N qualquer na base hexadecimal deve ser representado como N(16) ou NH.

9.6.4   Sistema Octal

O sistema octal (de base 8), apesar de também ser desconhecido na prática, é utilizado em alguns setores específicos (em algumas linguagens de programação, como Java). E como não poderia deixar de ser, esse sistema possui oito dígitos: **0, 1, 2, 3, 4, 5, 6** e 7; neste caso, por exemplo, o número **401** seria representado por:

```
401(8) = 4*8² + 0*8¹ + 1*8⁰ = 256 + 0 + 1 = 257(10)
```

9.6.5   Sistema Binário

O sistema binário (de base 2) é o mais importante para a computação, pois é a base escolhida para o processamento de todos os dados e informações; é ele que define o chamado "mundo digital". Na verdade, é o único sistema numérico compatível com as duas únicas situações do computador: **On** ou **Off** (**Sim** ou **Não**) ou mais precisamente: **0** ou **1**. A **Tabela 9.3** mostra a correspondência entre alguns números escritos nas bases 10, 8, 16 e 2.

Decimal	Octal	Hexadecimal	Binária
0	0	0	00000000
1	1	1	00000001
2	2	2	00000010
3	3	3	00000011
4	4	4	00000100
5	5	5	00000101
6	6	6	00000110
7	7	7	00000111
8	10	8	00001000
9	11	9	00001001
10	12	A	00001010
11	13	B	00001011
12	14	C	00001100
13	15	D	00001101
14	16	E	00001110
15	17	F	00001111
16	20	10	00010000
17	21	11	00010001
18	22	12	00010010
19	23	13	00010011
20	24	14	00010100
21	25	15	00010101

Tabela 9.3 - Alguns valores nas quatro bases mais conhecidas.

A **Tabela 9.3** mostra alguns números escritos nas bases 10, 8, 16 e 2 respectivamente, mas ela pode ser facilmente estendida indefinidamente; basta usar o método apropriado para gerar novos números. Esse método é baseado no fato de que todas as vezes que se alcança a base deve ser colocado o 0 (zero) e um 1 é colocado mais à direita: é o famoso *"vai um"*, que aprendemos no curso fundamental; observe bem isto na tabela.

9.6.6. Mudança de uma Base para a Base Decimal

Para mudar um número N de uma base B qualquer para a base decimal, basta aplicar a fórmula de notação posicional dada pela Eq. 9.2, mantendo a correspondência entre os dígitos desse número na base de saída (B) e os dígitos na base de chegada (10).

- **Exemplo 9.7**
  Criar um programa para mudar o número 01001101(2) para a base decimal. O resultado é 77. A **Figura 9.12** mostra o código no arquivo "Exemplo97.sce"

$$01001101(2) = 0*2^7 + 1*2^6 + 0*2^5 + 0*2^4 + 1*2^3 + 1*2^2 + 0*2^1 + 1*2^0 = 77$$

Figura 9.12 - *Script* do pograma do Exemplo 9.7.

```
Início do programa
  ans  =

    Resultado:
```

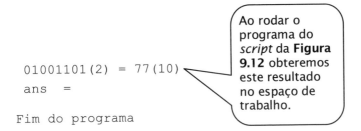

```
01001101(2) = 77(10)
ans    =
Fim do programa
```

Ao rodar o programa do *script* da **Figura 9.12** obteremos este resultado no espaço de trabalho.

- **Exemplo 9.8**
Criar um programa interativo para fazer mudança de uma base qualquer para a base decimal, deixando o usuário entrar com o número e com a base de origem. Neste caso podemos usar o comando **input** para entrar com a base e, em seguida, com o número. A **Figura 9.13** mostra o *script* do programa no arquivo "Exemplo98.sce".

Figura 9.13 - *Script* do programa do Exemplo 9.8.

O programa mostrado na **Figura 9.13** resolve apenas em parte o problema; pois, conforme foi visto, o número que representa uma base B não pode aparecer como dígito do próprio número. Por exemplo, na base *octal* não existe o dígito 8 e nem na *binária* existe o dígito 2; além disso,

518 | SciLab: Uma Abordagem Prática e Didática 2ª Edição - Mário Leite

um dígito do número também não pode ser maior que a própria base. Então devemos considerar também a restrição a_p<**B** (onde a_p é um dígito na posição **p**). E para a base *hexadecimal* temos mais restriçoes devido às letras usadas, pois só serão permitidos dígitos numéricos ou, então, as letras A, B, C, D, E e F. Assim, o *código* mais correto do programa para fazer mudança de uma base B para a base decimal (2<=B<=16 e com B#10) é mostrado a seguir. E, embora na prática as bases mais usadas sejam as exibidas na **Tabela 9.3**, o programa apresentado é bem didático para mostrar como essa mudança pode ser feita usando o conceito de notação posicional.

```
//TrasnfB210.sce
//Programa para mudar número de uma base B para Base Decimal
"Início do programa"
  clear;
  B = 0;
  //Loop para garantir entrada de base válida para o programa
  while (B<2)|(B>16)|(B==10) do
    B = input("Entre com a base numérica: ");
  end;
  //Entrada do número e conversões
  BS = string(B);
  NS = input("Entre com um número na base " + BS, "s");
  NS = convstr(NS,'u'); //Converte letra em maiúscula
  T  = length(NS); //Pega o tamanho da string
  //Define maior dígito da base B (2<=B<=16, B<>10)
  select B
    case 2;
      DM = 1;
    case 3;
      DM = 2;
    case 4;
      DM = 3;
    case 5;
      DM = 4;
    case 6;
```

Capítulo 9 - Tópicos Especiais | 519

```
   DM = 5;
 case 7;
   DM = 6
 case 8;
   DM = 7;
 case 9;
   DM = 8;
 case 11;
   DM = "A";
 case 12;
   DM = "B";
 case 13;
   DM = "C";
 case 14;
   DM = "D";
 case 15;
   DM = "E";
 case 16;
   DM = "F";
end;
//Verifica coerência do número com sua base
if(B<10) then   //(2<=B<10)
  for j=1:T  do
    NX(j) = part(NS,j);
    if (asciimat(NX(j))>=48)&(asciimat(NX(j))<=57) then
      NN(j) = eval(NX(j));
      if (NN(j)<B) then
        R = %t;
      Else

        R = %f;
      end;
    else
      R = %f;
    end;
  end;
```

```scilab
if(R) then //Todos os elementos são coerentes com a base?
  //Define número na Base Decimal com Notação Posicional
  ND = 0;
  for j=1:T do
    NX(j) = part(NS,j);
    NN(j) = eval(NX(j));
    ND = ND + NN(j)*B^(T-j);
  end;
end;
else  //(10<B<=16)
  for j=1:T do //Verifica se existe algum elemento estranho
    NX(j) = part(NS,j);
    //Verifica se o elemento é um dígito numérico
    if(asciimat(NX(j))>=48)&(asciimat(NX(j))<=57) then
      R = %t;
    else
    //Verifica se o elemento é uma letra maiúscula
      if((asciimat(NX(j))>=65)&(asciimat(NX(j))<=90)) then
      //Verifica se letra não execede última letra da base
        If (asciimat(NX(j))>=65)&(asciimat(NX(j)) ...
            <=(asciimat(DM))) then
          R = %t; //Letra válida
        else
          R = %f; //Letra inválida
        end;
      end;
    end;
  end;
  if(R) then  //Número é coerente com a base?
    //Define o número na Base Decimal
    ND = 0;
    for j=1:T do
      select NX(j);
        case "A"
          NN(j) = 10;
```

Capítulo 9 - Tópicos Especiais | 521

```
      case "B";
         NN(j) = 11;
      case "C";
         NN(j) = 12;
      case "D";
         NN(j) = 13;
      case "E";
         NN(j) = 14;
      case "F";
         NN(j) = 15;
      else
         NN(j) = eval(NX(j));
      end; //Fim do select
      ND = ND + NN(j)*B^(T-j);
    end; //Fim do for
  else    //Algum elemento do número não pertence à base B
    R = %f;
  end; //Fim do if(R) interno
end; //Fim do if mais externo
if(R) then
  "Resultado:"
  disp(NS + "(" + BS + ") = " + string(ND)+ "(10)")
else
  disp("O número " + NS + " não existe na base " + BS)
end;
"Fim do programa"
```

9.6.7 Mudança da Base Decimal para uma outra Base[79]

A mudança da base decimal para uma outra base qualquer pode ser feita com *"método do caminho inverso dos restos das divisões sucessivas"*. Nesse método são feitas divisões sucessivas do número na base de origem (base 10) pela base de destino (base B) até que o dividendo seja menor que essa base B; e quando isto acontecer, o último resto será este último dividendo. Então, o número procurado será formado pelos restos das divisões <u>escritos do fim para o início</u> (caminho inverso) de modo que o primeiro resto seja o último dígito do número na base desejada, e o último resto, o primeiro dígito desse número.

- **Exemplo 9.9**

    Mudar para a base 8 o número 5243. O objetido é converter 5243(10) em N(8). Quanto deve valer N? Vamos empregar o "método das divisões sucessivas" como mostra o esquema do **Quadro 9.5**.

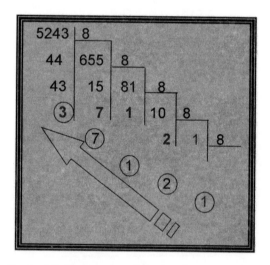

Quadro 9.5 - Esquema do método das divisões sucessivas.

---

79 Trataremos aqui de mudança de base somente com números inteiros. Para ver como se faz com números reais (com casas decimais) consulte o livro do autor: "Técnicas de Programação - Uma Abordagem Moderna", Rio de Janeiro, Brasport, 2006.

Capítulo 9 - Tópicos Especiais | 523

Pelo esquema do **Quadro 9.5** podemos observar o seguinte:

1ª Divisão: 5243/8
  Dividendo: 655
  Resto: 3

2ª Divisão: 655/8
  Dividendo: 81
  Resto: 7

3ª Divisão: 81/8
  Dividendo: 10
  Resto: 1

4ª Divisão: 10/8
  Dividendo: 1
  Resto: 2

5ª Divisão: 1/8 ==> como o dividendo neste caso **1** é menor que a base (8), então ele (o dividendo) passa a ser o último resto que faltava.

Assim, usando o *caminho inversos dos restos* teremos: **1 2 1 7 3**; e podemos escrever que **5243**(10) = **12173**(8)

O **Quadro 9.6** mostra o pseudocódigo básico do "método das divisões sucessivas" e como fazer o caminho inverso para obter o número na base desejada, tendo como origem a base decimal.

524 | SciLab: Uma Abordagem Prática e Didática 2ª Edição - Mário Leite

```
1   B ← 0
2   Enquanto .não.(B válida)  Faça
3     Leia B
4   Fim-enquanto
5   Leia N
6   BS ← (B convertida em string)
7   NS ← (N convertido em string)
8   T ← tamanho(NS)
9   Resp ← .T.
10  Para j de 1 até T  Faça //Verifica elementos de NS
11    NX[j] ← NS[j]
12    Se(NX[j]<>dígito numérico)  Então
13      Resp ← .F.
14      Fim-se
15  Fim_para
16  Se(Resp)  Então
17    N ← (N convertido em número)
18    j ← 1
19    Acabou ← .F.
20    Enquanto .não.(Acabou)  Faça
21      D[j] ← inteiro(N/B)
22      Q ← D[j]
23      R[j] ? D[j]
24      Se (D[j]<B)  Então  //Dividendo é menor que B?
25        j ← j + 1
26        R[j] ← Q
27        Acabou ? .T.  //Termina as divisões
28      Senão  //Prossegue com as divisões
29        N ← D[j]
30        j ← j +1
31      Fim-se
32    Fim-enquanto
33    NB ← " "
34    Para i de j até 1 passo -1  Faça
35      NB ← NB + string(R[i])
36    Fim-para
37    Escreva (NS + "(" +  BS + ") =" + NB + "(10)")
38  Senão
39    Escreva "Número inválido"
40  Fim-se
```

Quadro 9.6 - Pseudocódigo para o "método das divisões sucessivas".

O código a seguir é de um programa que faz a mudança da base decimal para uma outra base até a **base 16** (excluindo claro, a própria **base 10**). O objetivo é, dado um número na base decimal, apresentar esse número numa outra base desejada.

```
//Programa para mudar um número da base decimal para outa
base B (B<=16)
///Copyright(2009) - Mário Leite
//marleite@gmail.com
//Início do programa
  clc;
  clear;
  B = 0;
  //Loop para garantir entrada de uma base válida para o programa
  while((B<2)|(B>16)|(B==10))do
    B = input("Entre com a base numérica de destino: ");
end;
  BS = string(B);
  N  = input("Entre com um número na base decimal: ");
  NS = string(N);
  T  = length(NS);
  Resp = %t;
  //Loop para verificar os dígitos do número digitado
  for j=1:T  do
    NX(j) = part(NS,j);
    if(asciimat(NX(j))<48)|(asciimat(NX(j))>57) then
      Resp = %f;
    end;
  end;
  //Verifica base e número para decidir se faz as divisões
sucessivas
```

```
if((Resp)&(B>10)&((N>9)&(N<B)))   then
  //Não é preciso fazer as divisões sucessivas
  Dif = B - N;
  select Dif
    case 1  then
      NB = " F";
    case 2  then
      NB = " E";
    case 3  then
      NB = " D";
    case 4  then
      NB = " C";
    case 5  then
      NB = " B";
    case 6  then
      NB = " A";
  end;
else;
  //É preciso fazer as divisões sucessivas
  j = 1;
  Acabou = %f;
  //Loop para fazer as divisões sucessivas pela base B
  while ~(Acabou) do
    D(j) = int((N/B));
    Q = D(j);
    R(j) = modulo(N,B);
    if(D(j)<B)  then
      j = j + 1;
      R(j) = Q;
    Acabou = %t;  //Não precisa mais dividir (dividendo < base)
    else
      N = D(j);
      j = j + 1;
```

Capítulo 9 - Tópicos Especiais | 527

```
      end;
    end;  //Fim do loop das divisões sucessivas
//Define o número na base B
   NB = ' ';
   for i=j:-1:1  do
     select R(i)
       case 10  then
         Resto = "A";
       case 11  then
         Resto = "B";
       case 12  then
         Resto = "C";
       case 13  then
         Resto = "D";
       case 14  then
         Resto = "E";
       case 15  then
         Resto = "F";
       else
         Resto = string(R(i));
       end;
       NB = NB + Resto;
   end;
 end;
 //Resultado do processamento
 if (Resp)  then
   " Resultado:"
   disp(" " + NS + "(10) =" + NB + "(" +  BS + ")")
 else;
   disp(" O número " + NS + " não é válido para essa mudança de base")
 end;
//Fim do programa
```

Quadro 9.6b - Transformação da base decimal para outra base B (B<=16)

528 | SciLab: Uma Abordagem Prática e Didática 2ª Edição - Mário Leite

- **Exemplo 9.10**
Usando o programa anterior, determinar quanto vale **5244** na base **8**.

```
-->exec('Transf102B.sce',0)
 ans  =

 Início do programa
  Entre com a base numérica de destino: 8
  Entre com um número na base decimal: 5244
 ans  =

 Resultado:

  5244(10) = 12174(8)

 ans  =

 Fim do programa
```

Observe que o resultado da execução do programa "Transf102B.sce" - 5244(10) para 12174(8) - é coerente com o valor de 12173(8) encontrado para 5243(10) no **Exemplo 9.9**; a diferença é de uma unidade decimal, como não poderia deixar de ser.

9.7   Sequência de Fibonacci[80]
● ●

Fibonacci propôs no seu livro "Líber Abaci" o seguinte problema: *"um casal de coelhos recém-nascidos começa a cruzar com um mês de vida. A partir daí produz um novo casal por mês, sem que nenhum coelho morra a partir de então"*. A questão a ser resolvida é esta: quantos casais de coelhos haverá no inicio de cada mês?

---

80 Leonardo Fibonaccii de Pisa (1170 - 1250); matemático italiano que propôs a célebre sequência 1 1 2 3 5 8 ... no seu famoso livro "Líber Abaci", publicado em 1202.

Capítulo 9 - Tópicos Especiais | 529

<u>Situação</u>: No início do mês ainda temos apenas 1 casal (C1); no início do mês 2, teremos C1 e mais seus filhos compondo o casal 2 (C2). No início do mês 3, teremos: C1 + C2 + C3. No início do mês 4, serão C1 + C2 + C3 + 2 casais, e assim sucessivamente...

Representado por X_m o número de casais no início do mês **m**, teremos os resultados iniciais mostrados na **Tabela 9.4**.

X_0	X_1	X_2	X_3	X_4	X_5	X_6	X_m
1	1	2	3	5	8	13	?

Tabela 9.4 - Número de casais de coelhos pela sequência de Fibonacci.

Através de cálculos de recorrência e determinando os autovalores e autovetores nos dispositivos matriciais decorrentes, KOLMAN & HILL [2006] propõem que o número de casais no início do mês **m** pode ser dado pela expressão a seguir:

```
Xm = (1/sqrt(5))*[((1+sqrt(5))/2)^(n+1) - ((1-sqrt(5))/2)^(n+1)]
```

Empregando o SciLab para m = 10 obteremos o seguinte:

```
-->m = 10;

-->Xm =(1/sqrt(5))*[((1+sqrt(5))/2)^(m+1) - ((1-sqrt(5))/2)^(m+1)]
Xm   =

89.
```

E para m=100 teremos mais de 500 quinquilhões de casais ! Confira.

530 | SciLab: Uma Abordagem Prática e Didática 2ª Edição - Mário Leite

- ## Exemplo 9.11
  Criar um programa que crie a sequência de Fibonacci para os n primeiros termos da sequência. A **Figura 9.14** mostra o *script* do programa que dá a solução para este exemplo.

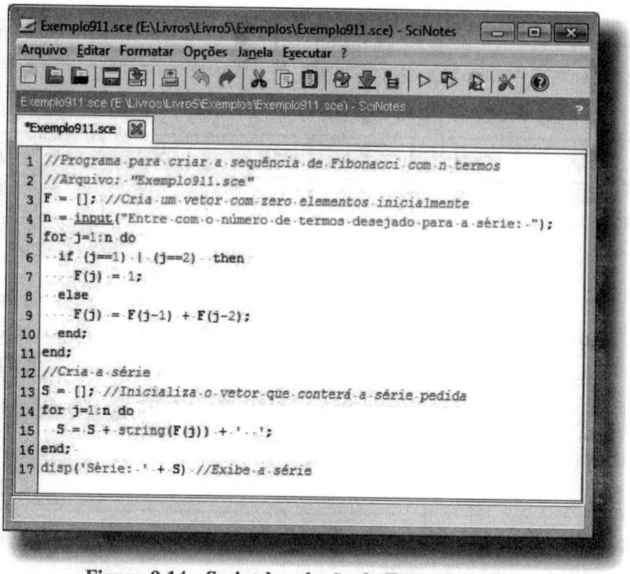

Figura 9.14 - *Script* da solução do Exemplo 9.11.

Executando o *script* da **Figura 9.14** para 11 termos teremos:

```
-->exec("Exemplo911.sce",0)

Entre com o número de termos desejado para a série: 11

Série: 1  1  2  3  5  8  13  21  34  55  89
```

Observe que o resultado anterior (para 11 termos da sequência) está coerente com o problema de calcular o número de casais no início do décimo mês (dado pela fórmula proposta por KOLMAN & HILL [2006] vista anteriormente) uma vez que, na verdade, o primeiro termo da série se refere ao mês zero (0). Desse modo, o *script* da **Figura 9.14** também pode ser utilizado para calcular o número de casal de coelhos no início do mês m; basta fazer n=m+1 na entrada do número de termos da série.

Capítulo 9 - Tópicos Especiais | 531

9.8 - MDC e MMC

9.8.1 - MDC

O máximo divisor comum - conhecido popularmente como MDC - de dois ou mais números inteiros é o maior divisor inteiro comum a todos eles; por exemplo, o MDC de 16 e 36 é 4 e o MDC de 12 e 48 é 12.

Para calcular o MDC de dois números o dispositivo prático mais empregado é o chamado "Algoritmo de Euclides"[81], onde são manipulados os divisores e os restos das divisões. Por exemplo, seja determinar o MDC de 280 e 110; observe como este algoritmo é executado:

1) Divide-se maior número (280) pelo menor (110) obtendo resto 60; posiciona-se o resto abaixo do divisor:

280	110
resto	60

2)) Em seguida o resto 60 é transportado para a direita de 110 e divide-se o 110 por 60; depois posiciona-se o novo resto (50) abaixo do 60:

280	110	60	50
resto	60	50	10

c) Repete-se este procedimento, transportando o novo resto 50 para a direita de 60 e divide-se 50 por 10 (resto da divisão de 60 por 50); posiciona-se o novo resto abaixo do 10 transportado; assim sucessivamente até obter-se o primeiro resto 0:

---

81 Euclides de Alexandria foi professor, matemático platônico e escritor, possivelmente grego; ele é considerado o "Pai da Geometria", definindo o termo "geometria Euclidiana".

280	110	60	50	10
resto	60	50	10	0

d) O penúltimo resto obtido (resto anterior ao primeiro resto 0) é o MDC dos dois números iniciais: MDC (280, 110) = resto anterior ao resto 0 ==> 10.

9.8.2 - MMC

O MMC (**M**ínimo **M**últiplo **C**omum) de dois ou mais números inteiros é o menor múltiplo inteiro positivo comum a todos eles, e pode ser calculado em função do MDC do seguinte modo: MMC=(N1*N2)/MDC, onde N1 e N2 são dois números inteiros e positivos. Por exemplo, sabendo que o MDC entre 280 e 110 é 10 (conforme mostrado no item anterior), então o MMC(280,110) = (280*110)/10 = 3080.

NOTA

O MMC entre dois números primos é igual ao produto desses dois números; por exemplo, se N1=13 e N2=19, então MMC(13,19) = 247; e o MDC nestes casos é sempre igual a 1. Além disto, mesmo que os dois números não sejam primos "normais", mas se forem primos entre si o MDC deles também é 1. Reciprocamente, se o MDC de dois números é 1, então eles são primos entre si. Por exemplo, MDC(35,24)=1 embora 35 e 24 não sejam números primos, mas são primos entre si.

O programa "ProgMDC_MMC" a seguir mostra como calcular o MDC e o MMC de dois números inteiros e positivos em SciLab

```
//Programa "ProgMDC_MMC.sce"
//Programa para determinar e exibir o MDC e o MMC de dois
números
```

Capítulo 9 - Tópicos Especiais | 533

```
//Autor: Mário Leite
//Data: 28/04/14

//======================================================
//Início do programa
   clc;  //limpa a tela
   Num1 = -1;
   Num2 = -1;
   while(Num1<=0) or (Num2<=0)
      Num1 = input("Digite o primeiro número: ");
      Num2 = input("Digite o segundo número:   ");
      Nu1x = Num1;
      Nu2x = Num2;
   end;
   printf("\n");
   //Calcula o MDC utilizando o algoritmo de Euclides
   while(Num2<>0)
      Aux = Num1;
      Num1 = Num2;
      Num2 = modulo(Aux,Num2);
   end;
   MDC = Num1;
  //Calcula o MMC em função do MDC
   MMC = int((Nu1x*Nu2x)/MDC);
   //Exibe os resultados
   printf("MDC de %d e %d: %d\n",Nu1x, Nu2x, MDC);
   printf("MMC de %d e %d: %d\n",Nu1x, Nu2x ,MMC);
//Fim do programa
```

Por exemplo, determinar o MDC e o MMC entre 120 e 36; a saída do programa "ProgMDC_MMC" para estes dois números é mostrada na **Figura 9.15**

```
Digite o primeiro número: 120
Digite o segundo número:  36


MDC de 120 e 36: 12
MMC de 120 e 36: 360
```

Figura 9.15 - Saída do programa "ProgMDC_MMC"

9.9 - Equações Diferenciais

9.9.1 - Conceitos Básicos

Equações diferenciais são equações que apresentam derivadas ou diferenciais de uma função desconhecida; é a incógnita da equação. Assim, diferentemente das equações algébricas comuns que são resolvidas encontrando um ou mais valores reais (ou complexos), o que se deseja numa equação diferencial é encontrar uma função que a resolva. É possível definir dois tipos de equação diferencial:

- Equação diferencial ordinária (EDO): envolve derivadas de uma função de apenas uma variável independente.
- Equação diferencial parcial (EDP): envolve derivadas de uma função de duas ou mais variáveis independentes.

Nas equações diferenciais duas características são importantes: a ordem e o grau.

- A "ordem" é dada pela maior ordem da derivada da função incógnita.
- O "grau" é dado pelo expoente da derivada de maior "ordem".

Capítulo 9 - Tópicos Especiais | 535

Normalmente a função é representa por y, sua primeira derivada por y', a segunda derivada por y", a terceira derivada por y''', e assim por diante. Veja os exemplos abaixo.

$$y' = 2x \qquad \text{EDO de ordem 1 e grau 1}$$
$$y'' + x^2 (y')^3 - 40y = 0 \qquad \text{EDO de ordem 2 e grau 1}$$
$$(y'')^3 + 3y' + 6y = \tan(x) \qquad \text{EDO de ordem 2 e grau 3}$$

$$3x - \left(\frac{d^3y}{dx^3}\right)^2 - \left(\frac{d^2y}{dx^2}\right) = 1 - \left(\frac{d^2y}{dx^2}\right) \qquad \text{EDO de ordem 3 e grau 2}$$

Este último exemplo mostra outra maneira de apresentar uma equação diferencial, utilizando a letra **d** para indicar "diferencial". Todos os exemplos mostrados acima são equações diferenciais ordinárias, pois envolvem apenas uma única variável independente.

O exemplo abaixo é um caso de equação diferencial parcial com duas variáveis independentes: x e y. Observe que nesses casos, em vez de usar a letra **d** para indicar diferencial utiliza-se a letra grega ∂; então é uma função de x e y: z = f(x,y)

$$\frac{\partial^3 z}{\partial x^3} + \frac{\partial^3 z}{\partial y^3} = 0 \qquad \text{EDP de ordem 3 e grau 1}$$

Uma situação prática de uso de equações diferenciais é a famosa expressão que dá a força **F** sobre um corpo de massa **m** ao ser acelerado com aceleração **a**.

$$\vec{F} = m * \vec{a} \qquad \text{(onde F e a são grandezas vetoriais)}$$

Esta expressão pode ser traduzida como uma equação diferencial da força em função do tempo (t) através da quantidade de movimento p.

$$F = \frac{dp}{dt} \Rightarrow ma = \frac{dp}{dt} \quad \text{e como } a = \frac{dv}{dt} \Rightarrow m * \frac{dv}{dt} = F$$

(v=velocidade instantânea)

Na verdade, a equação da força F pode ser reescrita como uma equação diferencial de ordem 2, considerando que a velocidade instantânea v do corpo pode ser dada em função do tempo como: v = dx/dt (dx é o espaço percorrido numa fração de tempo dt).

Assim, finalmente pode-se escrever que:

$$F(t) = m * \frac{d^2x}{dt^2}$$

Onde **F** e **x** são vetores de mesma direção e sentido.
Bem, assim colocado é tudo muito bonito, trivial e elegante; basta seguir a cartilha de "Física I" dada no primeiro semestre dos cursos de engenharias ou ciências exatas!

Mas a questão principal e a que interessa num processo computacional é a seguinte: *"Como resolver uma equação diferencial?"*

Aí é que está o grande (e às vezes ENORME) problema, pois a solução de uma equação diferencial não é tão trivial como nas equações algébricas comuns; existem técnicas e "situações" em que é possível obter uma solução de maneira mais direta e menos tortuosa; mesmo assim, os matemáticos não raramente "sofrem" para resolver e explicar a solução encontrada.

De um modo geral, a solução de uma equação diferencial é uma função que não possui derivadas e nem diferencias, e que satisfaz a equação dada. Em outras palavras, é uma função que substituindo na equação transforma a igualdade numa identidade: teoricamente igualzinho a uma incógnita numa equação algébrica comum do primeiro grau; quer dizer, teoricamente perfeito!

Capítulo 9 - Tópicos Especiais | 537

Observe a seguinte equação diferencial:

$$\frac{dy}{dx} = 3x^2 - 4x + 1$$

Isolando a diferencial dy obtém-se a seguinte expressão:

$$dy = (3x^2 - 4x + 1) \, dx$$

Aplicando a integração (operação inversa da derivação) em ambos os lados da equação...

$\int dy = 3\int x^2 dx - 4\int x dx + \int dx + c$
A solução geral é $y = x^3 - 2x^2 + x + C$ (C é uma constante)

E uma solução particular pode ser implementada fazendo, por exemplo, com que a condição inicial seja $y(-1) = 3$ para se obter o valor da constante C; fica assim:

$$3 = -1^3 - 2*(-1)^2 - 1 + C ==> C = 7$$

O que resulta, finalmente, na seguinte solução particular:

$$y = x^3 - 2x^2 + x + 7$$

Observe que derivando em x nesta solução particular obtém-se o seguinte:

$$\frac{dy}{dx} = 3x^2 - 4x + 1 \quad \text{(retorna-se à equação diferencial)}$$

Isto pode ser confirmado com a utilização da função derivat() na linha de comando do SciLab como é mostrado abaixo (reveja o item 9.2.1 sobre esta função).

```
-->y = poly([7 1 -2 1], "x", "c")
  y    =
```

```
              2     3
    7 + x - 2x + x
-->dydx = derivat(y)
 dydx  =
                2
    1 - 4x + 3x
```

O exemplo apresentado foi o de uma equação diferencial simples: ordinária de ordem 1 e grau 1, cuja solução analítica é simples; mas, para equações mais complexas a solução pode ser muito mais complicada. É nessas situações que uma ferramenta computacional numérica deve ser empregada, auxiliando com uma solução numérica cujo resultado poderá ser comparado com o obtido pela solução analítica.

9.9.2 - Solução através do SciLab

Embora seja não trivial a solução de uma equação diferencial, o SciLab pode auxiliar na solução desse tipo de equação sob certas condições de contorno. O programa "ProgEDO1x" mostrado a seguir, resolve numericamente uma equação diferencial de primeira ordem e grau 1 através do emprego da função **ode()**. Para isto é considerada como variável a primeira derivada da função $y(t)$; mas para que isto funcione deve existir, claro, uma relação entre a função e sua derivada. Além disso, como foi enfatizado no **item 9.9.1** deve-se partir de alguma condição inicial e de contorno: no caso $y(0)=0$. A equação diferencial é dada por $y' = y^3 - y*\sin(t) + \cos(t)$; uma EDO de ordem 1 e grau 1.

No programa "ProgEDO1x" alguns detalhes devem ser observados:

- A equação não é complexa, embora envolva funções trigonométricas;
- É necessário definir uma função onde é tratada a equação diferencial;
- Todas as condições iniciais e de contorno devem ser préstabelecidas;

Capítulo 9 - Tópicos Especiais | 539

- A solução da equação diferencial é dada pela função **ode**() do SciLab, tendo como parâmetros os valores iniciais e a condição de contorno que dá uma solução inicial. Se algum valor dos limites da faixa for definido indevidamente pode haver erro na solução e o programa trava, ocorrendo erro de *run time*.
- São apresentados vários valores de y em função de t; isto é, o resultado é NUMÉRICO.
- A função carregada em **ode**() é **Func1** (e não ydot), e o retorno está no vetor y.

A **Figura 9.16** mostra o gráfico da solução da equação diferencial dada; em seguida são exibidos os valores numéricos da solução em **y** para a faixa de valores da variável independente **t**.

```
/ProgEDO1x.sce
  //Programa para resolver uma EDO de ordem 1 e grau 1
  //Equação diferencial: dy/dt = y^3 -y*sin(t) + cos(t)
  //=====================================================
  clc;     //limpa a tela
  clear;   //limpa as variáveis de memória
  clf();   //limpa a janela gráfica
  //Define a função com a equação EDO
  function ydot=Func1(t, y)
      ydot=y^3-y*sin(t) + cos(t);
  endfunction
  //Define as condições de contorno
  y0 = 0;  //valor inicial de y para t=0
  t0 = 0;  //tempo inicial
  t  = 0:0.1:%pi; //domínio da função (faixa de valores de t)
  y=ode(y0,t0,t,Func1)  //Resolve a equação com a função ode()
  //Plota o gráfico de t versus y(t)
  plot(t,y)
  xgrid()
```

```
xtitle("Solução da equação diferencial:dy/dt = y^3 -y*sin(t) + ...
       cos(t)","Valores de t","Valores de y")
//Exibe os valores numéricos de t com seus correspondentes y(t)
printf("    t          y\n")
k = 0;
for t=0:0.1:%pi do
    k = k + 1;
    printf("%f   ",t)
    printf("   %f",y(k))
    printf("\n")
end
//Fim do programa
```

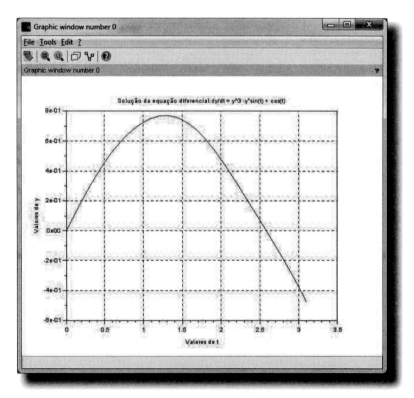

Figura 9.16 - Gráfico da função y´ = f(t) da solução da equação diferencial.

t	y
0.000000	0.000000
0.100000	0.099526
0.200000	0.196428
0.300000	0.288681
0.400000	0.374853
0.500000	0.453970
0.600000	0.525369
0.700000	0.588566
0.800000	0.643148
0.900000	0.688694
1.000000	0.724735
1.100000	0.750724
1.200000	0.766055
1.300000	0.770106
1.400000	0.762333
1.500000	0.742390
1.600000	0.710278
1.700000	0.666466
1.800000	0.611955
1.900000	0.548236
2.000000	0.477138
2.100000	0.400599
2.200000	0.320424
2.300000	0.238088
2.400000	0.154621
2.500000	0.070558
2.600000	-0.014042
2.700000	-0.099579
2.800000	-0.186901
2.900000	-0.277344
3.000000	-0.372867
3.100000	-0.476342

NOTA

Observe que a variável que recebe a EDO na função externa em SciLab é nomeada como **ydot**; este identificador é utilizado quase que como um padrão nas soluções das equações diferenciais com o SciLab, embora outro identificador também possa ser utilizado.

O programa "ProgEDO1y" mostra outro exemplo de solução numérica de uma equação diferencial ordinária de ordem 1 e grau 1 através da função ode() do SciLab.

A equação diferencial a ser resolvida é a seguinte:

dy/dx = y/(y^3 - 2*x)

```
O código em SciLab é mostrado abaixo..
//ProgEDO1y.sce
  //Programa para resolver uma EDO de ordem 1 e grau 1
  //Equação diferencial: dy/dx = y/(y^3 -2*x)

//=======================================================
  clc;      //limpa a tela
  clear;    //limpa as variáveis de memória
  clf();    //limpa a janela gráfica

  //Define a função externa em SciLab da equação diferencial
  function ydot=Funcx(x, y)
     ydot = y/(y^3 -2*x);
  endfunction

  //Define as condições de contorno
  y0 = 1; //valor inicial de y para x=2
  x0 = 2; //x inicial
```

Capítulo 9 - Tópicos Especiais | 543

```
x  = 2:0.2:10; //domínio da função (faixa de valores de x)

//Resolve a equação com a função ode()
y=ode(y0,x0,x,Funcx)

//Plota o gráfico da solução
xgrid()
xtitle("Solução da equação diferencial: dy/dx =
y/(y^3 -2*x)","Valores de x","Valores de y")
  plot(x,y)

//Exibe os valores de y com seus correspondentes y(x)
k = 0;
printf("      x                y\n")
for x=2:0.2:10 do
   k = k + 1;
   printf("   %f",x)
   printf("  \t %f",y(k))
   printf("\n")
end
//Fim do programa
```

Os valores de x e y(x) são mostrados primeiramente, e em seguida a **Figura 9.17** apresenta o gráfico da solução da equação diferencial proposta no exemplo. Observe que os valores impressos são os definidos no domínio da função, e também que a curva da solução é decrescente

x	y
2.000000	1.000000
2.200000	0.940853
2.400000	0.892918
2.600000	0.852625
2.800000	0.817928
3.000000	0.787524
3.200000	0.760528
3.400000	0.736303

3.600000	0.714379
3.800000	0.694393
4.000000	0.676064
4.200000	0.659164
4.400000	0.643512
4.600000	0.628955
4.800000	0.615367
5.000000	0.602644
5.200000	0.590695
5.400000	0.579442
5.600000	0.568820
5.800000	0.558770
6.000000	0.549242
6.200000	0.540191
6.400000	0.531579
6.600000	0.523371
6.800000	0.515536
7.000000	0.508045
7.200000	0.500875
7.400000	0.494003
7.600000	0.487408
7.800000	0.481072
8.000000	0.474979
8.200000	0.469113
8.400000	0.463460
8.600000	0.458008
8.800000	0.452745
9.000000	0.447660
9.200000	0.442744
9.400000	0.437987
9.600000	0.433381
9.800000	0.428917
10.000000	0.424589

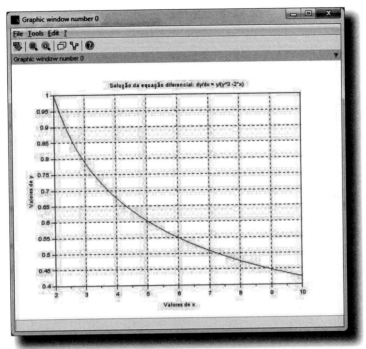

Figura 9.17 - Gráfico da função y´ = f(x) da solução da equação diferencial.

9.9.3 - Método de Euler dentro do SciLab

Um dos métodos numéricos mais populares e mais empregados para resolver equações diferenciais é o chamado "Método de Euler". Esse método é baseado numa expressão oriunda da fórmula de Taylor[82]:

$$y_{n+1} = y_n + h*f(y_n, t_n)$$

Onde y é uma f(t), h é um valor chamado de passo, e f(yn, tn) = y'.

Considere uma EDO do tipo y'=f(x) com dois pontos x1 e x2 no seu domínio, com x1 definindo uma condição inicial e x2 um valor x a ser determinado para essa condição inicial. Neste caso o incremento a ser dado desde

---

82 Brook Taylor; matemático britânico que desenvolveu a famosa série que leva seu nome.

x1 até x2 é definido por: (x2-x1)/h. No jargão das equações diferenciais as iniciais PVI (**Problema do Valor Inicial**) definem uma EDO com condições iniciais que devem ser atendidas para que haja uma solução tal como x(0) para a posição de um corpo em função do tempo (na equação de movimento). Essa condição é um valor tal que pertença ao domínio da função e que seja solução do PVI. O algoritmo desse método é simples, como mostrado a seguir.

Início
1) Definir a função f (x,y)
2) Definir os valores iniciais
3) Definir o passo h.
4) **Enquanto** ($x_n < x_{final}$)   **Faça**
5) **Escreva** (n, x_n, y_n)
     6) $x_{n+1} = x_n + h$
     7) $y_{n+1} = y_n + h*f(x_n, y_n)$
     8) $x_n = x_{n+1}$ //pega o próximo valor de x
     9) $y_n = y_{n+1}$ //pega o próximo valor de y
10) **Fim_enquanto**
Fim

Para EDO de ordem superior a 1 a solução também pode ser conseguida pelo "Método de Euler"; entretanto, alguns detalhes adicionais devem ser levados em consideração. Para isto o que deve ser feito, basicamente, é tentar uma solução que consiste em tratar a equação através do seu desmembramento em duas. Por exemplo, seja uma EDO de ordem 2 e grau 1 como a mostrada abaixo[ ].

$$\frac{d^2y}{dt^2} + g(t,y)\frac{dt}{dt} = f(t,y)$$

Capítulo 9 - Tópicos Especiais | 547

Introduzindo uma nova variável dependente z obtém-se duas EDO's como o desejado.

$$\frac{dy}{dt} = z(t)$$ [Eq. 1]

$$\frac{dz}{dt} = -g(t,y)z(t,y) + f(t,y)$$ [Eq. 2]

Para que possa ser empregado o "Método de Euler" na solução, essas duas equações devem ser apresentadas nas formas compactadas como a seguir...

$y_{n+1} = y_n + dt*z(t_n,y_n)$
$z_{n+1} = z_n + dt*(-g(t_n,y_n)*z_n(t_n,y_n) + f(t_n,y_n))$

Seja, por exemplo, resolver a seguinte equação diferencial ordinária de ordem 2 e grau 1 mostrada abaixo[83]:

$$\frac{d^2z}{dt^2} + \frac{5dt}{dt} + 6y = \cos(4t)$$

Explicitando y(t) a solução analítica é a seguinte:

$$y(t) = 0.9*\exp(-2*t) - 0.88*\exp(-3*t) -\cos(4*t)/50 + 2*\sin(4*t)/50$$

Como a solução analítica é sempre trabalhosa, e dependendo do tipo e da ordem pode ser muito, muito trabalhosa mesmo, uma alternativa bastante válida é empregar métodos numéricos que se aproximam bem dos valores dados pela solução analítica.

---

83 Exemplo apresentado e resolvido pelo prof. Doutor Francisco J. A. de Aquino do IFCE; fomte internet.

548 | SciLab: Uma Abordagem Prática e Didática 2ª Edição - Mário Leite

Como já pôde ser visto no item anterior, o SciLab é uma boa opção para esses casos; por exemplo, o código a seguir resolve satisfatoriamente a EDO de ordem 2 e grau 1 apresentada acima.

O programa "ProgEDO2" mostra o código da solução numérica em SciLab; plotando os gráficos das duas soluções apresentadas na **Figura 9.18**, e em seguida exibindo os valores numéricos da solução analítica e pelo "Método de Euler" para comparação

```
//ProgEDO2.sce
    //Programa para solução numérica de uma EDO de ordem 2 e grau 1
    //EDO:  y'' + 5y' + 6y = cos(4t)
    //Original: Prof. Doutor Francisco J. A. de Aquino
    //Variáveis globais
    //ya: solução analítica para a EDO
    //vy: solução numérica pelo método de Euler
    //yn: valor de y no ponto n
    //zn: valor de z no ponto n
    //dt: diferencial que representa o passo h no método de Euler
    //fd: função externa em SciLab contendo a EDO
    //=================================================

    //Verifica fatores higiênicos iniciais
    clc;     //limpa a tela
    clear;   //limpa as variáveis de memória
    clf()    //limpa/prepara janela gráfica

    //Define a equação diferencial externa em SciLab
    function fd=ftyz(td, yd, zd)
        fd = cos(4*td) - 6*yd - 5*zd;
    endfunction

    //Define as condições inicias (de contorno)
    dt = 0.025;
    t=0:500;
```

Capítulo 9 - Tópicos Especiais | 549

```
t = t*dt;
ya = 0.9*exp(-2*t) - 0.88*exp(-3*t) -cos(4*t)/50 + 2*sin(4*t)/50;
yn = 0;
vy = zeros(1,501);
zn = 1;
tn = 0;
vy(1)= 0;


// Utiliza o método de Euler para a solução numérica
for k=2:501 do
    yn = yn + dt*zn;
    zn = zn + dt*ftyz(tn,yn,zn);
    tn = tn + dt;
    vy(k) = yn;
end


//Exibe quinze valores numéricos: analiticamente e por Euler
nf = 15;
    disp(" Analítico    Método de Euler");
    disp([ya(1:nf)', vy(1:nf)']);
        //Exibe os gráficos das soluções: analítica e pelo método de Euler
    subplot(2,2,1); //Define a primeira sub-janela
    plot(t,ya,'b')  //plota o gráfico da solução analítica
    xtitle("Método analítico")
    subplot(2,2,2); //Define a segunda sub-janela
    plot(t,vy,'r')  //plota o gráfico da solução de Euler
    xtitle("Método de Euler")
    subplot(2,2,3); //Define uma sub-janela comum para os dois métodos
    plot(t,ya,vy)   //plota os dois gráficos juntos
    xtitle("Os dois métodos acoplados")
//Fim do programa
```

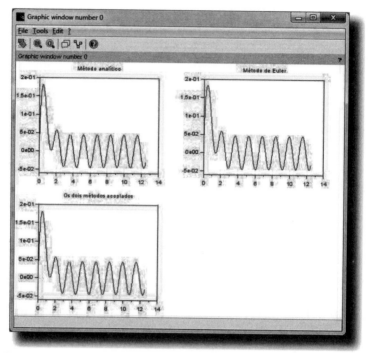

Figura 9.18 - Gráficos das soluções da equação diferencial de ordem 2 e grau11.

Como pode ser observado na **Figura 9.18**, não há diferença visual entre os gráficos da solução analítica e pelo "Método de Euler", o que é patente quando se analisa o gráfico das duas soluções acopladas: parece um gráfico só. Isto pode ser comprovado numericamente pela relação dos valores apresentados na listagem.

```
Analítico       Método de Euler
1.735D-17       0.
0.0237855       0.025
0.0452761       0.0474063
0.0646570       0.0674558
0.0820932       0.0853588
0.0977315       0.1013009
0.1117026       0.1154460
0.1241224       0.1279385
0.1350939       0.1389055
```

Capítulo 9 - Tópicos Especiais | 551

```
0.1447086    0.1484588
0.1530478    0.1566967
0.1601844    0.1637057
0.1661836    0.1695623
0.1711043    0.1743346
0.1750002    0.1780830
```

9.10 Exercícios propostos

1. Calcule: `Lim sen(x)/x`
   $x \to 0$

2. Calcule a derivada de $f(x) = x^4 - 11x^3 + 41x^2 - 61x + 30$.

3. Considerando a função do exercício anterior, calcule o valor da derivada de $f(x)$ no ponto $x=5$.

4. Dada a função $y(x) = 3x^3 + 2x^2 + x + 12$, calcule a área sob a sua curva no intervalo [0,4].

5. Dado o vetor V = [1 2 3 4 5 6 7 8], calcule o produto de seus elementos com o comando **prod**. Em seguida calcule o fatorial de 8 com o comando **gamma** e verifique se os dois resultados são idênticos.

6. Em uma empresa de mineração da Bahia, a cada 2 horas são coletadas amostras de minério para verificar se as peneiras, que ficam após o moinho de bolas, estão funcionado a contendo. Em uma determinada hora foram coletadas 10 amostras cujos resultados da análise granulométrica foram os apresentados a seguir.

```
1    340  mesh[84]
2    346      "
3    350      "
4    355      "
5    351      "
```

---

84 *Mesh* é uma unidade muito usada em mineradoras e indica o número de aberturas por polegada linear que existe em uma peneira. Assim, quanto maior a medida em *mesh*, mais fino deve ser o material para passar por essa peneira.

```
6    339      "
7    343      "
8    348      "
9    340      "
10   347      "
```

a)   Calcule média da amostra.
b)   Calcule o desvio padrão.
c)   Calcule a variância.
d)   Plote o histograma da amostra.

7.   Considerando o exercício anterior e sabendo que na amostra padrão de tamanho 10 a probabilidade de se ter uma medida igual a 360 *mesh* é de 0.5%, qual é a probabilidade de não se obter essa medida em uma amostra de tamanho 300?

8.   De quantas maneiras podemos combinar as cartas de um tarô de 78 cartas, considerando conjuntos de 3 cartas?

9.   Faça as seguintes mudanças de base:

```
a.   164  para a base 2.
b.   282  para a  base 16.
c.   BABA(16) para a base 10.
d.   FACA(16) para a base 2.
e.   1024 para a base 8
f.   234(5) para a base 16
```

10.   Descubra qual é o valor da base **b** na equação seguinte.

```
123(b)  =  33(8)
```

Capítulo 10

Básico sobre Xcos

10.1 Introdução

Xcos (antigo Scicos) é um editor gráfico que vem com as versões mais atuais do SciLab como um *toolbox*, e é utilizado para projetar modelos de sistemas dinâmicos híbridos, que podem ser concebidos, carregados, salvos, compilados e simulados. Este editor tem solução ergonômica, eficiente e precisa, e muito fácil de usar, oferecendo funcionalidades para a modelagem de sistemas mecânicos (automóvel, aeronáutica, etc), circuitos hidráulicos (barragens, modelagem de tubulação, etc), sistemas de controle, circuitos elétricos, etc. Portanto, é uma poderosa ferramenta de auxílio à computação baseada em simulações. Suas principais características contêm várias funcionalidades: .

- Paletas e blocos padrão.
- Modelo de construção e edição.
- Modelo de personalização e criação de blocos.
- Simulação.
- Recursos de pós-processamento gráfico.
- etc.

O Xcos está presente no menu principal do SciLab em "Applications" (Aplicativos), como mostra a **Figura 10.1**

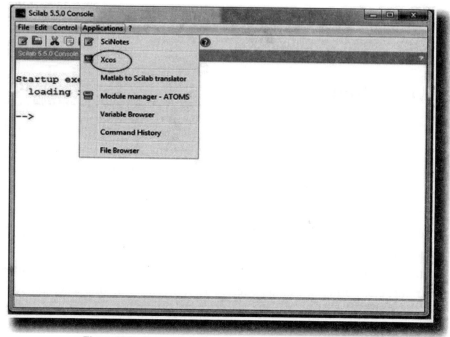

Figura 10.1 - Acessando o Xcos no menu principal do SciLab.

O ambiente de trabalho do Xcos é constituído por duas janelas funcionais:

- **Palette browser** (navegador de paleta): composta de vários tipos de blocos para diferentes aplicações
- **Aérea de desenvolvimento** (interface da aplicação) onde é montado o projeto visual.

A **Figura 10.2a** mostra a janela da paleta de blocos, e a **Figura 10.2b** a área (interface) de desenvolvimento

Capítulo 10 - Básico sobre Xcos | 555

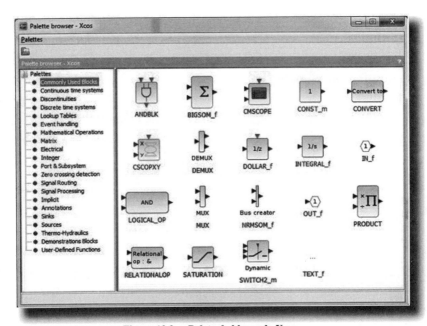

Figura 10.2a - Paleta de blocos do Xcos.

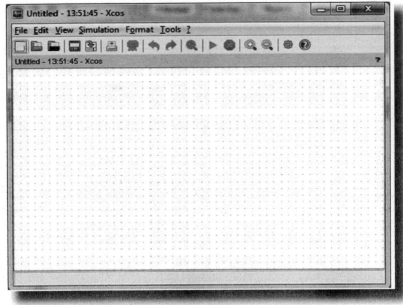

Figura 10.2b - Interface de desenvolvimento do projeto.

A **Figura 10.2b** mostra a janela (interface do projeto) onde serão instanciados os blocos para criar o projeto desejado. É nesta janela que o projeto visual se desenvolve; aí também é feita a simulação do projeto através do *menu* **Simulation** (Simulação).

Na **Figura 10.2a** são mostrados os blocos mais comuns (*Commonly Used Blocks - Blocos comumente usados*); existem muitos outros -mais de 260 nas versões 5.5.x - que podem ser utilizados pelo usuário-desenvolvedor

CMSCOPE	Scope: Funciona como um multímetro, gerando um gráfico dos valores lidos
BIGSOM_f	Somador: Faz a soma de sinais.
num(s) / den(s)	Função de transferência: Representação matemática de uma malha de controle que pode ser utilizado para realizar a análise do seu comportamento.
GAIN_f	Gain: Valor determinado pelo usuário que será multiplicado a um sinal. Representa um ganho; isto é, uma multiplicação por uma constante.
INTEGRAL_m	Integrador: Faz o cálculo da integral de um sinal.
du / dt **DERIV**	Derivativo: Calcula a derivada de um sinal.
	Step: Representa um valor de entrada, que vai de 0 até um valor predeterminado. Gera uma variação degrau a partir de um valor inicial até um valor final num instante t. Pode ser utilizado para verificar o comportamento de uma planta ou malha de controle.

MUX	Multiplexer ou Mux: Recebe um conjunto de valores e os transforma num vetor coluna de valores; para isto conta com um único parâmetro editável que corresponde ao número de entradas para a formação do vetor de saída.
CLOCK_c	Clock: Timer para controlar o tempo nos eventos. É usado para ativar ou invocar outros blocos em instantes de tempos específicos, como por exemplo, Scope e Display.
TEXT_f	Texto: Bloco utilizado para documentar eventos do projeto através de um pequeno editor onde o texto poderá ser formatado.
CLR	CLR: Bloco para entrar com função de transferência.
LOGICAL_OP	LOGICAL_OP: Porta lógica E. Usado em ações lógicas.
ENDBLK	END: Pode ser utilizado para interromper uma simulação a qualquer momento.

10.2 Carregando o Xcos e criando um projeto

1) Carregar o SciLab ==> *prompt* com o *menu* principal (vide **Figura 10.3**.)

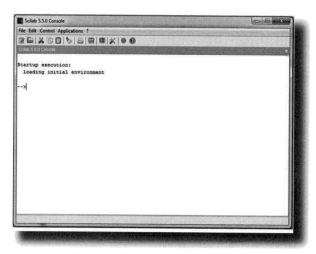

Figura 10.3 - Carregando o SciLab.

2) Selecionar o menu: Applications / Xcos para carregar o Xcos (conforme indicado na **Figura 10.4**

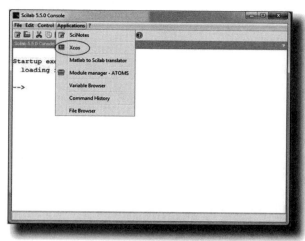

Figura 10.4 - Carregando o Xcos.

Capítulo 10 - Básico sobre Xcos | 559

3) Carregando a ferramenta aparece o ambiente do Xcos, como mostra a **Figura 10.5**.

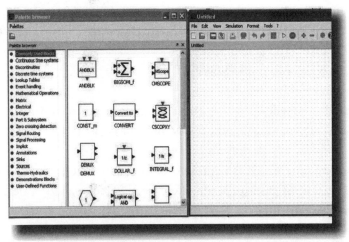

Figura 10.5 - O Xcos carregado e mostrando suas duas janelas.

Considere criar um projeto como o da **Figura 10.6** e salvando-o num arquivo denominado Circuito1.xcos.

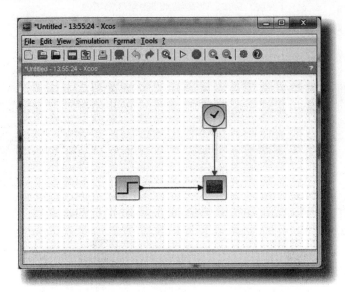

Figura 10.6 - O esquema visual do projeto "Circuito1".

Para criar o circuito da **Figura 10.6** basta instanciar os três blocos necessários e arrastá-los para a área de projeto:

- STEP_FUNCTION: (do grupo Sources)
- CSCOPEN: (do grupo Sinks),
- CLOCK_c: (do grupo Sources)

Em seguida procede-se às ligações, clicando e arrastando a setinha até o bloco seguinte como está indicado na própria **Figura 10.6**.

O passo seguinte é salvar o projeto com o nome sugerido: "Circuito1" e extensão .xcos na pasta previamente criada, selecionando "File/Save as..." (Arquivo/ Salvar como...). Veja na tela da **Figura 10.7**

Figura10.7 - Circuito1: salvando o projeto.

A **Figura 10.8** mostra como o arquivo do projeto fica salvo na pasta selecionada...

Capítulo 10 - Básico sobre Xcos | 561

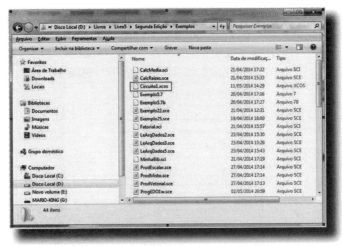

Figura 10.8 - O arquivo do projeto "Circuito1.xcos" salvo numa pasta.

10.2.1 - Configuração dos blocos do projeto

Antes de executar a simulação do circuito é importante fazer a configurações dos blocos do projeto. No caso do projeto "Circuito1", temos:

1) STEP_FUNCTION: Dê um duplo clique sobre o bloco e configure seus valores de acordo com o desejado. (vide **Figura 10.9a**)

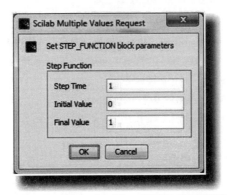

Figura 10.9a - Configurando o bloco "STEP_FUNCTION".

2) CSCOPE: Dê um duplo clique sobre este bloco e configure seus parâmetros de acordo com o desejado. (vide **Figura 10.9b**).

Figura 10.9b - Configurando o bloco "CSCOPE".

- **Color:** Deve ser um vetor de oito elementos inteiros, incluindo as cores da curva.
- **Output window number:** Deve deixar como -1 (padrão automático).
- **Output window position:** Deve deixar como está [] (vetor nulo).
- **Output window sizes:** Tamanho e posição da janela (o padrão é o indicado).
- **Ymin:** Valor mínimo no eixo Y.
- **Ymax:** Valor máximo no eixo Y.
- **Refresah period:** Valor máximo no eixo X (referente ao período).
- **Buffer size:** Refere-se à velocidade de traçado do gráfico (quanto menor, maior essa velocidade).
- **Accept herted evebnts 0/1:** Deve ser 0.
- **Name of Scope (label&Id):** Pode ser deixado em branco.

3) CLOCK_c: Dê um duplo clique sobre este bloco e configure seus dois parâmetros como mostrado na **Figura 10.9c**

Figura 10.9c - Configurando o bloco "CLOCK_c".

Period: Valor do período marcado pelo relógio; dá o tempo entre a geração de cada evento.

Initialisation Time: Valor de partida (start) da simulação; instante inicial da geração de cada evento

> Obs: Esses dois valores são padrões, e na medida do possível devem ser mantidos.

10.2.2 - Fazendo a simulação do projeto

Considerando o projeto "Circuito1", para fazer sua simulação basta selecionar no menu "*Simulation*" (Simulação) a opção "*Start*", mostrado na **Figura 10.9d**, ou clicar diretamente no ícone ▷ na barra de ícones como mostra a **Figura 10.9e**.

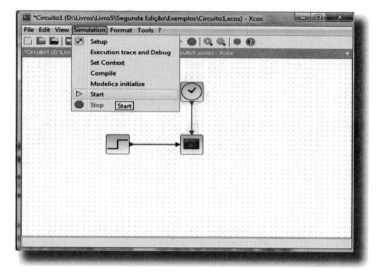

Figura 10.9d - Dando partida na simulação do projeto "Circuito1" (alterenativa1).

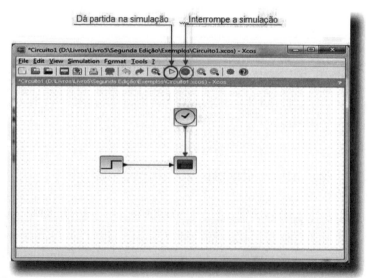

Figura 10.9e - Dando partida na simulação do projeto "Circuito1" (alternativa 2).

Após dar partida na simulação é exibida uma tela gráfica, mostrando dinamicamente o gráfico do circuito. O resultado é mostrado na **Figura 10.9f**

Capítulo 10 - Básico sobre Xcos | 565

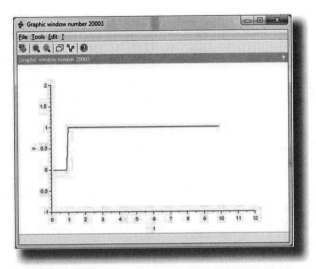

Figura 10.9f - Resultado da simulação do projeto "Circuito1"

10.3 - Configurações globais do menu Simulation/ Setup

A **Figura 10.10a** mostra o acesso ao menu Simulation/Setup para fazer as configurações globais da simulação

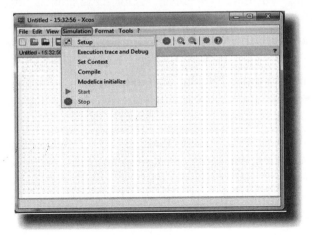

Figura 10.10a - Configurando os parâmetros da simulação 1/2

Os parâmetros globais de uma simulação podem ser configurados de acordo com o que se deseja; a **Figura 10.10b** mostra os valores desses parâmetros para o projeto "Circuito1" criado anteriormente, ao clicar na opção "Setup"

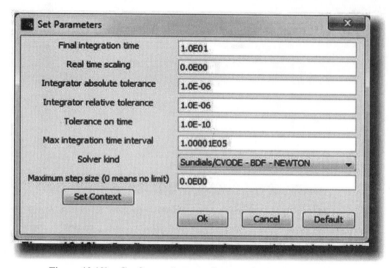

Figura 10.10b - Configurando os parâmetros da simulação (2/2)

- **Final integration time:** Tempo final do gráfico.
- **Real time scaling:** Escala de tempo.
- **Integrator absolute tolerance:** Valor da tolerância absoluta do integrador.
- **Integrator relative tolerance:** Valor da tolerância relativa do integrador.
- **Tolerance on time:** Tolerância na integração.
- **Max integration time interval:** Valor máximo da integração no intervalo de tempo estabelecido.
- **Solve kind:** Simulação empregando o "solver" CVODE (padrão).
- **maximum step size (0 means no limit):** Incremento de tempo na simulação.

10.4 - Exemplos básicos de aplicação do Xcos

Exemplo 10.1 - Fazer a simulação do projeto mostrado na **Figura 10.11a** e salvar num arquivo como "Circuito2.xcos".

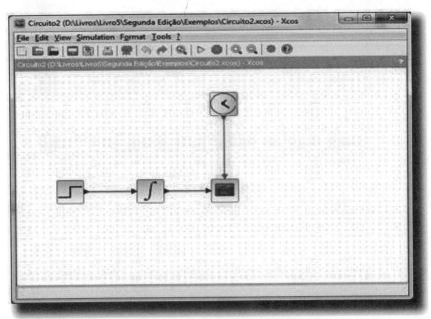

Figura 10.11a - Projeto "Circuito2"

A **Figura 10.11b** mostra o gráfico referente à execução do projeto da **Figura 10.11a**. Neste caso, os parâmetros do bloco **"CSCOPE"** foram os mesmos do "Circuito1"; a única diferença foi com relação aos valores do parâmetro **[Color]**: Neste caso os elementos do vetor de cores foram os seguinte: **9 3 5 9 7 9 11 13**; o resulta afetou apenas a cor da curva, que antes era vermelha agora se apresenta na cor roxa, o que indica que este parâmetro não é tão importante para o resultado final da simulação

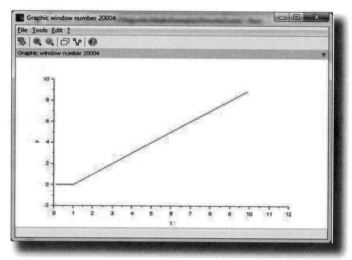

Figura 10.11b – Gráfico da simulação do projeto "Circuito2.xcos"

- **Exemplo 10.2** - Fazer a simulação do projeto que aparece na **Figura 10.12a** e que foi salvo como "Circuito3.xcos".

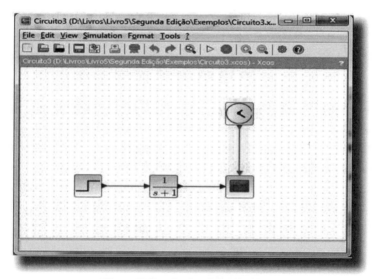

Figura 10.12a - Projeto "Circuito3"

Capítulo 10 - Básico sobre Xcos | 569

O resultado da simulação é mostrado na **Figura 10.12b**

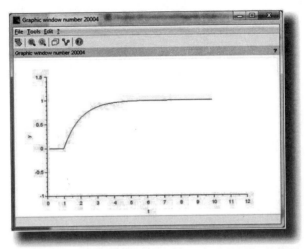

Figura 10.12b - Gráfico da simulação do projeto "Circuito3.xcos"

- **Exemplo 10.3**[85] - O circuito apresentado na **figura 10.13a** ("Circuito4") é um detector de temperatura em instrumentação, em que o elemento sensor é um diodo, que altera o seu comportamento em função da temperatura. No circuito, além da tensão contínua (I), são utilizados resistores (R) e amplificadores operacionais (OP) para elevar o sinal do sensor diodo. Foram conectados voltímetros (V) para a comparação dos valores de tensão do circuito

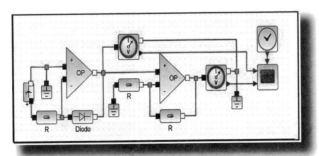

Figura 10.13a - Circuito eletrônico de sensor de temperatura (Circuito 4)

---

85 Colaboração do professor Alecsander Pereira Martins do setor de automação industrial do SENAI/IST de Maringa (PR).

A **Figura 10.13a** apresenta um esquema funcional do "Circuito4"; a **Figura 10.13b** mostra o circuito dentro do ambiente do Xcos, pronto para ser simulado

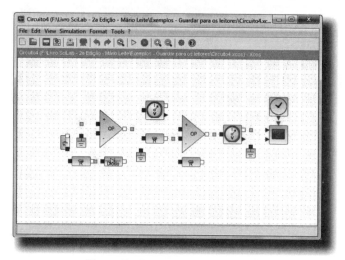

Figura 10.13b - Projeto "Circuito4"

Os gráficos das **Figuras 10.13c** e **10.13d** exibem, respectivamente, a proporcionalidade de temperatura sobre o sensor, como resultado, a diferença de tensão na saída do circuito. Este pode acionar um alarme, comutar um equipamento ou conectado em controlador programável.

Os resultados dos gráficos de tensão são alterados de acordo com os valores de entrada no diodo; assim pode-se conseguir várias leituras alterando apenas o valor de entrada no diodo

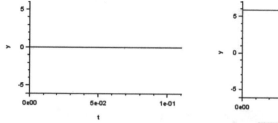
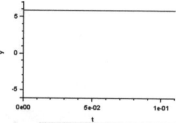

Figura 10.13c - Resultado de tensão com maior temperatura no sensor

Figura 10.13d - Resultado de tensão com menor temperatura no sensor

Bibliografia e
Referências Bibliográficas

ALBERTIN, Alberto Luiz; ALBERTIN, Rosa Maria de Moura. "Tecnologia de Informação e Desempenho Empresarial", São Paulo, Atlas, 2005.

ANDRÉ, Carmem D.S; FRANCO Bernadette D.G, NAKASHIMA Sueli M.K. "Review: Basic Aspects of Predictive Microbiology", Brazilian Journal of food Tchnology, http://www.ital.sp.gov.br/bj/artigos/bjft/2000/p0033.pdf (acesso em 21/07/08 - 17:52)

ANGELONI, Maria Terezinha; FERNANDES, Caroline Brito; SARTOR, Vicente Volnei de Santa; ROMANI, Cláudia e PEREIRA, Rita de Cássia de Faria. "Gestão estratégica da informação e o processo decisório: uma preparação para a gestão do conhecimento", Florianópolis,ENEGEP, 1997.

AZEREDO, Paulo A. "Métodos de Classificação de Dados e análise de suas complexidades", Rio de Janeiro, Editora Campus, 1996.

BARRETO, Luiz Soares. "Iniciação ao SciLab", Lisboa, E-book, 2008.

BUENO, Newton Paulo, "Introdução à Modelagem de Sistemas Complexos", Universidade de Viçosa (Seminário), 2005.

FLEMMING e GONÇALVES. "Limite, Derivação, Integração". Florianópolis, Editora da UFSC, 1992

FONSECA, Jairo Simon; MARTINS, Gilberto de Andrade. "Curso de Estatística". São Paulo, Atlas, 1996.

572 | SciLab: Uma Abordagem Prática e Didática 2ª Edição - Mário Leite

FORBELLONE, André Luiz Villar; EBERSPÄCHER; Henri Frederico. Lógica de programação. "A construção de Algoritmos e Estrutura de dados". São Paulo, Makron Books, 1993.

GUJARATI, Damodar N. "Econometria Básica", São Paulo, Makron Books, 2000

KOLMAN Bernard, HILL David R. "Introdução à Álgebra Linear com Aplicações!" - 8ª Edição, Rio de Janeiro, LTC, 2006.

LEITE, Mário. "Técnicas de Programação: Uma Abordagem Moderna". Rio de Janeiro, Brasport, 2006.

McMEEKIN, T.A., OLLEY, J.N., ROSS, T., RATKOWSKY, D.A. "Predictive microbiology: theory and application". Taunton: Research Studies, 1993. p.1-86.

O'BREIN, James A. "Sistemas de Informação e as Decisões Gerenciais na Era da Internet". Tradução da 9ª edição. São Paulo, Saraiva, 2002.

PIRES, P. S. M, "Introdução ao SciLab – Versão 3.0", Apostila disponível em http://www.dca.ufrn.br/~pmotta/sciport-3.0.pdf (acesso em 11/09/14 - 10:10)

POLONI, E. G. F. "Administrando sistemas de informação". São Paulo, Futura, 2000.

RAMALHETE Manuel, GUERREIRO Jorge e MAGALHÃES Alípio. "Programação Linear - Volume I". Lisboa, MacGraw-Hill, 1984.

ROCHA, Jorge, "Um modelo para o sistema presa-predador", Departamento de Matemática Pura, Faculdade e Ciências, Universidade do Porto, 1999. (artigo na Web (http://www.ipv.pt/millenium/16_ect5.htm - acesso em 11/09/14 - 10:13)

SANTOS, Carlos Alberto Marcondes, GENTIL, Nelson e GRECO, Sérgio Emílio. "Matemática: volume único". São Paulo, Ática, 2000".

SEVILLA Doris E. "Calculo Numérico para Sistemas Eléctricos", Araguaia - República Bolivariana de Venezuela, Instituto Universitário Experimental de Tecnologia de La Victoria 2006.

TURBAN, Efrain; RAINER JR, R. Kelly; POTTER, Richard E. . "Administração de Tecnologia da Informação -Teoria e Prática". Rio de Janeiro, Campus, 2003

WALTON, Richard E. "Tecnologia de Informação: O uso de TI pelas empresas que obtêm vantagem competitiva". São Paulo, Atlas, 1993.

Curso Básico de C: Prático e Fácil

Autor: Mario Leite
528 páginas
1ª edição - 2013
Formato: 16 x 23
ISBN: 978-85-399-0337-5

Este livro aborda a linguagem C de uma maneira moderna e sem sofisticações, com o objetivo de introduzir o leitor nessa maravilhosa ferramenta de programação. Foi escrito para proporcionar uma visão ampla da linguagem e, ao mesmo tempo, situá-la num contexto didático com uma abordagem simples, abstraindo das complexidades muito comuns em obras especializadas nesse assunto. E, embora existam vários livros e publicações sobre esta linguagem, este livro tem diferenciais que ajudam o candidato a programador a tomar a decisão de abraçar o C como sua linguagem base. O principal diferencial está no fato de trabalhar com figuras, esquemas, exemplos comentados e exercícios propostos ao longo dos seus onze capítulos e, para isto, a obra foi baseada em aulas ministradas em cursos técnicos de programação e de graduação em Ciência da Computação e engenharias. Este livro foi escrito para ajudar o programador a considerar o C como uma linguagem que pode ser dominada sem recorrer a sofisticações desnecessárias e a rotinas "mirabolantes".

À venda nas melhores livrarias.

SciLab - Uma Abordagem Prática e Didática

Autor: Mario Leite
632 páginas
1ª edição - 2009
Formato: 16 x 23
ISBN: 978-85-7393-878-4

Este livro aborda a ferramenta "SciLab" - ambiente computacional numérico - de maneira extremamente prática e didática, sem sofisticações desnecessárias. A obra trata de diversos assuntos de maneira fácil de entender, podendo ser consultada por todos que necessitam de uma ferramenta que responda às questões numéricas de forma clara e objetiva.

Entre os muitos assuntos tratados podem ser destacados: configuração do ambiente de trabalho, criação de arquivos-log, tratamento de números reais, complexos e strings, além de salvamento de variáveis em arquivos. Criação de polinômios, determinação de zeros de uma função polinomial, valor num dado ponto e operações gerais também estão presentes. As matrizes e vetores são abordados de maneira fácil e inteligível, com assuntos relacionados à álgebra linear e suas implicações teóricas e práticas. Triangulação, operações diversas com matrizes e vetores, produto escalar, produto vetorial, leitura de matriz em arquivo, e listas, etc, são mostrados de modo fácil, objetivo e didático.

À venda nas melhores livrarias.

Impressão e acabamento
Gráfica da Editora Ciência Moderna Ltda.
Tel: (21) 2201-6662